MODERNE
DEUTSCHE
SPRACHLEHRE

MODERNE DEUTSCHE SPRACHLEHRE

Second Edition

F. Alan DuVal Cornell College

Louise Miller DuVal

Klaus A. Mueller University of California, Berkeley

Herbert F. Wiese Coe College

RANDOM HOUSE NEW YORK

Library of Congress Cataloging in Publication Data

DuVal, Francis Alan, 1916–
    Moderne deutsche Sprachlehre.

    1. German language—Composition and exercises.   2. German language—Conversation and phrase books.   3. German language—Grammar—1950–   I. Title.
PF3111.D88   1975   438'.2'421   74-12202
ISBN 0-394-31719-X

Cover painting: Paul Klee Foundation, Museum of Fine Arts, Berne   (front cover detail)
Book design by Karin Batten

Second Edition

9876543

Manufactured in the United States of America

PREFACE

We are grateful to all our colleagues in the many and varied colleges and universities all over the United States and in several foreign countries who have adopted *Moderne deutsche Sprachlehre* since its publication in 1967. Their consistent use of our first edition made possible and necessary this revision, which we hope will fill their instructional needs in the changing classroom situation of today. We greatly appreciate all notes and comments by many of these teachers who took the time to write either to the publisher or to us; their instructive criticism both encouraged and aided us in the development of the second edition. We have seriously considered all suggestions and have incorporated many of them into this revision.

The second edition of *Moderne deutsche Sprachlehre* has been reduced in length because of the trend toward shorter language courses and fewer contact hours in the classroom. Some of the material has been revised to bring factual information up to date, as well as to reflect the teaching techniques of the 1970s. Some changes, such as the inclusion of a word list in each lesson, were made at the suggestion of teachers who have used the text for a number of years.

Although the basic format of the second edition remains essentially the same as that of the first edition, many important changes have been made. The number of lessons has been reduced from twenty-five to twenty-one. In addition to new features, such as a *Wortschatz* and a *Grammatik* in each lesson, the most extensive changes occur in the *Dialoge*, in the *Lesestücke* from Lesson 11 on, in the *Weitere Übungen*, and in the *Verschiedenes*.

Several of the *Dialoge* in the first thirteen lessons have been changed significantly, while others have simply been shortened. From Lesson 14 on, however, the *Dialoge* have been eliminated. In several *Lesestücke* recent developments on the contemporary scene have been incorporated. Almost all the *Lesestücke* from Lesson 11 on have been rewritten and substantially reduced in both vocabulary and length. For example, the *Lesestück* of Lesson 11 in the first edition describes German youth from 1945 to the late 1950s and early 1960s. This has been rewritten to include something of the historical background of German youth movements such as the *Sturm und Drang*, youth in the revolution of 1848, the *Wandervögel*, youth in the era after World War II, and finally the student protests of the 1960s and early 1970s.

The *Lesestück* of Lesson 12 still describes the German school system, but it is shortened, whereas the *Lesestück* of Lesson 13 is completely rewritten. The latter now contains only a brief reference to the refugee problem; this leads into a discussion of the current social problems related to the presence of the *Gastarbeiter* in the Federal Republic. In Lesson 18 the *Lesestück* has been shortened and rewritten so as to include the recent relaxation of some of the tensions between the BRD and the DDR. The *Lesestücke* of Lessons 19 and 21 of the first edition have been deleted entirely, and those of Lessons 22 and 23 have been shortened and combined in Lesson 21. With an entirely new *Lesestück* on Switzerland in Lesson 20, the text now contains information concerning the four principal European nations that have a predominantly German-speaking population: West Germany, East Germany, Austria, and Switzerland.

In the *Lesestücke* of the second edition, footnotes are limited to cultural glosses and to explanations of grammatical structures not yet formally introduced. The extensive footnoting of the first edition has been replaced in each lesson by a *Wortschatz* containing all the new words and idioms introduced in that lesson.

The *Weitere Übungen* are almost entirely new and consist of oral grammar exercises that replace the pattern drills in that section of the first edition. Of the nineteen *Verschiedenes* sections in the first edition, only the shorter, simpler ones, or those having a direct bearing on lesson content, have been retained. To those, several new *Verschiedenes* sections have been added to bring the total number to ten in the second edition. The *Grammatik* at the end of each lesson explains only the grammatical objectives of that lesson, in contrast to the first edition, where *Grammatik* sections were included after every third lesson. It should be mentioned that the sequence of presenting grammatical objectives remains basically the same with only a few major exceptions. One of these is the introduction of the familiar forms of address in Lesson 7; thus, conversations between students reflect more accurately current usage of familiar address among German youth. Another change involves introducing both the weak adjective endings and the most commonly used strong adjective endings in the same lesson. The juxtaposition of the two types of endings aids the student in contrasting them.

The *Arbeitsheft* has been rewritten and features a greater variety of exercises, including optional exercises for the language laboratory. New tapes accompany both the text and the workbook.

We continue to be indebted to several people who provided helpful suggestions and constructive criticism of the manuscript for the first edition, especially to Dr. Erich Funke, Professor Emeritus, University of Iowa, and to Dr. Günter Niemz, Johann Wolfgang von Goethe Universität, Frankfurt am Main.

We wish in particular to thank Professor John Bretschneider, Pennsylvania State University, Colonel William Geffen, United States Air Force Academy, and Professor Waldemar Eger, University of North Carolina for their comments on an early draft of the revised materials.

Our appreciation is extended to Professor Gerhard Clausing of the University of Minnesota, Professor Ferdinand A. Ruplin of the State University of New York at Stony Brook, and Professor Sara Malsch of the University of Massachusetts at Amherst for their discerning reading of the manuscript for the second edition and for their constructive and helpful comments. We are also indebted to Ms. Nancy Barton of Random House for her careful and judicious editing of the manuscript and to Mr. Murray Curtin, editor-in-chief of the College Department, Random House, for his interest and help in the latter stages of development of the second edition.

We appreciate permission from the publisher to include "Mackie Messer" from *Die Dreigroschenoper*, by Bertolt Brecht (Copyright © 1955), Suhrkamp Verlag, Frankfurt am Main. Photographs were provided by the Austrian State Tourist Department, Chicago, and the Austrian National Tourist Office; the German Information Center and the German Tourist Information Office, New York; the German Consulate General, Chicago; Inter Nationes and the Presse- und Informationsamt, Bonn; Deutsche Bundespost; Lufthansa Archiv; Georges Viollon from Rapho Guillumette, Dagmar, Werner Stuhler, D. Hauswald and O. Heckenroth, James Mathews from Rapho Guillumette, and Martin A. Schreiber.

INHALTSVERZEICHNIS

INTRODUCTION 3

Einführung: Lektion A 8

GRAMMATISCHE ZIELE: Pronomen—ich, Sie; Präsens—erste Person Singular und Sie-Form; Wortstellung

Einführende Beispiele 8
Übungen 9

Einführung: Lektion B 10

GRAMMATISCHE ZIELE: Pronomen—das, wer; Präsens—sein; Nicht

Einführende Beispiele 10
Übungen 11
Fragen 12

Einführung: Lektion C 13

GRAMMATISCHE ZIELE: Pronomen—er, sie (*she*), wir, sie (*they*), was; Präsens—Ergänzung von „heißen" und „sein"

Einführende Beispiele 13
Übungen 14
Fragen 15
Wortschatz 16
Aussprache 16
   Consonants; Vowels; Word Stress

Erste Lektion 21

GRAMMATISCHE ZIELE: Präsens regelmäßiger Verben; Bestimmter Artikel im Nominativ; Geschlecht der Substantive

Einführende Beispiele 22
Übungen 23
Fragen 24
Dialog: Die erste Unterrichtsstunde am Institut für Ausländer 25
   Fragen über den Dialog 26
Lesestück: Das Institut für Ausländer 27
Wortschatz 27
Weitere Übungen 29

[vii]

Ausspracheübungen   30
Grammatik   30
    The Infinitive; The Present Tense; **Sein** in the Present Tense; The Nominative Case of Personal Pronouns; The Nominative Case of the Definite Article; The Gender of Nouns; **Nicht**; Word Order

Zweite Lektion   35

GRAMMATISCHE ZIELE: Präsens von „haben" und anderen Verben; Unbestimmter Artikel im Nominativ und Akkusativ; Pluralform einiger Substantive; Geschlecht der Substantive

Einführende Beispiele   36
Übungen   37
Fragen   38
Dialog: Jetzt beginnt der Unterricht   39
    Fragen über den Dialog   40
Lesestück: Der Deutschunterricht   41
Wortschatz   41
Weitere Übungen   43
Ausspracheübungen   44
Grammatik   45
    Haben in the Present Tense; The Indefinite Article; The Gender of Nouns; The Plural of Nouns

Dritte Lektion   49

GRAMMATISCHE ZIELE: Das Perfekt; Unregelmäßige Verben in der dritten Person Singular; Bestimmter Artikel im Akkusativ

Einführende Beispiele   50
Übungen   51
Fragen   54
Dialog: Was haben Sie gestern gemacht?   55
    Fragen über den Dialog   56
Lesestück: Was haben Sie gestern gemacht?   57
Wortschatz   57
Weitere Übungen   59
Schriftliches   60
Ausspracheübungen   60
Grammatik   61
    Past Participles of Strong Verbs; Past Participles of Weak Verbs; Past Participles without the **Ge-Prefix**; The Present Perfect Tense; Irregular Forms in the Third Person Singular of the Present Tense; Summary of Verbs; The Nominative and Accusative Case of the Definite Article

Vierte Lektion   65

GRAMMATISCHE ZIELE: Pronomen—Nominativ, Dativ und Akkusativ

Einführende Beispiele	66
Übungen	68
Fragen	70
Dialog: Im Wohnzimmer	71
Fragen über den Dialog	72
Lesestück: Was habe ich vergessen?	73
Wortschatz	73
Weitere Übungen	76
Schriftliches	77
Ausspracheübungen	78
Grammatik	78

Personal Pronouns; Pronoun Agreement with Antecedents; The
Indefinite Pronoun **Es**; Reflexive Pronouns

Fünfte Lektion   81

GRAMMATISCHE ZIELE: Modalverben—können, müssen, mögen
(möchten), wollen; Wissen

Einführende Beispiele	82
Übungen	83
Fragen	85
Dialog: Material für einen Bericht	87
Fragen über den Dialog	88
Lesestück: Schwarzhausen und die Familie Neumann	89
Wortschatz	90
Weitere Übungen	92
Schriftliches	93
Ausspracheübungen	94
Grammatik	94

Modal Auxiliary Verbs and **Wissen**

Sechste Lektion   97

GRAMMATISCHE ZIELE: Präposition „in" mit Dativ und Akkusativ;
Trennbare Verben; Der Dativ als indirektes Objekt

Einführende Beispiele	98
Übungen	100
Fragen	104
Dialog: Im Gasthaus	105
Fragen über den Dialog	107

Lesestück: Das Gasthaus in Deutschland   107
Wortschatz   109
Weitere Übungen   111
Schriftliches   112
Ausspracheübungen   114
Verschiedenes   115
    Gasthaus Zum Schwarzen Roß (Speisekarte)
Grammatik   117
    The Dative Case; Monosyllabic Nouns in the Dative Case; The Dative Case of Plural Nouns; The Preposition **In**; Verbs with Separable Prefixes

Siebte Lektion   119

GRAMMATISCHE ZIELE: Possessivattribute im Nominativ, Dativ und Akkusativ; Vertrauliche Anredeformen

Einführende Beispiele   120
Übungen   123
Fragen   126
Dialog: Was gibt es in München zu sehen?   127
    Fragen über den Dialog   129
Lesestück: Was machen Sie am Wochenende?   129
Wortschatz   131
Weitere Übungen   133
Schriftliches   136
Ausspracheübungen   136
Verschiedenes   137
    Die Jahreszeiten
    Die Monate
    Die Tage der Woche
    Andere Zeitsubstantive
Grammatik   137
    The Forms of Address; Possessive Adjectives

Achte Lektion   141

GRAMMATISCHE ZIELE: Kein; Wiederholung der Possessivattribute; Zweitstellung des Verbs; Endstellung des Verbs mit den Konjunktionen „daß" und „weil"

Einführende Beispiele   142
Übungen   143
Fragen   146

Dialog: Auf dem Bahnhof   147
   Fragen über den Dialog   149
Lesestück: Salzburg   149
Wortschatz   151
Weitere Übungen   153
Schriftliches   154
Ausspracheübungen   156
Verschiedenes   156
   Österreich und seine Länder
Grammatik   157
   Kein; Normal Word Order; Inverted Word Order; Transposed Word
   Order

Neunte Lektion   **159**

GRAMMATISCHE ZIELE: Modalverben—dürfen, sollen; Befehlsform;
Zahlen

Einführende Beispiele   160
Übungen   162
Fragen   166
Dialog: Wo ist das Deutsche Museum?   167
   Fragen über den Dialog   168
Lesestück: München   169
Wortschatz   171
Weitere Übungen   172
Schriftliches   174
Ausspracheübungen   175
Verschiedenes   176
   Fahrplan
Grammatik   178
   Modal Auxiliary Verbs; The Imperative; Numbers; Mathematical
   Signs

Zehnte Lektion   **181**

GRAMMATISCHE ZIELE: Wiederholung des Dativs; Präpositionen mit
Dativ—aus, bei, mit, nach, seit, von, zu

Einführende Beispiele   182
Übungen   184
Fragen   186
Dialog: Wieder im Klassenzimmer   187
   Fragen über den Dialog   189
Lesestück: Ein Amerikaner in Deutschland   189

Wortschatz   191
Weitere Übungen   192
Schriftliches   194
Aussprachеübungen   194
Verschiedenes   195
  Das Alphabet
  Übungen
Grammatik   196
  The Dative Case as the Indirect Object; Prepositions with the Dative
  Case; Verbs Taking Objects in the Dative Case; Order of Direct and
  Indirect Objects

Elfte Lektion   199

GRAMMATISCHE ZIELE: Präpositionen mit Dativ und Akkusativ—an,
auf, hinter, in, neben, über, unter, vor, zwischen

Einführende Beispiele   200
Übungen   202
Fragen   204
Dialog: Der Tanzabend   207
  Fragen über den Dialog   209
Lesestück: Die deutsche Jugend   209
Wortschatz   211
Weitere Übungen   213
Schriftliches   214
Grammatik   215
  Prepositions with the Dative and the Accusative Case

Zwölfte Lektion   217

GRAMMATISCHES ZIEL: Das Imperfekt starker Verben

Einführende Beispiele   218
Übungen   219
Fragen   223
Dialog: Eine neue Bekanntschaft   225
  Fragen über den Dialog   226
Lesestück: Das deutsche Schulwesen   227
Wortschatz   228
Weitere Übungen   231
Schriftliches   232
Grammatik   234
  The Past Tense of Strong Verbs; Prefixes; Strong Verbs Used Through
  Lektion 12; The Present and Past Tenses of Haben, Werden, and Sein

Dreizehnte Lektion   239

GRAMMATISCHE ZIELE: Das Imperfekt schwacher Verben; Das Imperfekt
von Modalverben; Das Plusquamperfekt

Einführende Beispiele	240
Übungen	241
Fragen	245
Dialog: In der Konditorei	245
Fragen über den Dialog	247
Lesestück: Flüchtlinge und Gastarbeiter	248
Wortschatz	249
Weitere Übungen	251
Schriftliches	253
Verschiedenes	254
Die Bundesrepublik Deutschland und ihre Länder	
Grammatik	255
The Past Tense of Weak Verbs; The Past Tense of the Modal Auxiliary Verbs and **Wissen**; Irregular Weak Verbs; The Past Perfect Tense	

Vierzehnte Lektion   257

GRAMMATISCHES ZIEL: Der Genitiv

Einführende Beispiele	258
Übungen	259
Fragen	261
Lesestück: Deutsch—eine Fremdsprache?	262
Wortschatz	264
Weitere Übungen	266
Schriftliches	267
Verschiedenes	269
Deutscher (?) Wortschatz	
Grammatik	270
The Genitive Case; The Genitive Case of Personal and Geographical Names; Prepositions with the Genitive Case; The Genitive Case with Indefinite Expressions of Time; Typical Noun Declensions	

Fünfzehnte Lektion   273

GRAMMATISCHES ZIEL: Pronomen als Attribute—dieser, jeder, jener,
mancher, solcher, welcher

Einführende Beispiele	274
Übungen	275
Fragen	278

Lesestück: Medizin und Soziologie   280
Wortschatz   281
Weitere Übungen   283
Schriftliches   285
Grammatik   286
    Der-words

Sechzehnte Lektion   289

GRAMMATISCHE ZIELE: Beugung des Adjektivs; Steigerung des Adjektivs und des Adverbs

Einführende Beispiele I   290
Übungen I   291
Einführende Beispiele II   292
Übungen II   293
Einführende Beispiele III   294
Übungen III   295
Fragen   296
Lesestück: Deutsche Feste   297
Wortschatz   299
Weitere Übungen   300
Schriftliches   303
Grammatik   305
    Weak Adjective Endings; The Positive Degree of Adjectives and Adverbs; The Comparative Degree of Adjectives and Adverbs; The Superlative Degree of Adjectives and Adverbs; The Umlaut and Irregularities in the Comparative and Superlative Degrees; Commonly Used Strong Adjective Endings; Numbers Used as Adjectives

Siebzehnte Lektion   311

GRAMMATISCHES ZIEL: Intransitive Verben mit ,,sein" als Hilfsverb im Perfekt

Einführende Beispiele   312
Übungen   313
Fragen   315
Lesestück: Mackie Messer   315
Wortschatz   319
Weitere Übungen   320
Schriftliches   323
Verschiedenes   324
    Die Moritat von Mackie Messer, von Bertolt Brecht
Grammatik   327
    Intransitive Verbs Requiring the Auxiliary **Sein**

Achtzehnte Lektion   331

GRAMMATISCHE ZIELE: Unterordnende Konjunktionen; Relativpronomen; Wortstellung bei unterordnenden Konjunktionen und bei Relativpronomen

Einführende Beispiele   332
Übungen   334
Fragen   337
Lesestück: Berlin und das Brandenburger Tor   339
Wortschatz   340
Weitere Übungen   343
Schriftliches   344
Grammatik   345
    Coordinating Conjunctions; Subordinating Conjunctions; Transposed Word Order; Relative Pronouns

Neunzehnte Lektion   349

GRAMMATISCHE ZIELE: Präpositionen mit dem Akkusativ—durch, für, gegen, ohne, um; Da-Verbindungen mit Präpositionen; Wo-Verbindungen mit Präpositionen; Das Futur

Einführende Beispiele   350
Übungen   352
Fragen   354
Lesestück: Universität und Student   356
Wortschatz   358
Weitere Übungen   360
Schriftliches   363
Grammatik   363
    Prepositions with the Accusative Case; **Da**-Compounds; **Wo**-Compounds; The Future Tense

Zwanzigste Lektion   369

GRAMMATISCHE ZIELE: Das Passiv; Das Zustandspassiv; Reflexive Verben

Einführende Beispiele   370
Übungen   371
Fragen   374
Lesestück: Die Schweiz   374
Wortschatz   377
Weitere Übungen   379
Schriftliches   382

Verschiedenes   383
   Die Schweiz und ihre Kantone
Grammatik   384
   Formation of the Passive Voice; The Agent and the Means; **Man** as a
   Substitute for the Passive; The Impersonal Passive; The Statal
   Passive; Reflexive Verbs

Einundzwanzigste Lektion   389

GRAMMATISCHES ZIEL: Der Konjunktiv

Einführende Beispiele I   390
Übungen I   390
Einführende Beispiele II   392
Übungen II   392
Einführende Beispiele III   395
Übungen III   395
Fragen   397
Lesestück: Ende gut, alles gut   398
Wortschatz   400
Weitere Übungen   401
Schriftliches   403
Verschiedenes   404
   Institut für Ausländer (Zeugnis)
   Philipps-Universität Marburg (Brief)
Grammatik   407
   The Indicative Mood; The Subjunctive Mood; Formation of the Sub-
   junctive Mood; Conjugation of the Subjunctive Mood; Uses of the
   Subjunctive Mood

Anhang   415

Grammatik   416
   Case; Limiting Words Accompanying Nouns; Nouns; Pronouns;
   Adjectives and Adverbs; Prepositions; **Da-** and **Wo-**Compounds;
   Conjunctions; Verbs (Conjugations); Verbs (Functions); Reflexive
   Verbs; Impersonal Verbs; Verbs with Separable Prefixes; Verbs with
   Inseparable Prefixes; Verbs Ending in **-ieren**; Transitive and Intrans-
   itive Verbs; Verbs Accompanied by Objects in the Dative Case;
   Infinitives and Participles; Word Order

Interpunktion   484
   Comma; Exclamation Point; Colon; Quotation Marks
Groß-Schreibung   488

Zahlen   488
   Cardinal Numbers; Ordinal Numbers; Mathematical Expressions
Das Alphabet in Fraktur   490

Wörterverzeichnis   493

   Deutsch—Englisch   497
   Englisch—Deutsch   539

Sachregister   551

MODERNE
DEUTSCHE
SPRACHLEHRE

INTRODUCTION

The new *Moderne deutsche Sprachlehre* is a multiobjective text designed to teach the fundamental skills of listening comprehension, speaking, reading, and writing, as well as to provide cultural information about Germany and, to a lesser extent, about other German-speaking nations. Some theories of programmed learning and individualized instruction have influenced the development of the text. The exercises are programmed so that the student will rarely make an error. Almost constant successes heighten motivation and learning efficiency. Because learning is effected in many small steps, systematic reinforcement must be provided. Thus exercises with constantly varying pattern sentences of gradually increasing complexity employ the target structures repeatedly, not only in the lesson introducing the new structures but also in subsequent lessons. In this way each lesson reinforces previously learned material. Further reinforcement takes place in the workbook; the structures introduced in one lesson of the text are reviewed in at least three of the subsequent workbook units.

Grammatical summaries describe the newly introduced structures in English and provide German examples. The structures already perceived and practiced by the student are thus brought into focus at the end of each lesson.

Although *Moderne deutsche Sprachlehre* has proved itself to be a flexible instrument that a college teacher can readily adapt to his personality and methods, we should like to discuss briefly the various sections within each lesson of the basic text as well as its supplementary materials and to make several suggestions concerning possible instructional procedures.

Components of the Basic Text

A. *Einführende Beispiele:* In the *Einführende Beispiele* the students hear the teacher use a new structure. Although their books are closed, familiar vocabulary and the context enable them to perceive it. Immediately after the students have perceived the new structure, they are required to reproduce it. The utterances of the teacher have prepared the students to employ the new structural item successfully. Attentiveness is assured; the students listen carefully to perceive the structure that they know they will reproduce immediately in choral response. However, the new structure is not yet learned, for at this point the students are capable of using it only within the highly restricted situation of the perception section itself; but they have perceived it and will soon master it thoroughly in subsequent exercises. Occasionally the students will not make the appropriate response; the teacher should then repeat the sentences and the question that provide the cue to the response. Rarely will the teacher find it necessary to supply the correct response.

Let us examine an actual example from the *Einführende Beispiele* of Lesson 6. Our immediate objective is to enable the students to perceive the fact that the German preposition *in* is sometimes followed by the accusative case and sometimes by the dative case, or at least that it can be followed by two different cases:

> The teacher says: "*Frau Neumann geht ins Haus.*"
> Then he asks: "*Wohin geht sie?*"
> The students' answer is almost a repetition: "*Sie geht ins Haus.*"

The second part of the exercise enables the students to perceive that *ins Haus* is not the only possibility:

> The teacher says: "*Frau Neumann ist jetzt im Haus.*"
> Then he asks: "*Wo ist sie jetzt?*"
> Now the students answer: "*Sie ist jetzt im Haus.*"

In giving this reply the students perceive that sometimes *ins Haus* is replaced by *im Haus*. After further analogous examples they will deduce that *ins* is used with verbs denoting a change of location, whereas *im* accompanies verbs that do not denote a change of location. Somewhat later this difference will be recognized as a matter of case. The active role that the students have played in perceiving this difference increases retention and appears to be superior to a discussion of grammatical rules as a point of departure.

The *Einführende Beispiele* are always introduced orally in class in order to demonstrate from the outset the primacy, reality, and substance of the spoken language. For greatest effectiveness the students should respond in chorus.

B. *Übungen:* The *Übungen*, like the *Einführende Beispiele*, use familiar vocabulary. Their goal is to start the students on the way toward mastery of the new structures that they have recently perceived. In this section, too, the student's ability to learn by analogy is exploited. By repeating carefully programmed pattern drills, the students constantly reuse the new structures, but always in slightly changing contexts. Prolonged practice of the new constructions is thereby carried on without boredom; learning efficiency is maintained at a high level.

Exercise 2 in the *Übungen* of Lesson 2 may serve as a concrete example:

> The teacher gives the *Beispiel*: "*Inge Jensen*" (pause) "*Wo wohnt Inge Jensen?*"
> The teacher then repeats the cue: "*Inge Jensen*"
> The students respond: "*Wo wohnt Inge Jensen?*"

As the teacher varies the cue, the students produce different sentences, all of which show that the present tense form of *wohnen* accompanying third person singular subjects is *wohnt*. Later drill sequences in the same lesson contain this structure in a number of variations:

> The teacher cues the students: "*Er wohnt jetzt in Frankfurt. Wohnt der Professor jetzt auch in Frankfurt?*"
> The students respond: "*Ja, der Professor wohnt jetzt auch in Frankfurt.*"

The pattern utterances in the drills are purposely short. This enables the students to concentrate on and learn the new structures without being required to recall involved context material. The carefully ingrained linguistic habits developed by the *Übungen* minimize the possibility of errors in the students' responses.

C. *Fragen:* The *Fragen* offer the students an opportunity to give freer responses while using familiar vocabulary and structures. Because a variety of answers can be given, the *Fragen* are to be used only for individual responses. This change from choral to individual recitation provides a desirable variation in procedure.

D. *Dialog:* The *Dialog* contains some of the new words to be introduced in each lesson and utilizes the new structures perceived in the *Einführende Beispiele* and practiced in the *Übungen*. To demonstrate correct pronunciation and intonation, the *Dialog* is typically assigned only after it has been introduced in class or in the language laboratory. The students listen to the entire *Dialog* being read by either the instructor or by the voices on the tape. Subsequently, the *Dialog* is reread with the students repeating individual phrases and sentences in the pauses until a satisfactory rendition is achieved. The *Dialog* is then assigned for memorization as homework or for work in the laboratory.

Fragen über den Dialog provide the first step in the variation of the dialogue material. Recitation of the *Dialog* or adaptations thereof in chorus or as a playlet can precede or follow the answering of the questions. After several dialogues have been carefully learned, students, with minimum effort, are able to form by analogy a large number of new combinations of words and phrases.

E. *Lesestück:* In the *Lesestück* more new vocabulary as well as further variations of the target structures of the lesson are introduced. Here the recently acquired structures, as well as those learned in previous lessons, appear in connected prose passages. The reading selections are followed by a *Wortschatz* that contains the new vocabulary of the lesson, thus minimizing reference to the vocabulary in the back of the book. Footnotes are limited to cultural glosses and to explanations of grammatical structures not yet formally introduced. The materials in the later *Lesestücke* contain progressively more cultural information, because students are able at that stage to begin reading for content. As the students' listening comprehension and speaking ability increase, the vocabulary of the *Lesestücke* is similarly increased. In the later portions of the text the emphasis is gradually shifted from speaking to reading. The complexity of the grammatical structures is also increased to enable the student to proceed without undue difficulty to more advanced reading materials in subsequent courses.

F. *Wortschatz:* Each *Lesestück* is followed by a *Wortschatz* containing all new lexical items introduced in the *Dialog* and in the *Lesestück*, with verbs listed separately. Lexical items considered to be of high frequency are printed in boldface. Beginning with Lesson 3, the irregular third person singular present and the past participle of strong verbs are included; and from Lesson 12 on, all principal parts of strong verbs are also given. Exceptions are those intransitive verbs requiring *sein* as the auxiliary verb in the compound tenses. The past participles of such verbs are not included until the use of *sein* as an auxiliary verb is introduced in Lesson 17. It is recommended that the *Wortschatz* be regarded as an aid to the student in reading the *Lesestück* rather than as an assignment for memorization.

G. *Weitere Übungen:* The *Weitere Übungen* include further reinforcement of the structures previously introduced in the lesson. They also contain new lexical items from the *Dialog* and the *Lesestück*. These exercises may be assigned as homework in preparation for individual class recitation.

H. *Schriftliches:* This section provides further practice in writing the forms that have already been mastered orally. The subject matter is restricted to lexical and structural items that the students can successfully employ.

I. *Aussprache* and *Ausspracheübungen:* The brief summary of German sounds following *Einführung: Lektion C* is intended chiefly as a reference section for the student. The *Ausspracheübungen* appearing in Lessons 1 through 10 facilitate systematic practice in the sounds of the language. They supplement the pronunciation learned through imitation of the teacher and the tapes.

J. *Verschiedenes:* The *Verschiedenes* presents enrichment in the form of additional lexical items and cultural information. The material in each of these sections has been chosen for its topical relationship to the rest of the lesson.

K. *Grammatik:* Each lesson has a grammatical section, but the discussion of grammar should always be subordinated to the actual use of structures. The *Grammatik* reinforces what has already been learned through practice. The mastery of grammar appears to be most effective if the grammatical rules are first deduced by the student and only later confirmed by grammatical summaries. It is recommended that no part of this section be assigned as homework and that classroom discussion of grammar be minimal. However, outside of class, questions about grammar should be answered fully.

L. *Anhang:* This section contains a detailed explanation of grammatical principles. It is considered to be primarily a reference tool rather than a teaching device.

M. *Wörterverzeichnis:* The German-English vocabulary contains all German words used in the text. The English-German vocabulary contains items required for the *Schriftliches* and other exercises employing English cues.

Supplementary Materials

A. *Tapes and Tapescript:* The tapes and printed tapescript prepared to accompany this text include the material from each lesson in the *Übungen*, *Dialog*, *Fragen über den Dialog*, the *Lesestück*, and the *Ausspracheübungen*. Any or all of the taped materials can be assigned at the discretion of the teacher. The needs of the individual class, the judgment of the teacher, and the availability of laboratory time should determine the use of the tapes.

B. *Arbeitsheft:* The *Arbeitsheft* provides written drills and exercises for each lesson as well as optional language laboratory work. Since the emphasis throughout much of the course is on the spoken language, the written exercises in the *Arbeitsheft* not only provide additional writing practice but also enable both teacher and student to verify mastery of lexical and structural items. The workbook lesson should be assigned after the completion of the corresponding lesson of the text.

C. *Lehrerheft:* The *Lehrerheft* contains a detailed discussion of the methodology suggested for use with *Moderne deutsche Sprachlehre.*

Individualized Instruction

The *Individualized Instruction Program,* by Klaus A. Mueller, University of California, Berkeley, and Gerhard Clausing, University of Minnesota, published in 1971 and based on *Moderne deutsche Sprachlehre,* has been revised and fully integrated for use with the second edition. It is designed to provide an individualized program that enables the student to complete the basic course at his own pace and to receive as much or as little individual attention as his needs require. The practice tests in the student manual can serve as a helpful testing component in the course of study of any program using *Moderne deutsche Sprachlehre* without the individualized instruction. The second edition of the individualized materials is accompanied by a detailed *Instructor's Manual.*

EINFÜHRUNG: LEKTION A

Grammatische Ziele:

Pronomen—ich, Sie

Präsens—erste Person Singular und Sie-Form

Wortstellung

Einführende Beispiele

1. Ich heiße (*instructor's name*).
   Sie heißen (*student's name*).
   Wie heißen Sie?
       Ich heiße _____.

2. Sie heißen _____.
   Wie heiße ich?
       Sie heißen _____.

3. Ja, ich heiße _____.
   Heiße ich _____?
       Ja, Sie heißen _____.

4. Heißen Sie _____?
       Ja, ich heiße _____.

5. Heiße ich Schmidt?
   Nein, ich heiße (*instructor's name*).
   Heiße ich Schmidt?
       Nein, Sie heißen _____.

Übungen

1. Beispiel: *Schönfeld*   Ich heiße *Schönfeld*.

a. Schönfeld
b. Schmidt

c. Paul Schmidt
d. Ursula Schmidt

2. Beispiel: *Jones*   Sie heißen *Jones*.

a. Jones
b. Schönfeld

c. Neustätter
d. Hermann Neustätter

3. Beispiel: *Paul Schmidt*   Heißen Sie *Paul Schmidt?*

a. Paul Schmidt
b. Neustätter

c. Anne Digby
d. Brown

4. Beispiel: *Ich heiße* Schmidt.   *Sie heißen* Schmidt.

a. Ich heiße Schmidt.
b. Ich heiße Schönfeld.

c. Ich heiße Erich Fischer.
d. Ich heiße Karl.

5. Beispiel: *Sie heißen* Neumann.   *Ich heiße* Neumann.

a. Sie heißen Neumann.
b. Sie heißen Hans Schönfeld.

c. Sie heißen Paul Schmidt.
d. Sie heißen Ursula Schmidt.

6. Beispiel: Heißen Sie Paul Schmidt?   **Ja, ich heiße Paul Schmidt.**

a. Heißen Sie Paul Schmidt?
b. Heißen Sie Erich Fischer?
c. Heißen Sie Anne Schmidt?

d. Heißen Sie Robert Brown?
e. Heißen Sie Schönfeld?
f. Heißen Sie Karl Neumann?

7. Beispiele: Heißen Sie Anne Schmidt?   **Nein, ich heiße** (*student's name*).
Heiße ich Neumann?   **Nein, Sie heißen** (*instructor's name*).

a. Heißen Sie Anne Schmidt?
b. Heiße ich Neumann?
c. Heißen Sie Karl Neumann?

d. Heißen Sie Robert Brown?
e. Heiße ich Friedrich Koch?
f. Heißen Sie Schönfeld?

EINFÜHRUNG: LEKTION B

Grammatische Ziele:

Pronomen—das, wer

Präsens—sein

Nicht

Einführende Beispiele

1. Ich bin Herr (Frau, Fräulein) (*instructor's name*).
   Sie sind Herr (*student's name*).
   Sind Sie Herr _____?
      Ja, ich bin Herr _____.
   Bin ich Herr (Frau, Fräulein) _____?
      Ja, Sie sind Herr (Frau, Fräulein) _____.

2. Das ist Fräulein _____.
   Wer ist das?
      Das ist Fräulein _____.

3. Ich bin nicht Frau Schmidt.
   Sind Sie Frau Schmidt?
      Nein, ich bin nicht Frau Schmidt.

4. Sie sind nicht Frau Reichmann.
   Bin ich Frau Reichmann?
      Nein, Sie sind nicht Frau Reichmann.

5. Wer bin ich?
      Sie sind Herr (Frau, Fräulein) _____.

Übungen

1. **Beispiel:** *Robert Brown*   **Das ist *Robert Brown*.**

   a. Robert Brown   c. Professor Schönfeld
   b. Herr Schmidt   d. Erich Fischer

2. **Beispiel:** *Frau Schmidt*   **Ist das *Frau Schmidt*?**

   a. Frau Schmidt   c. Ursula Schmidt
   b. Fräulein Müller   d. Frau Schönfeld

3. **Beispiel:** *Herr Neustätter*   **Sind Sie *Herr Neustätter*?**

   a. Herr Neustätter   c. Frau Schmidt
   b. Fräulein Jones   d. Professor Hildebrand

4. **Beispiel:** *Fräulein Müller*   **Wer ist *Fräulein Müller*?**

   a. Fräulein Müller   d. Herr Brown
   b. Professor Schönfeld   e. das
   c. Frau Schmidt   f. Paul Jones

5. **Beispiel:** *Sie heißen*   **Sie heißen Karl Brown.**

   a. Sie heißen   d. wer ist(?)
   b. ich heiße   e. ist das (?)
   c. ich bin   f. sind Sie (?)

6. **Beispiel:** *Ich bin* Herr Koch.   ***Sie sind* Herr Koch.**

   a. Ich bin Herr Koch.   c. Ich bin Professor Schönfeld.
   b. Ich bin Herr Schmidt.   d. Ich bin Robert Brown.

7. **Beispiel:** *Das ist* Herr Neumann.   ***Ich bin* Herr Neumann.**

   a. Das ist Herr Neumann.   c. Das ist Professor Schönfeld.
   b. Das ist Fräulein Schmidt.   d. Das ist Karl Neumann.

8. **Beispiel:** Sind Sie Professor Schönfeld?   **Ja, ich bin Professor Schönfeld.**

   a. Sind Sie Professor Schönfeld?   c. Bin ich Herr Neustätter?
   b. Sind Sie Frau Schmidt?   d. Ist das Fräulein Müller?

9. **Beispiel:** Ist das Doktor Werner?   **Nein, das ist nicht Doktor Werner.**

   a. Ist das Doktor Werner?   c. Sind Sie Frau Schmidt?
   b. Bin ich Professor Schönfeld?   d. Sind Sie Fräulein Müller?

Fragen

1. Wie heißen Sie?
2. Wie heiße ich?
3. Wer ist das?

4. Wer bin ich?
5. Wer sind Sie?
6. Sind Sie Herr Neustätter?

EINFÜHRUNG: LEKTION C

Grammatische Ziele:

Pronomen—er, sie (*she*), wir, sie (*they*), was

Präsens—Ergänzung von ,,heißen" und ,,sein"

Einführende Beispiele

1. Er heißt (*student's name*).
   Wie heißt er?
      Er heißt _____.

2. Wie heißt sie?
      Sie heißt _____.

3. Ich bin Amerikaner.
   Herr (*student's name*) ist auch Amerikaner.
   Herr _____ und ich sind Amerikaner.
   Wir sind Amerikaner.
   Was sind wir?
      Sie sind Amerikaner.
   Sind wir alle Amerikaner?
      Ja, wir sind alle Amerikaner.

4. Fräulein _____ ist ein Mädchen.
   Fräulein _____, Fräulein _____ und Fräulein _____ sind auch Mädchen.
   Was sind Sie? (*only women students answer*)
      Wir sind Mädchen.

5. Herr _____ ist ein Mann.
   Er ist ein Mann.
   Herr _____ und Herr _____ sind auch Männer.
   Was sind Sie? (*only male students answer*)
      Wir sind Männer.

6. Fräulein _____ ist Amerikanerin.
   Ist Fräulein _____ auch Amerikanerin?
       Ja, Fräulein _____ ist auch Amerikanerin.

7. Fräulein _____ und Fräulein _____ sind Amerikanerinnen.
   Sind sie Amerikanerinnen?
       Ja, sie sind Amerikanerinnen.

8. Ich bin Amerikaner.
   Herr Brown und Herr Jones sind auch Amerikaner.
   Was sind sie?
       Sie sind Amerikaner.

Übungen

1. **Beispiel:** *er heißt*   *Er heißt* **auch Brown.**

   a. er heißt   d. sie heißt
   b. Sie heißen   e. wer heißt (?)
   c. ich heiße   f. heißen sie (?)

2. **Beispiel:** *Männer*   **Wir sind** *Männer.*

   a. Männer   d. Anne Schmidt und Hans Neumann
   b. alle Mädchen   e. Amerikaner
   c. alle Männer   f. Amerikanerinnen

3. **Beispiel:** *wir sind*   *Wir sind* **hier.**

   a. wir sind   d. Herr Brown ist
   b. ich bin   e. sind Sie alle (?)
   c. sie sind   f. ist sie (?)

4. **Beispiel:** *er ist*   *Er ist* **nicht Paul Schmidt.**

   a. er ist   d. ich bin
   b. er heißt   e. ist das (?)
   c. Sie sind   f. heißt er (?)

5. Beispiel: *er*   *Er heißt* Schmidt.

a. er
b. ich
c. sie (*she*)

d. Sie
e. wer (?)
f. sie (*they*)

6. Beispiel: *wir*   *Wir sind* auch hier.

a. wir
b. Sie
c. ich

d. sie (*she*)
e. er
f. sie (*they*) .

7. Beispiel: Sind Sie Herr Brown?   Ja, ich bin Herr Brown.

a. Sind Sie Herr Brown?
b. Heißt er Robert Brown?
c. Ist das Professor Schönfeld?
d. Ist das Fräulein Müller?

e. Sind wir alle hier?
f. Heißen Sie Hans Neumann?
g. Sind wir Amerikaner?
h. Sind sie (*they*) alle Amerikaner?

8. Beispiel: Ist das Herr Neustätter?   Nein, das ist nicht Herr Neustätter.

a. Ist das Herr Neustätter?
b. Sind Sie Professor Schönfeld?
c. Ist Fräulein Schmidt hier?
d. Sind Sie Frau Schmidt?

e. Sind wir alle Männer?
f. Hcißt sie Ursula?
g. Sind wir alle Mädchen?
h. Sind Sie Amerikanerin?

Fragen

1. Wie heißen Sie?
2. Wer ist das?
3. Wer bin ich?
4. Was sind wir?
5. Wie heißt sie?
6. Sind Sie nicht Herr Neumann?

7. Ist Professor Schönfeld Amerikaner?
8. Ist das Mädchen Amerikanerin?
9. Wie heißt der Professor?
10. Wie heißt die Amerikanerin?
11. Wie heißen die Amerikanerinnen?
12. Wie heißen die Amerikaner?

Wortschatz

alle (*plur.*) *all*
der Amerikaner (*masc.*) *American*; die
   Amerikaner *Americans*
die Amerikanerin (*fem.*) *American*; die
   Amerikanerinnen *Americans*
  auch *also, too*
das Beispiel *example*; einführende
   Beispiele *introductory examples*
  das (*pron.*) *that*
  der, die, das (*def. art.*) *the*
der Doktor, Dr. *doctor, physician*
  ein *a, an*
die Einführung *introduction*
  er *he*
die Frage *question*; die Fragen *questions*
die Frau *Mrs.; woman; wife*
das Fräulein *Miss; young lady*
der Herr *Mr.*
  hier *here*
  ich *I*
  ja *yes*
die Lektion *lesson*

das Mädchen *girl*; die Mädchen *girls*
der Mann *man*; die Männer *men*
  nein *no*
  nicht *not*
der Professor *professor*
  Sie *you*
  sie *she*
  sie *they*
die Übung *exercise, drill*; die Übungen
   exercises, drills
  und *and*
  was *what*
  wer *who*
  wir *we*
der Wortschatz *vocabulary*

  bin *am*
  heißen *to be called, named*; wie
   heißen Sie? *what is your name?*
  ist *is*
  sind *are*

Aussprache

A. Consonants

SOUND	NEAREST ENGLISH EQUIVALENT	GERMAN SPELLING	EXAMPLES
b	b in "boy"	b at the beginning of a syllable	Buch, Bleistift, haben, Brücke
Back-ch	no English equivalent	ch after a, au, o, or u	machen, auch, doch, Buch
Front-ch	no English equivalent	ch after ä, äu, e, ei, eu, i, ie, ö, ü, l, n, or r; ch at the beginning of a syllable; g in final position after i	Bäche, räuchern, echt, leicht, euch, ich, riechen, möchte, Bücher, welcher, mancher, durch, Chemie, richtig, wenig

SOUND	NEAREST ENGLISH EQUIVALENT	GERMAN SPELLING	EXAMPLES
d	d in "dog"	d at the beginning of a syllable	der, doch, finden, Hände
f	f in "fun"	f, v, or ph	Frau, Professor, von, viele, Geographie
g	g in "go"	g at the beginning of a syllable	gut, Geld, Glas, tragen
h	h in "hot"	h at the beginning of a syllable	Hand, heute, Herr, hier
		Note: silent h in the middle and at the end of a syllable, except in the combination ch	ihn, gehen, sehen, sieh, Sohn
k	ck in "back"	ck and k; g at the end of a syllable, except in the combinations ig and ng; g before final voiceless consonants	Barock, zurück, Amerika, kommen, Kneipe, Knopf, Berg, Tag, fragt, sagst
kv	no English equivalent	qu	Quadratkilometer, Quelle
l	no English equivalent	l, ll	Fräulein, Land, lernen, lesen, Ballade, Fall
m	m in "mouse"	m, mm	Amerika, im, immer, Mann
n	n in "no"	n, except in the combination ng; nn	Damen, Herren, in, nun, und, innerhalb, rennen
ng	ng in "singer"; never ng in "finger" or "ranger"	ng	bringen, England, hängen, lange
p	p in "pit"	p, pp; b at the end of a syllable or before final voiceless consonants	Post, Preis, spielen, Suppe, ab, abfahren, Abschied, gibt
pf	no English equivalent	pf	empfehlen, Pfeifen, Pferd
r	no English equivalents for German uvular r, tongue-trilled (rolled) r, or final vocalic r	r, rr	der, Frau, Professor, rot, Vater, Herr, errichten

SOUND	NEAREST ENGLISH EQUIVALENT	GERMAN SPELLING	EXAMPLES
s	s in "so"	s at the end of a syllable or before final voiceless consonants; ss, ß*	bis, das, es, ist, Wurst, essen, daß, heißen, muß
z	z in "zebra"	s at the beginning of a syllable, except in the combinations sch, sp, and st	sehr, Sie, so, wieso, Wiese
sh	sh in "ship"	sch, s in initial sp and st combinations	mischen, schlafen, schon, Tasche, sprechen, spät, stellen, Straße
t	t in "too"	t, dt, th, tt; d at the end of a syllable or before final voiceless consonants	mit, trägt, stehen, sandte, Schmidt, Goethe, Mathematik, Theater, Mutter, Bett, bitten, tritt, Land, Hand, fremd, und, Deutschlands
ts	ts in "rats"	ds, ts, tz, z; t before -ion and -ient	abends, gibt's, Wortschatz, Fritz, schwarz, vierzig, zusammen, Revolution, nationalistisch, Patient
v	v in "very"	w; v in words of foreign origin	schwarz, wann, was, zwei, Silva, Olivetti, Vanilleeis, Verb
x	x in "axe"	chs, x	wachsen, wächst, Max
y	y in "yes"	j	ja, jetzt, jeder, jung, Jugend

B. Vowels

German vowels are usually short if immediately followed by more than one consonant.
   sind, hatte, hoffentlich, können, müssen, Standpunkt

German vowels are long if
   a) the vowel symbol is doubled
         Heer, Saal, See
   b) they are followed by a silent h
         gehen, ihn, sah

---

* The ss is written between two vowels if the first vowel is short; the ß is used in all other positions.

c) they occur in the stressed syllable and are immediately followed by no more than one consonant

      Bruder, leben, tragen

d) they occur in a conjugational form of a verb whose infinitive contains a long vowel lest (*infinitive:* lesen), trägt (*infinitive:* tragen)

SOUND	NEAREST ENGLISH EQUIVALENT	EXAMPLES
Long a	a in "father"	habe, habt, nahmen, Name, Saal, Vater
Short a	a in "father" but very short in duration	Anne, Hans, Mann, fast
Long e	a in "gate"	gehe, Helene, See, Lehrer, wer, Dänemark, gäbe, Mädchen, trägt
Short e	e in "bed"	des, es, Essen, Helene, Professor, Hände, Männer, Neustätter
Unaccented e (occurs mainly in unstressed grammatical affixes)	a in "sofa" and "about"	beantworten, Brücke, gegeben, Helene, Lage
Long i	ee in "see"	die, hier, ihn, Kino, sieht, Maschine, wie
Short i	i in "sit"	bin, ich, mit, Schmidt, sind
Long o	o in "so"	so, Robert, rot, wo, wohnen
Short o	o in "for"	antwortet, doch, dort, hoffent-lich, kommen, Sonntag
Long u	oo in "boot"	Bruder, Buch, gut, Hut, rufen, ruhig, tun
Short u	u in "put"	Hamburg, Stunde, um, und, uns
Long ö	a in "gate" but with the lips rounded and protruded	hören, König, lösen, Möbel, schön
Short ö	e in "bed" but with the lips rounded and protruded	öffnen, öfter, möchte, Töchter, zwölf
Long ü	e in "see" but with the lips rounded and protruded	Bücher, Stühle, Tür, über, Übung
Short ü	i in "sit" but with the lips rounded and protruded	Brücke, fünf, Müller, müssen, Stück

SOUND	NEAREST ENGLISH EQUIVALENT	EXAMPLES
Diphthong **ei**	**i** in "mice"	Bleistift, heißen, mein, nein, Mai, Haifisch
Diphthong **au**	**ow** in "cow"	auch, auf, aus, Frau, Paul
Diphthong **eu**	**oy** in "boy"	heute, Neumann, neun, Häuser, Fräulein

C. Word Stress

Most German words are stressed on the first syllable.

Bre′men, fah′ren, le′sen, Blei′stift

Common exceptions are

a) verbs beginning with the unstressed (inseparable) prefixes **be-, emp-, ent-, er-, ge-, miß-, ver-,** and **zer-**

bekom′men, empfeh′len, entfer′nen, erfah′ren, gefal′len, mißverste′hen, verste′hen, zerstö′ren

b) nouns derived from inseparable verbs

Bedeu′tung, Beglei′ter, Beweis′, Entfer′nung, Ergeb′nis, Erin′nerung, Verbre′cher, Vereh′rer, Vergleich′, Verklei′dung, Zerstö′rung

c) verbs ending in **-ieren**

akzeptie′ren, existie′ren, integrie′ren, studie′ren

d) nouns of foreign origin with stress on the last syllable

Hotel′, Ingenieur′, Natur′, Restaurant′

e) nouns with the stressed endings **-ent, -ei, -ie, -ion,** and **-ist**

Student′, Konditorei′, Soziologie′, Präposition′, Spezialist′

f) nouns ending in **-or** that are stressed on the next to last syllable in both singular and plural

SINGULAR	PLURAL
Dok′tor	Dokto′ren
Profes′sor	Professo′ren

1

ERSTE LEKTION

Grammatische Ziele:
Präsens regelmäßiger Verben
Bestimmter Artikel im Nominativ
Geschlecht der Substantive

Einführende Beispiele

1. Mein Name ist Schönfeld. Ich komme aus Deutschland.
   Sie kommen aus Amerika.
   Kommen Sie aus Amerika?
   Ja, ich komme aus Amerika.

2. Fräulein Olivetti kommt aus Italien.
   Woher kommt sie?
   Sie kommt aus Italien.

3. Komme ich aus England?
   Nein, Sie kommen nicht aus England.

4. Herr Jones kommt aus Amerika.
   Woher kommt er?
   Er kommt aus Amerika.

5. Ich bin Professor.
   Herr Brown ist Student.
   Ist Herr Silva auch Student?
   Ja, Herr Silva ist auch Student.

6. Fräulein Olivetti ist Studentin.
   Was ist Fräulein Digby?
   Fräulein Digby ist Studentin.

7. Anne Digby kommt aus England.
   Wie heißt das Mädchen aus England?
   Das Mädchen aus England heißt Anne Digby.

8. Wie heißt die Studentin aus England?
   Die Studentin aus England heißt Anne Digby.

9. Und wie heißt der Student aus Amerika?
   Der Student aus Amerika heißt Jones.

10. Die Herren kommen aus Amerika.
    Woher kommen sie?
    Sie kommen aus Amerika.

Übungen

1. **Beispiel:**   *Schönfeld*   Ich heiße *Schönfeld*.

   a. Schönfeld
   b. Schmidt

   c. Anne Schmidt
   d. Paul Jones

2. **Beispiel:**   *Amerika*   Ich komme aus *Amerika*.

   a. Amerika
   b. Deutschland

   c. England
   d. Hamburg

3. **Beispiel:**   *Sie*   Woher kommen *Sie*?

   a. Sie
   b. die Männer

   c. Fräulein Olivetti und Herr Silva
   d. sie (*they*)

4. **Beispiel:**   *Herr Schönfeld*   Kommt *Herr Schönfeld* aus Deutschland?

   a. Herr Schönfeld
   b. das Mädchen
   c. die Studentin

   d. sie (*she*)
   e. der Professor
   f. er

5. **Beispiele:**   *wir*   *Wir sind* in Amerika.
                     ich   *Ich bin* in Amerika.

   a. wir
   b. ich
   c. Sie

   d. der Professor
   e. sie (*she*)
   f. er

6. **Beispiel:**   *ich*   *Ich heiße* Schmidt.

   a. ich
   b. wir
   c. der Mann

   d. sie (*they*)
   e. die Studentin
   f. Sie

7. **Beispiel:**   *er*   *Er kommt* aus Amerika.

   a. er
   b. Herr Brown
   c. sie (*they*)

   d. Sie
   e. Herr Jones und Herr Brown
   f. ich

8. **Beispiel:**   Heißt er Schmidt?   Ja, er heißt Schmidt.

   a. Heißt er Schmidt?
   b. Heißen Sie Paul Jones?
   c. Heißt die Studentin Anne Digby?

   d. Heißt der Professor Schönfeld?
   e. Heißen die Herren Jones und Brown?
   f. Heißt der Amerikaner Jones?

9. **Beispiel: Kommen Sie aus England?**   Ja, ich komme aus England.

   a. Kommen Sie aus England?
   b. Kommen Sie aus Rom?

   c. Kommen Sie aus Dänemark?
   d. Kommen Sie aus Spanien?

10. **Beispiel: Kommen Sie aus Dänemark?   Nein, ich komme nicht aus Dänemark.**

    a. Kommen Sie aus Dänemark?   c. Kommen Sie aus London?
    b. Kommen Sie aus Amerika?   d. Kommen Sie aus Paris?

11. **Beispiel: Woher kommt *Herr Jones*? (*Amerika*)   *Er* kommt aus Amerika.**

    a. Woher kommt Herr Jones? (Amerika)
    b. Woher kommt Fräulein Digby? (London)
    c. Woher kommen die Herren? (New York)
    d. Woher kommt Professor Schönfeld? (Deutschland)
    e. Woher kommen die Studentinnen? (Paris)

12. **Beispiel: Ich komme aus England. Und Sie?   Ich komme auch aus England.**

    a. Ich komme aus England. Und Sie?
    b. Er heißt Jones. Und Sie?
    c. Sie kommen aus Italien. Und Fräulein Olivetti?
    d. Der Student kommt aus Amerika. Und Herr Brown?
    e. Ich bin Student. Und Sie?

13. **Beispiel: *Maria Olivetti*   Ich bin *Maria Olivetti*.**

    a. Maria Olivetti   d. Professor
    b. Professor Schönfeld   e. Studentin
    c. Student   f. Amerikaner

14. **Beispiel: *ich bin*   *Ich bin* auch Student.**

    a. ich bin   d. der Herr aus Amerika ist
    b. Herr Jones ist   e. ist er (?)
    c. wer ist (?)   f. sind Sie (?)

Fragen

1. Wer ist das?
2. Wie heißen Sie?
3. Woher kommt sie?
4. Woher kommt der Professor?
5. Wie heißt der Student aus Amerika?
6. Wie heißen die Herren aus Amerika?
7. Ist Fräulein Jensen Studentin?
8. Ist Herr Schönfeld Professor?
9. Wer ist Student?
10. Woher kommen Sie?
11. Kommt Herr Brown aus Italien?
12. Kommen Sie aus Berlin?
13. Kommen sie alle aus Hamburg?
14. Wer sind die Studentinnen?

Dialog:

Die erste Unterrichtsstunde am Institut für Ausländer

JONES Guten Tag!

DIGBY Guten Tag!

JONES Ich heiße Jones, Paul Jones. Und wie heißen Sie?

DIGBY Ich heiße Anne Digby.

JONES Sie kommen aus England, nicht wahr?

DIGBY Ja, ich komme aus London. Und Sie?

JONES Aus Amerika. Studieren Sie hier?

DIGBY Ja, und Sie auch?

JONES Richtig. Der Unterricht hier am Institut ist sehr interessant, nicht wahr?

DIGBY Ja, sehr. Da kommt Professor Schönfeld. Jetzt beginnt der Unterricht. Also bis
       später, Herr Jones.

JONES Auf Wiedersehen, Fräulein Digby.

Wien: Universitätsbibliothek

The First Class at the Institute for Foreigners

JONES Hello.

DIGBY Hello.

JONES My name is Jones, Paul Jones. And what is your name?

DIGBY My name is Anne Digby.

JONES You come from England, don't you?

DIGBY Yes, I'm from London. And you?

JONES From America. Are you a student here? [Are you studying here?]

DIGBY Yes, and you too?

JONES That's right. The course work here at the Institute is very interesting, don't you think?

DIGBY Yes, very. Here comes Professor Schönfeld. Class will begin now. Well, see you later, Mr. Jones.

JONES Goodbye, Miss Digby.

Fragen über den Dialog

1. Wie heißt der Professor?
2. Wie heißt der Student aus Amerika?
3. Woher kommt Herr Jones?
4. Woher kommt Fräulein Digby?
5. Wie heißt die Studentin aus London?
6. Studiert Fräulein Digby am Institut?
7. Studiert Herr Jones auch am Institut?
8. Kommt Fräulein Digby aus Italien?
9. Kommt Herr Jones aus Spanien?
10. Wer ist Studentin?
11. Wer ist Professor?
12. Herr Jones kommt aus Amerika, nicht wahr?
13. Fräulein Digby studiert am Institut, nicht wahr?
14. Heißt der Student aus Amerika Schmidt?

Lesestück:

Das Institut für Ausländer

Herr Schönfeld kommt aus Deutschland. Er ist Professor. Fräulein Olivetti ist Studentin und kommt aus Italien. Ein Herr aus Mexiko ist auch Student am Institut. Er heißt Juan Silva. Pedro Segovia kommt aus Spanien.

Professor Schönfeld sagt: ,,Guten Morgen, meine Damen und Herren!'' Die Stu-
5 denten antworten: ,,Guten Morgen, Herr Professor!''

Professor Schönfeld fragt Robert Brown: ,,Woher kommen Sie denn?'' Der Student aus Kalifornien antwortet: ,,Ich komme aus Amerika.''

Dann fragt er Fräulein Olivetti: ,,Kommen Sie aus Spanien oder aus Italien?'' – ,,Ich komme aus Italien, aus Rom'', antwortet sie.

10 ,,Wie heißen Sie, bitte?'' fragt der Professor. Der Student aus New York antwortet: ,,Ich heiße Jones, Paul Jones.''

Der Professor fragt auch die Studentin aus London, wie sie heißt. Sie antwortet: ,,Mein Name ist Anne Digby.'' – ,,Und Sie wohnen in England, nicht wahr?'' – ,,Ja, richtig, ich wohne in London'', antwortet sie.

15 Professor Schönfeld fragt: ,,Wie geht es Ihnen, Herr Silva?'' – ,,Danke, gut'', antwortet der Student aus Mexiko. Dann fragt der Professor Fräulein Jensen: ,,Wie geht es Ihnen hier in Deutschland?'' – ,,Danke, es geht mir sehr gut in Deutschland'', antwortet sie.

Dann fragt Professor Schönfeld: ,,Was sehen Sie hier im Zimmer?'' Da niemand
20 antwortet, sagt er: ,,Hier sind viele Dinge. Das ist ein Bleistift, das ist eine Uhr, und dort ist ein Buch. Hier ist eine Tür, da ist ein Fenster, und dort ist auch ein Fenster.''

Wortschatz

also *well*; **also bis später** *well, see you later*
am *at the*
(das) **Amerika** *America*
auf Wiedersehen *goodbye*
aus *from*
der **Ausländer** *foreigner*; die **Ausländer** *foreigners*
die **Aussprache** *pronunciation*
bitte *please*
der **Bleistift** *pencil*
das **Buch** *book*

da (*adv.*) *there*; *here*; (*subord. conj.*) *since, inasmuch as*
die **Dame** *lady*; die **Damen** *ladies*
(das) **Dänemark** *Denmark*
danke *thank you*
dann *then, thereupon*
denn *anyway*
(das) **Deutschland** *Germany*
der **Dialog** *dialogue*
das **Ding** *thing*; die **Dinge** *things*
dort *there*
eine (*fem.*) *a, an*

(das) England   *England*
 erst-   *first*
 es   *it*
das **Fenster**   *window*
 für   *for*
die **Grammatik**   *grammar*
 gut   *good, well, fine*
der **Herr**   *man, gentleman*;   die **Herren**
    men, gentlemen
 im   *in the*
 in   *in, into*
das **Institut**   *institute*
 interessant   *interesting*
(das) Italien   *Italy*
 jetzt   *now*
(das) Kalifornien   *California*
das **Lesestück**   *reading selection*
 mein   (*poss. adj.*) *my*;   **meine Damen
    und Herren**   *ladies and gentlemen*
(das) Mexiko   *Mexico*
der **Morgen**   *morning*;   **guten Morgen**
    good morning
der **Name**   *name*
 nicht wahr?   *don't you?, isn't that so?
    don't you think so?, isn't it?*
 niemand   *no one*
 oder   *or*
 richtig   *right, correct*
(das) Rom   *Rome*
 sehr   *very, very much*
(das) Spanien   *Spain*
der **Student** (*masc.*)   *university student*;

die **Studenten**   *university students*
die **Studentin** (*fem.*)   *university student*;
    die **Studentinnen**   *university students*
der **Tag**   *day*;   **guten Tag**   *hello*
die **Tür**   *door*
 über   *about, concerning*
die **Uhr**   *clock, watch*
der **Unterricht**   *class, course work,
    instruction*
die Unterrichtsstunde   *class*
 viele   *many*
 weiter(e)   *further*
 wie   *how*
 woher   *from where, from what place,
    whence*
das **Zimmer**   *room*

 antworten   *to answer*
 beginnen   *to begin*
 finden   *to find*
 fragen   *to ask*
 gehen   *to go*;   **es geht mir sehr gut**
    I am just fine;   **wie geht es Ihnen?**
    how are you?
 kommen   *to come*
 sagen   *to say*
 sehen   *to see*
 sein   *to be*
 studieren   *to study at an institution of
    higher learning*
 wohnen   *to live, reside*

Tübingen am Neckar

Weitere Übungen

1. Complete the following sentences with a suitable verb:

   a. Er _____ : „Guten Morgen."
   b. Wir _____ Studenten am Institut.
   c. Was _____ Sie hier im Zimmer?
   d. Der Professor _____ Fräulein Jensen, wie sie heißt.
   e. Ich _____ in Rom.
   f. Hier _____ viele Dinge.
   g. „Mein Name ist Anne Digby", _____ sie.
   h. Wie _____ die Studenten aus Amerika?
   i. Wie _____ es Ihnen?
   j. Ich _____ aus Italien.
   k. _____ Sie in Schwarzhausen?
   l. Mein Name _____ Jensen.
   m. Ich _____ Student.
   n. Der Amerikaner _____ aus Boston.

2. Answer the following questions with complete sentences:

   a. Woher kommt der Professor?
   b. Woher kommt Fräulein Digby?
   c. Woher kommen Herr Jones und Herr Brown?
   d. Was sagt Professor Schönfeld?
   e. Was fragt cr Fräulein Digby?
   f. Wie heißt der Student aus Spanien?
   g. Was fragt Professor Schönfeld die Studentin aus Rom?
   h. Wer ist Student?
   i. Was sind Herr Silva und Herr Jones?
   j. Wer kommt aus Italien?
   k. Ist der Unterricht interessant?
   l. Wer wohnt in England?

3. Ask the student next to you

   a. his name
   b. where he is from
   c. whether he is a student here
   d. whether the course work is interesting
   e. the name of a third student
   f. who the instructor is

Ausspracheübungen

Long **a**:	sagen, Dame, fragt, wahr, Tag, Italien, Name, ja
Short **a**:	danke, antworten, dann, England, niemand, das, was, Karl, Mann, alle
Long **e**:	Amerika, Amerikaner, Lesestück, sehr, gehen, sehen, geht, wer, woher
Short **e**:	Herr, Lektion, Schönfeld, denn, Fenster, jetzt, Student, Professor, England
Unaccented **e**:	bitte, Aussprache, Dame, eine, danke, Lesestück, sehen, Studenten, finden, Fenster

Grammatik

A. The Infinitive

The infinitive consists of two parts, the stem and the ending. The ending is usually **-en**, but is occasionally **-n** only.

STEM		ENDING		INFINITIVE	
antwort-	+	-en	=	antworten	*to answer*
find-	+	-en	=	finden	*to find*
frag-	+	-en	=	fragen	*to ask*
heiß-	+	-en	=	heißen	*to be named*
seh-	+	-en	=	sehen	*to see*
sei-	+	-n	=	sein	*to be*

B. The Present Tense

Present tense forms of a verb are usually derived from the infinitive stem. In German, as in English, the subject of the sentence or clause determines the ending of the accompanying verb. The verb **fragen** follows the regular pattern for conjugation in the present tense.

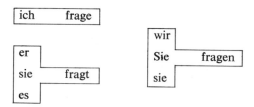

ich	frage

er	
sie	fragt
es	

wir	
Sie	fragen
sie	

If the infinitive stem ends in **-d** or **-t**, an **-e-** is inserted between the stem and the ending **-t** of the third person singular verb form.

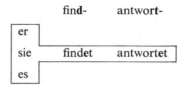

C. **Sein** in the Present Tense

The conjugation of **sein** (*to be*) in the present tense is irregular.

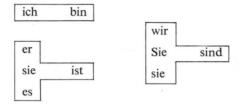

D. The Nominative Case of Personal Pronouns

The subject of a sentence or clause and the predicate nominative are in the nominative case. The following personal pronouns are in the nominative case:

	SINGULAR		PLURAL	
FIRST PERSON	ich	*I*	wir	*we*
SECOND PERSON	Sie	*you*	Sie	*you*
THIRD PERSON	er	*he, it*		
	sie	*she, it*	sie	*they*
	es	*it*		

E. The Nominative Case of the Definite Article

You have observed the following forms of the definite article in the nominative case:

Singular			*Plural*
MASCULINE	FEMININE	NEUTER	ALL GENDERS
der	die	das	die

F. The Gender of Nouns

As in English, nouns denoting males are usually grammatically masculine; most nouns denoting females are grammatically feminine. The suffix **-in** is often added to a masculine noun to form its female counterpart.

MASCULINE	FEMININE
der Amerikaner	die Amerikanerin
der Ausländer	die Ausländerin
der Student	die Studentin
der Herr	die Dame
der Mann	die Frau

Nouns ending in the diminutive suffixes **-chen** and **-lein** are always neuter.

das Mädchen   das Fräulein

German is unlike English in that the names of inanimate things have any one of the three genders. The gender of inanimate things must be learned together with the noun itself.

MASCULINE	FEMININE	NEUTER
der Bleistift	die Frage	das Buch
der Morgen	die Lektion	das Ding
der Name	die Tür	das Fenster
der Tag	die Übung	das Institut
der Unterricht	die Uhr	das Zimmer

G. Nicht

Note the position of **nicht** in the following sentences:

Ich sehe die Uhr **nicht**.
Sie sagt das **nicht**.
Er antwortet **nicht**.
Das ist **nicht** gut.
Das Buch ist **nicht** da.
Ich heiße **nicht** Schmidt.
Ich komme **nicht** aus England.
Das ist **nicht** der Student aus Mexiko.

München: Zeitungskiosk

Nicht wahr seeks confirmation of the statement that it follows. The expression has many meanings, depending on the statement that precedes it, such as: isn't that so? don't you think so? wasn't it? won't it?

Sie wohnen in Hamburg, **nicht wahr**?   (. . . *don't you*?)
Sie kommt aus London, **nicht wahr**?   (. . . *doesn't she*?)
Der Unterricht ist interessant, **nicht wahr**?   (. . . *isn't it*?)

H. Word Order

In simple sentences beginning with the subject, the verb is in second position. Expletives such as **ja** and **nein** do not change this word order.

Fräulein Digby **ist** Studentin.
Er **kommt** aus Amerika.
Ja, Herr Silva **ist** auch Student.
Nein, ich **komme** nicht aus Dänemark.

The verb is in second position when a predicate element or a clause precedes the subject.

Jetzt **beginnt** der Unterricht.
Dann **fragt** er Fräulein Olivetti, wie sie heißt.
„Ich komme aus Italien, aus Rom", **antwortet** sie.
„Guten Morgen", **sagt** er.

The verb is in second position in questions containing interrogatives.

Was **ist** Fräulein Digby?
Wie **heißt** das Mädchen aus England?
Woher **kommen** Sie?

The verb is first in questions without an interrogative.

Ist Herr Silva auch Student?
Kommen Sie aus Amerika?

2
ZWEITE LEKTION

Grammatische Ziele:

Präsens von „haben" und anderen Verben

Unbestimmter Artikel im Nominativ und Akkusativ

Pluralform einiger Substantive

Geschlecht der Substantive

Einführende Beispiele

Anschauungsmaterial:
    zwei Bücher
    zwei Bleistifte
    eine Uhr

1. (*Instructor points at a student.*)
    Sie und ich kommen aus Amerika.
    Wir kommen alle aus Amerika.
    Woher kommen wir?
        Wir kommen aus Amerika.

2. Wir wohnen alle hier in Amerika.
    Wo wohnen wir?
        Wir wohnen in Amerika.

3. Professor Schönfeld wohnt in Schwarzhausen.
    Wer wohnt in Schwarzhausen?
        Professor Schönfeld wohnt in Schwarzhausen.

4. Ich wohne in _____.
    Sie wohnen auch in _____.
    Wo wohnen Sie?
        Ich wohne in _____.

5. Hier ist ein Buch.
    Ich habe ein Buch.
    Sie haben auch ein Buch.
    Was habe ich?
        Sie haben ein Buch.
    Haben Sie auch ein Buch?
        Ja, ich habe auch ein Buch.

6. Das ist eine Uhr.
    Herr _____ hat auch eine Uhr.
    Was hat er?
        Er hat eine Uhr.

7. Ich habe einen Bleistift, und Sie haben auch einen Bleistift.
   Wir haben Bleistifte.
   Wer hat die Bleistifte?
   Wir haben die Bleistifte.

8. (*Instructor gives a pencil to a female student.*)
   Fräulein ——————— hat jetzt einen Bleistift in der Hand.
   Was hat sie in der Hand?
   Sie hat einen Bleistift in der Hand.

9. (*Instructor gives two books to a student.*)
   Herr ——————— hat jetzt zwei Bücher.
   Was hat er?
   Er hat zwei Bücher.

Übungen

1. **Beispiel:** *Fräulein Jensen*   **Woher** *kommt Fräulein Jensen?*

   a. Fräulein Jensen   c. die Studenten
   b. er   d. die Männer

2. **Beispiel:** *Inge Jensen*   **Wo wohnt** *Inge Jensen?*

   a. Inge Jensen   c. er
   b. sie (*she*)   d. das Mädchen

3. **Beispiel:** *Inge und Annette*   **Dort wohnen** *Inge und Annette.*

   a. Inge und Annette   c. wir
   b. die Studenten   d. sie (*they*)

4. **Beispiel:** *einen Bleistift*   **Ich habe** *einen Bleistift* **in der Hand.**

   a. einen Bleistift   c. eine Uhr
   b. zwei Bleistifte   d. zwei Bücher

5. **Beispiel:** *die Bücher*   **Haben Sie** *die Bücher* **im Zimmer?**

   a. die Bücher   c. einen Bleistift
   b. eine Uhr   d. ein Buch

6. **Beispiel:** *eine Uhr*   **Er hat auch** *eine Uhr.*

   a. eine Uhr   c. ein Buch
   b. einen Bleistift   d. zwei Uhren

7. **Beispiel:** *wir*   **Was** *haben wir* **da?**

    a. wir   d. der Professor
    b. Sie   e. er
    c. ich   f. sie *(they)*

8. **Beispiel:**   **Ich wohne jetzt in Berlin. Wohnen Sie jetzt auch in Berlin?**   **Ja, ich wohne jetzt auch in Berlin.**

    a. Ich wohne jetzt in Berlin. Wohnen Sie jetzt auch in Berlin?
    b. Ich wohne jetzt in Stuttgart. Wohnen Sie jetzt auch in Stuttgart?
    c. Wir wohnen jetzt in Bremen. Wohnt er jetzt auch in Bremen?
    d. Er wohnt jetzt in Frankfurt. Wohnt der Professor jetzt auch in Frankfurt?
    e. Der Student da wohnt jetzt in Heidelberg. Wohnen die Amerikaner jetzt auch in Heidelberg?

9. **Beispiel:** *Bücher*   **Im Zimmer sind zwei** *Bücher*.

    a. Bücher   d. Amerikaner
    b. Studenten   e. Fenster
    c. Männer   f. Amerikanerinnen

10. **Beispiel:** *Damen*   **Wo sind die** *Damen*?

    a. Damen   d. Uhren
    b. Dinge   e. Professoren
    c. Studentinnen   f. Herren

11. **Beispiel:** **Dort** *ist ein Student*.   **Dort** *sind zwei Studenten*.

    a. Dort ist ein Student.   e. Da ist ein Amerikaner.
    b. Dort ist ein Mann.   f. Hier ist ein Herr.
    c. Im Zimmer ist ein Buch.   g. Da ist eine Amerikanerin.
    d. Hier ist ein Bleistift.   h. Hier wohnt ein Professor.

Fragen

  1. Woher kommen wir?   7. Hat das Zimmer zwei Fenster?
  2. Woher kommen Sie?   8. Ist der Unterricht hier interessant?
  3. Wohnen Sie in Schwarzhausen?   9. Was haben Sie in der Hand?
  4. Wer kommt aus England?   10. Wie heißt der Student aus Amerika?
  5. Wer hat eine Uhr?   11. Ist Fräulein Olivetti Studentin?
  6. Haben Sie die Bücher?   12. Wie geht es Ihnen?

Dialog:

Jetzt beginnt der Unterricht

BROWN   Guten Morgen, Fräulein Moreau! Sie kommen aus Frankreich, nicht wahr?

MOREAU   Ja, aus Paris. Und Sie? Sind Sie Amerikaner?

BROWN   Ja. Ich komme aus Kalifornien. Ich habe meine Uhr vergessen. Wie spät ist es?

MOREAU   Es ist fünf Minuten vor neun.

BROWN   Wann haben wir heute Deutsch?

MOREAU   Um neun Uhr – wie immer.

BROWN   Vielen Dank. Sie sprechen aber sehr gut Deutsch, Fräulein Moreau. Wo haben
         Sie es denn gelernt?

MOREAU   Ich habe es in der Schule gelernt.

BROWN   Ich lese alle Aufgaben, aber ich finde Deutsch sehr schwer. Machen Sie Ihre
         Hausaufgaben immer allein?

MOREAU   Fast immer. Professor Schönfeld geht schon ins Klassenzimmer. Jetzt beginnt
         der Unterricht.

BROWN   Jetzt schon? Nach dem Unterricht sehen wir uns wieder, nicht wahr?

MOREAU   Ja, bis später.

BROWN   Auf Wiedersehen . . . hoffentlich vergißt sie das nicht!

*Neuleiningen: Dorf und
Burg an der Autobahn
bei Grünstadt*

Class Will Begin Now

BROWN   Good morning, Miss Moreau. You're from France, aren't you?

MOREAU   Yes, from Paris. And you? Are you an American?

BROWN   Yes. I'm from California. I forgot my watch. What time is it?

MOREAU   It's five minutes to nine.

BROWN   When do we have German today?

MOREAU   At nine o'clock—as always.

BROWN   Thank you very much. You speak very good German, Miss Moreau. Where did you learn it (anyway)?

MOREAU   I learned it in school.

BROWN   I read all the lessons, but I find German very hard. Do you always do your homework alone?

MOREAU   Almost always. Professor Schönfeld is already going into the classroom. Class will begin now.

BROWN   Already? After class we'll see each other again, won't we?

MOREAU   Yes, see you later.

BROWN   Goodbye . . . I hope she doesn't forget!

Fragen über den Dialog

1. Kommt Fräulein Moreau aus Dänemark oder aus Frankreich?
2. Woher kommt Robert Brown?
3. Beginnt der Unterricht um neun Uhr?
4. Wo hat Fräulein Moreau Deutsch gelernt?
5. Macht sie die Hausaufgaben fast immer allein?
6. Findet Herr Brown Deutsch schwer?
7. Um wieviel Uhr (*at what time*) gehen Fräulein Moreau und Herr Brown ins Klassenzimmer?
8. Wann beginnt der Deutschunterricht?
9. Wer macht die Hausaufgaben fast immer allein?
10. Wer findet Deutsch schwer?
11. Wer fragt: „Wie spät ist es?"
12. Wer geht schon ins Klassenzimmer?
13. Um wieviel Uhr beginnt der Unterricht?

Lesestück:

Der Deutschunterricht

Fräulein Moreau und Herr Brown sprechen vor dem Unterricht miteinander. Fräulein Moreau ist jung und charmant, aber sie macht die Hausaufgaben fast immer allein. Sie spricht gut Deutsch. Sie hat es in der Schule gelernt. Herr Brown hat bis jetzt nur wenig Deutsch gelernt. Herr Brown findet Fräulein Moreau sehr nett. Vielleicht lernen sie heute
5 abend zusammen. Sie haben eine lange Aufgabe für morgen.

Fräulein Moreau sagt: „Professor Schönfeld geht schon ins Klassenzimmer. Jetzt beginnt der Unterricht." Der Professor und alle Studenten gehen ins Klassenzimmer.

Professor Schönfeld sagt: „Guten Morgen, meine Damen und Herren!" Er fragt alle Studenten, wie sie heißen. Er fragt sie auch, woher sie kommen. Dann sagt er: „Hier
10 haben wir viele Dinge. Das ist eine Tür und dort ist auch eine Tür. Hier haben wir zwei Türen. ,Türen' ist die Pluralform von ,Tür'. Verstehen Sie das?"

„Hier haben wir eine Landkarte von Deutschland, und da ist ein Fenster. Das Klassenzimmer hat drei Fenster. Dies ist die Wandtafel, und hier habe ich ein Stück Kreide. Ich schreibe mit der Kreide an die Wandtafel. Schreiben Sie auch mit Kreide?
15 Hier sind vier Bücher. Wir lesen die Bücher. Hier ist der Tisch, und da ist ein Stuhl. Wir haben hier viele Stühle, aber nur einen Tisch. ,Stühle' ist natürlich die Pluralform von ,Stuhl'. Das verstehen Sie jetzt, nicht wahr?"

Die Studenten antworten: „Ja, Herr Professor. Wir verstehen das." Nur Herr Brown antwortet: „Nein, ich verstehe das nicht."

Wortschatz

aber   *but, however*
allein   *alone*
an   *on*
die Aufgabe   *lesson, assignment*
die Ausspracheübung   *pronunciation drill*
bis   *until*
charmant   *charming*
Dank: vielen Dank   *thank you very much*
das Deutsch(e)   *German language*
der Deutschunterricht   *German course*
dies   *this*
drei   *three*
ein(en)   *a, an; one*

fast   *almost, nearly*
(das) Frankreich   *France*
fünf   *five*
die Hand   *hand;* in der Hand   *in one's hand*
die Hausaufgaben (*plur.*)   *homework*
heute   *today;* heute abend   *this evening, tonight*
hoffentlich   *I hope, it is hoped*
Ihr(e) (*poss. adj.*)   *your*
immer   *always*
ins = in das
jung   *young*
das Klassenzimmer   *classroom*

Münchener Brezel und Brötchen

die **Kreide** *chalk*
die Landkarte *map*
  lang(e) *long*
die **Minute** *minute*
  mit *with*
  miteinander *with one another, with each other*
  morgen *tomorrow*
  nach *after*
  natürlich *naturally, of course*
  nett *nice*
  neun *nine*
  nur *only*
die Pluralform *plural form*
  schon *already*
die **Schule** *school;* **in der Schule** *in school*
  schwer *difficult, hard*
  sie *her*
  sie *them*

  spät *late;* **wie spät ist es?** *what time is it?*
das **Stück** *piece;* **ein Stück Kreide** *a piece of chalk*
der **Stuhl** *chair*
der **Tisch** *table*
  um *at;* **um neun Uhr** *at nine o'clock;* **um wieviel Uhr?** *at what time?*
  uns *each other; us, to us*
  vielleicht *perhaps, maybe*
  vier *four*
  von *of; from*
  vor *before, prior to;* **fünf Minuten vor neun** *five minutes to nine;* **vor dem Unterricht** *before (the) class*
die **Wandtafel** *blackboard*
  wann *when*
  wenig *(a) little*
  wie *as, like; such as*

[42]

wieder   *again, once more*
wieviel   *how much, how many*;
  wieviel Uhr ist es?   *what time
  is it?*
wo   *where*
zusammen   *together*
zwei   *two*; **zweit-**   *second*

haben   *to have*; **hat**   *has*

lernen   *to learn, study*; **gelernt**
  learned, studied
lesen   *to read*
machen   *to do, make*
schreiben   *to write*
sprechen   *to speak*; **spricht**   *speaks*
vergessen   *to forget, forgotten*;
  vergißt   *forgets*
verstehen   *to understand*

Weitere Übungen

1. Read the following sentences, using the word in parentheses as the subject and changing the form of the verb if necessary:

  a. Er versteht das nicht.   (ich)
  b. Ich antworte nicht.   (sie: *she*)
  c. Hat der Herr eine Uhr?   (Sie)
  d. Die Damen gehen ins Klassenzimmer.   (ich)
  e. Ich lese die Übungen.   (wir)
  f. Er wohnt in Hamburg.   (die Studenten)
  g. Ich finde Deutsch nicht schwer.   (er)

2. Complete the following sentences with a suitable expression:

  a. Fräulein Moreau kommt _____, nicht wahr?
  b. Ich habe Deutsch _____ gelernt.
  c. Der Professor sagt: _____.
  d. Das Klassenzimmer hat _____.
  e. Herr Brown findet Fräulein Moreau _____.
  f. Es ist fünf Minuten _____.
  g. Hier ist ein Stuhl, und dort ist _____.
  h. _____ beginnt um neun Uhr.
  i. Fräulein Digby wohnt _____.
  j. Die zwei Studenten sprechen _____ miteinander.

3. Give the definite article and the plural of the following nouns:

  a. Buch, Landkarte, Uhr, Name, Zimmer, Doktor
  b. Fräulein, Schule, Ausländer, Beispiel, Amerikanerin, Tisch
  c. Stuhl, Fenster, Student, Mädchen, Mann, Einführung
  d. Dame, Ding, Herr, Aufgabe, Morgen, Studentin
  e. Wandtafel, Amerikaner, Dialog, Übung, Tag, Lektion

4. Answer the following questions with complete sentences:

    a. Woher kommt Fräulein Digby?
    b. Schreibt der Professor mit Bleistift oder Kreide?
    c. Wer macht die Hausaufgaben fast immer allein?
    d. Was hat Herr Brown vergessen?
    e. Hat das Klassenzimmer eine Landkarte von Italien oder von Deutschland?
    f. Hat das Klassenzimmer zwei oder drei Fenster?
    g. Wer ist sehr nett?
    h. Hat das Klassenzimmer viele Stühle?
    i. Hat das Klassenzimmer viele Tische?

5. Ask the student next to you

    a. how he is
    b. what time it is
    c. when class begins
    d. whether he finds German difficult
    e. whether he speaks German well
    f. whether he does the homework alone
    g. the name of a girl student
    h. whether the classroom has one or two doors

Ausspracheübungen

Long ä:	Mädchen, Dänemark, spät, später
Short ä:	Ausländer, Ausländerin, Männer, Hände
Long i:	die, hier, Sie, auf Wiedersehen, niemand, wieviel, dies, Ihnen
Short i:	bin, ich, ist, nicht, sind, bitte, Ding, im, richtig, Zimmer
Long o:	oder, Rom, woher, wohnen, schon, also, Dialog
Short o:	Doktor, antworten, dort, kommen, hoffentlich, morgen, von
Long u:	Buch, gut, Student, studieren, Uhr, Minute, Schule, Stuhl, nur
Short u:	Übung, und, Unterricht, jung, um, uns
Diphthong ei:	Beispiel, ein, heißen, nein, Bleistift, sein, schreiben, vielleicht, zwei
Diphthong au:	auch, Frau, aus, Aussprache, Aufgabe
Diphthong eu, äu:	Deutsch, neun, heute, Fräulein, Häuser

Grammatik

A. **Haben** in the Present Tense

The conjugation of **haben** is irregular in the present tense.

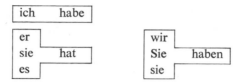

B. The Indefinite Article

The subject of a sentence or clause and the predicate nominative are in the nominative case. The direct object is in the accusative case. You have seen the following forms of the indefinite article in the nominative and in the accusative case:

	Singular			*Plural*
	MASCULINE	FEMININE	NEUTER	
NOMINATIVE	ein	eine	ein	—
ACCUSATIVE	einen	eine	ein	—

C. The Gender of Nouns

Most nouns ending in **-er** or **-or** are masculine.

| der Amerikaner | *exceptions:* | das Fenster |
| der Ausländer | | das Zimmer |
| der Professor |
| der Doktor |

Many nouns ending in **-e** are feminine.

| die Minute | *exception:* | der Name |
| die Landkarte |
| die Schule |

All nouns ending in **-ung**, **-ik**, **-in**, or **-ion** are feminine.

    die Übung
    die Einführung
    die Grammatik
    die Studentin
    die Lektion

Many place names are neuter. Such nouns usually are used without the definite article.

    (das) Amerika
    (das) Frankreich
    (das) Berlin

Fußballspiel

D. The Plural of Nouns

Since there is great variation in the formation of the plural of German nouns, it is necessary to memorize the plural of each noun individually. The following list contains all the nouns, except proper nouns, that have appeared through **Lektion** 2. A dash signifies that the noun in question is normally not used in the plural. Note that all nouns in the plural have the same definite article, **die**, regardless of gender.

SINGULAR	PLURAL
der Amerikaner	die Amerikaner
die Amerikanerin	die Amerikanerinnen
die Aufgabe	die Aufgaben
der Ausländer	die Ausländer
die Aussprache	—
die Ausspracheübung	die Ausspracheübungen
das Beispiel	die Beispiele
der Bleistift	die Bleistifte
das Buch	die Bücher
die Dame	die Damen
das Deutsch(e)	—
der Deutschunterricht	—
der Dialog	die Dialoge
das Ding	die Dinge
der Doktor	die Doktoren
die Einführung	die Einführungen
das Fenster	die Fenster
die Frage	die Fragen
die Frau	die Frauen
das Fräulein	die Fräulein
die Hand	die Hände
(*seldom singular*)	die Hausaufgaben
der Herr	die Herren
das Institut	die Institute
das Klassenzimmer	die Klassenzimmer
die Kreide	—
die Landkarte	die Landkarten
die Lektion	die Lektionen
das Lesestück	die Lesestücke
das Mädchen	die Mädchen
der Mann	die Männer
die Minute	die Minuten
der Morgen	die Morgen

SINGULAR	PLURAL
der Name	die Namen
die Pluralform	die Pluralformen
der Professor	die Professoren
die Schule	die Schulen
der Student	die Studenten
die Studentin	die Studentinnen
das Stück	die Stücke
der Stuhl	die Stühle
der Tag	die Tage
der Tisch	die Tische
die Tür	die Türen
die Übung	die Übungen
die Uhr	die Uhren
der Unterricht	—
die Unterrichtsstunde	die Unterrichtsstunden
die Wandtafel	die Wandtafeln
das Zimmer	die Zimmer

Beginning with **Lektion** 3, the **Wortschatz** gives the plural of nouns as follows:

der Ausländer, –	=	die Ausländer
das Ding, –e	=	die Dinge
der Mann, ̈er	=	die Männer

3
DRITTE LEKTION

Grammatische Ziele:

Das Perfekt

Unregelmäßige Verben in der dritten Person Singular

Bestimmter Artikel im Akkusativ

Einführende Beispiele

Anschauungsmaterial:
     einige Geldstücke oder Scheine
     ein Buch

1. Wo ist der Bleistift?
   Der Bleistift ist nicht hier.
   Ich habe den Bleistift vergessen.
   Was habe ich vergessen?
       Sie haben den Bleistift vergessen.
   Warum (*why*) ist der Bleistift nicht hier?
       Sie haben den Bleistift vergessen.

2. Ich sehe heute Fräulein ———.
   Ich habe sie auch gestern (*yesterday*) gesehen.
   Haben Sie sie gestern gesehen?
       Ja, ich habe sie gestern gesehen.

3. Der Professor spricht Deutsch.
   Sie verstehen den Professor.
   Sie haben den Professor gestern verstanden.
   Haben Sie den Professor verstanden?
       Ja, ich habe den Professor verstanden.

4. Hier habe ich Geld.
   Ich habe das Geld gefunden.
   Was habe ich gefunden?
       Sie haben das Geld gefunden.

5. Ich trage (*carry*) einen Stuhl ins Klassenzimmer.
   Der Student trägt auch einen Stuhl ins Klassenzimmer.
   Was trägt er ins Klassenzimmer?
       Er trägt einen Stuhl ins Klassenzimmer.
   Was trage ich ins Klassenzimmer?
       Sie tragen einen Stuhl ins Klassenzimmer.

6. Ich lese ein Buch.
   Sie lesen auch ein Buch.
   Herr _____ liest die Aufgabe.
   Wer liest die Aufgabe?
      Herr _____ liest die Aufgabe.

7. Ich vergesse oft meine Aufgabe.
   Herr Brown vergißt den Unterricht.
   Was vergißt er?
      Er vergißt den Unterricht.

Übungen

1. Beispiel: *es*   **Sie haben *es* gefunden.**

  a. es

  b. den Mann

  c. ein Buch

  d. den Bleistift

2. Beispiel: *das Buch*   Ich habe *das Buch* gefunden.

  a. das Buch

  b. einen Bleistift

  c. Geld

  d. ein Stück Kreide

3. Beispiel: *den Professor*   Er hat *den Professor* gesehen.

  a. den Professor

  b. die Studentin

  c. es

  d. die Frau

4. Beispiel: *den Mann*   Wir haben gestern *den Mann* gesehen.

  a. den Mann

  b. das Institut

  c. die Amerikaner

  d. die Herren aus Amerika

  e. Fräulein Digby

  f. das Mädchen

5. Beispiel: *gesehen*   Ich habe es gestern *gesehen*.

  a. gesehen

  b. vergessen

  c. gefunden

  d. verstanden

  e. gelernt

  f. gelesen

6. Beispiel: *wir*   *Wir* haben das Geld vergessen.

  a. wir

  b. Sie

  c. alle Studenten

  d. viele Studenten

7. Beispiele: *er*   *Er hat* das Buch im Klassenzimmer gefunden.

            ich   *Ich habe* das Buch im Klassenzimmer gefunden.

a. er
b. ich

c. sie (*she*)
d. Fräulein Moreau

8. Beispiel: *wir*   Gestern *haben wir* das Buch gelesen.

a. wir
b. ich

c. er
d. sie (*they*)

9. Mustersatz:

Wir	*haben*	*die Uhr*	*gefunden.*
a.			gefunden
b.			vergessen
c.		das Buch	
d.		den Unterricht	
e. ich			
f. er			
g. die Studenten			

10. Beispiel: **Haben Sie die Uhr gefunden?**   **Ja, ich habe die Uhr gefunden.**

a. Haben Sie die Uhr gefunden?
b. Vergißt er das?
c. Haben Sie das vergessen?
d. Trägt er die Stühle ins Haus?
e. Haben Sie Professor Schönfeld verstanden?
f. Haben Sie es ins Klassenzimmer getragen?
g. Spricht Fräulein Moreau gut Deutsch?
h. Verstehen Sie die Lektion?

11. Beispiel: **Hat er es gefunden?**   **Nein, er hat es nicht gefunden.**

a. Hat er es gefunden?
b. Haben Sie die Uhr vergessen?
c. Haben Sie den Mann verstanden?
d. Haben Sie die Uhr getragen?*
e. Hat er die Landkarte ins Klassenzimmer getragen?
f. Haben Sie das Geld gefunden?
g. Haben wir es gesehen?
h. Spricht der Student gut Deutsch?

---

* Here **tragen** means "to wear."

„Man frühstückt, wo man wohnt"

12. **Beispiel:** **Wo ist das Buch?** (*im Klassenzimmer*)   **Das Buch ist im Klassenzimmer.**

    a. Wo ist das Buch? (im Klassenzimmer)
    b. Was hat er in der Hand? (eine Uhr)
    c. Was haben Sie vergessen? (zwei Übungen)
    d. Was sagt Professor Schönfeld? (guten Morgen)
    e. Was liest der Student? (das Lesestück)
    f. Was findet Herr Brown schwer? (Deutsch)
    g. Wo hat er die Landkarte gefunden? (in der Schule)
    h. Was tragen Sie fast immer? (eine Uhr)

13. **Beispiel:** **Ich *finde* das Geld.**   **Ich *habe* das Geld *gefunden*.**

    a. Ich finde das Geld.
    b. Ich spreche Deutsch.
    c. Ich sehe den Professor.
    d. Ich verstehe es.
    e. Ich vergesse mein Buch.
    f. Ich lerne es in der Schule.

[53]

14. **Beispiel: Wir *verstehen* den Professor.   Wir *haben* den Professor *verstanden*.**

   a. Wir verstehen den Professor.
   b. Wir sehen es nicht.
   c. Wir vergessen das auch.

   d. Wir finden die Uhr.
   e. Wir tragen die Stühle ins Klassen-
      zimmer.

Fragen

1. Haben Sie gestern eine Uhr getragen?
2. Haben Sie die Bücher vergessen?
3. Wo haben Sie den Professor gesehen?
4. Woher kommt Herr Brown?
5. Hat das Klassenzimmer zwei Türen?
6. Wieviel (*how many*) Fenster hat das Klassenzimmer?
7. Was hat er im Klassenzimmer gefunden?
8. Wer spricht gut Deutsch?
9. Wer trägt jetzt eine Uhr?
10. Wieviel Uhr ist es jetzt?
11. Hat das Klassenzimmer viele Stühle?
12. Wieviel Bücher haben Sie?
13. Hat das Klassenzimmer einen Tisch oder viele Tische?
14. Wieviel Bleistifte hat sie in der Hand?
15. Was haben Sie vergessen?

Dialog:

Was haben Sie gestern gemacht?

SCHÖNFELD   Heute sprechen wir im Perfekt.
Fräulein Digby, was haben Sie gestern nach dem Unterricht gemacht?

DIGBY   Ich habe fleißig gearbeitet und alle Übungen geschrieben.

SCHÖNFELD   Sie haben heute die Aufgabe sehr gut gemacht. Was haben Sie gestern
abend gemacht?

DIGBY   Ich habe einen Film gesehen.

SCHÖNFELD   Wie heißt der Film?

DIGBY   Der Film heißt „Die letzte Brücke".

SCHÖNFELD   Hat man im Film Deutsch gesprochen?

DIGBY   Ja, man hat Deutsch gesprochen, aber ich habe fast alles verstanden.

SCHÖNFELD   Sehr gut.

● ● ●

SCHÖNFELD   Und Herr Silva, was haben Sie um vier Uhr gemacht?

SILVA   Ich habe bis fünf Uhr geschlafen, dann habe ich die Aufgabe gelesen.

SCHÖNFELD   Haben Sie alles in der Aufgabe gelernt?

SILVA   Ja, Herr Professor, ich habe drei Seiten gelernt und sieben Übungen geschrieben.

„Wir haben im Kino einen Film gesehen."

What Did You Do Yesterday?

SCHÖNFELD   Today we are going to speak in the present perfect tense.
Miss Digby, what did you do yesterday after class?

DIGBY   I worked hard and wrote all the exercises.

SCHÖNFELD   You did the lesson very well today. What did you do last night?

DIGBY   I saw a film.

SCHÖNFELD   What is the name of the film?

DIGBY   The film is called *The Last Bridge.*

SCHÖNFELD   Was German spoken in the film?

DIGBY   Yes, German was spoken, but I understood almost everything.

SCHÖNFELD   Fine.

● ● ●

SCHÖNFELD   And Mr. Silva, what did you do at four o'clock?

SILVA   I slept until five o'clock, then I read the lesson.

SCHÖNFELD   Did you study everything in the lesson?

SILVA   Yes, sir, I studied three pages and wrote out seven exercises.

Fragen über den Dialog

1. Was hat Fräulein Digby gestern geschrieben?
2. Wer hat einen Film gesehen?
3. Wann hat sie den Film gesehen?
4. Wie hat der Film geheißen?
5. Was hat Fräulein Digby gut gemacht?
6. Wann hat sie die Aufgabe gelernt?
7. Hat man im Film Deutsch gesprochen?
8. Hat Fräulein Digby nach dem Unterricht geschlafen?
9. Wer hat fleißig gearbeitet?
10. Was hat Herr Silva gelesen?
11. Bis wann hat er geschlafen?
12. Wieviel Übungen hat Herr Silva geschrieben?
13. Hat Herr Silva den Film auch gesehen?
14. Wer hat bis fünf Uhr geschlafen?

Lesestück:

Was haben Sie gestern gemacht?

Diese Woche muß jeder Student einen Bericht vor der Klasse geben. Das ist eine gute Übung in der Sprache, obwohl jeder Bericht nur ganz kurz ist. Gestern morgen haben Herr Brown und einige andere Studenten gesprochen. Heute morgen gibt Fräulein Digby einen Bericht. Sie erzählt, was sie gestern gemacht hat:

5 „Um acht Uhr habe ich zu Hause gefrühstückt. Wie Sie schon wissen, frühstückt man, wo man wohnt. Nach dem Frühstück habe ich schnell einen Brief geschrieben. Um neun Uhr hat der Deutschunterricht begonnen, und um zwölf haben wir Mittagspause gemacht. Zu Mittag habe ich im Gasthaus gegessen, und dann habe ich zu Hause ein wenig geschlafen. Von zwei bis vier Uhr habe ich natürlich wieder Unterricht gehabt.
10 Ich habe von vier bis sechs fleißig gearbeitet, denn der Professor hat uns für morgen sehr viel aufgegeben.

Zu Abend habe ich wieder im Gasthaus gegessen; das Wiener Schnitzel mit Brat-kartoffeln hat sehr gut geschmeckt. Von sieben bis neun haben wir im Palast-Kino einen Film gesehen. Der Film heißt ‚Die letzte Brücke‘ und spielt in Jugoslawien. Zu Hause
15 habe ich bis zehn Uhr wieder gelernt.

Frau Pohlmann, meine Wirtin, ist sehr freundlich, spricht abends mit mir und gibt mir oft gute Ratschläge für das Leben. Manchmal essen wir ein Stück Kuchen und trinken zusammen im Eßzimmer eine Tasse Kaffee. Gestern abend hat Frau Pohlmann Kaffee gemacht. Wir haben Kuchen gegessen, Kaffee getrunken und über das Leben in
20 Deutschland gesprochen. Sie hat mir auch bei dem Bericht geholfen. Um elf Uhr haben wir gute Nacht gesagt – und dann, schnell zu Bett!"

Wortschatz

Beginning with this lesson the plural of each noun will be shown as follows:

der **Abend**, –e   das **Gasthaus**, ⁻er

das **Bett**, –en   der **Kuchen**, –

The –e indicates that **Abende** is the plural form. The plural of **Bett** is **Betten**, and the plural of **Gasthaus** is **Gasthäuser**. **Kuchen** does not change in the plural. No plural is given for a noun that is seldom or never used in the plural.

der **Abend**, –e *evening*; zu Abend *in the evening*; zu Abend essen *to eat the evening meal*
   abends *in the evening*

acht *eight*
alles *everything*
ander- *other*
bei *with*

der **Bericht**, –e   *report*
das **Bett**, –en   *bed*;   **zu Bett**   *to bed*
die Bratkartoffel, –n   *fried potato*
der **Brief**, –e   *letter*
die **Brücke**, –n   *bridge*
   denn   *for, because*
   dies-   *this, these*
   dritt-   *third*
   einig-   *some, several, a few*
   elf   *eleven*
das **Eßzimmer**, –   *dining room*
der **Film**, –e   *film, movie*
   fleißig   *diligent(ly), industrious(ly)*
   freundlich   *friendly*
das **Frühstück**, –e   *breakfast*
   ganz   *quite; complete(ly), entire(ly)*
das **Gasthaus**, ⁼er   *inn*
das **Geld**   *money*
   gestern   *yesterday*;   **gestern abend**
    yesterday evening, last night;
    gestern morgen   *yesterday morning*
das **Haus**, ⁼er   *house*;   **zu Hause**   *at*
   home
   heute morgen   *this morning*
   jed-   *each, every*
(das) **Jugoslawien**   *Yugoslavia*
der **Kaffee**   *coffee*
die **Klasse**, –n   *class, grade*
der **Kuchen**, –   *cake*
   kurz   *short*
das **Leben**   *life*
   letzt-   *last*
   man   *one, they, someone*

   manchmal   *sometimes*
   mir   *me, to me*
der **Mittag**   *noon*;   zu Mittag   *at noon*;
   zu Mittag essen   *to eat the noon*
   meal
(die) **Mittagspause machen**   *to take a noon*
   break
der **Mustersatz**, ⁼e   *pattern sentence*
die **Nacht**, ⁼e   *night*;   **gute Nacht**   *good*
   night
   obwohl   *although*
   oft   *often*
das **„Palast-Kino"**   *the Palace (movie*
   theater)
das **Perfekt**   *present perfect tense*
die **Ratschläge** (*plur.*)   *advice, counsel*
   schnell   *fast, quick(ly)*
   Schriftliches   *material to be written*
   sechs   *six*
die **Seite**, –n   *page*
   sieben   *seven*
die **Sprache**, –n   *language*
die **Tasse**, –n   *cup*
   viel   *much*
   warum   *why*
das **Wiener Schnitzel**, –   *veal cutlet*
die **Wirtin**, –nen   *landlady, hostess,*
   innkeeper
die **Woche**, –n   *week*
   zehn   *ten*
   zu   *to; at*
   zwölf   *twelve*

The following list contains the irregular third person singular of the present tense and the past participle of all strong verbs used in **Lektion** 3 which require **haben** as the helping verb in the present perfect tense. Some of these verbs have already been listed in the **Wortschatz** of previous lessons.

arbeiten   *to work*
aufgeben, aufgegeben   *to assign*
beginnen, begonnen   *to begin*
erzählen   *to narrate, tell*
essen (ißt), **gegessen**   *to eat*
finden (findet), **gefunden**   *to find*
frühstücken   *to eat breakfast*
geben (gibt), **gegeben**   *to give*
heißen, geheißen   *to be called, named*
helfen (hilft), **geholfen** (bei)   *to help*
  (*with*)
lesen (liest), **gelesen**   *to read*
muß   *must*

schlafen (schläft), **geschlafen**   *to sleep*
schmecken   *to taste*
schreiben, geschrieben   *to write*
sehen (sieht), **gesehen**   *to see*
spielen   *to play*
sprechen (spricht), **gesprochen**   *to*
  speak
tragen (trägt), **getragen**   *to carry*;
  wear
trinken, getrunken   *to drink*
vergessen (vergißt), **vergessen**   *to forget*
verstehen, verstanden   *to understand*
wissen (weiß), **gewußt**   *to know (a fact)*

Weitere Übungen

1. Read the following sentences in the present perfect tense:

    a. Ich gebe heute einen Bericht.
    b. Wir lernen das Perfekt.
    c. Lesen Sie das Lesestück?
    d. Die Studenten sprechen gut Deutsch.
    e. Ich verstehe die Wirtin nicht.
    f. Er vergißt den Bericht.
    g. Ich trage die Landkarte ins Klassenzimmer.
    h. Er findet Deutsch schwer.
    i. Wir schreiben heute die Übungen.
    j. Er macht das nicht oft.
    k. Die Wirtin spricht abends mit mir.
    l. Frühstücken Sie um acht Uhr?
    m. Ich sehe heute abend einen Film.
    n. Der Unterricht beginnt um neun Uhr.

2. Read the following sentences, using the expression in parentheses as the subject and changing the form of the verb if necessary:

    a. Ich spreche nicht oft mit Fräulein Digby. (er)
    b. Wir geben heute einen Bericht. (jeder Student)
    c. Die Studenten arbeiten bis vier Uhr. (Herr Jones)
    d. Sie vergessen oft den Unterricht. (sie: *she*)
    e. Wir lesen viele Bücher. (die Wirtin)
    f. Ich trage die Stühle ins Zimmer. (der Herr)
    g. Essen Sie im Gasthaus? (die Studentin)
    h. Die Studenten finden die Sprache nicht schwer. (der Amerikaner)

3. Answer the following questions with complete sentences:

    a. Wer ißt im Gasthaus?
    b. Wo ißt man zu Mittag?
    c. Wer hat mit Frau Pohlmann Kaffee getrunken?
    d. Wer spricht abends mit Fräulein Digby?
    e. Wann hat Fräulein Digby Unterricht gehabt?
    f. Wie hat das Wiener Schnitzel geschmeckt?
    g. Wer gibt heute morgen einen Bericht?
    h. Was hat Fräulein Digby nach dem Frühstück geschrieben?

4. Ask the student next to you

   a. where he comes from
   b. whether he understood the instructor yesterday
   c. whether he saw a film yesterday
   d. what he forgot this morning
   e. where he ate yesterday evening
   f. how many exercises he wrote
   g. whether he wrote a letter yesterday evening

Schriftliches

1. Use each of the following groups of words in a sentence. Change the form of the verb if necessary.

   a. geben, diese Woche, jeder Student, einen Bericht
   b. der Deutschunterricht, begonnen, um neun Uhr, hat
   c. essen, heute abend, er, im Gasthaus
   d. haben, gestern abend, meine Wirtin, machen, Kaffee
   e. sehen, im Palast-Kino, haben, wir, über Deutschland, einen Film

2. Write the following sentences in German:

   a. What time is it?
   b. He finds German very interesting.
   c. Miss Moreau learned German in school.
   d. My landlady talked with me (*mit mir*) about life in Germany.
   e. We understood almost everything in the film.

Aussprecheübungen

Long ö: Schönfeld, schön, hören, gewöhnlich, französisch, Möbel, Möbelfabrik, Söhne, Gasthöfe, Kartoffelklöße

Short ö: zwölf, öffnen, Dörfer, können, möchte, Sammelwörter, Köln

Long ü: Übung, Tür, natürlich, Stühle, Frühstück, über, grün, Deutschbücher, üben

Short ü: Lesestück, Stück, Brücke, Frühstück, kürzer, Fürst, Küche, müssen, fünfte, München, zurückkommen, Mütter, Zahnbürste

Grammatik

A. Past Participles of Strong Verbs

The past participle of a strong verb is usually formed by attaching the prefix **ge-** and the suffix **-en** to the participial stem of the verb.

PREFIX		STEM		SUFFIX		PAST PARTICIPLE
ge-	+	-seh-	+	-en	=	gesehen

The stem vowel of the infinitive often changes in the participial stem of strong verbs.

INFINITIVE	PAST PARTICIPLE
finden	gefunden
schreiben	geschrieben
sprechen	gesprochen

B. Past Participles of Weak Verbs

The past participle of a weak verb—one that undergoes no change in the stem vowel— is usually formed by attaching the prefix **ge-** and the suffix **-t** to the stem of the infinitive.

PREFIX		STEM		SUFFIX		PAST PARTICIPLE
ge-	+	-lern-	+	-t	=	gelernt

The past participle of a weak verb whose infinitive stem ends in **-d-** or **-t-** takes the suffix **-et.**

PREFIX		STEM		SUFFIX		PAST PARTICIPLE
ge-	+	-arbeit-	+	-et	=	gearbeitet

C. Past Participles without the **Ge-** Prefix

Two types of verbs do not have the **ge-** prefix in the past participle:

1) Verbs with the prefixes **be-, er-,** and **ver-**

INFINITIVE	PAST PARTICIPLE
beginnen	begonnen
erzählen	erzählt
verstehen	verstanden

2) Verbs ending in **-ieren**

INFINITIVE	PAST PARTICIPLE
stud**ieren**	studiert

Radrennen in Westberlin

D. The Present Perfect Tense

All verbs discussed in previous lessons were in the present tense. However, you have also seen several verbs in the present perfect (conversational past) tense. This tense is most frequently used in everyday conversation to express a past action. All examples of the present perfect that have been used so far are formed with **haben** as the helping (auxiliary) verb plus the past participle of the main verb. The conjugation of the present perfect tense is:

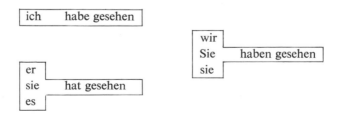

The helping verb is usually located just before or just after the subject. The past participle appears at the end of the clause or simple sentence. Observe the word order in the following sentences:

Ich **habe** fleißig **gearbeitet**.
Man **hat** im Film Deutsch **gesprochen**.
Gestern **haben** wir einen Film **gesehen**.
Was **hat** er gestern **gemacht**?
Wo **haben** Sie das **gefunden**?
Haben Sie alles in der Aufgabe **gelernt**?
Ich **habe** es nicht **verstanden**.

E. Irregular Forms in the Third Person Singular of the Present Tense

In the present tense of some strong verbs, a stem vowel change occurs in the third person singular. The following verbs illustrate several common vowel changes:

FIRST PERSON SINGULAR	THIRD PERSON SINGULAR
ich esse	er ißt
ich lese	er liest
ich spreche	er spricht
ich trage	er trägt

F. Summary of Verbs

Strong Verbs

INFINITIVE	IRREGULAR THIRD PERSON SINGULAR	PAST PARTICIPLE
beginnen		begonnen
essen	ißt	gegessen
finden	findet	gefunden
geben	gibt	gegeben
gehen		*
heißen		geheißen
helfen	hilft	geholfen
kommen		*

* Past participles to be introduced in **Lektion** 17.

INFINITIVE	IRREGULAR THIRD PERSON SINGULAR	PAST PARTICIPLE
lesen	liest	gelesen
schlafen	schläft	geschlafen
schreiben		geschrieben
sehen	sieht	gesehen
sprechen	spricht	gesprochen
tragen	trägt	getragen
trinken		getrunken
vergessen	vergißt	vergessen
verstehen		verstanden

Weak Verbs

antworten	antwortet	geantwortet
arbeiten	arbeitet	gearbeitet
erzählen		erzählt
fragen		gefragt
frühstücken		gefrühstückt
lernen		gelernt
machen		gemacht
sagen		gesagt
schmecken		geschmeckt
spielen		gespielt
studieren		studiert
wohnen		gewohnt

Haben *and* **Sein**

haben	hat	gehabt
sein	ist	*

G. The Nominative and Accusative Case of the Definite Article

You have now seen the following nominative and accusative forms of the definite article:

	Singular			Plural
	MASCULINE	FEMININE	NEUTER	ALL GENDERS
NOMINATIVE	der	die	das	die
ACCUSATIVE	den	die	das	die

---

* Past participles to be introduced in **Lektion** 17.

VIERTE LEKTION

Grammatische Ziele:
Pronomen—Nominativ, Dativ und Akkusativ

Einführende Beispiele

Anschauungsmaterial:
        ein gelber Bleistift
        ein rotes Buch
        eine Postkarte
        ein Kugelschreiber

1. Das Buch ist rot.
   Ist es rot?
       Ja, es ist rot.

2. Der Bleistift ist gelb.
   Ist er gelb?
       Ja, er ist gelb.

3. Die Tür ist braun.
   Ist sie rot oder braun?
       Sie ist braun.

4. Hier ist ein Bleistift.
   Ich habe ihn in der Hand.
   Habe ich ihn in der Hand?
       Ja, Sie haben ihn in der Hand.

5. Da ist ein Student.
   Ich sehe ihn.
   Sehen Sie ihn auch?
       Ja, ich sehe ihn auch.

6. Hier habe ich eine Postkarte.   (*Instructor gives student a postcard.*)
   Herr _____ hat sie jetzt.
   Wer hat sie jetzt?
       Herr _____ hat sie jetzt.

7. Fräulein _____ hat ein Buch.
   Hat sie es in der Hand?
       Ja, sie hat es in der Hand.

8. Herr _____ hat zwei Bücher.
   Wer hat sie?
      Herr _____ hat sie.

9. Ein Student fragt mich, woher ich komme.
   Ich antworte: ,,Ich komme aus Amerika."
   Was fragt er mich?
      Er fragt Sie, woher Sie kommen.

10. Ich habe Fräulein _____ das Buch gegeben.
    Jetzt gebe ich ihr den Bleistift.
    Was gebe ich ihr?
       Sie geben ihr den Bleistift.

11. Ich schreibe Herrn* und Frau Schmidt einen Brief.
    Was schreibe ich ihnen?
       Sie schreiben ihnen einen Brief.

12. Herr Brown ist mein Freund (*friend*).
    Ich schreibe ihm eine Postkarte.
    Was schreibe ich ihm?
       Sie schreiben ihm eine Postkarte.

13. Herr _____, das ist ein Kugelschreiber.
    Geben Sie mir das Buch, und ich gebe Ihnen den Kugelschreiber.
    Hat er mir das Buch gegeben?
       Ja, er hat Ihnen das Buch gegeben.
    Was habe ich ihm gegeben?
       Sie haben ihm den Kugelschreiber gegeben.

14. Der Briefträger (*mailman*) bringt uns morgens die Post.
    Was bringt er uns?
       Er bringt uns die Post.

---

* A few masculine nouns, sometimes referred to as "weak" masculines, have an unusual declension:

NOMINATIVE SINGULAR	Herr, Student
OTHER SINGULAR FORMS	Herrn, Studenten
PLURAL	Herren, Studenten

Übungen

1. **Beispiel:** *Der Bleistift* ist gelb.   *Er* ist gelb.

   a. Der Bleistift ist gelb.
   b. Der Film ist kurz.
   c. Der Kaffee ist warm.
   d. Der Student arbeitet fleißig.
   e. Der Professor spricht gut Deutsch.
   f. Der Tisch ist nicht braun.

2. **Beispiel:** *Das Haus* ist gelb.   *Es* ist gelb.

   a. Das Haus ist gelb.
   b. Hier ist das Gasthaus.
   c. Das Institut ist in Schwarzhausen.
   d. Das Frühstück schmeckt gut.
   e. Das Fenster ist offen.
   f. Da ist das Buch.

3. **Beispiel:** *Die Wirtin* wohnt hier.   *Sie* wohnt hier.

   a. Die Wirtin wohnt hier.
   b. Frau Schmidt wohnt dort.
   c. Die Aufgabe ist schwer.
   d. Wo ist die Uhr?
   e. Die Mittagspause ist sehr kurz.
   f. Die Uhr geht richtig.

4. **Beispiel:** *Die Bücher* sind da.   *Sie* sind da.

   a. Die Bücher sind da.
   b. Die Studenten haben alles gelernt.
   c. Die Herren kommen aus Amerika.
   d. Die Männer arbeiten heute nicht.
   e. Die Bleistifte sind kurz.
   f. Wo wohnen die Studenten?

5. **Beispiele:** Hier ist *das Gasthaus.*   Hier ist *es.*
   Die Bücher sind nicht hier.   *Sie* sind nicht hier.

   a. Hier ist das Gasthaus.
   b. Die Bücher sind nicht hier.
   c. Der Professor spricht lange.
   d. Wo ist das Geld?
   e. Die Tasse ist gelb.
   f. Das Buch ist rot.
   g. Die Fenster sind offen.
   h. Der Unterricht ist nicht schwer.
   i. Die Studenten haben das gefunden.
   j. Der Tisch ist braun.

6. **Beispiel:** Ich habe *den Studenten* gesehen.   Ich habe *ihn* gesehen.

   a. Ich habe den Studenten gesehen.
   b. Wir haben den Tisch gefunden.
   c. Sie haben den Kugelschreiber vergessen.
   d. Er hat den Film gesehen.
   e. Sie hat den Brief geschrieben.
   f. Ich habe den Kaffee nicht getrunken.

7. **Beispiele:** Ich lese *das Buch.*   Ich lese *es.*
   Er hat *die Uhr* gefunden.   Er hat *sie* gefunden.

   a. Ich lese das Buch.
   b. Er hat die Uhr gefunden.
   c. Ich verstehe die Frau nicht.
   d. Wir haben die Herren gesehen.
   e. Ich verstehe den Studenten nicht.
   f. Haben Sie die Bücher gefunden?
   g. Wir haben den Film gesehen.
   h. Wo hat er die Kreide gefunden?

8. Beispiel: Ist *das Buch* rot?   Ja, *es* ist rot.

a. Ist das Buch rot?
b. Ist der Bleistift gelb?
c. Ist der Professor da?
d. Sind die Stühle braun?
e. Arbeitet Herr Jones fleißig?

f. Studiert Fräulein Olivetti in Schwarz-hausen?
g. Sind die Bücher braun?
h. Ist das Buch grün?

9. Beispiel: Hat er *den Bleistift* gefunden?   Ja, er hat *ihn* gefunden.

a. Hat er den Bleistift gefunden?
b. Haben Sie die Uhr vergessen?
c. Hat er die Bücher gelesen?

d. Vergißt sie oft den Kugelschreiber?
e. Haben Sie den Film gesehen?
f. Haben Sie das Gasthaus gefunden?

10. Beispiel: *mich*   Er hat *mich* nicht gefragt.

a. mich
b. uns
c. Sie

d. ihn
e. sie (*her*)
f. den Amerikaner

11. Beispiel: Ist *der Tisch* braun?   Nein, *er* ist nicht braun.

a. Ist der Tisch braun?
b. Ist die Wandtafel gelb?
c. Ist der Professor da?
d. Sind die Türen braun?

e. Arbeiten die Studenten fleißig?
f. Spricht die Wirtin gut Deutsch?
g. Haben Sie den Brief gelesen?
h. Haben Sie das Haus gesehen?

12. Beispiel: *Ihnen*   Man hat *Ihnen* einen Brief geschrieben.

a. Ihnen
b. mir
c. uns

d. ihr
e. ihnen (*them*)
f. ihm

13. Beispiel: *ihm*   Es geht *ihm* jetzt sehr gut.

a. ihm
b. Ihnen
c. mir

d. ihr
e. uns
f. ihnen (*them*)

14. Beispiel: Ich schreibe *Herrn Brown* einen Brief.   Ich schreibe *ihm* einen Brief.

a. Ich schreibe Herrn Brown einen Brief.
b. Er gibt Fräulein Digby den Kugelschreiber.
c. Der Briefträger bringt Herrn und Frau Schmidt die Post.
d. Ich habe Herrn Jones eine Postkarte geschrieben.
e. Ein Freund hat Fräulein Moreau einen Brief geschrieben.

15. Beispiel: Wie geht es *Herrn Schmidt*?   Es geht *ihm* gut, danke.

a. Wie geht es Herrn Schmidt?
b. Wie geht es Fräulein Olivetti?
c. Wie geht es Paul und Robert?

d. Wie geht es Frau Schmidt?
e. Wie geht es Herrn Neumann?
f. Wie geht es Professor Schönfeld?

16. Beispiel: Was geben Sie mir?   *(das Geld)*   Ich gebe Ihnen das Geld.

    a. Was geben Sie mir? (das Geld)
    b. Was schreiben Sie ihm? (einen Brief)
    c. Was gibt Ihnen die Wirtin? (gute Ratschläge)
    d. Was haben Sie mir geschrieben? (zwei Postkarten)
    e. Was bringt uns der Briefträger? (die Post)

Fragen

  1. Haben Sie ihm einen Brief geschrieben?
  2. Hier ist der Brief. Haben Sie ihn schon gelesen?
  3. Hat er Ihnen gute Ratschläge gegeben?
  4. Haben Sie sie gefragt, was das ist?
  5. Sind die Stühle braun?
  6. Ist die Tür braun oder gelb?
  7. Ist der Unterricht schwer?
  8. Hat er den Kaffee getrunken?
  9. Was haben Sie ihr gegeben?
10. Haben Sie ihnen das Geld gegeben?
11. Schreibt sie Ihnen oft einen Brief aus Amerika?
12. Bringt er mir morgen das Geld?

Dialog:

Im Wohnzimmer

FRAU SCHMIDT, *die Wirtin*   Guten Abend, Fräulein Moreau!

MOREAU   Guten Abend, Frau Schmidt!

SCHMIDT   Wie geht es Ihnen?

MOREAU   Danke, es geht mir wirklich gut.

SCHMIDT   Nun, die erste Woche am Institut ist schon vorbei. Finden Sie den Deutsch-unterricht schwer?

MOREAU   Im Gegenteil, bis jetzt ist er sehr leicht.

● ● ●

SCHMIDT   Hat Ihnen der Professor für morgen viel aufgegeben?

MOREAU   Ja, die Aufgabe ist etwas lang, aber ich lerne sie heute abend noch.

SCHMIDT   Kennen Sie schon viele Studenten am Institut?

MOREAU   Nicht viele, aber einen kenne ich schon ziemlich gut.

SCHMIDT (*mit Interesse*)   So?

MOREAU   Er kommt heute abend zu mir.

SCHMIDT   Wie heißt er denn?

MOREAU   Er heißt Robert Brown. Er kommt aus Amerika, aber er ist sehr nett.

● ● ●

SCHMIDT   Haben Sie ihn vorher schon gekannt?

MOREAU   Nein, ich habe ihn erst vor einer Woche am Institut getroffen.

SCHMIDT   Spricht er gut Deutsch?

MOREAU   Noch nicht sehr gut, aber er spricht doch jeden Tag etwas besser. Ich helfe ihm* nämlich bei den Übungen.

SCHMIDT   Sehr interessant! . . . Es klingelt. Das ist sicher Herr Brown.

---

* **Helfen** is one of a small group of verbs that take only dative objects.

Briefmarken

In the Living Room

MRS. SCHMIDT, *the landlady*   Good evening, Miss Moreau.
MOREAU   Good evening, Mrs. Schmidt.
SCHMIDT   How are you?
MOREAU   Thank you, I'm just fine.
SCHMIDT   Well, the first week at the Institute is already over. Are you finding the German course difficult?
MOREAU   On the contrary, so far it is very easy.

● ● ●

SCHMIDT   Did the professor assign you much for tomorrow?
MOREAU   Yes, the assignment is rather long, but I'll study it yet tonight.
SCHMIDT   Do you already know many students at the Institute?
MOREAU   Not many, but one I know rather well already.
SCHMIDT (*with interest*)   Is that so?
MOREAU   He's coming to see me this evening.
SCHMIDT   Well, what's his name?
MOREAU   His name is Robert Brown. He's from America, but he's very nice.

● ● ●

SCHMIDT   Did you already know him before?
MOREAU   No, I just met him a week ago at the Institute.
SCHMIDT   Does he speak German well?
MOREAU   Not very well yet, but he does speak somewhat better every day. I'm helping him with the exercises, you know.
SCHMIDT   Very interesting! . . . The doorbell is ringing. That must be Mr. Brown.

Fragen über den Dialog

1. Sagt Frau Schmidt guten Tag oder guten Abend?
2. Ist die erste Woche am Institut schon vorbei?
3. Ist der Deutschunterricht schwer?
4. Ist die Aufgabe für morgen lang oder kurz?
5. Kennt Fräulein Moreau schon viele Studenten am Institut?
6. Wer kommt heute abend?
7. Wer lernt heute abend mit Fräulein Moreau?
8. Wann lernen sie zusammen?
9. Was lernen sie zusammen?
10. Woher kommt Herr Brown?
11. Spricht er gut Deutsch?
12. Kennt Fräulein Moreau ihn schon lange?
13. Was ist jetzt vorbei?
14. Wie lange sind die Studenten schon am Institut?

Lesestück:

Was habe ich vergessen?

Der Unterricht ist für heute vorbei, und Fräulein Moreau ist jetzt zu Hause. Die Aufgabe für morgen ist nicht leicht, aber das Mädchen hat sie schon gelernt. Sie hat einen Brief bekommen. Sie liest ihn langsam, denn er ist von den Eltern, und sie will natürlich wissen, wie es ihnen geht. Sie hat nämlich ein wenig Heimweh, obwohl es ihr in Schwarzhausen
5 sehr gut geht.

Dann kommt Frau Schmidt ins Wohnzimmer. Die Wirtin spricht gewöhnlich ziemlich schnell, aber Fräulein Moreau versteht sie fast immer. Frau Schmidt fragt: ,,Was haben Sie heute in der Schule gelernt? Haben Sie Ihre Aufgabe gut gemacht?"

,,Ja", antwortet Fräulein Moreau, ,,ich habe sie gut gemacht. Professor Schönfeld
10 hat uns alle gefragt, wie wir heißen. Dann hat er uns gefragt, woher wir kommen. Natürlich weiß er schon, wie wir heißen und woher wir kommen, aber wir müssen es ihm doch sagen, denn wir müssen die Verben üben. Wir haben ihm auf alle Fragen ziemlich gut geantwortet.[1] Herr Brown findet die Sprache schwer, aber für mich ist sie etwas leichter. Er besucht mich heute abend um acht Uhr, und ich helfe ihm bei der
15 Arbeit. Wir lernen die Deutschaufgabe für morgen zusammen."

Schon fünf Minuten vor acht klingelt es. Frau Schmidt trägt etwas in die Küche und kommt nicht wieder.[2] Fräulein Moreau geht an die Tür und öffnet sie. Herr Brown kommt mit ihr ins Wohnzimmer.

Herr Brown trägt ein Heft und viele Bücher, aber was hat er vergessen? Selbst-
20 verständlich sein Deutschbuch! Die beiden setzen sich auf das Sofa und lesen aus Fräulein Moreaus Buch. Herr Brown liest die Übungen langsam, aber natürlich lernt er doch nicht viel. Deutsch findet er noch immer recht schwer, aber Fräulein Moreau findet er sehr interessant!

Wortschatz

an   *to; at*
die **Arbeit**, –en   *work*
auf   *on, upon*
beide   *both;*   **die beiden**   *the two, both*
besser   *better*
braun   *brown*

der **Briefträger**, –   *mailman*
die **Deutschaufgabe**, –n   *German lesson*
das **Deutschbuch**, ⸚er   *German textbook*
doch   (*term lending emphasis*)
    nevertheless, certainly
einer, einen (*pron.*)   *one*

---

[1] **wir ... geantwortet**   we answered all his questions rather well

[2] **kommt ... wieder**   doesn't return

die **Eltern** (*plur. only*) *parents*
  er (*nom.*) *he, it*
  erst *just, only, not until*; **erst vor einer**
    Woche *just a week ago*
  etwas (*adv.*) *somewhat*;
    (*pron.*) *something*
der **Freund,** –e *friend*; die **Freundin,** –nen
  friend, girl friend
  Gegenteil: im Gegenteil *on the*
    contrary
  gelb *yellow*
  gewöhnlich *usual(ly), customary*
  grün *green*
das **Heft,** –e *notebook*
das **Heimweh** *homesickness*
  ihm (*dat.*) *him, to him; it, to it*
  ihn (*acc.*) *him; it*
  Ihnen (*dat.; formal, sing. and plur.*)
    you, to you
  ihnen (*dat.*) *them, to them*
  ihr (*dat.*) *her, to her; it, to it*
das **Interesse,** –n *interest*
die **Küche,** –n *kitchen*
der **Kugelschreiber,** – *ballpoint pen*
  lange *for a long time*
  langsam *slow(ly)*
  leicht *easy, easily*; **leichter** *easier*
  mich (*acc.*) *me; myself*
  morgens *in the morning*
  nämlich *you know*
  noch *still, yet*; **noch immer, immer**
    noch *still (continuing)*; **noch nicht**
    not yet
  nun *well, now*
  offen *open*
die **Post** *mail; post office*
die **Postkarte,** –n *postcard*

recht *very, quite*
rot *red*
sein (*poss. adj.*) *his, its*
selbstverständlich *of course, naturally*
sich *himself; herself; itself; oneself;*
  yourself; yourselves; themselves
sicher *certain(ly), sure(ly)*
sie (*nom.*) *she, it*; (*acc.*) *her, it*
so? *really? is that so?*
das **Sofa,** –s *sofa*
uns (*dat. and acc.*) *us; ourselves*
das **Verb,** –en *verb*
viert- *fourth*
vor *ago*; **vor einer Woche** *a week*
  ago
vorbei *over, past*
vorher *before, previously, in advance*
warm *warm*
wirklich *real(ly)*
das **Wohnzimmer,** – *living room*
ziemlich *rather, somewhat*

bekommen, bekommen *to receive,*
  obtain
besuchen *to visit*
bringen, gebracht *to bring*
kennen, gekannt *to know, be*
  acquainted with
klingeln *to ring*; es klingelt *the*
  doorbell is ringing
müssen (muß), gemußt *to have to, must*
öffnen *to open*
sich **setzen** *to sit down*
treffen (trifft), getroffen *to meet*
üben *to practice*
wollen (will), gewollt *to want*

Österreich: In den Bergen

Weitere Übungen

1. Read the following sentences, replacing all the nouns with pronouns:

    a. Die Wirtin hat den Brief gelesen.

    b. Herr Brown findet die Sprache leicht.

    c. Es geht den Eltern gut.

    d. Die Studenten lesen die Übungen.

    e. Fräulein Moreau hat die Tür geöffnet.

    f. Die Amerikanerin hat die Bücher schon gelesen.

    g. Das Buch ist rot.

    h. Wo spielt der Film?

    i. Die Studentinnen haben es Frau Pohlmann gesagt.

2. Complete the following sentences, using the correct form of the pronoun in parentheses:

    a. Er hat _____ den Kugelschreiber gegeben.   (ich)

    b. Ist _____ schwer?   (es)

    c. Ich habe _____ den Brief gegeben.   (sie: *she*)

    d. Haben Sie _____ gesehen?   (er)

    e. Er versteht _____ nicht.   (ich)

    f. Ich schreibe _____ heute eine Postkarte.   (sie: *they*)

    g. Ich bringe _____ das Heft.   (Sie)

    h. Besucht er _____ heute abend?   (wir)

    i. Hat er _____ verstanden?   (Sie)

    j. Er hat _____ gefragt, wie wir heißen.   (wir)

3. Answer the following questions, using complete sentences:

    a. Ist Fräulein Moreau fleißig?

    b. Wer hat die Aufgabe gut gelernt?

    c. Wer kommt ins Wohnzimmer?

    d. Spricht Frau Schmidt schnell oder langsam?

    e. Geht Frau Schmidt oder Fräulein Moreau an die Tür?

    f. Wer hat Heimweh?

    g. Was hat Herr Brown vergessen?

    h. Findet Fräulein Moreau Robert Brown nett?

    i. Was hat sie von den Eltern bekommen?

    j. Um wieviel Uhr klingelt es?

4. Ask the student next to you

    a. when class begins

    b. when class is over

    c. whether he finds German easy

    d. whether he has written his parents a letter

    e. whether the professor has assigned much for today

    f. whether he already knows many students

    g. whether he has forgotten a notebook

5. Restate the following dialogue in German:

    a. Have you studied the lesson for today?

    b. No, not yet. We'll study it now, won't we?

    a. Yes. Did you forget the German book?

    b. No, here it is.

    a. Good. Shall we do the exercises now?

    b. Yes, and then we'll read the reading passage later.

Schriftliches

1. Use each of the following groups of words in a sentence. Change the form of the verb if necessary:

    a. haben, das Mädchen, von den Eltern, bekommen, einen Brief

    b. kommen, zu, er, heute abend, mir

    c. lernen, heute, Sie, haben, was, in der Schule

    d. uns, bringen, der Briefträger, die Post, haben

    e. mir, Fräulein Moreau, helfen, bei den Übungen

2. Write the following sentences in German:

    a. He asked us what our names are.

    b. I just met her a week ago at the Institute.

    c. Did you forget your notebook?

    d. She naturally wants to know how you are.

    e. The professor did not assign us much for tomorrow.

Aussspracheübungen

b: bin, beginnen, Bleistift, aber, haben, Brief, Brücke

p: Perfekt, Post, Pluralform, Suppe, spät, spielen, Sprache, sprechen, obwohl, gelb, gibt, Obstbäume, siebzehn, Herbst, liebt, abfahren

d: dann, denn, Deutschland, Ding, dort, Student, studieren

t: Tisch, mit, natürlich, heute, nett, bitte, jetzt, Theater, Schmidt, Hand, Land-karte, und, Geld, Abend, abends, Freund, freundlich, Mädchen

g: ganz, gehen, gut, Aufgabe, beginnen, sagen, morgen, einige

k: Kleid, kurz, Klasse, Dank, Brücke, Frühstück, Dialog, Tag, Kriegsfilm, Mittagspause, trägt, genug, Burg, unterwegs

s like English z: Sie, sind, sagen, sehr, lesen, Lesestück, also

s: das, es, ist, fast, wissen, Klasse, essen, weiß, heißen, gewußt, fleißig

Grammatik

A. Personal Pronouns

You have now seen the personal pronouns in the nominative case (the case of the subject and the predicate nominative) and the accusative case (the case of the direct object). You have also seen several pronouns in the dative case (the case of the indirect object). The personal pronouns in the three cases are:

	SINGULAR				PLURAL		
NOMINATIVE	ich	Sie	er	sie	es	wir	Sie	sie
DATIVE	mir	Ihnen	ihm	ihr	ihm	uns	Ihnen	ihnen
ACCUSATIVE	mich	Sie	ihn	sie	es	uns	Sie	sie

Er   ist   **Student.**
(subj.)   *(pred. nom.)*
Das   ist   **er.**
(subj.)   *(pred. nom.)*
Ich   habe   **es**   gelesen.
(subj.)   *(dir. obj.)*
Die Wirtin gibt   **ihm**   gute Ratschläge.
                    (indir. obj.)

Goslar: Eine historische Gaststätte

B. Pronoun Agreement with Antecedents

The gender of the personal pronoun in the third person singular must be the same as that of the antecedent.

Dort kommt **der Student** aus Mexiko. **Er** ist sehr nett, nicht wahr?
Hier ist **der Brief**; **er** ist von meinen Eltern.
Der Brief ist von den Eltern, und sie liest **ihn** langsam.
Die Aufgabe ist ziemlich lang, aber ich habe **sie** schon gelernt.
Ich finde **die Sprache** schwer, aber für Fräulein Moreau ist **sie** etwas leichter.
Wo ist **das Buch**? Ich habe **es** nicht gelesen.

C. The Indefinite Pronoun Es

Es can be used as an indefinite pronoun without a specified antecedent.

Wie geht es Ihnen? Es geht mir gut, danke.
Es klingelt.
Es ist fünf Minuten vor neun.
Wie spät ist es?

D. Reflexive Pronouns

A reflexive pronoun serves as an object pronoun that "reflects" the person and number of the subject of the verb. Although the subject in a reflexive construction originates the action, it is also the recipient of the action expressed by the verb.

PERSONAL PRONOUNS (nominative case)	REFLEXIVE PRONOUNS	
ich	mich	*myself*
er sie es	sich	*himself herself itself oneself*
wir	uns	*ourselves*
Sie sie	sich	*yourself, yourselves themselves*

Er setzt **sich** auf das Sofa.

He sits down on the sofa. (literally: *He seats himself on the sofa.*)

Wir haben **uns** an den Tisch gesetzt.

We sat down at the table.

Ich habe **mich** das oft gefragt.

I have often asked myself that.

5
FÜNFTE LEKTION

Grammatische Ziele:

Modalverben—können, müssen, mögen
 (möchten), wollen

Wissen

Einführende Beispiele

Anschauungsmaterial:
    ein Bleistift
    ein Buch
    ein Brief

1. Das ist ein Bleistift.
   Ich weiß, was das ist.
   Wir wissen alle, was das ist.
   Wissen wir, was das ist?
       Ja, wir wissen, was das ist.
   Wissen Sie, was das ist?
       Ja, ich weiß, was das ist.

2. Hier ist ein Buch.
   Ich kann es lesen.
   Sie können es auch lesen.
   Können Sie es lesen?
       Ja, ich kann es lesen.
   Kann ich es auch lesen?
       Ja, Sie können es auch lesen.

3. Hier ist ein Buch.
   Herr ———— kann es lesen.
   Kann er das Buch lesen?
       Ja, er kann das Buch lesen.

4. Das ist ein Brief.
   Ich kann ihn lesen.
   Sie können ihn auch lesen.
   Können wir ihn lesen?
       Ja, wir können ihn lesen.

5. Dieser Student muß Deutsch lernen.
   Ich muß Deutsch lernen.
   Sie müssen auch Deutsch lernen.
   Was müssen Sie lernen?
       Ich muß Deutsch lernen.
   Muß ich es lernen?
       Ja, Sie müssen es lernen.

6. Es ist acht Uhr abends.
   Wir wollen ins Kino gehen, aber wir müssen lernen.
   Was wollen wir tun?
   > *Wir wollen ins Kino gehen.*
   Was müssen wir tun?
   > *Wir müssen lernen.*

7. Herr _____ ist schläfrig (*sleepy*).
   Er will zu Bett gehen, aber er muß noch arbeiten.
   Was will er tun?
   > *Er will zu Bett gehen.*
   Was muß er tun?
   > *Er muß noch arbeiten.*

8. Ich habe Durst. (*I am thirsty.*)
   Sie haben auch Durst.
   Ich möchte ein Glas Wasser trinken.
   Sie möchten auch ein Glas Wasser.
   Was möchten wir?
   > *Wir möchten ein Glas Wasser.*

Übungen

1. **Beispiel:** *die Aufgabe* **Ich kann *die Aufgabe* lesen.**

   a. die Aufgabe   c. die Übung
   b. das Buch   d. den Brief

2. **Beispiel:** *alles* **Sie können *alles* verstehen.**

   a. alles   c. ihn
   b. den Professor   d. mich

3. **Beispiel:** *er* **Er kann es lesen.**

   a. er   c. ich
   b. die Studentin   d. der Student

4. **Beispiel:** *Sie* **Sie können schnell lesen.**

   a. Sie   c. Fräulein Digby und Herr Silva
   b. wir   d. die zwei Mädchen

5. Beispiel: *wir können*   *Wir können* es nicht finden.

a. wir können   d. Sie können
b. er kann   e. kann sie (?)
c. ich kann   f. können Sie (?)

6. Beispiel: *will*   Er *will* die Aufgabe lernen.

a. will   c. muß
b. kann   d. möchte

7. Beispiel: *lesen*   Wir wollen die Aufgabe *lesen.*

a. lesen   c. schreiben
b. lernen   d. an die Wandtafel schreiben

8. Beispiel: *Sie*   Müssen *Sie* den Brief schreiben?

a. Sie   c. die Eltern
b. wir   d. sie (*they*)

9. Beispiel: *ich*   *Ich* muß die Verben üben.

a. ich   c. Fräulein Moreau
b. sie (*she*)   d. man

10. Beispiel: *er*   *Er* möchte eine Tasse Kaffee trinken.

a. er   c. ich
b. Frau Schmidt   d. sie (*she*)

11. Beispiel: *eine Tasse Kaffee*   Möchten Sie *eine Tasse Kaffee?*

a. eine Tasse Kaffee   d. ein Glas Milch
b. ein Glas Wasser   e. das Buch lesen
c. ein Stück Kuchen   f. mich besuchen

12. Beispiel: *möchten*   Wir *möchten* das lesen.

a. möchten   c. wollen
b. müssen   d. können

13. Beispiel: *Wir* müssen fleißig arbeiten.   *Sie* müssen fleißig arbeiten.

a. Wir müssen fleißig arbeiten.
b. Wir können das nicht verstehen.
c. Wollen wir ihn jetzt besuchen?
d. Wir wissen das schon.
e. Wir können das schnell machen.
f. Wir möchten den Film sehen, nicht wahr?

14. **Beispiel:** *Ich muß das lesen.*   *Wir müssen das lesen.*

    a. Ich muß das lesen.
    b. Ich kann es nicht verstehen.
    c. Ich möchte eine Tasse Kaffee.
    d. Ich will die Verben üben.

    e. Ich kann die Tür öffnen.
    f. Muß ich das machen?
    g. Ich möchte den Film sehen.
    h. Jetzt will ich den Brief lesen.

15. **Beispiel:** *Sie müssen fleißig lernen.*   *Er muß fleißig lernen.*

    a. Sie müssen fleißig lernen.
    b. Sie wollen fleißig arbeiten.
    c. Sie möchten eine Tasse Kaffee trinken, nicht wahr?
    d. Sie können viel lernen.

Fragen

  1. Müssen Sie heute einen Brief schreiben?
  2. Möchten Sie den Film sehen?
  3. Muß er den Bericht lesen?
  4. Wollen Sie heute abend im Restaurant essen?
  5. Müssen wir das machen?
  6. Kann er den Professor verstehen?
  7. Möchten Sie eine Tasse Kaffee?
  8. Weiß er, was das ist?
  9. Wissen wir, wo das Haus ist?
10. Will Herr Brown allein arbeiten?
11. Muß ich die Übung schreiben?
12. Wollen die Studenten Deutsch lernen?

Dialog:

Material für einen Bericht

Herr Jones wohnt bei der Familie Neumann. Frau Neumann klopft an seine Tür, denn es ist Zeit, daß er aufsteht.

NEUMANN   Herr Jones! Sie müssen aufstehen! Der Wecker hat geklingelt.

JONES (*verschlafen*)   Wieviel Uhr ist es denn?

NEUMANN   Halb acht, und Sie müssen um halb neun ins Institut.*

JONES   Danke sehr, Frau Neumann.

● ● ●

Eine halbe Stunde später sitzt Herr Jones mit Frau Neumann am Tisch.

NEUMANN   Sie sind noch schläfrig, nicht wahr? Möchten Sie eine Tasse Kaffee? Ich habe ihn sehr stark gemacht.

JONES   Danke. Au! Heiß ist er auch!

NEUMANN   Sie müssen früher zu Bett gehen. Zwei Uhr ist zu spät.

JONES   Woher wissen Sie, daß es zwei Uhr war?

NEUMANN   Oh, ich weiß es; ich habe Sie gehört.

JONES   Ach so! . . . Um Himmels willen! Ich habe ganz vergessen, ich muß heute einen Bericht geben.

NEUMANN   Ist das die Aufgabe für den Deutschunterricht?

JONES   Ja. Hm . . . worüber kann ich nur sprechen?

NEUMANN (*lacht*)   Nennen Sie doch Ihren Bericht: „Was ich gestern abend gemacht habe"!

---

* Notice the absence of **gehen**. Verbs of motion are sometimes omitted after the various forms of **können, wollen, müssen**, and **möchten**.

Tübingen: Marktplatz

Material for a Report

Mr. Jones lives with the Neumann family. Mrs. Neumann is knocking at his door because it is time for him to get up.

NEUMANN   Mr. Jones! You have to get up! The alarm has gone off.
JONES (*sleepily*)   What time is it?
NEUMANN   Seven-thirty, and you have to go to the Institute at eight-thirty.
JONES   Thank you very much, Mrs. Neumann.

● ● ●

Half an hour later Mr. Jones is sitting at the table with Mrs. Neumann.
NEUMANN   You're still sleepy, aren't you? Would you like a cup of coffee? I made it
               very strong.
JONES   Thank you. Ouch! It's hot too!
NEUMANN   You'll have to go to bed earlier. Two o'clock is too late.
JONES   How do you know that it was two o'clock?
NEUMANN   Oh, I know; I heard you.
JONES   Oh, I see. . . . For heaven's sake! I completely forgot—I have to give a report
               today.
NEUMANN   Is that the assignment for German?
JONES   Yes. Hm . . . I wonder what I can talk about?
NEUMANN (*laughs*)   Why don't you call your report "What I Did Last Night"?

Fragen über den Dialog

1. Wie heißt die Wirtin im Dialog?
2. Was hat geklingelt?
3. Um wieviel Uhr muß Herr Jones ins Institut?
4. Muß Herr Jones aufstehen?
5. Will er aufstehen?
6. Hat Frau Neumann Tee oder Kaffee gemacht?
7. Wie ist der Kaffee?
8. Ist er heiß oder kalt?
9. Wer muß heute einen Bericht geben?
10. Was hat Herr Jones vergessen?
11. Ist Herr Jones noch schläfrig?
12. Ist der Kaffee stark oder schwach?
13. Geht Herr Jones zu früh oder zu spät zu Bett?
14. Was muß er heute für den Deutschunterricht machen?

Lesestück:

Schwarzhausen und die Familie Neumann

Wie Sie schon wissen, ist das Institut für Ausländer in Schwarzhausen. Auf den Straßen Schwarzhausens[1] sieht man viele Ausländer. Sie sind fast alle Studenten am Institut. Es sind Leute aus Frankreich, Spanien, Italien, Amerika, Mexiko, England und den skandinavischen Ländern da, und man kann oft Sprachen wie Dänisch, Spanisch, Französisch
5 und Englisch auf der Straße hören. Einige Studenten kommen auch aus Afrika und Asien.

Schwarzhausen, eine Kreisstadt, hat ein Heimatmuseum, ein Kurhotel, einige Gasthäuser, eine Barockkirche,[2] ein Kloster, einen Marktplatz und einige kleine Fabriken. Oft besuchen Touristen Schwarzhausen, denn die Stadt und die umliegende Landschaft sind außerordentlich schön, und viele Häuser sind alt und historisch. Die Straßen sind
10 auch alt, malerisch und schmal.

Herr Jones wohnt bei der Familie Neumann. Ihr Haus steht auf einem Berg am Stadtrand, und um das Haus liegt ein Blumengarten. Im Garten sind nicht nur Blumen, sondern auch Obstbäume. Der Berg ist nicht hoch, aber von dort aus[3] kann man einige Bauernhöfe, kleine Dörfer und in der Ferne die Alpen sehen.

15 Herr Neumann hat eine Möbelfabrik, und zwanzig Arbeiter sind bei ihm eingestellt. Einige Arbeiter sind aus Italien, andere aus Spanien und Griechenland, denn es gibt nicht genug Arbeiter in Schwarzhausen für alle Fabriken. Wie überall in Westdeutschland müssen die Fabriken in Schwarzhausen Arbeiter aus dem Ausland einstellen. Herr Neumann verkauft nicht nur in Deutschland Möbel, sondern auch im Ausland.

20 Die Familie Neumann hat zwei Kinder. Karl, der Sohn, ist ein Junge von siebzehn Jahren, und Anneliese, die Tochter, ist achtzehn Jahre alt. Karl geht in Schwarzhausen aufs Gymnasium.[4] Andere Jungen und Mädchen von Schwarzhausen besuchen auch das Gymnasium, aber Anneliese besucht eine Mädchenschule in Rosenheim. Sie muß jeden Tag mit dem Zug zur Schule fahren, denn Schwarzhausen liegt neunzehn Kilometer von
25 Rosenheim entfernt. Nur am Sonntag fährt sie nicht hin.

Karl und Anneliese sprechen gern Englisch. Die beiden lernen die Sprache in der Schule. Anneliese spricht es schon besonders gut, denn sie war einen Sommer lang[5] in England. Sie hören auch gern Jazzmusik und wollen oft mit Herrn Jones über den Jazz in Amerika sprechen. Einmal möchten sie gern die Vereinigten Staaten besuchen.

---

[1] **Schwarzhausens** of Schwarzhausen
[2] **eine Barockkirche** Baroque is a heavy, ornate, dramatic style of art and architecture that prevailed in the seventeenth and early eighteenth centuries.
[3] **von . . . aus** from there
[4] **das Gymnasium** The *Gymnasium* is a secondary school that pupils attend for nine years, generally from the age of ten or eleven to nineteen or twenty. It is therefore roughly comparable to junior and senior high school and the first two years of college. The *Gymnasium* is the usual avenue leading to the university, which is highly specialized and is somewhat similar to the graduate school of American universities.
[5] **war . . . lang** was an entire summer

Wortschatz

ach so *oh, I see*
achtzehn *eighteen*
(das) Afrika *Africa*
die Alpen (*plur.*) *Alps*
alt *old*
der **Arbeiter**, – *worker*
(das) Asien *Asia*
au! *ouch!*
auf *to*; aufs = auf das
das **Ausland** *foreign country* (*countries*);
    aus dem Ausland *from foreign*
    countries
außerordentlich *extraordinary**
die Barockkirche, –n *baroque church*
der Bauernhof, ⸚e *farm*
bei *at the house of; at the business of*;
    bei der Familie Neumann *with the*
    Neumann family
der **Berg**, –e *hill, mountain*
besonders *especially*
die **Blume**, –n *flower*
der Blumengarten, ⸚ *flower garden*
das Dänisch(e) *Danish language*
danke sehr *thank you very much*
daß (*conj.*) *that*
das **Dorf**, ⸚er *village*
der Durst *thirst*; Durst haben *to be*
    thirsty
eingestellt *employed*
einmal *once, one time; sometime,*
    someday
das Englisch(e) *English language*
entfernt *distant*; von Rosenheim
    entfernt (*away*) *from Rosenheim*
die Fabrik, –en *factory*
die Familie, –n *family*; die Familie
    Neumann *the Neumann family*
die Ferne *distance*
das Französisch(e) *French language*
früh *early*; früher *earlier*
fünft- *fifth*
der Garten, ⸚ *garden*
genug *enough*

gern(e) *gladly*; ich möchte gern
    I would like very much; ich spreche
    gern Englisch *I like to speak English*
das Glas, ⸚er *glass*; ein Glas Wasser
    a glass of water
(das) Griechenland *Greece*
das Gymnasium, (*plur.*) Gymnasien
    university preparatory school
halb(e) *half*; halb acht *seven-thirty*
das Heimatmuseum, (*plur.*) –museen
    regional museum
heiß *hot*
der **Himmel**, – *heaven* um Himmels
    willen! *for heaven's sake!*
hin (*denotes direction away from the*
    speaker) *there, to that place*
historisch *historic(al)*
hoch *high*
ihr (*poss. adj.*) *their*
das **Jahr**, –e *year*
der Jazz *jazz*
die Jazzmusik *jazz music*
der **Junge**, –n *boy*
kalt *cold*
das Kilometer, – *kilometer (0.6 mile)*
das **Kind**, –er *child*
das Kino, –s *movie theater*; ins Kino
    gehen *to go to a movie*
die **Kirche**, –n *church*
klein *small*
das Kloster, ⸚ *cloister, monastery*
die Kreisstadt, ⸚e *county seat*
das Kurhotel, –s *spa hotel*
das Land, ⸚er *land, country*
die Landschaft, –en *landscape*
die Leute (*plur. only*) *people*
die Mädchenschule, –n *girls' school*
malerisch *picturesque*
der Marktplatz, ⸚e *marketplace, town*
    square
das Material, –ien *material*
die Milch *milk*
das Möbel, – *furniture*

---

* In the **Wortschatz** of previous lessons translations of words that can be used as both adjectives and adverbs were given with (*ly*) if they were used as adverbs. Beginning with this lesson only the adjective form will be given.

die **Möbelfabrik**, –en *furniture factory*
neunzehn *nineteen*
nicht nur . . . sondern auch *not only . . .
but also*
der **Obstbaum**, ⸚e *fruit tree*
oh! *oh!*
das **Restaurant**, –s *restaurant*
schläfrig *sleepy*
schmal *narrow, slender*
schön *beautiful, pretty, lovely*
schwach *weak*
siebzehn *seventeen*
skandinavisch (*adj.*) *Scandinavian*
der **Sohn**, ⸚e *son*
der **Sommer**, – *summer*
sondern (*used only after a negative
statement*) *but, but on the contrary*
der **Sonntag** *Sunday*; **am Sonntag** *on
Sunday*
das **Spanisch(e)** *Spanish language*
der **Staat**, –en *state*
die **Stadt**, ⸚e *city, town*
der **Stadtrand**, ⸚er *city limits, edge of
town*
stark *strong*
die **Straße**, –n *street, road*
die **Stunde**, –n *hour*
der **Tee** *tea*
die **Tochter**, ⸚ *daughter*
der **Tourist**, –en *tourist*
überall *everywhere*
die **Uhrenfabrik**, –en *clock or watch
factory*
um *around*
umliegend *surrounding*
die **Vereinigten Staaten** (*plur. only*)
United States

verschlafen *sleepy, not fully awake*
das **Wasser** *water*
der **Wecker**, – *alarm clock*
weit *far, distant*
(das) **Westdeutschland** *West Germany,
Federal Republic of Germany*
worüber *about what, concerning what*
die **Zeit**, –en *time*
zu *too*
der **Zug**, ⸚e *train*; **mit dem Zug** *by
train*
zur = **zu der**
zwanzig *twenty*

†**aufstehen** *to get up*
besuchen *to attend* (*a school*)
einstellen *to employ, hire*
†**fahren** (**fährt**) *to ride, travel, go by
vehicle*
geben: es gibt *there is, there are*
hören *to hear*
klopfen *to knock*
können (**kann**), **gekonnt** *to be able to,
can, may*
lachen *to laugh*
liegen, **gelegen** *to lie, be situated*
möchte, **möchten** *would like, should
like*
nennen, **genannt** *to name, call*
†**sein: es sind** *there are*
sitzen, **gesessen** *to sit*
stehen, **gestanden** *to stand, be
situated*
tun, **getan** *to do, make*
verkaufen *to sell*
war(en) *was, were*

---

† Here and in the **Wortschatz** of subsequent lessons, the dagger identifies verbs not conjugated with
haben in the present perfect tense. This class of verbs is discussed in **Lektion** 17; from then on the past
participles for these verbs will be introduced.

Weitere Übungen

1. Read the following sentences, using the correct form of the verb in parentheses and making any other necessary changes:

   a. Sie besuchen die Vereinigten Staaten.   (wollen)
   b. Er hört gern Jazzmusik.   (möchten)
   c. Anneliese fährt jeden Tag mit dem Zug zur Schule.   (müssen)
   d. Der Sohn geht aufs Gymnasium.   (wollen)
   e. Herr Neumann verkauft Möbel im Ausland.   (können)
   f. Die Studenten hören Sprachen wie Dänisch und Französisch auf der Straße.   (können)
   g. Ich lerne heute die Übungen.   (müssen)
   h. Er weiß das.   (wollen)
   i. Wir geben heute einen Bericht vor der Klasse.   (müssen)
   j. Wissen Sie das?   (wollen)
   k. Ich verstehe das nicht.   (können)
   l. Gehen Sie heute abend ins Kino?   (möchten)

2. Answer the following questions with complete sentences:

   a. Spricht Anneliese Neumann gut Englisch?
   b. Wie oft fährt sie mit dem Zug?
   c. Wer muß nach Rosenheim zur Schule fahren?
   d. Hat Schwarzhausen viele Kirchen?
   e. Ist Schwarzhausen ein Dorf oder eine Stadt?
   f. Wer besucht ein Gymnasium in Schwarzhausen?
   g. Wo ist die Mädchenschule?
   h. Wie weit (far) liegt Schwarzhausen von Rosenheim entfernt?
   i. Wer will mit Herrn Jones über Jazzmusik sprechen?
   j. Hat Herr Neumann eine Uhrenfabrik oder eine Möbelfabrik?
   k. Steht das Haus, wo Herr Jones wohnt, auf einem Berg?

3. Ask the student next to you

   a. when he has to get up
   b. when he would like to get up
   c. when he has to eat breakfast
   d. whether he would like a cup of coffee
   e. how old he is
   f. whether he likes to travel by train
   g. whether he likes to listen to jazz
   h. whether he would like to visit Germany
   i. whether he wants to go to a movie tonight
   j. whether he knows what a baroque church is

Schriftliches

1. Use each of the following groups of words in a sentence. Change the form of the verb if necessary.
   a. um halb neun, müssen, ins Institut, gehen, er
   b. haben, ganz, ich, den Bericht, vergessen
   c. sehen, einige, man, können, Bauernhöfe, von dort aus
   d. müssen, jeden, Tag, wir, fahren, zur Schule, mit dem Zug
   e. geben, für alle Fabriken, Arbeiter, es, in Schwarzhausen, nicht genug

2. Write the following sentences in German:
   a. Did the professor assign you much for today?
   b. They like to speak German.
   c. I would like to visit Germany sometime.
   d. Karl attends a school in Schwarzhausen and is learning English.
   e. Anneliese has to go by train to school every day.
   f. The factories have to hire workers from foreign countries.
   g. Mr. Jones has to get up at 7:30.

In den Bayerischen Alpen

Ausspracheübungen

Front **ch**: **ich**, Mädchen, nicht, richtig, Unterricht, Frankreich, hoffentlich, natürlich, Bericht, fleißig, freundlich, sprechen, spricht, Küche, möchte, zwanzig, wenig

Back **ch**: auch, Aussprache, Buch, acht, Kuchen, machen, Nacht, Sprache, gesprochen, Woche, doch, ach, achtzehn, besuchen, hoch

Grammatik

Modal Auxiliary Verbs and **Wissen**

The modal auxiliary verbs are usually accompanied by the infinitive of another verb. They have a special conjugation in the present tense, with only one conjugational form for the first and third person singular, another for the second person and the plural. The verb **wissen** is not a modal, but has the same conjugation as the modals.

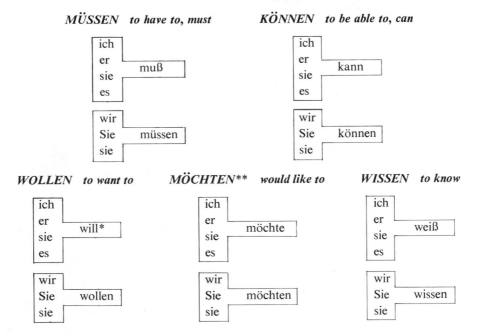

MÜSSEN to have to, must
ich / er / sie / es — muß
wir / Sie / sie — müssen

KÖNNEN to be able to, can
ich / er / sie / es — kann
wir / Sie / sie — können

WOLLEN to want to
ich / er / sie / es — will*
wir / Sie / sie — wollen

*MÖCHTEN** would like to*
ich / er / sie / es — möchte
wir / Sie / sie — möchten

WISSEN to know
ich / er / sie / es — weiß
wir / Sie / sie — wissen

---

 * German **will** is in the present tense and is not the future auxiliary as "will" is in English.

** The infinitive of this verb is actually **mögen**, but only its present subjunctive II forms, **möchte** and **möchten**, are used with sufficient frequency to be included here. Their usage is similar to the present indicative of the other modal verbs.

The infinitive of the main verb used with a modal auxiliary verb is usually at the end of a simple sentence or an independent clause.

Ich muß heute abend das Lesestück **lesen.**
Sie will natürlich **wissen,** wie es ihnen geht.
Möchten Sie einmal die Vereinigten Staaten **besuchen**?

The modal auxiliary verbs are used occasionally without an infinitive if the sentence or clause has a direct object.

Möchten Sie eine Tasse Kaffee?
Das will sie nicht.

The infinitive of verbs of motion is sometimes omitted, but the meaning is implied.

Sie müssen ins Institut.   =   Sie müssen ins Institut **gehen (fahren).**

SECHSTE LEKTION

Grammatische Ziele:
Präposition „in" mit Dativ und Akkusativ
Trennbare Verben
Der Dativ als indirektes Objekt

Einführende Beispiele

1. Frau Neumann geht ins Haus.
   Wohin geht sie?
      Sie geht ins Haus.

2. Frau Neumann ist jetzt im Haus.
   Wo ist sie jetzt?
      Sie ist jetzt im Haus.

3. Frau Schmidt geht in die Küche.
   Wohin geht sie?
      Sie geht in die Küche.

4. Meine Wirtin arbeitet in der Küche.
   Wo arbeitet sie?
      Sie arbeitet in der Küche.

5. Ich fahre heute in die Stadt.
   Wohin fahre ich heute?
      Sie fahren heute in die Stadt.
   Fahre ich heute ins Dorf oder in die Stadt?
      Sie fahren heute in die Stadt.

6. Mein Freund wohnt in der Stadt.
   Wo wohnt er?
      Er wohnt in der Stadt.
   Wohnt er im Dorf oder in der Stadt?
      Er wohnt in der Stadt.

7. Die Studenten sitzen im Garten und trinken Kaffee.
   Was trinken sie im Garten?
      Sie trinken Kaffee im Garten.
   Wo sitzen die Studenten?
      Die Studenten sitzen im Garten.

8. Die Wirtin kommt in den Garten.
   Wer kommt in den Garten?
      Die Wirtin kommt in den Garten.

Geht sie in den Garten oder ins Haus?
Sie geht in den Garten.
Geht sie in die Küche oder in den Garten?
Sie geht in den Garten.

• • •

9. Herr Brown und ich stehen auf der Straße.
Eine Dame geht vorbei.
Wer geht vorbei?
Eine Dame geht vorbei.

10. Die Dame ist Frau Neumann, meine Wirtin.
Frau Neumann redet mich an.
Sie sagt: „Guten Morgen, Herr Jones."
Wer redet mich an?
Frau Neumann redet Sie an.

11. Ein Wagen fährt langsam vorbei.
Der Wagen ist ein Mercedes.
Herr Brown sieht den Mercedes an.
Was sieht er an?
Er sieht den Mercedes an.

12. Ich fahre morgen nach Rosenheim.
Der Zug kommt um acht Uhr in Rosenheim an.
Wann kommt er an?
Er kommt um acht Uhr an.

13. Mein Freund besucht mich oft.
Er kommt heute abend vorbei.
Wann kommt er vorbei?
Er kommt heute abend vorbei.

14. Mein Freund muß heute abend vorbeikommen, denn ich bin heute morgen nicht zu Hause.
Wann muß er vorbeikommen?
Er muß heute abend vorbeikommen.

• • •

15. Fräulein Moreau ist wieder zu Hause.
Die Wirtin gibt ihr einen Brief.
Was gibt die Wirtin der Studentin?
Die Wirtin gibt der Studentin einen Brief.

16. Die Eltern haben Fräulein Moreau einen Brief geschrieben.
Wer hat ihr einen Brief geschrieben?
   Die Eltern haben ihr einen Brief geschrieben.

17. Herr Brown hat sein Buch vergessen.
Fräulein Moreau hat ein Buch.
Sie gibt ihm das Buch.
Was gibt sie ihm?
   Sie gibt ihm das Buch.

18. Herr Professor Schönfeld vergißt seinen Bleistift.
Ein Student gibt dem Professor einen Bleistift.
Wer gibt dem Professor einen Bleistift?
   Ein Student gibt dem Professor einen Bleistift.

19. Die Wirtin gibt den Studenten immer gute Ratschläge.
Wer gibt ihnen gute Ratschläge?
   Die Wirtin gibt ihnen gute Ratschläge.

20. Die Eltern haben mir einen Brief geschrieben.
In dem Brief habe ich einen Scheck bekommen.
Die Eltern haben mir Geld gegeben.
Geben Ihnen die Eltern auch Geld?
   Ja, die Eltern geben mir auch Geld.
Was haben mir die Eltern gegeben?
   Die Eltern haben Ihnen Geld gegeben.

Übungen

1. Beispiel: *ins Haus*   **Herr Professor Schönfeld geht *ins Haus*.**

a. ins Haus
b. ins Institut
c. ins Wohnzimmer

d. ins Kino
e. ins Klassenzimmer
f. ins Dorf

2. Beispiel: *Klassenzimmer*   **Wir gehen jetzt ins *Klassenzimmer*.**

a. Klassenzimmer
b. Haus
c. Dorf

d. Wohnzimmer
e. Institut
f. Kino

3. **Beispiele:**   Fahren Sie ins Ausland?   **Ja, ich fahre ins Ausland.**
Geht er jetzt ins Haus?   **Ja, er geht jetzt ins Haus.**

   a. Fahren Sie ins Ausland?
   b. Geht er jetzt ins Haus?
   c. Gehen Sie heute abend ins Kino?
   d. Fährt der Wirt ins Dorf?

   e. Gehen Sie ins Wohnzimmer?
   f. Gehen die Studenten morgen ins Institut?
   g. Kommt Frau Schmidt ins Zimmer?
   h. Gehen alle Studenten ins Gasthaus?

4. **Beispiel:**   Wohin gehen Sie?   (*Dorf*)   **Ich gehe ins Dorf.**

   a. Wohin gehen Sie?   (Dorf)
   b. Wohin geht die Studentin?   (Klassenzimmer)
   c. Wohin geht die Wirtin?   (Haus)
   d. Wohin gehen die Studenten? (Kino)
   e. Wohin geht Frau Schmidt? (Wohnzimmer)
   f. Wohin fährt der Student? (Ausland)

5. **Beispiel:**   Ich *bin im* Wohnzimmer.   **Ich *gehe ins* Wohnzimmer.**

   a. Ich bin im Wohnzimmer.
   b. Ich bin im Dorf.
   c. Ich bin im Haus.

   d. Ich bin im Zimmer.
   e. Ich bin im Eßzimmer.
   f. Ich bin im Gasthaus.

6. **Beispiel:**   *in die Küche*   **Karl geht jetzt *in die Küche*.**

   a. in die Küche
   b. in die Stadt
   c. in die Kirche

   d. in die Schule
   e. in die Garage
   f. in die Fabrik

7. **Beispiele:**   Geht er jeden Tag in die Schule?   **Ja, er geht jeden Tag in die Schule.**
Fahren Sie jetzt in die Stadt?   **Ja, ich fahre jetzt in die Stadt.**

   a. Geht er jeden Tag in die Schule?
   b. Fahren Sie jetzt in die Stadt?
   c. Gehen Sie am Sonntag in die Kirche?
   d. Geht Frau Schmidt in die Küche?
   e. Gehen die Arbeiter morgens in die Fabrik?

8. **Beispiel:**   Wohin gehen Sie heute?   (*Fabrik*)   **Ich gehe heute in die Fabrik.**

   a. Wohin gehen Sie heute?   (Fabrik)
   b. Wohin geht Anneliese Neumann?   (Schule)
   c. Wohin fahren die Studenten morgen?   (Stadt)
   d. Wohin gehen Sie am Sonntag?   (Kirche)
   e. Wohin fährt Herr Neumann?   (Stadt)

9. **Beispiel: Er** *ist* **in** *der* **Schule.   Er** *geht* **in** *die* **Schule.**

a. Er ist in der Schule.
b. Er ist jetzt in der Stadt.
c. Er ist heute in der Fabrik.

d. Er ist um zehn Uhr in der Kirche.
e. Er ist um neun Uhr in der Möbelfabrik.
f. Er ist in der Küche.

10. **Beispiele: *die Schule*   Ich gehe jetzt *in die Schule.***
    das Dorf*   Ich gehe jetzt *ins Dorf.

a. die Schule
b. das Dorf
c. die Kirche
d. das Kino
e. die Fabrik

f. die Stadt
g. das Institut
h. das Haus
i. die Küche
j. das Eßzimmer

11. **Beispiele: *Stadt*   Wir möchten *in die Stadt* gehen.**
    ***Wohnzimmer*   Wir möchten *ins Wohnzimmer* gehen.**

a. Stadt
b. Wohnzimmer
c. Möbelfabrik
d. Kino
e. Institut

f. Dorf
g. Fabrik
h. Schule
i. Haus
j. Gasthaus

12. **Beispiele: Ich** *bin* **in** *der* **Kirche.   Ich** *gehe* **in** *die* **Kirche.**
    Ich *bin im* **Dorf.   Ich** *gehe ins* **Dorf.**

a. Ich bin in der Kirche.
b. Ich bin im Dorf.
c. Ich bin in der Stadt.
d. Ich bin in der Fabrik.

e. Ich bin jetzt im Wohnzimmer.
f. Ich bin morgens in der Schule.
g. Ich bin in der Küche.
h. Ich bin oft im Gasthaus.

13. **Beispiel: er sitzt   (*Wohnzimmer*)   Er sitzt im Wohnzimmer.**

a. er sitzt   (Wohnzimmer)
b. er arbeitet   (Zimmer)
c. er ist   (Kino)

d. er arbeitet   (Haus)
e. er wohnt   (Dorf)
f. er liegt   (Bett)

14. **Beispiel: wir wohnen   (*Stadt*)   Wir wohnen in der Stadt.**

a. wir wohnen   (Stadt)
b. wir sitzen   (Kirche)

c. wir arbeiten   (Fabrik)
d. wir lernen   (Schule)

15. **Beispiele: *Schule*   Ich arbeite *in der Schule.***
    Dorf*   Ich arbeite *im Dorf.

a. Schule
b. Dorf
c. Wohnzimmer
d. Klassenzimmer

e. Stadt
f. Küche
g. Fabrik
h. Zimmer

16. **Beispiele:**   **Wohin geht er jeden Tag?**   (*Fabrik*)   **Er geht jeden Tag in die Fabrik.**
          Wo wohnt er jetzt?   (*Dorf*)   **Er wohnt jetzt im Dorf.**

a. Wohin geht er jeden Tag? (Fabrik)
b. Wo wohnt er jetzt? (Dorf)
c. Wohin geht er oft? (Kino)
d. Wohin fährt er morgen? (Stadt)
e. Wo sitzt er jetzt? (Küche)
f. Wo arbeitet er oft? (Wohnzimmer)
g. Wohin geht er am Sonntag? (Kirche)
h. Wohin fährt er heute? (Dorf)
i. Wo lernt er Englisch? (Schule)
j. Wo ist er jetzt? (Haus)

17. **Beispiel:**   *mir*   **Sie gibt *mir* das Geld.**

a. mir
b. uns
c. Ihnen

d. ihm
e. ihnen (*them*)
f. ihr

18. **Beispiel:**   *dem Mann*   **Ich habe *dem Mann* einen Scheck gegeben.**

a. dem Mann
b. der Frau
c. dem Mädchen

d. der Wirtin
e. dem Wirt
f. meinem Wirt

19. **Beispiele:**   **Ich habe *der Frau* einen Brief geschrieben.**   **Ich habe *ihr* einen Brief geschrieben.**

     Ich habe *dem Mann* einen Brief geschrieben.   **Ich habe *ihm* einen Brief geschrieben.**

a. Ich habe der Frau einen Brief geschrieben.
b. Ich habe dem Mann einen Brief geschrieben.
c. Ich habe der Studentin einen Brief geschrieben.
d. Ich habe dem Amerikaner einen Brief geschrieben.
e. Ich habe den Leuten einen Brief geschrieben.
f. Ich habe den Studenten einen Brief geschrieben.

20. **Beispiel:**   **Wem** (*to whom*) **haben Sie das Geld**   **Ich habe dem Mann das Geld**
          gegeben? (*Mann*)   **gegeben.**

a. Wem haben Sie das Geld gegeben? (Mann)
b. Wem haben Sie den Brief geschrieben? (Frau)
c. Wem geben Sie den Scheck? (Wirtin)
d. Wem möchten Sie einen Brief schreiben? (Eltern)
e. Wem wollen Sie das Buch geben? (Studentin)
f. Wem müssen Sie den Scheck geben? (Wirt)

21. Beispiel: *die Dame*   Ich sehe *die Dame* an.

    a. die Dame   d. die Leute
    b. den Wagen   e. ihn
    c. den Mann   f. sie (*her*)

22. Beispiele: *er*   *Er sieht* den Volkswagen an.
                   wir   *Wir sehen* den Volkswagen an.

    a. er   d. sie (*they*)
    b. wir   e. sie (*she*)
    c. die Wirtin   f. die Studenten

23. Hören Sie zu (*listen*) **und beantworten Sie dann die Fragen!**

    a. Herr Brown will heute abend vorbeikommen.
        (1) Wer will heute abend vorbeikommen?
        (2) Wann will er vorbeikommen?
        (3) Kommt er heute abend oder morgen vorbei?
    b. Eine schöne Dame geht vorbei, und Herr Brown sieht sie an.
        (1) Wer geht vorbei?
        (2) Wen (*whom*) sieht Herr Brown an?
        (3) Sieht sie Herrn Brown an?

Fragen

  1. Gehen Sie heute abend ins Kino oder in die Schule?
  2. Wohin geht der Professor jetzt?
  3. Wem haben Sie einen Brief geschrieben?
  4. Arbeitet das Mädchen im Dorf oder in der Stadt?
  5. Essen wir heute abend im Gasthaus?
  6. Wohin gehen Sie heute abend?
  7. Wohin fährt Herr Neumann jeden Tag?
  8. Geben Sie dem Mädchen das Buch?
  9. Was möchten Sie mir geben?
10. Wo essen Sie gern?
11. Wer geht jeden Tag vorbei?
12. Wo wohnen Sie?
13. Kommen Sie heute abend vorbei?
14. Ist die Wirtin im Garten oder in der Küche?
15. Wieviel geben Sie der Wirtin für das Zimmer?
16. Haben Sie die Landkarte angesehen?

Dialog:

Im Gasthaus

Alle Studenten essen mittags und abends im Gasthaus „Zum Schwarzen Roß". An einem Tisch sitzen eines Abends Fräulein Moreau, Fräulein Jensen und Herr Brown. Sie warten schon lange auf den Kellner.

JENSEN   Es wird spät.

MOREAU   Ja, der Kellner geht immer an uns vorbei.

BROWN   Er ist sehr beschäftigt, denn es sind so viele Touristen heute abend im Gasthaus.

MOREAU   Hoffentlich kommen wir nach dem Essen noch rechtzeitig ins Kino.

JENSEN   Im „Palast" spielt ein Kriegsfilm. Möchten Sie ihn sehen?

MOREAU   Ich sehe ungern Kriegsfilme. Gehen wir lieber in den „Weltspiegel".

BROWN   Im „Weltspiegel" spielt ein Film aus Ägypten.

JENSEN   Eben kommt der Kellner.

● ● ●

KELLNER   Warten Sie schon lange?

JENSEN   Nicht zu lange, Herr Ober.

KELLNER   Es tut mir leid, daß . . .

JENSEN (*unterbricht ihn*)   Aber jetzt sind wir in Eile, denn um acht wollen wir ins Kino.

BROWN   Was empfehlen Sie, Herr Ober? Sie bieten uns wirklich eine große Auswahl an.

KELLNER   Es gibt sehr guten Sauerbraten und Kartoffelklöße.

BROWN   Das esse ich immer gern. Bringen Sie mir bitte Rotkohl dazu, aber vorher möchte ich gern eine Gemüsesuppe.

KELLNER   Und was bestellen die Damen?

MOREAU   Wir möchten dasselbe, bitte.

KELLNER   Und zum Nachtisch?

JENSEN   Bringen Sie uns bitte Vanilleeis und Kaffee.

At the Inn

All the students eat at noon and in the evening at the Black Horse Inn. Miss Moreau, Miss Jensen, and Mr. Brown are sitting one evening at a table. They have already waited a long time for the waiter.

JENSEN   It's getting late.

MOREAU   Yes, the waiter keeps going past us.

BROWN   He's very busy, because there are so many tourists in the inn this evening.

MOREAU   I hope we'll still get to the movie on time after eating.

JENSEN   A war film is playing at the Palace. Would you like to see it?

MOREAU   I don't like to see war films. Let's go to the World Mirror instead.

BROWN   An Egyptian film is playing at the World Mirror.

JENSEN   Here comes the waiter now.

● ● ●

WAITER   Have you been waiting long?

JENSEN   Not too long.

WAITER   I'm sorry that . . .

JENSEN (*interrupts him*)   But we are in a hurry now, because we want to go to the movie at eight.

BROWN   Waiter,* what do you recommend? You really offer us a wide choice.

WAITER   We have very good sauerbraten** and potato dumplings.

BROWN   I always like to eat that. Bring me some red cabbage with it, please; but first I would like some vegetable soup.

WAITER   And what will the ladies order?

MOREAU   We would like the same, please.

WAITER   And for dessert?

JENSEN   Please bring us some vanilla ice cream and coffee.

---

* There is no exact English equivalent for the expression **Herr Ober**, which is a shortened form for **Herr Oberkellner**, or "headwaiter." One should always address not only the headwaiter but all waiters as **Herr Ober**.

** **Sauerbraten** has no English equivalent. It is beef marinated in vinegar or wine and spices and then braised.

Fragen über den Dialog

1. Wo sitzen die drei Studenten?
2. Wird es spät?
3. Wer geht an den Studenten vorbei?
4. Ist der Kellner sehr beschäftigt?
5. Wo essen viele Touristen?
6. Gehen die Studenten nach dem Essen ins Theater oder ins Kino?
7. Wo spielt ein Kriegsfilm?
8. Was sieht Fräulein Moreau ungern?
9. Was spielt im „Weltspiegel"?
10. Was fragt der Kellner?
11. Was gibt es heute abend?
12. Bestellt Herr Brown Kartoffelsuppe oder Gemüsesuppe?
13. Ist die Auswahl groß oder klein?
14. Was bestellen die Mädchen zum Nachtisch?
15. Wer ißt gern Sauerbraten und Kartoffelklöße?
16. Wohin gehen die Studenten nach dem Essen?

Lesestück:

Das Gasthaus in Deutschland

In den Dörfern und Städtchen Deutschlands[1] steht das Gasthaus oder Wirtshaus noch immer im Mittelpunkt des[2] gesellschaftlichen Lebens. Nach dem Abendessen geht man gern ins Gasthaus. Dort findet man Freunde, Nachbarn und Arbeitskollegen. Man bestellt ein Glas Bier oder Wein, erzählt Witze und spricht den ganzen Abend über
5 Politik, die Jugend von heute und das Defizit bei der Bundesbahn.
   Viele Männer gehen jahraus, jahrein ins Gasthaus. Man wird Stammgast, wenn man lange dasselbe Lokal besucht. Stammgäste sitzen immer an demselben Tisch, spielen Karten und trinken langsam ihr Bier oder ihren Wein. Man nennt diesen Tisch einen Stammtisch, und darauf sieht man eine Karte mit dem Wort „Stammtisch". Andere
10 Gäste müssen sich einen anderen Tisch suchen.
   „Gaststätte" ist das Sammelwort für Speisewirtschaften aller Art. Ein Lokal ist dasselbe wie eine Gaststätte. Ein Wirtshaus ist gewöhnlich eine Bierwirtschaft. In der Schenke und in der Kneipe trinkt man meistens Getränke wie Bier und Wein. Das

---

[1] **Deutschlands** of Germany
[2] **des** of (the)

Gasthaus und das Restaurant sind Speisewirtschaften, aber oft ist das Restaurant etwas
15 eleganter als das Gasthaus. Im Hotel und im Gasthof kann man nicht nur essen und
trinken, sondern auch übernachten.

Es gibt oft interessante und komische Namen für Gaststätten: „Zum Wilden Mann",
„Zum Brand", „Zum Blauen Affen", „ Die Goldene Rose", „ Die Bunte Kuh", „Die
Bärenhöhle",[3] „Bach-Lenz" u.a.m. Der Wirt im Gasthaus „Bach-Lenz" heißt Lenz,
20 und das Gasthaus steht an einem Bach.

Im Vergleich zu manchen amerikanischen Wirtschaften in kleinen Dörfern bietet
der deutsche Gastwirt dem Gast oft eine größere Auswahl von Gerichten an. Der Ausländer sieht die Speisekarte an und ist über die Auswahl und die Verschiedenheit der[4]
Gerichte erstaunt. Auch ist die Weinkarte manchmal erstaunlich groß und weist auf viele
25 Weinsorten im Keller. Das Gasthaus „Zum Blauen Affen" in München, zum Beispiel,
ist nur eine kleine Wirtschaft mit sechs oder sieben Tischen und hat nicht viele Gäste,
aber man kann doch über fünfhundert Weinsorten auf der Weinkarte zählen.

Wortschatz

Abend: **eines Abends**   *one evening*
das **Abendessen,** –   *evening meal*
(das) Ägypten   *Egypt*
als   *than, as*
am = an dem
amerikanisch   *American*
an   *by*
der Arbeitskollege, –n   *fellow worker*
die Art, –en   *kind, sort*; aller Art   *of
all kinds*
Ausland: **ins Ausland fahren**   *to go
abroad*
die Auswahl, –en   *selection*
der Bach, ̈e   *brook, creek*
Beispiel: **zum Beispiel**   *for example*
beschäftigt   *busy, occupied*
das **Bier**   *beer*
die Bierwirtschaft, –en   *tavern*
die Bundesbahn   *Federal Railway*
darauf   *on it, them or that*

dazu   *in addition to, besides; with it*
das Defizit, –e   *deficit*
derselbe, dieselbe, dasselbe,
   (*plur.*) **dieselben,** (*dat.*) **demselben**
   the same
deutsch(e) (*adj.*)   *German*
eben   *now, just now, just*
die **Eile**   *haste*; **in Eile**   *in a hurry*
elegant   *elegant*
erstaunlich   *surprising, astonishing*
erstaunt   *astonished, surprised*
das **Essen,** –   *meal*
fünfhundert   *five hundred*
die Garage, –n   *garage*
der Gast, ̈e   *guest, customer*
der Gasthof, ̈e   *hotel, inn*
die Gaststätte, –n   *eating establishment,
   inn*
der Gastwirt, –e   *innkeeper*
die **Gemüsesuppe**   *vegetable soup*

---

[3] **Zum Wilden . . . Bärenhöhle**   Wild Man Inn, Fire Inn, Blue Monkey Inn, The Golden Rose, The
Multicolored Cow, The Bear's Den
[4] **der**   of (the)

Ein altes Gasthaus

das Gericht, –e   *dish, course*
   gesellschaftlich   *social*;   des
     gesellschaftlichen Lebens   *of social*
     life
das **Getränk**, –e   *drink, beverage*
   groß   *large, big, tall*;   **größer**   *larger*
   her (*denotes direction toward the*
     speaker)   *here, to this place, this way*
das **Hotel**, –s   *hotel*
   im = in dem
   jahraus, jahrein   *year in, year out*
die **Jugend**   *youth, young people*
die **Karte**, –n   *card*
der **Kartoffelkloß**, –̈e   *potato dumpling*
die **Kartoffelsuppe**   *potato soup*
der **Keller**, –   *cellar*
der **Kellner**, –   *waiter*;   die **Kellnerin**,
   –nen   *waitress*
die **Kneipe**, –n   *tavern*
   komisch   *funny, comical*
der **Kriegsfilm**, –e   *war film*
   leid: es tut mir leid   *I am sorry*
   lieber   *rather, preferably*
das **Lokal**, –e   *tavern, restaurant, night club*
   manch(–er, –e, –es)   *many a, many a*
     one, some
   meistens   *usually, generally*
der **Mercedes**, –   *German automobile*
   mittags   *at noon*
der **Mittelpunkt**, –e   *center, midpoint*
(das) **München**   *Munich, capital of Bavaria*
   nach   *to*; *toward*;   **ich fahre nach**
     Rosenheim   *I am going to Rosenheim*
der **Nachbar**, –n / die **Nachbarin**, –nen
     neighbor
der **Nachtisch**, –e   *dessert*;   zum
     Nachtisch   *for dessert*
der **Ober(kellner)**, –   *headwaiter, waiter*
der **Palast**, –̈e   *palace*
die **Politik**   *politics*
   rechtzeitig   *on time*
das **Roß**, (*plur.*) Rosse   *horse, steed*;
     das Gasthaus „Zum Schwarzen
     Roß"   *Black Horse Inn*
der **Rotkohl**   *red cabbage*
das **Sammelwort**, –̈er   *collective noun*
der **Sauerbraten**   *sauerbraten*
der **Scheck**, –s   *check*
die **Schenke**, –n   *tavern*
   schwarz   *black*
   sechst-   *sixth*

die **Speisekarte**, –n   *menu*
die **Speisewirtschaft**, –en   *restaurant,*
     eating establishment
das **Städtchen**, –   *small town*
der **Stammgast**, –̈e   *regular customer of*
     an inn
der **Stammtisch**, –e   *table reserved for*
     regular customers of an inn
das **Theater**, –   *theater*
   u.a.m. = und andere mehr   *and many*
     others
   über   *at*; *over, above*
   ungern(e)   *unwillingly, reluctantly*
das **Vanilleeis**   *vanilla ice cream*
der **Vergleich**, –e   *comparison*;   im
     Vergleich zu   *in comparison to*
   Verschiedenes   *various things,*
     miscellany
die **Verschiedenheit**, –en   *variety,*
     diversity
der **Volkswagen**, – (VW)   *German*
     automobile
der **Wagen**, –   *car, automobile*
der **Wein**, –e   *wine*
die **Weinkarte**, –n   *wine list*
die **Weinsorte**, –n   *kind or variety of wine*
der „**Weltspiegel**"   *World Mirror* (*movie*
     theater)
   wenn   *if, when, whenever*
   wer: (*dat.*) **wem**   *to or for whom*;
     (*acc.*) **wen**   *whom*
der **Wirt**, –e   *innkeeper, host, landlord*
die **Wirtschaft**, –en   *inn, tavern*
das **Wirtshaus**, –̈er   *inn*
der **Witz**, –e   *joke*
   wohin   *where, where to, to what place,*
     whither
das **Wort**, –̈er   *word*
   zum = zu dem

   anbieten, angeboten   *to offer*
   †**ankommen**   *to arrive*
   anreden   *to address, speak to*
   ansehen (sieht an), angesehen   *to look*
     at;   er sieht (sich) den Mercedes an
     he is looking at the Mercedes
   beantworten   *to answer*
   bestellen   *to order*
   empfehlen (empfiehlt), empfohlen   *to*
     recommend
   suchen (nach)   *to seek, look for*

übernachten *to stay overnight*
unterbrechen (unterbricht),
    unterbrochen *to interrupt*
†vorbeifahren (fährt vorbei) *to drive
    past, ride past*
†vorbeigehen *to go past, go by*; wer
    geht an den Studenten vorbei? *who
    is going past the students?*
†vorbeikommen *to come past, stop in*

warten (auf) *to wait (for)*; **sie warten
    auf den Kellner** *they are waiting for
    the waiter*
weisen, gewiesen (auf) *to indicate,
    point out*
†**werden (wird)** *to become, get*; **es
    wird spät** *it is getting late*
zählen *to count*
zuhören *to listen (to)*

Weitere Übungen

1. Read the following sentences, using the correct form of the verb in parentheses:

    a. Der Kellner steht an dem Tisch. (vorbeigehen)
    b. Fräulein Moreau wohnt bei Frau Schmidt. (vorbeikommen)
    c. Wann fährt der Zug? (ankommen)
    d. Diese Gaststätte hat eine große Auswahl von Gerichten. (anbieten)
    e. Wann will Herr Brown arbeiten? (vorbeikommen)
    f. Wir haben die Landkarte gesehen. (ansehen)

2. Answer the following questions with complete sentences, using the words in parentheses:

    a. Wohin gehen Sie? (Kirche)
    b. Wo kann man übernachten? (Wirtshaus)
    c. Wohin möchten Sie gehen? (Gasthof)
    d. Wo ist die Wirtin? (Küche)
    e. Ist er Kellner? (ja, Schenke)
    f. Wo wollen Sie heute abend essen? (Restaurant)
    g. Wo kann man ein Glas Bier bestellen? (Kneipe)
    h. Wohin will er jetzt gehen? (Schule)
    i. Gehen Sie ins Haus? (nein, Garten)

3. Complete the following sentences, using the correct form of each of the words in parentheses:

    a. Ich schreibe _____ einen Brief. (der Amerikaner, die Eltern, er)
    b. Der Gastwirt bietet _____ eine große Auswahl an. (der Gast, die Gäste, ein Gast)
    c. Der Kellner bringt _____ die Gemüsesuppe. (wir, die Studenten, die Studentinnen)
    d. Er hat _____ den Scheck gegeben. (ein Mann, ich, die Wirtin)
    e. Ich kenne _____ im Lokal. (die Leute, ein Kellner, der Stammgast)
    f. Wir möchten _____ ansehen. (die Speisekarte, ein Volkswagen, eine Landkarte von Deutschland)

4. Answer the following questions with complete sentences:

    a. Worüber spricht man im Gasthaus?
    b. Wo spricht man über Politik?
    c. Was ist eine Kneipe?
    d. Was ist ein Sammelwort für Speisewirtschaften?
    e. Wo kann man Freunde und Arbeitskollegen finden?
    f. Ist eine Kneipe dasselbe wie eine Schenke?
    g. Was kann man im Gasthaus bestellen?
    h. Wer bringt dem Gast die Speisekarte?
    i. Wer sitzt immer an demselben Tisch?
    j. Wo sitzen die Stammgäste?

5. Restate the following dialogue in German:

    a. Where are you going tonight? To the Black Horse Inn?
    b. No, to a movie. Would you like to see the film too?
    a. What is playing tonight?
    b. A film from Germany at the Palace.
    a. Yes, I would like to see it.
    b. Later we can go to the Black Horse Inn, can't we?

Schriftliches

1. Use each of the following groups of words in a sentence. Change the form of the verb and add other words if necessary.

    a. Kino, rechtzeitig, kommen
    b. Kriegsfilm, „Weltspiegel", spielen
    c. möchte, vorher, Kartoffelsuppe
    d. Kneipe, sitzen, an demselben Tisch, Stammgäste
    e. Fabrik, um neun Uhr, gehen, müssen

2. Answer the following questions with complete sentences:

    a. Wer kommt heute abend bei Ihnen vorbei?
    b. Wohin gehen Sie gern nach dem Abendessen?
    c. Wem haben Sie gestern einen Brief geschrieben?
    d. Wohin gehen viele Männer jeden Abend?
    e. Was bietet der deutsche Gastwirt dem Gast an?

3. Write the following sentences in German:

   a. We have already waited a long time for the waiter.

   b. I would like to go to a movie tonight.

   c. We want to drive past the marketplace today.

   d. Did you look at the Volkswagen in front of the house?

   e. I work in a furniture factory, and my friend works in an inn.

   f. She doesn't like to see war films.

   g. Do you want to give the waiter the money now?

Lokal in Heidelberg

Ausspracheübungen

l: alle, Dialog, Italien, Lesestück, allein, viel, wohl, lange, vielleicht, alles

r: Frage, Frau, Fräulein, Aussprache, Amerika, richtig, sprechen, studieren, der, Doktor, Herr, wer, wir, er, dort, morgen, Uhr

ng: Übung, Übungen, Ding, jung, lang, lange, bringen, langsam

Verschiedenes

GASTHAUS ZUM SCHWARZEN ROSS

Schwarzhausen   TELEFON: 08536–497

SPEISEKARTE

SUPPEN

Tagessuppe	DM 1,50
Kraftbrühe mit Ei	1,50
Gulaschsuppe	2,—
Ochsenschwanzsuppe	2,—
Schildkrötensuppe	3,25
Gemüsesuppe	1,75
Hühnersuppe mit Reis	2,—

SALATE

Gurkensalat	1,50
Kartoffelsalat	1,—
Kopfsalat oder Endiviensalat	1,20
Tomatensalat	1,20
Selleriesalat	1,25

FERTIGE SPEISEN

Forelle blau mit zerl. Butter und Salzkartoffeln	9,—
Kasseler Rippchen mit Sauerkraut und Kartoffeln	7,75
Kalbfleisch mit Butterreis und Salat	9,25
Sauerbraten mit Kartoffelklößen und Rotkohl	8,25
Rehschlegel mit Nudeln und Preiselbeeren	9,50
Kalbskopf gebacken mit Kartoffeln und Salatplatte	6,—
Omelette mit Geflügelleber und Salat	9,60
Rumpsteak mit Spätzle und Salatplatte	10,—
Kalbshirn Wiener Art	8,75
Schweinebraten mit Kartoffelklößen und Salatplatte	7,20
Wiener Schnitzel mit Bratkartoffeln und Salatplatte	9,10

WÜRSTE

Schweinswürste, 2 Paar	2,50
Bratwürste, 2 Paar	2,50
Wiener Würste, 2 Paar	2,40
Weißwürste, 1 Paar	1,80

EIERSPEISEN

Schinken mit Ei	2,40
Rühreier mit Schinken	3,—
Spiegeleier	1,75
Pfannkuchen – gefüllt	3,—
Speckpfannkuchen	3,20

NACHTISCHE

Schwarzwälder Sahnetorte	2,25
Nußtorte	2,—
Pflaumenkuchen	1,70
Obstkuchen	1,80
Apfelkuchen	1,60
Apfelkompott	1,50
Aprikosen	1,60
Pfirsiche	1,60
Mirabellen	2,25
Ananas mit Sahne	2,—
Eis	2,—

zuzüglich Bedienung und Mehrwertsteuer

BLACK HORSE INN

Schwarzhausen   TELEPHONE: 08536–497

MENU

SOUPS

Soup of the day	DM 1,50
Consommé with egg	1,50
Goulash soup	2,—
Oxtail soup	2,—
Turtle soup	3,25
Vegetable soup	1,75
Chicken soup with rice	2,—

SALADS

Cucumber salad	1,50
Potato salad	1,—
Head lettuce or endive salad	1,20
Tomato salad	1,20
Celery root salad	1,25

READY TO SERVE

Blue trout with melted butter and boiled potatoes	9,—
Smoked pork chops with sauerkraut and potatoes	7,75
Veal with buttered rice and salad	9,25
Sauerbraten with potato dumplings and red cabbage	8,25
Leg of venison with noodles and cranberries	9,50
Baked calf's head with potatoes and salad plate	6,—
Omelet with chicken livers and salad	9,60
Rumpsteak with noodles and salad plate	10,—
Calf's brains Viennese style	8,75
Roast pork with potato dumplings and salad plate	7,20
Breaded veal cutlet with fried potatoes and salad plate	9,10

SAUSAGES

Pork sausages	2,50
Fried pork sausages	2,50
Vienna sausages	2,40
White sausages	1,80

DESSERTS

Black Forest cream torte	2,25
Nut torte	2,—
Plum cake	1,70
Fruit cake	1,80
Apple cake	1,60
Stewed apples	1,50
Apricots	1,60
Peaches	1,60
Mirabelle plums	2,25
Pineapple with cream	2,—
Ice cream	2,—

EGG DISHES

Ham and eggs	2,40
Scrambled eggs and ham	3,—
Fried eggs	1,75
Pancake with filling	3,—
Pancake with diced bacon	3,20

Additional for service and value-added tax

[116]

Grammatik

A. The Dative Case

Indirect objects are in the dative case. The articles in the dative case are:

	Singular			*Plural*
	MASCULINE	FEMININE	NEUTER	ALL GENDERS
DEFINITE ARTICLE	dem	der	dem	den
INDEFINITE ARTICLE	einem	einer	einem	—

Der Kellner bringt **dem Gast** die Speisekarte.
Ich habe **einem Studenten** gute Ratschläge gegeben.
Er hat **der Studentin** einen Brief geschrieben.
Das Gasthaus bietet **den Gästen** eine große Auswahl an.

B. Monosyllabic Nouns in the Dative Case

Monosyllabic (one-syllable) masculine and neuter nouns may add the ending **-e** in the dative case of the singular. The use of this ending is optional and does not change the meaning or function of the noun in the sentence.

	MASCULINE	NEUTER
DATIVE	dem Brief(e)	dem Land(e)
	einem Mann(e)	einem Haus(e)

C. The Dative Case of Plural Nouns

The ending **-n** is added to the plural of all nouns in the dative case except those nouns forming the plural with **-en**, **-n**, or **-s**.

	PLURAL		
NOMINATIVE	die Berichte	die Häuser	die Fenster
DATIVE	den Berichten	den Häusern	den Fenstern

	Exceptions		
NOMINATIVE	die Übungen	die Küchen	die Sofas
DATIVE	den Übungen	den Küchen	den Sofas

D. The Preposition **In**

The object of the preposition **in** may be either dative or accusative. The accusative case is required when the verb denotes motion toward a goal; otherwise the dative case is used.

MOTION (accusative)	NO MOTION (dative)
Sie **geht ins Haus**.	Sie **ist** jetzt **im Hause**.
Ich **fahre** heute **in die Stadt**.	Wir **wohnen in der Stadt**.

E. Verbs with Separable Prefixes

Some German verbs, such as **anbieten** and **vorbeigehen**, have stressed prefixes, which are separable from the conjugated part of the verb. The separable prefix is placed at the end of the clause or simple sentence.

Der Gastwirt **bietet** dem Gast eine große Auswahl von Gerichten **an**.
Ich **gehe** an ihm **vorbei**.
Kommen Sie heute abend bei uns **vorbei**?
Sie **sieht** die Wirtin erstaunt **an**.

In the formation of the infinitive and the past participle of such verbs, the prefix remains attached.

Ich kann ihm eine große Auswahl **anbieten**.
Wir möchten an der Kirche **vorbeigehen**.
Wollen Sie bei uns **vorbeikommen**?
Sie kann es nicht **ansehen**.
Er hat mir alles **angeboten**.
Ich habe die Landkarte schon **angesehen**.
Der Professor hat uns für morgen viel **aufgegeben**.

Hin is a separable prefix that denotes motion or direction away from the speaker. The separable prefix **her** denotes motion or direction toward the speaker.

| Wann fahren Sie **hin**? | *When are you going **there** (**to that place**)?* |
| Kommen Sie **her**! | *Come **here** (**to this place**).* |

7

SIEBTE LEKTION

Grammatische Ziele:
Possessivattribute im Nominativ, Dativ und
 Akkusativ
Vertrauliche Anredeformen

Einführende Beispiele

Anschauungsmaterial:
ein Buch
eine Uhr
zwei Bleistifte
ein Kugelschreiber

1. Hier ist ein Buch.
   Es ist mein Buch.
   Da ist Ihr Buch.
   Ist das mein Buch?
   Ja, das ist Ihr Buch.

2. Hier sitzt Herr ————.
   Das ist sein Buch.
   Ist das sein Buch?
   Ja, das ist sein Buch.

3. Herr ————, da ist Ihre Uhr.
   Hier ist meine Uhr.
   Ist das meine Uhr?
   Ja, das ist Ihre Uhr.

4. Hier ist mein Bleistift.
   Herr ————, das ist Ihr Bleistift.
   Ist das Ihr Bleistift?
   Ja, das ist mein Bleistift.
   Ist das mein Bleistift oder sein Bleistift?
   Das ist Ihr Bleistift.

5. Meine Bleistifte sind auf dem Tisch.
   Ich weiß nicht, wo Ihre Bleistifte sind.
   Wo sind meine Bleistifte?
   Ihre Bleistifte sind auf dem Tisch.

6. Ich habe einen Kugelschreiber.
   Ich gebe Fräulein ———— meinen Kugelschreiber.
   Wer hat jetzt meinen Kugelschreiber?
   Fräulein ———— hat jetzt Ihren Kugelschreiber.

7. Meine Frau und ich haben einen Wagen.
   Unser Wagen ist blau.
   Ist unser Wagen grün oder blau?
   Ihr Wagen ist blau.

8. Fräulein _____ hat ein Buch und eine Uhr.
   Sie hat auch einen Bleistift.
   Das ist ihr Buch, ihre Uhr und ihr Bleistift.
   Ist das mein Bleistift oder ihr Bleistift?
   Das ist ihr Bleistift.
   Ist das ihre Uhr?
   Ja, das ist ihre Uhr.

9. Herr und Frau Schmidt haben einen Sohn und eine Tochter.
   Ihre Tochter heißt Ursula.
   Wie heißt ihre Tochter?
   Ihre Tochter heißt Ursula.
   Ihr Sohn arbeitet fleißig.
   Wer arbeitet fleißig?
   Ihr Sohn arbeitet fleißig.

● ● ●

10. Herr Jones kennt Robert Brown jetzt schon sehr gut.
    Sie sind gute Freunde.
    Paul Jones nennt ihn Robert und sagt „du" zu ihm.
    Er fragt Robert: „Wohin gehst du heute abend?"
    Was fragt er Robert?
    Er fragt Robert: „Wohin gehst du heute abend?"

11. Karl Neumann sagt zu Anneliese: „Ich habe dich gestern im Kino gesehen."
    Was sagt Karl zu ihr?
    Karl sagt zu ihr: „Ich habe dich gestern im Kino gesehen."

12. Er fragt: „Kommt Paul heute abend zu dir?"
    Was fragt er?
    Er fragt: „Kommt Paul heute abend zu dir?"

13. Herr und Frau Neumann kommen eben von dem Kino.
    Karl fragt seine Mutter und seinen Vater: „Habt ihr einen guten Film gesehen?"
    Was fragt Karl seine Eltern?
    Karl fragt seine Eltern: „Habt ihr einen guten Film gesehen?"

14. Herr Neumann fragt Karl und Anneliese: „Wohin geht ihr heute abend?"
    Was fragt Herr Neumann seine Kinder?
       Herr Neumann fragt seine Kinder: „Wohin geht ihr heute abend?"

15. Robert sagt zu Anneliese und Paul: „Ich habe euch im Kino gesehen."
    Was sagt Robert zu ihnen?
       Robert sagt zu ihnen: „Ich habe euch im Kino gesehen."

München: Das Hofbräuhaus

Übungen

1. Beispiel: *mein*   **Das ist *mein* Buch.**

   a. mein
   b. sein
   c. ihr (*her*)

   d. ein
   e. dein
   f. unser

2. Beispiel: *sein*   **Hier ist *sein* Wagen.**

   a. sein
   b. unser
   c. ihr (*their*)

   d. mein
   e. Ihr
   f. ihr (*her*)

3. Beispiel: *Ihre*   **Wo ist denn *Ihre* Uhr?**

   a. Ihre
   b. seine
   c. ihre (*her*)

   d. deine
   e. meine
   f. ihre (*their*)

4. Beispiel: *Wagen*   **Mein *Wagen* ist nicht da.**

   a. Wagen
   b. Nachbar

   c. Buch
   d. Freund

5. Beispiele: *Freund*   **Wo ist *unser Freund*?**
            Aufgabe   **Wo ist *unsere Aufgabe*?**

   a. Freund
   b. Aufgabe
   c. Wagen

   d. Wirtin
   e. Buch
   f. Kellnerin

6. Beispiel: *deinen*   **Hast du *deinen* Kugelschreiber gefunden?**

   a. deinen
   b. seinen

   c. einen
   d. ihren (*her*)

7. Beispiel: ***Ein* Wagen steht vor dem Hause.**   ***Sein* Wagen steht vor dem Hause.**

   a. Ein Wagen steht vor dem Hause.
   b. Ein Hotel steht in der Blumenstraße.
   c. Eine Frau geht an uns vorbei.
   d. Ein Kind spielt auf der Straße.

8. **Beispiel:**   Ich habe *eine* Uhr gefunden.   Ich habe *meine* Uhr gefunden.
   - a. Ich habe eine Uhr gefunden.
   - b. Ich habe heute ein Buch gelesen.
   - c. Ich schreibe jetzt eine Übung.
   - d. Ich habe einen Stuhl in die Küche getragen.

9. **Beispiel:**   Wir haben *einen* Freund in Bonn   Wir haben *unseren* Freund in Bonn besucht.
   besucht.
   - a. Wir haben einen Freund in Bonn besucht.
   - b. Wir haben ein Hotel in der Gartenstraße gefunden.
   - c. Wir wollen jetzt eine Aufgabe lesen.
   - d. Wir haben einen Kellner im Gasthaus gefragt.

10. **Beispiel:**   Ich habe gestern *einen* Brief   Ich habe gestern *deinen* Brief bekommen.
    bekommen.
    - a. Ich habe gestern einen Brief bekommen.
    - b. Eine Frau geht eben ins Haus.
    - c. Ein Kind spielt vor dem Hause.
    - d. Wir haben am Sonntag einen Freund besucht.

11. **Beispiel:**   Haben Sie Ihr Buch gefunden?   Ja, ich habe mein Buch gefunden.
    - a. Haben Sie Ihr Buch gefunden?
    - b. Kennen Sie meinen Professor?
    - c. Heißt deine Wirtin Schmidt?
    - d. Versteht ihr eure Aufgabe für morgen?
    - e. Ist das Ihr Wagen vor dem Hause?
    - f. Hat er seinen Wagen gefahren (*driven*)?
    - g. Steht euer Haus in der Gartenstraße?
    - h. Haben Sie seinen Brief bekommen?
    - i. Haben die Gäste ihren Kaffee getrunken?
    - j. Wissen Sie, wo unser Freund ist?
    - k. Weißt du, wo sein Wagen steht?

12. **Beispiel:**   Haben Sie meine Kellnerin   Nein, ich habe Ihre Kellnerin nicht gesehen.
    gesehen?
    - a. Haben Sie meine Kellnerin gesehen?
    - b. Steht Ihr Haus am Stadtrand?
    - c. Fährst du mit deinem Wagen?
    - d. Sind deine Nachbarn zu Hause?
    - e. Hat er unseren Wagen gefunden?
    - f. Weißt du, wie seine Wirtin heißt?
    - g. Kennen Sie unseren Professor?
    - h. Wißt ihr, wo sein Haus steht?

13. Beispiele: Er fährt *den* Wagen.   Er fährt *seinen* Wagen.

               Ich fahre *den* Wagen.   Ich fahre *meinen* Wagen.

   a. Er fährt den Wagen.
   b. Ich fahre den Wagen.
   c. Wir haben den Wagen gefahren.
   d. Du hast die Arbeit gut gemacht.
   e. Ich habe mit der Nachbarin gesprochen.
   f. Ihr habt die Aufgabe nicht gelesen.
   g. Die Wirtin hat mit der Freundin gesprochen.
   h. Er will die Eltern besuchen.
   i. Ich muß die Übungen schreiben.

14. Beispiel: *verstehst*   *Verstehst* du deine Aufgabe?

   a. verstehst   c. hast
   b. schreibst   d. liest

15. Beispiel: *dir*   Hat er mit *dir* gesprochen?

   a. dir   c. ihm
   b. Ihnen   d. euch

16. Beispiel: *ins Kino*   Geht ihr zwei *ins Kino*?

   a. ins Kino   c. mit mir
   b. ins Lokal   d. in die Küche

17. Beispiel: *dich*   Die Wirtin kennt *dich* nicht.

   a. dich   c. euch
   b. mich   d. uns

18. Beispiel: *Du verstehst* ihn nicht.   *Ihr versteht* ihn nicht.

   a. Du verstehst ihn nicht.
   b. Du hast das gesehen, nicht wahr?
   c. Willst du ins Kino gehen?
   d. Fährst du in die Stadt?
   e. Du hast die Aufgabe nicht gelesen.
   f. Liest du alle Lesestücke?
   g. Trinkst du gern Kaffee?
   h. Du kennst meinen Professor, nicht wahr?
   i. Du weißt schon, was das ist.
   j. Du gibst ihm das Geld, nicht wahr?

Fragen

1. Was haben Sie eben gefunden?
2. Was möchten Sie jetzt essen?
3. Ist Ihre Wirtin nett?
4. Lernen Sie gern Deutsch?
5. Was haben Sie in der Hand?
6. Haben Sie einen Brief oder eine Postkarte bekommen?
7. Haben Sie meinen Volkswagen gesehen?
8. Kennen Sie seine Nachbarn?
9. Ist das sein Haus oder ihr Haus?
10. Steht Ihr Wagen vor seinem Haus?
11. Was müssen Sie heute abend lernen?
12. Was lesen Sie gern?
13. Haben Sie gestern Ihren Scheck bekommen?
14. Was haben Sie heute morgen geschrieben?

Dialog:
Was gibt es in München zu sehen?

JONES   Was hast du denn heute abend gemacht?

BROWN   Ich habe meine Deutschaufgabe gelernt. Unsere Schularbeiten werden wirklich schwer.

JONES   Ja, sie nehmen viel Zeit in Anspruch. Hast du sie ganz allein gemacht?

BROWN   Nicht *ganz* allein . . . Meine Freundin hat mir ein bißchen geholfen.

JONES   Deine Freundin?

BROWN   Ja, Annette Moreau.

JONES   Ach so! Wie nett! Sie ist Französin, nicht wahr?

BROWN   Ja, Pariserin.

JONES   Hm . . . Pariserinnen sind doch alle sehr charmant.

BROWN   Meinst du?

● ● ●

JONES   Übrigens, ich fahre morgen nach München. Möchtest du mitkommen?

BROWN   Was gibt's* denn in München zu sehen?

JONES   Oh, das Deutsche Museum, die Frauenkirche, das Hofbräuhaus. Pedro Segovia fährt auch mit, denn er will dort seinen Vetter besuchen.

BROWN   Wann kommt ihr zurück? Samstag oder Sonntag?

JONES   Am Sonntag.

BROWN   Womit wollt ihr fahren? Mit dem Zug oder mit deinem Wagen?

JONES   Mit dem D-Zug. Mein Wagen muß in die Reparatur. Pack' deine Zahnbürste ein und komm' doch mit!

BROWN   Danke, aber leider habe ich keine Zeit. Annette . . . ich meine, *ich* muß dieses Wochenende mein Lehrbuch durcharbeiten.

---

* In colloquial speech **es** is often contracted. The apostrophe indicates that a letter is omitted.

What Is There to See in Munich?

JONES   What did you do tonight?

BROWN   I studied my German lesson. Our schoolwork is really getting hard.

JONES   Yes, it takes a lot of time. Did you do it all alone?

BROWN   Not *all* alone . . . My girl friend helped me a little.

JONES   Your girl friend?

BROWN   Yes, Annette Moreau.

JONES   Oh, I see! How nice! She's French, isn't she?

BROWN   Yes, Parisian.

JONES   Hm . . . Parisian girls are all very charming.

BROWN   Do you think so?

● ● ●

JONES   By the way, I'm going to Munich tomorrow. Would you like to come along?

BROWN   What is there to see in Munich?

JONES   Oh, the German Museum, the Church of Our Lady, the *Hofbräuhaus*. Pedro Segovia is going too, because he wants to visit his cousin there.

BROWN   When are you coming back? Saturday or Sunday?

JONES   On Sunday.

BROWN   How are you going? By train or in your car?

JONES   By express train. My car needs repairs. Pack your toothbrush and do come along!

BROWN   Thanks, but unfortunately I have no time. Annette . . . I mean, *I* have to review my textbook this weekend.

Fragen über den Dialog

1. Hat Herr Brown seine Deutschaufgabe gelernt?
2. Hat er sie gestern abend oder heute abend gelernt?
3. Hat er seine Schularbeiten ganz allein gemacht?
4. Wer ist Pariserin?
5. Woher kommt Fräulein Moreau?
6. Was nimmt viel Zeit in Anspruch?
7. Was wird schwer?
8. Wer findet alle Pariserinnen sehr charmant?
9. Wer fährt nach München?
10. Wann fährt Herr Jones zurück?
11. Wer fährt mit?
12. Fährt Herr Brown auch mit?
13. Fährt Herr Jones mit dem Zug oder mit seinem Wagen?
14. Was muß in die Reparatur?
15. Kommen Herr Segovia und Herr Jones am Samstag zurück?
16. Gibt es in München viel zu sehen?
17. Was kann man in München sehen?
18. Wo ist die Frauenkirche?

Lesestück:

Was machen Sie am Wochenende?

Fräulein Moreau sitzt allein im Wohnzimmer. Auf dem Kaffeetisch liegt ihr Deutschbuch, aber sie liest es nicht. Sie denkt an ihren Freund, Robert Brown. Dann kommen Herr und Frau Schmidt ins Zimmer. Sie haben im „Weltspiegel" einen Film gesehen. Herr Schmidt muß früh aufstehen, denn er muß morgen um sieben Uhr in sein Geschäft
5 gehen. Er sagt: „Gute Nacht, schlafen Sie wohl!" und geht zu Bett. Seine Frau bleibt im Wohnzimmer, denn sie will noch mit Fräulein Moreau sprechen.

Frau Schmidt ist sehr neugierig und fragt: „Nun, wie gefällt Ihnen Herr Brown? Ist er nett? Versteht er Deutsch? Arbeitet er fleißig? Ist er reich? Hat er einen Cadillac? Hat er Sie gern?"
10 Das Mädchen lacht über ihre freundliche Neugierde und antwortet: „Ja, er ist nett. Ich glaube, er versteht schon ziemlich gut Deutsch. Er ist intelligent, und ich weiß, er arbeitet gern hier. Vielleicht ist er reich – vielleicht auch nicht; ich habe ihn noch nicht gefragt. Wenigstens hat er h i e r keinen Wagen. Hat er mich gern? Das weiß ich auch noch nicht . . . "

Münchener Geschäft

15 „Sehen Sie Ihren Freund am Wochenende wieder?" will Frau Schmidt wissen.

„Nein, ich glaube nicht", antwortet Fräulein Moreau. „Am Freitagnachmittag will ich nach Salzburg fahren. Die Festspiele haben gestern dort angefangen."

„Fahren Sie allein hin?" fragt die Frau.

„Nein, Inge Jensen fährt mit. Am Freitagabend gehen wir in die Oper. Wir hören
20 ‚Die Hochzeit des Figaro'.[1] Wir beide lieben Mozarts[2] Musik. Am Samstag sehen wir uns die Stadt an, denn wir kennen sie nicht. Wir wollen so viel wie möglich sehen."

„Salzburg ist nicht nur schön, es ist auch eine Kunststadt", unterbricht Frau Schmidt.

„Das habe ich oft gehört", antwortet die Französin. „Am Samstagabend gehen wir
25 ins Konzert, und am Sonntagnachmittag sehen wir ‚Jedermann',[3] ein Drama von Hugo von Hofmannsthal. Die Aufführung findet im Freien vor dem Dom statt."

---

[1] **„Die Hochzeit des Figaro"** *The Marriage of Figaro*, opera by the Austrian composer Wolfgang Amadeus Mozart (1756–1791)

[2] **Mozarts** Mozart's

[3] **„Jedermann"** *Everyman*, drama by the Austrian poet Hugo von Hofmannsthal (1874–1929)

[130]

„Herrlich", bemerkt Frau Schmidt, „und wann fahren Sie zurück?"

„Erst am Montagmorgen, weil wir nächsten Montag keinen Unterricht haben. Erst am Dienstag fängt unsere Arbeit wieder an."

30   Sie reden noch lange zusammen, aber schließlich werden sie beide müde. Fräulein Moreau sagt zu ihrer Wirtin: „Gute Nacht, schlafen Sie wohl", gibt ihr die Hand[4] und geht auf ihr Zimmer.

Wortschatz

Anspruch: viel Zeit in Anspruch nehmen
  to take much time
der **April** *April*
  auch nicht *not (either)*; **auch noch
  nicht** *not yet either*
die Aufführung, –en *performance*
der **August** *August*
  bißchen: **ein bißchen** *a little*
  blau *blue*
die Blumenstraße *name of a street*
  dein (*poss. adj.; fam. sing.*) *your*
der **Dezember** *December*
  dich (*acc.; fam. sing.*) *you; yourself*
der **Dienstag** *Tuesday*
  dir (*dat.; fam. sing.*) *you, to you;
  yourself*
der **Dom**, –e *cathedral*
der **Donnerstag** *Thursday*
das **Drama**, (*plur.*) Dramen *drama*
  du (*nom.; fam. sing.*) *you*
der **D-Zug**, ∸e = der Durchgangszug,
  Schnellzug *express train*
  euch (*dat. and acc.; fam. plur.*) *you, to
  you; yourselves*
  euer (*poss. adj.; fam. plur.*) *your*
der **Februar** *February*
das **Festspiel**, –e *festival play, performance*
der **Franzose**, –n *Frenchman*; die
  Französin, –nen *Frenchwoman*
die Frauenkirche *Church of Our Lady,
  Munich*
  frei *free*; **im Freien** *in the open*

der **Freitag** *Friday*
der **Freitagabend** *Friday evening*
der **Freitagnachmittag** *Friday afternoon*
der **Frühling**, –e *spring*
die Gartenstraße *name of a street*
  gern(e): **gern(e) haben** *to like*; **hat er
  Sie gern?** *does he like you?*
das **Geschäft**, –e *store; business*
  Hand: **sie gibt ihm die Hand** *she shakes
  hands with him*
der **Herbst**, –e *fall, autumn*
  herrlich *splendid, fine, magnificent*
die **Hochzeit**, –en *wedding*
das **Hofbräuhaus** *name of well-known beer
  hall in Munich*
  ihr (*nom.; fam. plur.*) *you*
  ihr (*poss. adj.*) *her, its*
  intelligent *intelligent*
die **Jahreszeit**, –en *season (of the year)*
das **Jahrhundert**, –e *century*
das **Jahrzehnt**, –e *decade*
der **Januar** *January*
der **Juli** *July*
der **Juni** *June*
der **Kaffeetisch**, –e *coffee table*
  kein(e) *no, not a*
das **Konzert**, –e *concert*; **ins Konzert
  gehen** *to go to the concert*
die **Kunststadt**, ∸e *city of the arts*
das **Lehrbuch**, ∸er *textbook*
  leider *unfortunately*
der **Mai** *May*

---

[4] Handshaking is much more prevalent in Germany than in the United States. In some families each member shakes hands with the others in the morning and before going to bed.

der **März**   *March*
  maskulin   *masculine*
der **Mittwoch**   *Wednesday*
  möglich   *possible*
der **Monat**, –e   *month*
der **Montag**   *Monday*
der **Montagmorgen**   *Monday morning*
  müde   *tired*
das Museum, (*plur.*) Museen   *museum*
die **Musik**   *music*
die **Mutter**, ∴   *mother*
  nächst-   *next, nearest;*   nächsten
    Montag   *next Monday*
die **Neugierde**   *curiosity*
  neugierig   *inquisitive, curious*
der **November**   *November*
der **Oktober**   *October*
die **Oper**, –n   *opera;*   **in die Oper gehen**
    to go to the opera
der **Pariser**, – / die **Pariserin**, -nen   *native*
    of Paris
  reich   *rich, wealthy*
die **Reparatur**, –en   *repair(s);*   mein
    Wagen muß in die Reparatur   *my car*
    needs repairs
der **Samstag**   *Saturday*
der **Samstagabend**   *Saturday evening*
  schließlich   *finally, at last, in conclusion*
die **Schularbeiten** (*plur.*)   *schoolwork*
die **Sekunde**, –n   *second (time)*
der **September**   *September*
  siebt-   *seventh*
  so . . . wie   *as . . . as*
der **Sonnabend**   *Saturday*
der **Sonntagnachmittag**   *Sunday afternoon*
  übrigens   *by the way*
  unser (*poss. adj.*)   *our*
der **Vater**, ∴   *father*
der **Vetter**, –n   *male cousin*
  von   *by*
  weil   *because*

wenigstens   *at least, in any case*
der **Winter**, –   *winter*
das **Wochenende**, –n   *weekend*
  wohl   *well; indeed; probably*
  womit   *with what, with which, by what*
    means
die **Zahnbürste**, –n   *toothbrush*
das **Zeitsubstantiv**, –e   *noun expressing*
    time

anfangen (fängt an), angefangen   · *to*
    begin
  bemerken   *to observe, remark*
†**bleiben**   *to remain, stay*
  denken, gedacht (an) (*with acc.*)   *to think*
    (of)
  durcharbeiten, durchgearbeitet   *to*
    review, work through
  einpacken, eingepackt   *to pack*
  fahren (fährt), hat gefahren   *to drive*
  gefallen (gefällt), gefallen   *to please;*
    wie gefällt Ihnen Herr Brown?   *how*
      do you like Mr. Brown?
  glauben   *to believe*
†**hinfahren (fährt hin)**   *to travel there*
    or to that place
  lieben   *to love*
  meinen   *to mean, be of the opinion*
†**mitfahren (fährt mit)**   *to accompany,*
    travel with someone
†**mitkommen**   *to accompany*
  nehmen (nimmt), genommen   *to take*
  reden   *to speak, talk*
  schlafen: schlafen Sie wohl!   *sleep*
    well!
  stattfinden, stattgefunden   *to take*
    place, occur
†**zurückfahren (fährt zurück)**   *to return*
    by vehicle
†**zurückkommen**   *to return, come back*

Weitere Übungen

1. Read the following sentences, replacing the indefinite article with the correct form of the possessive adjective in parentheses:

   a. Auf dem Kaffeetisch liegt ein Deutschbuch.   (ihr)
   b. Ein Freund kommt aus München zu mir.   (mein)
   c. Ich habe mit einer Nachbarin gesprochen.   (sein)
   d. Wir fahren mit einem Wagen nach Salzburg.   (unser)
   e. Eine Freundin hat dir geholfen, nicht wahr?   (dein)
   f. Ich habe heute einen Brief bekommen.   (euer)
   g. Er arbeitet in einem Geschäft.   (ihr: *their*)
   h. Am Montag fährt er zu einem Freund in Ulm.   (sein)
   i. Ich warte auf einen Kellner.   (mein)
   j. Denkst du an einen Freund?   (dein)

2. Read the following sentences, replacing the indefinite article with the correct form of the possessive adjective referring to the subject:

   a. Haben Sie ein Heft vergessen?
   b. Ich habe eine Aufgabe geschrieben.
   c. Ich packe eine Zahnbürste ein und komme mit.
   d. Hast du einen Freund in München getroffen?
   e. Er wohnt auf einem Bauernhof.
   f. Wir warten auf eine Kellnerin.
   g. Fahren Sie mit einem Wagen?
   h. Habt ihr gestern einen Wagen gefahren?

3. Read the following sentences, changing all nouns to the plural and making any other necessary changes:

   a. Ich habe seinen Brief gelesen.
   b. Sie hat unser Geschäft gesehen.
   c. Er will unseren Bauernhof ansehen.
   d. Ich möchte eure Fabrik sehen.
   e. Sein Gast bleibt nicht lange hier.
   f. Mein Haus steht nicht weit von hier entfernt.
   g. Ich kenne deinen Nachbarn nicht.

4. Answer the following questions with complete sentences:

   a. Sitzt Fräulein Moreau in der Küche oder im Wohnzimmer?
   b. Wer muß früh aufstehen?

München: Das Deutsche Museum

c. Denkt Fräulein Moreau an einen jungen Amerikaner?
d. Was fragt Frau Schmidt?
e. Wohin fährt Fräulein Moreau am Wochenende?
f. Wann kommt sie zurück?
g. Kennt sie schon die Stadt?
h. Wann haben die Studenten keinen Unterricht?
i. Wie heißt das Drama von Hugo von Hofmannsthal?
j. Wie heißt die Oper von Mozart?

5. Using the familiar form of address, ask the student next to you
   a. whether he saw a movie last night
   b. the name of the movie theater
   c. whether he is going to a concert tonight
   d. what kind of city Salzburg is
   e. what *Everyman* is
   f. whether he would like to visit Salzburg
   g. what kind of churches Salzburg has

Schriftliches

1. Rewrite the following sentences, using the word in parentheses as the subject and making any other necessary changes. Change the possessive adjective so that it agrees with the subject.

    a. Fahren Sie mit Ihrem Wagen nach München? (du)
    b. Er denkt oft an seine Freundin. (ich)
    c. Hast du mit deiner Wirtin über deine Schularbeiten gesprochen? (ihr)
    d. In München will er seinen Vetter besuchen. (wir)
    e. Sie sind jetzt sehr müde, nicht wahr? (ihr)

2. Write the following sentences in German:

    a. Are you (*formal*) thinking of your friend?
    b. He has to get up early and go to his store.
    c. I am going to see my friend on Friday evening.
    d. How do you (*fam. plur.*) like your landlady?
    e. We have to review our textbook this weekend.
    f. Are you (*fam. sing.*) going to Salzburg by train?
    g. My schoolwork (*plur.*) is getting hard and is taking too much time.
    h. Does he like you (*fam. sing.*)?
    i. You (*fam. sing.*) like to speak German, don't you?
    j. "Did you see a film tonight?" Karl asked his parents.
    k. Mr. Neumann asked his son and his daughter, "Where are you going today?"

Ausspracheübungen

sch:	Deutsch**sch**land, **sch**on, **sch**reiben, **sch**wer, Engli**sch**, histori**sch**, **sch**mal, **sch**wach
sp:	Bei**sp**iel, **Sp**rache, **Sp**anisch, **sp**ät, **sp**rechen, **sp**richt, **sp**ielen, **Sp**eisekarte
initial **st**:	Blei**st**ift, **St**ück, **St**udent, **St**uhl, ver**st**ehen, auf**st**ehen, **St**aat, **St**adt, **st**ark
st in other positions:	fast, ist, ißt, vergißt, erst, Post, Durst, Obstbäume
x:	se**chs**, wa**chs**en, Max

Verschiedenes

Die Jahreszeiten

Frühling	Herbst
Sommer	Winter

Die Monate

Januar	Juli
Februar	August
März	September
April	Oktober
Mai	November
Juni	Dezember

Die Tage der Woche

Sonntag	Donnerstag
Montag	Freitag
Dienstag	Samstag (auch Sonnabend)
Mittwoch	

Alle Jahreszeiten, Monate und Tage der Woche sind maskulin.

Andere Zeitsubstantive

das Jahrhundert	der Tag
das Jahrzehnt	die Stunde
das Jahr	die Minute
der Monat	die Sekunde
die Woche	

Grammatik

A. The Forms of Address

The pronoun **Sie**, its declensional forms, and its possessive adjective **Ihr** are used when addressing strangers and acquaintances. This is often called the formal or polite form of address. **Sie**, its declensional forms and **Ihr** are always capitalized. **Sie** is used as both a singular and a plural pronoun, even though its accompanying verb always has a plural ending.

SINGULAR

Herr Schmidt, **gehen Sie** heute abend ins Kino?

PLURAL

Meine Damen und Herren! Hier **sehen Sie** viele Dinge.

The second person pronouns **du** and **ihr** are used in addressing members of the family, relatives, close friends, children, pets, and anyone with whom familiarity exists. **Du** is singular, and **ihr** is plural. These pronouns and their declensional forms are often called the familiar forms of address; they are not capitalized except in correspondence.

	Formal	*Familiar*	
	SINGULAR AND PLURAL	SINGULAR	PLURAL
NOMINATIVE	Sie	du	ihr
DATIVE	Ihnen	dir	euch
ACCUSATIVE	Sie	dich	euch

The forms **dich** and **euch** are used as reflexive pronouns.

Willst du **dich** auf das Sofa setzen?
Setzt **euch** bitte!

The possessive adjective of **du** is **dein**; the possessive adjective of **ihr** is **euer**. As indicated in Section B of this lesson, these adjectives have the same endings as **ein**. When an ending is added to **euer**, the second e is usually dropped and the word appears as **eure, euren, eurer,** and so forth.
The ending of the verb accompanying **du** is **-st**. It is added to the stem of the third person singular present.

du bekomm**st**, fähr**st**, gib**st**, hör**st**, sieh**st**, will**st**, versteh**st**
er **bekomm**t, **fähr**t, **gib**t, **hör**t, **sieh**t, **will**, **versteh**t

If the present stem ends in **-s, -ss,** or **-ß**, only **-t** is used as the personal ending.

du muß**t**, weiß**t**, iß**t**

If the stem of the verb ends in **-d** or **-t**, **-e-** appears between the stem and **-st**.

du find**est**, arbeit**est**

The **du**-forms of **haben, sein,** and **werden** are irregular.

du hast, bist, wirst

The ending of the verb accompanying **ihr** is **-t**. It is added to the stem of the third person plural present.

ihr bekommt, fahrt, gebt, hört, seht, wollt, versteht
sie **bekomm**en, **fahr**en, **geb**en, **hör**en, **seh**en, **woll**en, **versteh**en

If the stem of the verb ends in **-d** or **-t**, **-e-** appears between the stem and **-t**.

ihr find**et**, arbeit**et**

The **ihr**-form of **sein** is irregular.

ihr seid

B. Possessive Adjectives

The possessive adjectives are often called **ein**-words, because their declensional endings in the singular are the same as those of the indefinite article **ein**. The following are the German possessive adjectives:

mein	*my*
dein (*familiar*)	*your*
sein	*his*
ihr	*her*
sein	*its*
unser	*our*
euer (*familiar*)	*your*
ihr	*their*
Ihr (*formal*)	*your*

The nominative, dative, and accusative forms of the indefinite article and of **ein**-words are as follows:

	Singular			*Plural*
	MASCULINE	FEMININE	NEUTER	ALL GENDERS
NOMINATIVE	ein	eine	ein	—
DATIVE	ein**em**	ein**er**	ein**em**	—
ACCUSATIVE	ein**en**	eine	ein	—
NOMINATIVE	unser	unser**e**	unser	unser**e**
DATIVE	unser**em**	unser**er**	unser**em**	unser**en**
ACCUSATIVE	unser**en**	unser**e**	unser	unser**e**

Ein Freund besucht mich morgen.
Mein Freund besucht mich morgen.

Ich habe heute **einen** Brief bekommen.
Ich habe heute **seinen** Brief bekommen.

Er hat mit **einem** Kind gesprochen.
Er hat mit **ihrem** Kind gesprochen.

Unsere Freunde wohnen in Mülheim.
Sehen Sie **Ihre** Freunde morgen wieder?
Ich spreche oft mit **seinen** Eltern.
Wir haben gestern **deine** Freunde gesehen.

The definite article sometimes replaces the possessive adjective in contexts where possession or relationship is obvious.

Hast du von **der** Mutter gehört?	=	Hast du von **deiner** Mutter gehört?
Ich habe einen Brief von **den** Eltern bekommen.	=	Ich habe einen Brief von **meinen** Eltern bekommen.

ACHTE LEKTION

Grammatische Ziele:
Kein
Wiederholung der Possessivattribute
Zweitstellung des Verbs
Endstellung des Verbs mit den Konjunktionen
  „daß" und „weil"

Einführende Beispiele

1. Mein Buch ist zu Hause.
   Es ist nicht hier.
   Ich habe mein Buch vergessen.
   Ich habe hier kein Buch.
   Habe ich hier ein Buch?
      Nein, Sie haben hier kein Buch.

2. Am Montag haben wir Unterricht.
   Am Sonntag gehen wir nicht zur Schule.
   Am Sonntag haben wir keinen Unterricht.
   Haben wir am Sonntag Unterricht?
      Nein, am Sonntag haben wir keinen Unterricht.
   Wann haben wir keinen Unterricht?
      Am Sonntag haben wir keinen Unterricht.

3. Ist das ein Bleistift?
      Nein, das ist kein Bleistift.

4. Ist das eine Landkarte?
      Nein, das ist keine Landkarte.

5. Ist das eine Uhr?
      Nein, das ist keine Uhr.

6. Herr _____ hat keine Uhr.
   Wer hat keine Uhr?
      Herr _____ hat keine Uhr.

7. Um neun Uhr gehe ich in die Schule.
   Gehen Sie auch um neun Uhr in die Schule?
      Ja, um neun Uhr gehe ich auch in die Schule.

8. Morgen haben wir keinen Unterricht.
   Wann haben wir keinen Unterricht?
      Morgen haben wir keinen Unterricht.

9. Fräulein Moreau fährt am Freitag nach Salzburg.
   Sie hat es ihrer Wirtin gesagt.
   Die Wirtin weiß, daß sie nach Salzburg fährt.
   Weiß die Wirtin, daß sie nach Salzburg fährt?
   Ja, die Wirtin weiß, daß sie nach Salzburg fährt.
   Was weiß ihre Wirtin?
   Ihre Wirtin weiß, daß sie nach Salzburg fährt.
   Weiß ihre Wirtin, daß Fräulein Moreau nach Salzburg fahren will?
   Ja, ihre Wirtin weiß, daß Fräulein Moreau nach Salzburg fahren will.

10. Fräulein Moreau und Fräulein Jensen fahren nach Salzburg, denn sie lieben Mozarts Musik.
    Sie fahren nach Salzburg, weil sie Mozarts Musik lieben.
    Warum fahren sie nach Salzburg?
    Sie fahren nach Salzburg, weil sie Mozarts Musik lieben.

11. Fräulein Moreau fährt nach Salzburg, weil die Festspiele angefangen haben.
    Fährt sie nach Salzburg, weil die Festspiele angefangen haben?
    Ja, sie fährt nach Salzburg, weil die Festspiele angefangen haben.
    Warum fährt sie nach Salzburg?
    Sie fährt nach Salzburg, weil die Festspiele angefangen haben.

Übungen

1. **Beispiel:** *kein*   **Ich habe *kein* Buch gefunden.**

   a. kein   c. unser
   b. mein   d. ihr (*her*)

2. **Beispiel:** *eine*   **Das ist *eine* Uhr.**

   a. eine   c. keine
   b. unsere   d. seine

3. **Beispiel:** *die*   **Ich habe *die* Aufgabe gelernt.**

   a. die   c. meine
   b. keine   d. unsere

4. Beispiel: *keinen*   Dort habe ich *keinen* Wagen gesehen.

a. keinen
b. einen

c. deinen
d. unseren

5. Beispiel: *kein*   Am Sonntag ist *kein* Geschäft offen.

a. kein
b. sein

c. mein
d. ihr (*her*)

6. Beispiel: *viele*   Wir kennen *viele* Leute aus Berlin.

a. viele
b. die

c. keine
d. einige

7. Beispiel: *Zeit*   Heute habe ich keine *Zeit*.

a. Zeit
b. Aufgabe
c. Arbeit

d. Schularbeit
e. Übung
f. Post

8. Beispiel: Ich habe *eine* Uhr.   Ich habe *keine* Uhr.

a. Ich habe eine Uhr.
b. Wir haben einen Wagen.
c. Ich habe ein Buch gelesen.
d. Er hat eine Postkarte geschrieben.
e. Wir haben einen Freund besucht.

f. Du hast einen Brief bekommen.
g. Ich habe einen Tisch im Zimmer.
h. Ein Geschäft ist heute offen.
i. Das ist eine Kirche.
j. Ich möchte einen Film sehen.

9. Beispiel: Er fährt *heute* nach München. (*heute*)   *Heute* fährt er nach München.

a. Er fährt heute nach München. (heute)
b. Ihr habt morgen keine Aufgabe. (morgen)
c. Ich gehe heute abend in die Oper. (heute abend)
d. Meine Freunde haben gestern einen Film gesehen. (gestern)
e. Er geht um acht Uhr ins Geschäft. (um acht Uhr)
f. Wir fahren am Donnerstag nach Salzburg. (am Donnerstag)
g. Es gibt heute abend Wiener Schnitzel. (heute abend)
h. Wir fahren im April nach Deutschland. (im April)
i. Ich gehe von jetzt an in die Schule. (von jetzt an)
j. Er hat dann die Arbeit gemacht. (dann)

10. Beispiel: Gehen Sie *heute* ins Kino?   Ja, *heute* gehe ich ins Kino.

a. Gehen Sie *heute* ins Kino?
b. Verstehen Sie es *jetzt*?
c. Fährt er *am Mittwoch* mit?
d. Arbeitet Herr Neumann *am Samstag*?
e. Fahren Sie *nächsten Sommer* nach Deutschland?
f. Hat er *gestern* das Drama gesehen?

11. Beispiel: Geht er *heute* ins Kino ?   Nein, *heute* geht er nicht ins Kino.

   a. Geht er *heute* ins Kino?
   b. Kommen die Eltern *am Donnerstag* vorbei?
   c. Haben Sie *gestern* das Drama gesehen?
   d. Ißt du *zu Abend* im Gasthaus?
   e. Haben Sie *gestern* einen Brief geschrieben?
   f. Arbeitet Herr Neumann *am Sonntag*?

12. Beispiele: *Uhr*   Das ist *keine Uhr*.
**   *Stuhl*   Das ist *kein Stuhl*.**

   a. Uhr   f. Drama
   b. Stuhl   g. Hotel
   c. Mann   h. Übung
   d. Wagen   i. Gaststätte
   e. Gasthaus   j. Kirche

13. Beispiel: Wir haben hier *keinen Stuhl*.   Wir haben hier *keine Stühle*.

   a. Wir haben hier keinen Stuhl.
   b. Er hat kein Gasthaus gesehen.
   c. Du hast heute keinen Brief bekommen.
   d. Diese Woche habe ich keinen Film gesehen.
   e. Das Klassenzimmer hat keine Landkarte von Deutschland.
   f. Wir haben keine Gaststätte im Dorf gefunden.

14. Beispiel: Hat er *eine* Landkarte in der Hand?   Nein, er hat *keine* Landkarte in der Hand.

   a. Hat er eine Landkarte in der Hand?
   b. Hat der Student ein Zimmer gefunden?
   c. Haben wir eine Aufgabe für morgen?
   d. Hat sie eine Oper gehört?
   e. Haben Sie ein Museum besucht?
   f. Ist das eine Landkarte?
   g. Ist das ein D-Zug?
   h. Hat er einen Sohn?

15. Beispiel: *ich*   Du weißt, daß *ich* nach Salzburg fahre.

   a. ich   c. dein Freund
   b. wir   d. mein Freund

16. **Beispiel:** *Sie ist hier.*   **Ich weiß, daß *sie hier ist*.**

    a. Sie ist hier.
    b. Er ist nicht da.
    c. Er fährt nach Salzburg.
    d. Deine Eltern kommen zu uns.
    e. Du willst das Drama sehen.
    f. Sie haben das Museum besucht.
    g. Sie wollen das Museum besuchen.
    h. Du mußt schwer arbeiten.

17. **Beispiel:** *wir*   **Wir fahren nach Salzburg, weil *wir* die Stadt sehen *wollen*.**

    a. wir
    b. er
    c. die Mädchen
    d. du
    e. unser Freund
    f. ich

18. **Beispiel:**   **Wir fahren nach Salzburg, *denn* wir *lieben* die Stadt.**   **Wir fahren nach Salzburg, *weil* wir die Stadt *lieben*.**

    a. Wir fahren nach Salzburg, denn wir lieben die Stadt.
    b. Er fährt nach Salzburg, denn er liebt Mozarts Musik.
    c. Ich fahre nach Salzburg, denn ich habe keinen Unterricht.
    d. Ich fahre nach Salzburg, denn ich will „Jedermann" sehen.
    e. Sie fahren nach Salzburg, denn die Festspiele haben angefangen.
    f. Wir fahren nach Salzburg, denn wir wollen die Festspiele sehen.
    g. Du fährst nach Salzburg, denn du willst die Festspiele sehen, nicht wahr?

Fragen

1. Möchten Sie heute abend einen Film sehen?
2. Haben Sie heute Ihren Freund besucht?
3. Haben wir am Sonntag Unterricht?
4. Haben Sie heute abend Unterricht?
5. Wissen Sie, daß Fräulein Jensen nach Salzburg fährt?
6. Weiß ihre Wirtin, daß sie nach Salzburg fährt?
7. Fährt Fräulein Moreau nach Salzburg, weil die Festspiele angefangen haben?
8. Warum fährt Fräulein Moreau nach Salzburg?
9. Haben Sie gewußt, daß die beiden Mädchen Mozarts Musik lieben?
10. Wissen Sie, daß die Aufführung im Freien stattfindet?
11. Was hat Fräulein Moreau ihrer Wirtin gesagt?
12. Wissen Sie, daß man in Schwarzhausen die Alpen sehen kann?

Dialog:

Auf dem Bahnhof

BEAMTER AM FAHRKARTENSCHALTER   Wohin bitte?

JONES   Ich möchte eine Fahrkarte nach München kaufen, hin und zurück.

BEAMTER   Erster oder zweiter Klasse?

JONES   Ich möchte mit keinem Personenzug fahren. Darf man zweiter Klasse mit dem Eilzug fahren?

BEAMTER   Natürlich. Sie dürfen auch mit dem D-Zug fahren, aber mit keinem TEE-Zug.

JONES   Gut. Also zweiter Klasse bitte.

BEAMTER   Und Sie?

SEGOVIA   Das gleiche, bitte.

BEAMTER   Hier sind Ihre Fahrkarten. In zehn Minuten kommt der Zug auf Gleis acht an und fährt in fünf Minuten wieder ab.

SEGOVIA   Wo ist Gleis acht?

BEAMTER   Dort drüben.

SEGOVIA   Danke sehr.

BEAMTER   Bitte sehr.

● ● ●

SEGOVIA   Gehen wir jetzt auf den Bahnsteig, sonst bekommen wir keinen Platz im Zug.

JONES   Übrigens – wo können wir übernachten? In München kenne ich kein Hotel.

SEGOVIA   Ich kenne ein Hotel nicht weit vom Bahnhof.

JONES   Aber vielleicht finden wir kein Zimmer. Was machen wir dann?

SEGOVIA   Mache dir keine Sorgen. In München kann man immer etwas finden.

WEIBLICHE STIMME IM LAUTSPRECHER   D-Zug Wien-Frankfurt. Über München-Ost, München Hauptbahnhof, Augsburg, Ulm, Stuttgart, Pforzheim, Karlsruhe, Heidelberg, Mannheim, Darmstadt, Frankfurt/Main Hauptbahnhof. Bitte einsteigen und die Türen schließen! Vorsicht bei der Abfahrt! Wir wünschen eine gute Reise!

München: Hauptbahnhof

At the Railway Station

OFFICIAL AT THE TICKET WINDOW   Where to, please?

JONES   I would like to buy a ticket to Munich, round trip.

OFFICIAL   First or second class?

JONES   I wouldn't want to go by local train. Can you (may one) go second class by ordinary passenger train?

OFFICIAL   Of course. You may also go by express train, but not by TEE-train.

JONES   Good. Well then, second class, please.

OFFICIAL   And you?

SEGOVIA   The same, please.

OFFICIAL   Here are your tickets. The train will arrive in ten minutes on track eight and leave again five minutes later.

SEGOVIA   Where is track eight?

OFFICIAL   Over there.

SEGOVIA   Thank you very much.

OFFICIAL   You're very welcome.

● ● ●

SEGOVIA   Let's go to the platform now, otherwise we won't get a seat on the train.

JONES   By the way, where can we stay overnight? I don't know any hotels in Munich.

SEGOVIA   I know a hotel not far from the railway station.

JONES   But perhaps we won't find a room. What'll we do then?

SEGOVIA   Don't worry about it. You can always find something in Munich.

FEMALE VOICE OVER THE LOUDSPEAKER   Express Vienna to Frankfurt. Via Munich East, Munich: Main Station, Augsburg, Ulm, Stuttgart, Pforzhcim, Karlsruhe, Heidelberg, Mannheim, Darmstadt, Main Station—Frankfurt on the Main. All aboard and close the doors! Watch out when the train starts! We wish you a pleasant trip!

Fragen über den Dialog

1. Was möchten die Studenten kaufen?
2. Wo kauft man eine Fahrkarte?
3. Darf man zweiter Klasse mit dem D-Zug fahren?
4. Kommt der Zug in zehn Minuten an?
5. Kommt der Zug auf Gleis vier an?
6. Kennt Herr Jones ein Hotel in München?
7. Fahren die Studenten nach München hin und zurück?
8. Fahren sie erster oder zweiter Klasse?
9. Wohin gehen die Studenten vom Fahrkartenschalter?
10. Was hören sie im Lautsprecher?
11. Fährt der Zug nach Wien oder nach Frankfurt?
12. Fährt er über München?
13. Fahren die Studenten auch über München?
14. Fährt der Zug über Stuttgart?
15. Muß man die Türen schließen, wenn man einsteigt?

Lesestück:

Salzburg

Am Freitagnachmittag sind Annette Moreau und Inge Jensen mit dem Zug von Rosenheim nach Salzburg unterwegs. Schwarzhausen liegt ganz in der Nähe von Rosenheim, einer Stadt an der Eisenbahnlinie zwischen München und Salzburg. Die Eisenbahn fährt durch die Alpen, und Fräulein Jensen findet die Landschaft in Süddeutschland
5 höchst interessant, weil Dänemark, ihre Heimat, keine Berge hat.

Die Fahrt mit dem Schnellzug dauert etwas länger als eine Stunde. An der Grenze zwischen Deutschland und Österreich hält der Zug einige Minuten für die Zoll- und Paßkontrolle, und fünfzehn Minuten später kommt er im Salzburger Hauptbahnhof an.

Die beiden Mädchen steigen aus und nehmen vor dem Bahnhof ein Taxi zum Hotel
10 „Stein", weil sie ihr Gepäck im Hotelzimmer lassen wollen. Zuerst gehen sie in ein Kaffeehaus, und nach dem Essen gehen sie in die Oper.

Am nächsten Tag sehen sie sich die Stadt an. In Salzburg, einer Stadt aus der Römerzeit, sieht man fast keine Hochhäuser und keine Schwerindustrie. Wahrscheinlich hat keine andere Stadt auf der Welt so viele Festspiele und Konzerte wie diese Kunst-
15 und Musikstadt; und keine andere Stadt zeigt dem Gast mehr Freundlichkeit.

Diese alte Bischofsstadt liegt mitten in den Bergen. Auf einem Berg steht die alte Burg, Hohensalzburg, im Mittelalter gebaut. Die Studentinnen steigen langsam zur Burg

Aussicht von der Hohensalzburg auf die Stadt

hinauf. Von der Burg aus hat man eine herrliche Aussicht, denn man kann die Stadt, die Berge, den Fluß und die schöne Landschaft in der Nähe sehen. Dann besuchen sie
20 das Geburtshaus Mozarts[1] in der Getreidegasse. Nachher sehen sie sich die Katakomben an, wo die Christen in der Römerzeit Zuflucht gefunden haben.

Mitten in der Stadt steht die Residenz, ein Schloß im Barockstil. Im Schloß hören die zwei Ausländerinnen am Abend ein Mozartkonzert. Das Konzert findet im Rittersaal statt. Drei Musiker spielen bei Kerzenlicht Violine, Cello[2] und Cembalo.[2] Die zwei
25 Studentinnen wissen schon, daß Mozart selbst vor vielen Jahren seine Kompositionen in diesem Saal gespielt hat.

Am letzten Nachmittag sehen die Studentinnen eine Aufführung von ,,Jedermann" auf dem Platz vor dem Dom. Am nächsten Morgen müssen sie den Zauber Salzburgs[3] verlassen – müde, aber von der Schönheit, Musik und Freundlichkeit der[4] Stadt begeistert.

[1] **Mozarts** Mozart's
[2] **c** pronounced like English "ch" in "chin"
[3] **Salzburgs** of Salzburg
[4] **der** of the

Wortschatz

Abend: **am Abend** *in the evening*
die **Abfahrt,** –en *departure*
acht- *eighth*
also *so, thus*
auf *at*
die **Ausländerin,** –nen *foreigner (fem.)*
die **Aussicht,** –en *view, prospect*
der **Bahnhof,** –e *railway station*
der **Bahnsteig,** –e *railway platform*
der **Barockstil** *baroque style*
der **Beamte,** –n *employee, official*
begeistert (von) *inspired, enraptured (by)*
die **Bischofsstadt,** –e *seat of a bishopric, episcopal city*
bitte sehr *you're very welcome*
die **Burg,** –en *fortress, castle*
das **Cello,** –s *cello*
das **Cembalo,** –s *harpsichord*
der **Christ,** –en *Christian*
drüben, dort drüben *over there, on the other side*
durch *through*
der **Eilzug,** –e *ordinary passenger train*
die **Eisenbahn,** –en *railway*
die **Eisenbahnlinie,** –n *railway line*

die **Fahrkarte,** –n *ticket*
der **Fahrkartenschalter,** – *ticket window*
die **Fahrt,** –en *trip, drive*
der **Fluß,** (*plur.*) Flüsse *river*
(das) **Frankfurt/Main** = Frankfurt am Main
die **Freundlichkeit** *friendliness*
fünfzehn *fifteen*
das **Geburtshaus,** –er *birthplace*
das **Gepäck** *luggage*
die **Getreidegasse** *name of a street* (die **Gasse,** –n *narrow street, alley*)
gleich(e) *same*
das **Gleis,** –e *track*
die **Grenze,** –n *frontier, border*
der **Hauptbahnhof,** –e *main railway station*
die **Heimat** *homeland, native region, hometown*
hin und zurück: eine Fahrkarte hin und zurück *round-trip ticket*
das **Hochhaus,** –er *high rise building*
höchst *highly, extremely*
die **Hohensalzburg** *name of medieval fortress in Salzburg*
das **Hotelzimmer,** – *hotel room*

das Kaffeehaus, ¨-er *coffeehouse*
die Katakombe, –n *catacomb*
das Kerzenlicht *candlelight*; bei
    Kerzenlicht *by candlelight*
die Komposition, –en *musical composition*
länger *longer*
der Lautsprecher, – *loudspeaker*
mehr *more*
das **Mittelalter** *Middle Ages*
    mitten *in the midst of*; mitten in den
    Bergen *surrounded by mountains*
das Mozartkonzert, –e *concert of*
    Mozart's music
der Musiker, – *musician*
die Musikstadt, ¨-e *music center, city of*
    music
nachher *afterward*
der **Nachmittag**, –e *afternoon*; am
    Nachmittag *in the afternoon*
die Nähe *nearness, proximity*; in der
    Nähe von *in the vicinity of*
(das) **Österreich** *Austria*
die Paßkontrolle, –n *passport inspection*
der Personenzug, ¨-e *local train*
der **Platz**, ¨-e *seat*; *place*; *square,*
    marketplace
die **Reise**, –n *trip, journey*
die Residenz, –en *residence of an*
    ecclesiastical or temporal prince, seat
    of a court
der Rittersaal, (*plur.*) –säle *Knights' Hall*
die Römerzeit *Roman period*
der Saal, (*plur.*) Säle *hall, assembly room*
    Salzburger (*adj.*) *Salzburg*
das **Schloß**, (*plur.*) Schlösser *castle*
der Schnellzug, ¨-e *express train*
die **Schönheit**, –en *beauty*
die Schwerindustrie, –n *heavy industry*
    selbst *myself, yourself, himself, herself,*
    itself, ourselves, yourselves,
    themselves
    sonst *else, otherwise*
die Sorge, –n *care, worry*; mache dir
    keine Sorgen *don't worry*

der **Stein**, –e *stone*
die **Stimme**, –n *voice*
(das) Süddeutschland *South Germany*
das Taxi, –s *taxi*
der TEE-Zug = der Trans-Europ-Expreß
    TEE-train, Trans-Europe-Express
über *via, by way of*
unterwegs *en route, on the way*
die Violine, –n *violin*
vom = von dem
von jetzt an *from now on*
die Vorsicht *caution*; Vorsicht bei der
    Abfahrt! *watch out when the train*
    starts!
wahrscheinlich *probably, likely*
weiblich *female, feminine*
die **Welt**, –en *world*; auf der Welt *in*
    the world
wie viele *how many*
(das) Wien *Vienna*
der Zauber *charm, magic*
die Zollkontrolle, –n *customs inspection*
zuerst *first, at first*
die Zuflucht *refuge, shelter*
zurück *back*
zwischen *between, among*

†**abfahren (fährt ab)** *to depart, leave*
†**aussteigen** *to get off or out of a vehicle*
bauen *to build*
dauern *to last*
dürfen (darf), gedurft *to be allowed to,*
    be permitted to
†**einsteigen** *to get into a vehicle, board*
halten (hält), gehalten *to stop, halt*
†**hinaufsteigen** *to climb up, go up*
kaufen *to buy*
lassen (läßt), gelassen *to leave, let*
schließen, geschlossen *to close*
verlassen (verläßt), verlassen *to leave,*
    abandon, forsake
wünschen *to wish, desire*
zeigen *to show, indicate*

Weitere Übungen

1. Complete the following sentences, using the correct form of **kein**:
   a. Ich habe noch _____ Fahrkarte gekauft.
   b. Heute haben wir _____ Übungen zu schreiben.
   c. In Schwarzhausen gibt es _____ Schloß.
   d. Dänemark hat _____ Berge.
   e. Er hat sich _____ Sorgen gemacht.
   f. Ich kenne _____ Hotel in München.
   g. _____ Student weiß das.
   h. _____ andere Stadt hat so viele Festspiele wie Salzburg.
   i. Ich habe noch _____ Brief von ihm bekommen.
   j. In _____ anderen Land ist die Landschaft so schön wie hier.

2. Answer the following sets of questions on the basis of the statements that precede them:
   a. Herr Jones und Herr Segovia fahren mit dem D-Zug nach München.
      (1) Wer fährt nach München?
      (2) Fahren sie mit dem Personenzug oder mit dem D-Zug?
      (3) Wohin fahren sie?
   b. Mitten in der Stadt steht die Residenz, ein Schloß im Barockstil.
      (1) Wo steht die Residenz?
      (2) Was steht mitten in der Stadt?
      (3) Was ist die Residenz?
   c. Der Zug kommt um zehn Uhr an und fährt um zehn Uhr fünfzehn wieder ab.
      (1) Was kommt um zehn Uhr an?
      (2) Um wieviel Uhr fährt er ab?
      (3) Wann kommt der Zug an?

3. Read the following sentences, substituting **weil** for **denn**:
   a. Wir sind jetzt in Eile, denn der Zug fährt in zehn Minuten ab.
   b. Ich warte auf den D-Zug, denn ich will mit keinem Personenzug fahren.
   c. Sie findet die Landschaft sehr interessant, denn es gibt hier so viele Berge.
   d. Der Zug hält, denn wir sind jetzt an der Grenze.
   e. Die Aussicht von der Burg aus ist so herrlich, denn man kann den Fluß und die umliegende Landschaft sehen.
   f. Salzburg ist besonders schön, denn man hat dort noch fast keine Hochhäuser gebaut.

4. Read the following sentences, connecting them with **daß**:
   a. Wissen Sie? Der Zug kommt in zehn Minuten an.
   b. Ich habe gewußt. Sie wollen heute abend in die Oper gehen.
   c. Ich glaube. Der Zug muß an der Grenze halten.
   d. Weißt du? Die Festspiele haben gestern angefangen.
   e. Es gefällt mir nicht. Er hat das schon getan.

5. Answer the following questions with complete sentences:

   a. Wohin fährt Herr Jones?
   b. Wohin fahren Fräulein Jensen und Fräulein Moreau?
   c. Gibt es Schwerindustrie in Salzburg?
   d. Wo hat Mozart oft seine Kompositionen gespielt?
   e. Was ist die Residenz?
   f. Wohin fährt der D-Zug Wien-Frankfurt?
   g. Was muß man tun, wenn man einsteigt?
   h. Gibt es Berge in Österreich oder in Dänemark?
   i. Was steht auf einem Berg in Salzburg?
   j. Wo findet das Mozartkonzert statt?

6. Ask the student next to you

   a. when the Munich express arrives in Rosenheim
   b. when it will arrive in Munich
   c. whether one can travel second class on the TEE-train
   d. where you can buy a ticket to Munich
   e. where Salzburg is located
   f. whether Salzburg is near the frontier
   g. what he would like to see in Salzburg
   h. whether one can go by express train to Salzburg

7. Restate the following dialogue in German:

   a. Did you (*fam. sing.*) wait for me (*auf mich*) yesterday?
   b. No, only fifteen minutes, because (*denn*) I had no more time (*keine Zeit mehr*).
   a. I'm sorry, but a friend visited me.
   b. Perhaps we can go to the concert tonight.
   a. Fine, but first let's go to the Wild Man Inn.

Schriftliches

1. Rewrite the following sentences, using **nicht** or the correct form of **kein**:

   a. Ich kenne ein Hotel in Salzburg.
   b. Wir haben unser Gepäck im Hotelzimmer gelassen.
   c. In dieser Stadt sieht man Hochhäuser.
   d. Hast du Platz im Zug gefunden?
   e. Ich habe jetzt Zeit, dir zu helfen.
   f. Am Samstag haben wir Unterricht.
   g. Er fährt heute nach München.

2. Using complete sentences, write negative responses to the following questions:

    a. Hast du heute Zeit, mir zu helfen?
    b. Hat er Ihnen viel Freundlichkeit gezeigt?
    c. Kennt ihr Süddeutschland?
    d. Gibt es Berge in deiner Heimat?
    e. Fährt diese Linie durch die Alpen?
    f. Hat die Stadt ein Schloß?

3. Write the following sentences in German:

    a. The performance took place in the square in front of the church.
    b. Here one doesn't see any high rise buildings or heavy industry.
    c. Today I didn't receive any mail.
    d. We didn't buy a ticket, because (*weil*) we had no time.
    e. Probably no other city has as many festival plays as Salzburg.
    f. On Saturday afternoon we are going to hear a concert in the Knights' Hall.
    g. Does he know that you (*fam. sing.*) now live in Salzburg?

Salzburg: Ein Mozartkonzert

Ausspracheübungen

f: abfahren, auf, fünf, für, Festspiel, von, vor, Vorsicht, Vater, Vetter, vier, Vergleich, wieviel

w: wahrscheinlich, Welt, wie viele, Wien, wer, wir, wohl, Volkswagen, was

Verschiedenes

Österreich und seine Länder

Land	Regierungssitz	Bevölkerung (*in* 1 000) (*im Jahre* 1971)	*Fläche* km²
Burgenland	Eisenstadt	272,1	3 965
Kärnten	Klagenfurt	527,7	9 534
Niederösterreich	Wien	1 414,2	19 170
Oberösterreich	Linz	1 233,4	11 978
Salzburg	Salzburg	401,8	7 154
Steiermark	Graz	1 192,1	16 384
Tirol	Innsbruck	540,8	12 649
Vorarlberg	Bregenz	271,5	2 602
Wien (Stadtstaat)	Wien	1 614,8	414
	Insgesamt	7 468,4	87 815

Grammatik

A. Kein

The **ein**-words discussed in **Lektion** 7 also include **kein** (*no, not a*). **Kein** takes the endings of **ein** in the singular and is normally used in place of **nicht ein**.

	Singular			*Plural*
	MASCULINE	FEMININE	NEUTER	ALL GENDERS
NOMINATIVE	kein	keine	kein	keine
DATIVE	keinem	keiner	keinem	keinen
ACCUSATIVE	keinen	keine	kein	keine

Ich habe **kein** Geld.	*I have no money.*
Er hat **keine** Post bekommen.	*He didn't receive any mail.*
Hier halten **keine** D-Züge.	*No express trains stop here.*

B. Normal Word Order

Normal word order consists of the following sequence of sentence elements:

	SUBJECT	CONJUGATED VERB	ALL OTHER PREDICATE ELEMENTS
	Ich	habe	zwei Bücher gefunden.
	Die Wirtin	gibt	ihr den Brief.
	Fräulein Neumann	hat	heute ihre Fahrkarte vergessen.
	Er	muß	morgen nach München fahren.
Ja,	er	geht	ins Haus.
	Herr Brown	spricht	noch nicht gut Deutsch,
aber	er	lernt	es sehr fleißig.

C. Inverted Word Order

Inverted word order is used in questions and imperatives. It is also used in statements in which an emphasized predicate element precedes the subject. Inverted word order consists of the following sequence of sentence elements:

	CONJUGATED VERB	SUBJECT	OTHER PREDICATE ELEMENTS
	Heißen	Sie	Jones?
INTERROGATIVE ADVERB			
Wann	haben	Sie	ihn gesehen?
	Kommen	Sie	doch mit mir!
STRESSED ADVERB			
Am Sonntag	haben	wir	keinen Unterricht.
Jetzt	können	wir	auf den Bahnsteig gehen.
STRESSED DIRECT OBJECT			
Diesen Brief	habe	ich	gestern gelesen.

D. Transposed Word Order

In transposed word order the conjugated verb is at the end of the clause. Clauses introduced by the subordinating conjunctions **daß**, **weil**, and others presented in **Lektion** 18 require transposed word order.

Ich weiß, **daß** er heute nicht arbeiten **kann**.
Hast du nicht gewußt, **daß** ich gestern den Brief geschrieben **habe**?
Er hat es mir nicht gesagt, **weil** er schon **weiß**, **daß** es mir nicht **gefällt**.
Wir müssen lange warten, **weil** der Kellner so beschäftigt **ist**.
Wir gehen jetzt auf den Bahnsteig, **weil** der Zug in fünf Minuten **ankommt**.

NEUNTE LEKTION

Grammatische Ziele:
Modalverben—dürfen, sollen
Befehlsform
Zahlen

Einführende Beispiele

1. Mein Freund hat eine Fahrkarte zweiter Klasse gekauft.
   Er darf nur zweiter Klasse und nicht erster Klasse fahren.
   Darf er erster Klasse fahren?
   Nein, er darf nicht erster Klasse fahren.

2. Herr Schmidt und ich haben keine Fahrkarten erster Klasse gekauft.
   Wir dürfen also mit keinem TEE-Zug fahren.
   Dürfen wir mit dem Personenzug fahren?
   Ja, Sie dürfen mit dem Personenzug fahren.

3. Ich soll in fünf Minuten dort sein.
   Herr ———— soll auch in fünf Minuten dort sein.
   Wann sollen Herr ———— und ich dort sein?
   Sie sollen in fünf Minuten dort sein.

   • • •

4. Eins, zwei, drei, vier, fünf.
   Wiederholen Sie!
   Eins, zwei, drei, vier, fünf.
   Zählen Sie bis fünf!
   Eins, zwei, drei, vier, fünf.

5. Sechs, sieben, acht, neun, zehn.
   Wiederholen Sie!
   Sechs, sieben, acht, neun, zehn.
   Zählen Sie von sechs bis zehn!
   Sechs, sieben, acht, neun, zehn.

6. Elf, zwölf, dreizehn, vierzehn, fünfzehn.
   Wiederholen Sie!
   Elf, zwölf, dreizehn, vierzehn, fünfzehn.
   Zählen Sie von elf bis fünfzehn!
   Elf, zwölf, dreizehn, vierzehn, fünfzehn.

7. Sechzehn, siebzehn, achtzehn, neunzehn, zwanzig.
   Wiederholen Sie!
   Sechzehn, siebzehn, achtzehn, neunzehn, zwanzig.
   Zählen Sie von sechzehn bis zwanzig!
   Sechzehn, siebzehn, achtzehn, neunzehn, zwanzig.

8. Jetzt sage ich die Zehnerreihe. Hören Sie zu!
   Zehn, zwanzig, dreißig, vierzig, fünfzig, sechzig, siebzig, achtzig, neunzig, hundert.
   Wiederholen Sie die Zehnerreihe!
   Zehn, zwanzig, dreißig, vierzig, fünfzig, sechzig, siebzig, achtzig, neunzig, hundert.

9. Ich sage die Fünferreihe. Hören Sie zu!
   Fünf, zehn, fünfzehn, zwanzig, fünfundzwanzig, dreißig, fünfunddreißig, vierzig,
   fünfundvierzig, fünfzig.
   Sagen Sie die Fünferreihe!
   Fünf, zehn, fünfzehn, zwanzig, fünfundzwanzig, dreißig, fünfunddreißig, vierzig,
   fünfundvierzig, fünfzig.

10. Zwei plus zwei ist vier.
    Zwei plus drei ist fünf.
    Wieviel ist zwei plus drei?
    Zwei plus drei ist fünf.

11. Zehn weniger neun ist eins.
    Wieviel ist zehn weniger neun?
    Zehn weniger neun ist eins.

12. Zwei mal drei ist sechs.
    Zwei mal vier ist acht.
    Wieviel ist zwei mal vier?
    Zwei mal vier ist acht.

13. Sechs geteilt durch drei ist zwei.
    Zehn geteilt durch zwei ist fünf.
    Wieviel ist zehn geteilt durch zwei?
    Zehn geteilt durch zwei ist fünf.

14. Zwei geteilt durch vier ist null Komma fünf (0,5).
    Wieviel ist drei geteilt durch sechs?
    Drei geteilt durch sechs ist null Komma fünf.

15. Halb acht Uhr ist dreißig Minuten vor acht.
    Halb neun Uhr ist dreißig Minuten vor neun.
    Was ist halb zehn?
    Halb zehn ist dreißig Minuten vor zehn.

16. Ein Viertel nach zwei ist fünfzehn Minuten nach zwei Uhr.
    Was ist ein Viertel nach zehn?
        Ein Viertel nach zehn ist fünfzehn Minuten nach zehn Uhr.

● ● ●

17. Karl Neumann will nicht aufstehen, weil er noch schläfrig ist.
    Seine Mutter sagt zu ihm: „Karl, steh' auf!"
    Was sagt Frau Neumann zu ihm?
        Frau Neumann sagt zu ihm: „Karl, steh' auf!"

18. Karl und Anneliese wollen ins Kino gehen, aber sie haben noch Schularbeiten zu
    machen.
    Ihr Vater sagt zu ihnen: „Macht zuerst eure Schularbeiten, dann geht ins Kino!"
    Was sagt Herr Neumann zu ihnen?
        *Herr Neumann sagt zu ihnen: „Macht zuerst eure Schularbeiten, dann geht ins
        Kino!"*

Übungen

1. **Beispiel:** *in elf Minuten*   **Er soll *in elf Minuten* abfahren.**

    a. in elf Minuten   c. in dreißig Minuten
    b. in zwanzig Minuten   d. um fünf Minuten vor acht

2. **Beispiel:** *einsteigen*   **Wir sollen um halb drei *einsteigen*.**

    a. einsteigen   c. abfahren
    b. beginnen   d. ankommen

3. **Beispiel:** *um zwölf Uhr*   **Du sollst *um zwölf Uhr* dort sein.**

    a. um zwölf Uhr   c. um Viertel vor sieben
    b. um Viertel nach zehn   d. um halb acht

4. **Beispiel:** *um neun Uhr*   **Sie sollen *um neun Uhr* in München sein.**

    a. um neun Uhr   d. um Viertel vor sieben
    b. um halb neun   e. in dreißig Minuten
    c. um Viertel nach elf   f. vor ein Uhr

5. Beispiel: *ich*   *Ich soll* hier bleiben.

a. ich
b. der Professor
c. die Studentin
d. wir

e. er
f. die Studentinnen
g. sie (*they*)
h. du

6. Beispiel: *soll*   Er *soll* in zehn Minuten abfahren.

a. soll
b. will
c. muß

d. möchte
e. darf
f. kann

7. Beispiel: *sollen*   Sie *sollen* nach Ulm fahren.

a. sollen
b. dürfen
c. müssen

d. wollen
e. möchten
f. können

8. Beispiel: *Ich soll* sie heute besuchen.   *Wir sollen* sie heute besuchen.

a. Ich soll sie heute besuchen.
b. Ich muß in zwei Minuten abfahren.
c. Ich darf morgen mitfahren.
d. Ich finde das Haus nicht.
e. Ich kann die Sonnenstraße nicht finden.
f. Ich möchte hier wohnen.
g. Ich verstehe ihn sehr gut.
h. Ich will nach München fahren.

9. Beispiel: Muß er jetzt abfahren?   Ja, er muß jetzt abfahren.

a. Muß er jetzt abfahren?
b. Sollen wir jetzt abfahren?
c. Dürfen wir jetzt einsteigen?
d. Soll ich auf den Bahnsteig gehen?
e. Können Sie mitkommen?
f. Kannst du das lesen?
g. Liest er Deutsch?
h. Wir sollen in zwei Stunden ankommen, nicht wahr?
i. Das Konzert gefällt Ihnen, nicht wahr?
j. Das Buch gefällt ihm, nicht wahr?
k. Habt ihr die Burg schon gesehen?
l. Wissen Sie, wer das ist?

10. Beispiel: *kommen*   *Kommen* Sie mit uns!

    a. kommen
    b. essen
    c. fahren

    d. arbeiten
    e. frühstücken
    f. gehen

11. Beispiel: *ins Kino gehen*   *Gehen* Sie *ins Kino!*

    a. ins Kino gehen
    b. die Aufgabe lernen
    c. ein Taxi nehmen
    d. hier bleiben

    e. bis fünfzig zählen
    f. mit dem Zug fahren
    g. die Aufgabe schreiben
    h. mit uns kommen

12. Beispiel: *einsteigen*   *Steigen* Sie *ein!*

    a. einsteigen
    b. mitkommen
    c. hinaufsteigen

    d. anfangen
    e. aussteigen
    f. hinfahren

13. Beispiel: *hier aussteigen*   *Steigt hier aus!*

    a. hier aussteigen
    b. am Karlsplatz einsteigen
    c. die Dame ansehen

    d. in den Zug einsteigen
    e. vorbeigehen
    f. jetzt abfahren

14. Beispiel: *Kommen Sie* zu mir!   *Komm(e)* zu mir!

    a. Kommen Sie zu mir!
    b. Stehen Sie jetzt auf!
    c. Gehen Sie an die Tür!
    d. Machen Sie die Schularbeiten!

    e. Kommen Sie doch mit!
    f. Steigen Sie hier aus!
    g. Tun Sie das nicht!
    h. Warten Sie auf uns!

15. Beispiel: Wieviel Uhr ist es? Es ist zehn Uhr.

    a. Wieviel Uhr ist es?

b. Wann beginnt der Unterricht?

c. Wann sollen wir abfahren?

d. Wann kommt der Zug an?

e. Wann müssen Sie dort sein?

f. Wann kommen Sie zurück?

g. Um wieviel Uhr essen Sie zu Abend?

h. Um wieviel Uhr müssen wir morgen aufstehen?

Fragen

1. Soll der D-Zug um vierzehn oder um fünfzehn Uhr abfahren?*
2. Soll der Zug aus München um zwanzig oder um zweiundzwanzig Uhr ankommen?
3. Müssen Sie heute oder morgen abfahren?
4. Gehen wir auf Bahnsteig fünfzehn oder sechzehn?
5. Beginnt das Konzert um sieben oder um acht Uhr?
6. Haben Sie in München oder in Heidelberg studiert?
7. Haben Sie das in der Küche oder im Wohnzimmer gefunden?
8. Haben Sie die Burg oder den Palast gesehen?
9. Hat er eine Oper von Mozart oder Wagner gehört?
10. Gehen Sie um halb acht oder halb neun in die Oper?
11. Beginnt das Konzert ein Viertel vor oder nach sieben?
12. Wann haben Sie ihn gesehen? Um zwölf oder um eins?

---

* The Federal Railway of Germany uses a twenty-four-hour system of time: 8:00 P.M. is **zwanzig Uhr**; 9:45 P.M. is **einundzwanzig Uhr fünfundvierzig**.

Dialog:

Wo ist das Deutsche Museum?

SEGOVIA	Entschuldigen Sie bitte.
POLIZIST	Ja, bitte?
SEGOVIA	Können Sie mir sagen, wo das Deutsche Museum ist?
POLIZIST	Ja, gewiß. Es ist bei der Ludwigsbrücke, aber Sie können nicht zu Fuß gehen. Es ist zu weit.
SEGOVIA	Sollen wir also mit der Straßenbahn fahren?
POLIZIST	Ja, nehmen Sie hier an der Haltestelle Linie vierzehn.
SEGOVIA	Geht Linie vierzehn direkt zum Museum?
POLIZIST	Nein, am Karlsplatz müssen Sie umsteigen. Dort können Sie Linie zweiundzwanzig oder achtundzwanzig nehmen.
SEGOVIA	Wo sollen wir aussteigen?
POLIZIST	An der Haltestelle vor dem Museum.
SEGOVIA	Danke sehr. Übrigens, dürfen wir im Museum Aufnahmen machen?
POLIZIST	O nein, das darf man nicht. Das ist streng verboten.

● ● ●

SEGOVIA	Um Viertel nach fünf schließt das Museum. Wir dürfen nicht länger hier bleiben.
JONES	Wo sollen wir jetzt hingehen?
SEGOVIA	Ich möchte die Frauenkirche sehen. Du auch?
JONES	Gerne, aber kann man so spät noch kommen?
SEGOVIA	Soviel ich weiß, soll sie bis halb zehn offen bleiben.

Where is the German Museum?

SEGOVIA Pardon me, please.

POLICEMAN Yes?

SEGOVIA Can you tell me where the German Museum is?

POLICEMAN Yes, certainly. It is near the Ludwig Bridge, but you can't go on foot. It's too far.

SEGOVIA Then should we take a streetcar?

POLICEMAN Yes, take Number 14 here at the car stop.

SEGOVIA Does Number 14 go directly to the museum?

POLICEMAN No, you have to transfer at Karl's Square. You can take Number 22 or 28 there.

SEGOVIA Where are we to get off?

POLICEMAN At the car stop in front of the museum.

SEGOVIA Thank you very much. By the way, are we permitted to take photographs in the museum?

POLICEMAN Oh, no, you aren't allowed to do that. That's strictly forbidden.

● ● ●

SEGOVIA The museum closes at a quarter after five. We can't stay here any longer.

JONES Where should we go now?

SEGOVIA I'd like to see the Church of Our Lady. How about you?

JONES Very much, but can you still go there so late?

SEGOVIA As far as I know, it's supposed to stay open until nine-thirty.

Fragen über den Dialog

1. Weiß der Polizist, wo das Deutsche Museum ist?
2. Gehen die Studenten zu Fuß zum Museum?
3. Nehmen sie ein Taxi oder die Straßenbahn?
4. Fahren sie mit Linie sieben oder Linie vierzehn?
5. Wo sollen sie umsteigen?
6. Steigen sie am Karlsplatz oder am Marienplatz um?
7. Geht Linie vierzehn direkt zum Museum?
8. Bis wann ist das Museum offen?
9. Um wieviel Uhr schließt das Museum?
10. Steigen die Studenten vor dem Museum aus?
11. Wo sollen sie aussteigen?
12. Ist die Haltestelle vor dem Museum?
13. Wo nimmt man die Straßenbahn?
14. Was möchte Herr Segovia sehen?
15. Bis wann soll die Frauenkirche offen bleiben?

Lesestück:

München

Am Freitagnachmittag fahren Herr Jones und Herr Segovia nach München. Vom Münchener Hauptbahnhof haben sie ein Taxi zum Hotel „Adler" genommen. Dieses Hotel steht mitten in der Stadt nicht weit vom Marienplatz und von der Frauenkirche.

Die Studenten kennen die Hauptstadt von Bayern nicht und müssen oft um Auskunft
5   bitten. Sie verstehen die Münchener nicht besonders gut, weil man in München, wie auch in ganz Bayern, selten Hochdeutsch spricht, sondern Bayrisch, einen oberdeutschen (süddeutschen) Dialekt. Zwei- oder dreimal muß der Bayer eine Auskunft wiederholen, und die Studenten müssen immer wieder sagen: „Bitte, sprechen Sie langsam. Wir verstehen noch kein Bayrisch!"
10   Am Samstag haben sie das Rathaus, das Siegestor, das Hofbräuhaus, das Deutsche Museum und die Frauenkirche besichtigt. Alle Touristen wollen das Hofbräuhaus besuchen, weil es eine große, weltberühmte Gaststätte ist; aber das Bier schmeckt dort nicht besser als in anderen Wirtshäusern. Die Frauenkirche ist zwar im gotischen Stil gebaut, aber sie hat zwei Zwiebeltürme. Solche Türme sind nicht gotisch, sondern by-
15   zantinisch, und man sieht sie oft in Bayern und Österreich. Am Samstagabend haben die Studenten im Prinzregententheater eine Aufführung von Goethes „Faust"[1] gesehen.

Am nächsten Tag wollen die Freunde noch die Universität München, das Schloß Nymphenburg und die Oper besuchen. Das Schloß Nymphenburg liegt mitten in einem Park. Im Park sind viele Blumen, Bäume, Springbrunnen und ein See. Im See schwimmen
20   weiße Schwäne ruhig hin und her. Dieses Schloß war die Residenz der[2] Könige von Bayern. Bis zu seinem Tod im Jahre 1955 hat Kronprinz Ruprecht[3] dort gewohnt. Hier hat auch der berühmte bayrische König, Ludwig der Zweite,[4] gewohnt. Er war geisteskrank, aber das Volk hat ihn doch sehr geliebt. Er hat wie ein Märchenprinz gelebt, glänzende Schlösser gebaut und das Land beinahe bankrott gemacht. Er war von der Romantik in
25   Richard Wagners[5] Musikdramen begeistert und hat ihm geholfen, das Festspielhaus in Bayreuth[6] zu bauen.

Unsere zwei Studenten haben viel in der Landeshauptstadt gesehen und haben alles sehr sehenswert gefunden. In München kann man lange bleiben und jeden Tag etwas Neues sehen, aber die zwei Freunde haben jetzt zu wenig Zeit. Sie können nicht alles
30   sehen, weil sie am Montagmorgen wieder aufs Institut gehen müssen.

---

[1] „Faust" long dramatic poem by Johann Wolfgang von Goethe (1749–1832), famous German lyric poet and dramatist
[2] der of the
[3] Ruprecht (1869–1955), crown prince of Bavaria and son of the last Bavarian king
[4] Ludwig der Zweite Ludwig the Second (1845–1886)
[5] Richard Wagners of Richard Wagner (1813–1883), famous German romantic composer
[6] Bayreuth Bavarian city where annual Wagnerian music festivals are held

München: Schloß Nymphenburg

Wortschatz

achtundzwanzig *twenty-eight*
achtzehnhundertachtundvierzig *1848*
achtzig *eighty*
der Adler, – *eagle*
die Aufnahme, –n *photograph*;
   Aufnahmen machen *to take
photographs*
die Auskunft, ⁀e *information*
bankrott *bankrupt*
der **Baum**, ⁀e *tree*
der Bayer, –n *native of Bavaria*
(das) **Bayern** *Bavaria, a federal state*
   bayrisch (*adj.*) *Bavarian*; das
   Bayrisch(e) *Bavarian, dialect
spoken in Bavaria*
bei *near, at*
beinahe *almost, nearly*
berühmt *famous*
bis zu *up to, until*
byzantinisch *Byzantine*
der Dialekt, –e *dialect*
direkt *direct*
dreimal *three times*
dreißig *thirty*
dreiundzwanzig *twenty-three*
dreizehn *thirteen*
durch *by*
eins (*card. num.*) *one*
einundzwanzig *twenty-one*
etwas Neues *something new*
der Fahrplan, ⁀e *timetable*
das Festspielhaus, ⁀er *festival theater*
die Fünferreihe (*counting by*) *fives*;
   sagen Sie die Fünferreihe! *count by
fives!*
fünfunddreißig *thirty-five*
fünfundvierzig *forty-five*
fünfundzwanzig *twenty-five*
fünfzehnhundertsiebzehn *1517*
fünfzig *fifty*
der Fuß, ⁀e *foot*; zu Fuß *on foot*
geisteskrank *mentally ill*
gewiß *certain*
glänzend *brilliant, splendid*
gotisch *Gothic*
die Haltestelle, –n *car stop*
die Hauptstadt, ⁀e *capital (city)*
hin und her *back and forth, to and fro*

das Hochdeutsch(e) *High German,
standard German*
hundert *hundred*
hunderteins *one hundred one*
hunderteinundzwanzig *one hundred
twenty-one*
immer wieder *again and again*
der Karlsplatz *Karl's Square, Munich*
das Komma, –s *comma; decimal point*
der **König**, –e *king*; die **Königin**, –nen
   queen
der Kronprinz, –en *crown prince*
die Landeshauptstadt, ⁀e *state capital*
die **Linie**, –n *streetcar line*
die Ludwigsbrücke *Ludwig Bridge,
Munich*
   mal *times* (*math.*); zwei mal drei ist
   sechs *two times three is six*
der Märchenprinz, –en *fairy-tale prince*
der Marienplatz *St. Mary's Square,
Munich*
die **Milliarde**, –n *billion*
die **Million**, –en *million*
der Münchener, – *native of Munich*;
   Münch(e)ner (*adj.*) *Munich*
das Musikdrama, (*plur.*) –dramen *opera,
music drama*
neunt- *ninth*
neunundneunzig *ninety-nine*
neunzehnhundert *1900*
neunzehnhundertfünfundfünfzig *1955*
neunzig *ninety*
null *zero*
die Nymphenburg *name of eighteenth-
century palace in Munich*
oberdeutsch *Upper German, South
German*
der **Park**, –s *park*
plus *plus*
der **Polizist**, –en *policeman*
das Prinzregententheater *Prince Regent
Theater, Munich*
das **Rathaus**, ⁀er *city hall*
die Romantik *romanticism, romantic
period*
ruhig *calm, quiet, tranquil*
der Schwan, ⁀e *swan*
sechzehn *sixteen*

sechzig *sixty*
der See, –n *lake*
sehenswert *worth seeing*
selten *seldom, infrequent*
siebzig *seventy*
das Siegestor *Victory Gate, Munich*
so *so, thus*
solch(–er, –e, –es) *such, such a*
die Sonnenstraße *name of a street*
soviel *as much as, as far as*
der Springbrunnen, – *fountain*
der Stil, –e *style*
die **Straßenbahn**, –en *streetcar, street railway*
streng *stern, severe, strict*
süddeutsch (*adj.*) *South German*
tausend *thousand*
der **Tod**, –e *death*
der **Turm**, ⁔e *tower, spire*
die **Universität**, –en *university*
das **Viertel**, – *quarter*; ein Viertel vor acht *a quarter to eight*
vierundzwanzig *twenty-four*
vierzehn *fourteen*
vierzig *forty*
das **Volk**, ⁔er *people, nation*
weiß *white*

weltberühmt *world-famous*
weniger *less, minus*
die Zehnerreihe (*counting by*) *tens*; sagen Sie die Zehnerreihe! *count by tens!*
zwar *indeed, to be sure*
zweihunderteins *two hundred one*
zweimal *twice*
zweiundzwanzig *twenty-two*
der **Zwiebelturm**, ⁔e *onion-shaped tower*

besichtigen *to see, survey, do sightseeing*
bitten, gebeten (um) *to ask for, request*
entschuldigen *to excuse, pardon*
†hingehen *to go there or to that place*
leben *to live*
†**schwimmen** *to swim*
sollen (soll), gesollt *to be obligated to, be supposed to, shall, should*
teilen *to divide, separate*; geteilt durch *divided by*
†**umsteigen** *to transfer from one vehicle to another*
verbieten, verboten *to forbid*
wiederholen *to repeat, do again*

Weitere Übungen

1. Read the following sentences, using the word in parentheses and making any other necessary changes:

   a. Dürfen wir ins Schloß gehen? (man)
   b. Jetzt dürfen Sie einsteigen. (wir)
   c. Im Museum darf man keine Aufnahmen machen. (sollen)
   d. Hier soll man umsteigen. (müssen)
   e. Du sollst an der Haltestelle vor dem Museum aussteigen. (müssen)
   f. Man soll das Hofbräuhaus besuchen. (ihr)
   g. Jetzt dürfen wir einsteigen. (ich)
   h. Hier kann sie ein Taxi nehmen. (sollen)
   i. Du sollst das Museum sehen. (können)
   j. Hier dürft ihr Aufnahmen machen. (du)

2. Restate the following expressions as imperatives of the formal, the familiar singular, and the familiar plural forms of address:

   a. bleiben
   b. hier bleiben
   c. jetzt aussteigen
   d. am Karlsplatz einsteigen
   e. alle Übungen lesen

   f. ins Zimmer gehen
   g. ein Taxi nehmen
   h. morgen um neun Uhr abfahren
   i. nicht so neugierig sein
   j. mir bei den Schularbeiten helfen

3. Read the following expressions of time in German:

   a. 10.15
   b. 12.30
   c. 4.00

   d. 9.20
   e. 8.30
   f. 4.15

   g. 14.15
   h. 12.50
   i. 20.18

4. Read the following decimals in German:

   a. 0,5
   b. 0,7
   c. 0,55

   d. 2,65
   e. 88,15
   f. 23,45

   g.   887,88
   h.   8 839,01
   i. 132 056,99

5. Read and solve the following problems in German (: is the German sign for division):

   a. $4 \times 4 = ?$
   b. $4 \times 6 = ?$
   c. $4 \times 20 = ?$
   d. $3 \times 8 = ?$

   e. $20 + 2 = ?$
   f. $100 + 55 = ?$
   g. $100 : 2 = ?$
   h. $50 : 2 = ?$

   i. $25 - 5 = ?$
   j. $100 - 10 = ?$
   k. $10 : 20 = ?$
   l. $10 : 10 = ?$

6. State in German

   a. when you were born   (**neunzehnhundert-** . . .)
   b. when Columbus discovered America
   c. the year you entered college
   d. the year your father was born
   e. how many miles from home your school is
   f. how far your school is from Chicago
   g. the population of your hometown

7. Answer the following questions with complete sentences:

   a. Wie heißt die Hauptstadt von Bayern?
   b. Wohin geht jeder Tourist?
   c. Ist die Frauenkirche im Barockstil gebaut?
   d. Hat die Frauenkirche gotische Türme?
   e. Wie heißt die große, weltberühmte Gaststätte in München?
   f. Verstehen die Studenten Bayrisch?
   g. Wie heißt die Universität in der Landeshauptstadt?
   h. Was haben die Studenten im Prinzregententheater gesehen?

Schriftliches

1. Use each of the following groups of words in a sentence. Change the form of the verb if necessary.

    a. an der Haltestelle, müssen, umsteigen, ihr, vor dem Dom
    b. möchten, ich, ins Hofbräuhaus, gehen, heute abend
    c. Aufnahmen machen, dürfen, hier, man
    d. du, geben, wann, sollen, vor der Klasse, den Bericht

2. Write the familiar singular, the familiar plural, and the formal imperative of the following expressions:

    a. bitte entschuldigen
    b. am Karlsplatz Linie zwei nehmen
    c. hier anfangen
    d. keine Aufnahmen machen

München: Der Karlsplatz

3. Write the following sentences in German:

   a. You (*fam. sing.*) aren't supposed to take photographs in the church.

   b. When do you (*formal*) have to arrive there?

   c. The **Hofbräuhaus** is supposed to be world-famous.

   d. I know that we are permitted to take photographs in the castle.

   e. You (*fam. plur.*) must get up earlier tomorrow.

   f. Do you (*fam. sing.*) want to go to Munich with me?

   g. We can't understand the Bavarians, because they speak a dialect.

   h. I am to get off in front of the city hall.

Aussprecheübungen

ts: achtzig, zehn, dreizehn, glänzend, Polizist, Patient, nationalistisch, Revolution, revolutionär, Rationalismus, Prinz, zwei, zwar, Zwiebelturm, jetzt, zu, zur, zum, ziemlich, Französisch, sitzen, Zug, dazu, zählen

17 München—Stuttgart—Karlsruhe und Heidelberg/Mannheim—Frankfurt (Main)

■ MÜNCHEN → ■ PARIS

Neue Tages-
verbindung
mit
Kurswagen
im
D 165 / D 112

Anschlüsse vom Balkan und von Jugoslawien siehe D 3, von Italien und Österreich D 3, D 5 und D 6, von Ungarn D 2

km	Zug Nr																

km	Station		Zug Nr
	Salzburg Hbf	ab	428
	Berchtesgaden Hbf	ab	
	München Hbf	an	
	Kufstein	ab	428
	München Hbf	an	
	Garmisch-Partenkirchen	ab	402
	München Hbf Starnberger Bf	an	
0	**München** Hbf	ab	
7	München-Pasing		Weitere Fernzüge siehe 18
31	Nannhofen		
46	Mering		410
62	Augsburg Hbf	an	
	Garmisch-Partenkirchen		402
	Weilheim (Oberbay)		404
	Augsburg Hbf	ab	
62	Augsburg Hbf	ab	410
108	Burgau (Schwab)	an	
	Regensburg Hbf	ab	75
	Ingolstadt Hbf		
118	Neuoffingen		
123	Günzburg		
146	Neu Ulm		410
148	Ulm Hbf	an	
	Oberstdorf	ab	67
	Ulm Hbf		
	Lindau Hbf	ab	72
	Friedrichshafen Stadt		
	Ulm Hbf		
148	Ulm Hbf	ab	
175	Amstetten (Württ)		320
181	Geislingen (Steige)		
200	Göppingen	an	
	Tübingen Hbf		325
210	Plochingen	ab	
226	Eßlingen (Neckar)		320
238	Stuttgart-Bad Cannstatt		
242	Stuttgart Hbf	an	
	Nürnberg Hbf 420		65
	Stuttgart Hbf 323 324		

Zug Nr Klasse																							

			D 136 1.2					E 1941 1.2					D 283 1.2	E 595 1.2				E 883 1.2				D 612 TEE 77 1.2	D 143 1.2

242 Stuttgart Hbf ab 3.00 ... ... 7.57 8.09 8.17 9.39 9.51 9.59

255 Ludwigsburg

265 Bietigheim (Württ)

Heilbronn Hbf 322 an ... 10.54

278 Vaihingen (Enz) Nord ab 320 ... 9.30 9.39 9.02 10.12 10.24

288 Mühlacker ... 7.11 7.18 7.19 8.30 8.39 10.20 10.25 10.34

301 Pforzheim Hbf 319 ... 7.52 8.51 9.48

Wildbad 302 a an 9.14 9.20 10.59 11.40

327 Karlsruhe-Durlach 319 ...

332 Karlsruhe Hbf an/ab **16** 301 320 Offenburg / Freiburg (Breisgau) Hbf / Basel Bad Bf 11.10 11.44 11.17 13.03 12.55 13.45

288 Mühlacker ab 320 7.13 7.28 7.41 9.03 9.18 9.31 10.21 10.37 10.49

305 Bretten 8.07 8.20 11.12 11.35

321 Bruchsal 7.42 10.06 10.28 10.50

Bruchsal / Karlsruhe Hbf 301 9.32 9.45 9.55

321 Bruchsal 300 f 320 8.03 8.07 8.18 9.51 10.03 10.53 11.11 11.06

340 Wiesloch-Walldorf 8.13 8.07 8.31 10.17 11.15 11.29

353 Heidelberg Hbf 4.33 8.20 8.32 9.21 9.58 10.03 10.57 11.15 11.06

17 Mannheim Hbf ab / an ...

363 Mannheim-Friedrichsfeld ...

376 Weinheim (Bergstr) 4.53 8.29 8.36 9.04 9.59 10.06 11.23 11.19 11.27

386 Heppenheim (Bergstr) 5.02 8.36 9.13 10.16 11.33 11.22 11.29

391 Bensheim 5.08 8.57 9.25 10.24 11.41

413 Darmstadt Hbf 5.27 10.29 11.26

427 Langen (Hess) 10.46 11.34 12.02

440 Frankfurt (Main) Hbf an 7.35 5.50 9.40 9.31 9.14 9.32 10.56 11.46 12.05 12.11 12.26

Frankfurt (Main) Hbf ab **10.** 250 6.27 10.00 10.00 9.59 10.18 10.34 11.18 12.21 13.11 13.11

Wiesbaden Hbf an 6.57 10.32 10.32 11.08 11.16 12.04 13.07 13.45

Frankfurt (Main) Hbf ab **10.** 6.14 10.08 10.05 11.26 12.33

Mainz Hbf 5.43 6.43 10.41 10.47 10.34 11.13 13.06 12.06

Bonn 249 8.24 8.50 11.55 11.58 13.48 13.21

Köln Hbf 250 8.16 10.35 12.20 15.12 15.18

Frankfurt (Main) Hbf ab **1k** 6.04 17.00 10.28 10.28 10.28 15.40 14.11 15.45

Kassel Hbf an 9.31 9.11 13.16 13.16 13.16 12.16 16.14

über Eberbach

über Sinsheim s. 62

über Eberbach s. 66a

Schwabenpfeil täglich außer So

über Eberbach s. 66a

von Freiburg/Brsg

Beul · Schreibabteil

Helvetia

◆ = F 1. Klasse

🟦 Beul · ◇ Schreibabteil · ◟◞◠◡ siehe Zug- und Wagenverzeichnis

⚄ Sa/So vom 2./3. VI. bis 28./30. IX.

🅐 So und Mo vom 1. VII. bis 30. IX.

🅑 So und Mo vom 3. VI. bis 24. IX.

🅒 auch 1., 12., 22. VI., 18. VIII., nicht 11. VI.

Ⓧ 🅧 vor ✚, ✟ und Ⓧ nach ✚

D 401 mit Ⓓ 201 von Stuttgart bis Heidelberg vereinigt

E 553 mit E 741 von Stuttgart bis Heilbronn vereinigt

Sonntagsausflugzug

Neu Isenburg an 7.35; Köln-Deutz an 10.35

Grammatik

A. Modal Auxiliary Verbs

You have now seen these commonly used forms of the modal auxiliary verbs:

ich	muß,	kann,	will,	möchte,	soll,	darf

du	mußt,	kannst,	willst,	möchtest,	sollst,	darfst

er sie es	muß,	kann,	will,	möchte,	soll,	darf

wir	müssen,	können,	wollen,	möchten,	sollen,	dürfen

ihr	müßt,	könnt,	wollt,	möchtet,	sollt,	dürft

sie Sie	müssen,	können,	wollen,	möchten,	sollen,	dürfen

B. The Imperative

The imperative of formal address is like the **Sie**-form of the verb in the present tense followed by **Sie**. Emphatic imperatives are followed by an exclamation point.

> **Nehmen Sie** hier an der Haltestelle die Straßenbahn!
> **Steigen Sie** hier **aus!**
> **Zählen Sie** bis zehn!

The familiar singular imperative is usually composed of the present tense stem of the verb and the ending **-e**. The pronoun **du** is normally omitted.

INFINITIVE	IMPERATIVE
arbeiten	**Arbeite** fleißig!
zählen	**Zähle** bis zehn!
machen	**Mache** das nicht!

In colloquial speech the ending **-e** is often omitted.

> **Geh'** in die Küche!
> **Komm'** mit mir!
> **Mach'** deine Schularbeiten!

Strong verbs that change the infinitive stem vowel -e- to -i- or -ie- in the second and third person singular of the present tense also have this vowel change in the familiar singular imperative.

INFINITIVE	PRESENT TENSE	IMPERATIVE
essen	du ißt	**Iß** dein Frühstück!
vergessen	du vergißt	**Vergiß** das nicht!
geben	du gibst	**Gib** mir den Scheck, bitte.
helfen	du hilfst	**Hilf** mir bei meinen Schularbeiten!
nehmen	du nimmst	**Nimm** das Geld!
sprechen	du sprichst	**Sprich** Deutsch!
treffen	du triffst	**Triff** mich vor dem Museum!
lesen	du liest	**Lies** doch deine Aufgabe!
sehen	du siehst	**Sieh** das Mädchen dort!

Other strong verbs do not retain the vowel change in the formation of the imperative of **du**.

INFINITIVE	PRESENT TENSE	IMPERATIVE
anfangen	du fängst an	**Fange** jetzt **an**!
fahren	du fährst	**Fahre** meinen Wagen!
halten	du hältst	**Halt(e)**!
lassen	du läßt	**Lass(e)** das Gepäck hier.
schlafen	du schläfst	**Schlaf(e)** wohl.
verlassen	du verläßt	**Verlass(e)** mich nicht!

The familiar plural imperative is the same as the **ihr**-form of the present tense. The pronoun **ihr** is normally omitted.

Geht nach Hause!
Fangt eure Schularbeiten **an**!
Eßt nicht so schnell!
Sprecht morgen mit ihm!
Gebt ihm gute Ratschläge!
Steigt an der Haltestelle **aus**!

The familiar imperative forms of **sein** are:

du	**Sei** recht fleißig!
ihr	**Seid** nicht so neugierig!

C. Numbers*

0	null	13	dreizehn	40	vierzig
1	eins	14	vierzehn	50	fünfzig
2	zwei	15	fünfzehn	60	sechzig
3	drei	16	sechzehn	70	siebzig
4	vier	17	siebzehn	80	achtzig
5	fünf	18	achtzehn	90	neunzig
6	sechs	19	neunzehn	100	hundert
7	sieben	20	zwanzig	101	hunderteins
8	acht	21	einundzwanzig	121	hunderteinundzwanzig
9	neun	22	zweiundzwanzig	201	zweihunderteins
10	zehn	23	dreiundzwanzig	1 000	tausend
11	elf	24	vierundzwanzig	1 000 000	eine Million
12	zwölf	30	dreißig	1 000 000 000	eine Milliarde

Dates are spoken as follows:

1517   fünfzehnhundertsiebzehn
1848   achtzehnhundertachtundvierzig
1955   neunzehnhundertfünfundfünfzig

D. Mathematical Signs

Mathematical signs are expressed in German as follows:

$$4 + 6 = 10$$ Vier und sechs ist zehn.
$$7 - 2 = 5$$ Sieben weniger zwei ist fünf.
$$17 : 2 = 8,5$$ Siebzehn geteilt durch zwei ist acht Komma fünf.
$$9 \times 11 = 99$$ Neun mal elf its neunundneunzig.
$$0,5 \times 0,2 = 0,1$$ Null Komma fünf mal null Komma zwei ist null Komma eins.

---

* After this lesson cardinal numbers will not appear in the lesson **Wortschatz**.

10
ZEHNTE LEKTION

Grammatische Ziele:
Wiederholung des Dativs
Präpositionen mit Dativ—aus, bei, mit, nach,
  seit, von, zu

Einführende Beispiele

Anschauungsmaterial:
   ein Buch

1. Nach dem Konzert kommt mein Freund vorbei.
   Wann kommt er vorbei?
      Nach dem Konzert kommt er vorbei.

2. Nach der Arbeit bin ich sehr müde.
   Wann bin ich müde?
      Nach der Arbeit sind Sie müde.

3. Nach dem Abendessen gehen wir nach Hause.
   Wohin gehen wir nach dem Abendessen?
      Nach dem Abendessen gehen wir nach Hause.

4. Herr Stucki ist Schweizer und wohnt in Zürich.
   Er kommt aus der Schweiz.
   Woher kommt Herr Stucki?
      Herr Stucki kommt aus der Schweiz.

5. Herr Brown kommt eben aus dem Haus.
   Wer kommt aus dem Haus?
      Herr Brown kommt aus dem Haus.

6. Fräulein Jensen hat einen Brief von den Eltern bekommen.
   Von wem hat sie einen Brief bekommen?
      Sie hat einen Brief von den Eltern bekommen.

7. Die Familie Neumann wohnt schon zwölf Monate in Schwarzhausen.
   Die Familie Neumann wohnt seit einem Jahr in Schwarzhausen.
   Wie lange wohnt die Familie Neumann schon in Schwarzhausen?
      Die Familie Neumann wohnt seit einem Jahr in Schwarzhausen.

8. Nach der Oper geht Herr Jones zu seinen Freunden.
   Zu wem geht er nach der Oper?
      Nach der Oper geht er zu seinen Freunden.

9. Nach dem Abendessen kommen zwei Studenten zu mir.
   Wer kommt nach dem Abendessen zu mir?
   Nach dem Abendessen kommen zwei Studenten zu Ihnen.

10. Herr Jones wohnt bei der Familie Neumann.
    Bei wem wohnt er?
    Er wohnt bei der Familie Neumann.

11. Frau Schmidt fährt heute mit dem Wagen in die Stadt.
    Fährt sie mit dem Wagen oder mit der Straßenbahn?
    Sie fährt mit dem Wagen.

12. Ich habe ein Buch in der Hand.
    Ich gebe es Fräulein _____.
    Wem gebe ich es?
    Sie geben es Fräulein _____.
    Gebe ich es einem Studenten oder einer Studentin?
    Sie geben es einer Studentin.
    Was gebe ich ihr?
    Sie geben ihr ein Buch.
    Wer hat das Buch von mir bekommen?
    Fräulein _____ hat das Buch von Ihnen bekommen.

13. Fräulein _____, geben Sie dem Studenten neben Ihnen das Buch.
    Was gibt sie dem Studenten?
    Sie gibt dem Studenten das Buch.
    Hat sie ihm das Buch gegeben?
    Ja, sie hat ihm das Buch gegeben.

14. Dies ist mein Buch.
    Das Buch ist sehr interessant.
    Ich lese es gern.
    Das Buch gefällt mir.
    Gefällt mir das Buch?
    Ja, das Buch gefällt Ihnen.
    Sie lesen das Buch auch gern.
    Gefällt Ihnen das Buch?
    Ja, das Buch gefällt mir.

Übungen

1. **Beispiel:**   *dem Mann*   Geben Sie *dem Mann* die Fahrkarte, bitte!

   a. dem Mann   c. dem Mädchen
   b. diesem Mann   d. meinem Freund

2. **Beispiel:**   *der Frau*   Ich habe es *der Frau* schon gesagt.

   a. der Frau   c. meiner Frau
   b. dieser Frau   d. seiner Frau

3. **Beispiel:**   *Ihnen*   Er hat *Ihnen* den Bleistift gegeben.

   a. Ihnen   d. ihr
   b. uns   e. ihnen (*them*)
   c. mir   f. ihm

4. **Beispiel:**   *ihm*   Wir haben es *ihm* schon gegeben.

   a. ihm   e. dem Kellner
   b. ihnen (*them*)   f. unserem Kellner
   c. ihr   g. einem Kellner
   d. Ihnen   h. Ihrem Freund

5. **Beispiel:**   *dem Wagen*   Wir fahren heute mit *dem Wagen*.

   a. dem Wagen   e. meinem Freund
   b. meinem Wagen   f. seinem Freund
   c. unserem Wagen   g. meiner Freundin
   d. dem Zug   h. Ihrer Freundin

6. **Beispiel:**   *mir*   Er spricht oft mit *mir*.

   a. mir   e. dieser Frau
   b. uns   f. meiner Wirtin
   c. ihr   g. den Eltern
   d. der Frau   h. meinen Eltern

7. **Beispiel:**   *uns*   Können Sie *uns* Auskunft geben?

   a. uns   e. unserem Freund
   b. ihm   f. den Leuten
   c. mir   g. diesen Leuten
   d. der Studentin   h. ihr

8. **Beispiel:** *ihm*   **Wir haben eben einen Brief von *ihm* bekommen.**

a. ihm
b. ihr
c. meinem Professor
d. seinem Professor

e. seiner Freundin
f. Ihrer Freundin
g. Ihnen
h. den Eltern

9. **Beispiel:** *mir*   **Es tut *mir* leid.**

a. mir
b. ihm
c. uns allen

d. meinem Freund
e. seinem Freund
f. ihr

10. **Beispiel:** *dem Haus*   **Er kommt eben aus *dem Haus*.**

a. dem Haus
b. dem Dorf
c. der Stadt
d. der Schule

e. seinem Haus
f. unserem Haus
g. diesem Haus
h. meinem Zimmer

11. **Beispiel:** **Ich gebe *dem Mann* den Brief.**   **Ich gebe *ihm* den Brief.**

a. Ich gebe dem Mann den Brief.
b. Ich gebe meinem Freund die Fahrkarte.
c. Ich gebe der Frau das Geld.
d. Ich gebe den Touristen die Landkarte.
e. Ich gebe meiner Freundin gute Ratschläge.

12. **Beispiel:** **Er hat es *seinem Sohn* gesagt.**   **Er hat es *ihm* gesagt.**

a. Er hat es seinem Sohn gesagt.
b. Er hat es dem Beamten gesagt.
c. Er hat es der Studentin gesagt.

d. Er hat es Herrn Schmidt gesagt.
e. Er hat es den Studentinnen gesagt.
f. Er hat es den Kindern nicht gesagt.

Fragen

1. Was haben Sie von Ihrem Freund bekommen?
2. Was hat er von seinen Eltern bekommen?
3. Wem haben Sie das gesagt?
4. Wem hat sie das Geld gegeben?
5. Wer hat es ihr gesagt?
6. Wer kommt aus dem Eßzimmer?
7. Fährt er heute mit dem Wagen oder mit der Straßenbahn?
8. Wollen Sie mit dem Eilzug oder mit dem Personenzug fahren?
9. Wohin gehen Sie nach dem Abendessen?
10. Haben Sie ihm einen Brief geschrieben?

München: Das Olympia-Gelände

Dialog:

Wieder im Klassenzimmer

PROFESSOR SCHÖNFELD   Heute wollen wir über das Familienleben sprechen. Erzählen Sie uns etwas von Ihrer Familie! Herr Silva, fangen Sie bitte an!

SILVA   Ich habe fünf Geschwister.

SCHÖNFELD   Wie viele Schwestern haben Sie?

SILVA   Drei. Zwei sind noch ledig, und eine ist verheiratet.

SCHÖNFELD   Sie haben also zwei Brüder, nicht wahr?

SILVA   Ja. Ein Bruder ist Ingenieur bei einer Baufirma. Der andere ist Jurist und arbeitet für die Regierung.

● ● ●

SCHÖNFELD   Und Sie, Fräulein Jensen?

JENSEN   Mein Vater ist im Außenministerium. Meine Eltern sind seit zwei Jahren in Afrika.

SCHÖNFELD   Aber Sie wohnen selbst in Dänemark, nicht wahr?

JENSEN   Ja, bei den Großeltern. Das macht der Großmutter viel Freude, denn sie ist oft allein im Haus.

SCHÖNFELD   Wieso?

JENSEN   Mein Großvater ist Geschäftsmann und reist viel.

SCHÖNFELD   Fahren Sie im Sommer zu den Eltern?

JENSEN   Nein. Im Sommer bin ich gewöhnlich einen Monat bei einem Onkel und einer Tante.

● ● ●

SCHÖNFELD   Und Fräulein Moreau, Ihr Vater ist Arzt, nicht wahr?

MOREAU   Ja, Spezialist für Herzkrankheiten. Er hat immer viel zu tun.

SCHÖNFELD   Hat er eine große Praxis?

MOREAU   Ja, denn andere Ärzte schicken ihm viele Patienten.

SCHÖNFELD   Haben Sie Geschwister?

MOREAU   Nein, aber mein Vetter und meine Kusine sind mir so nahe wie Geschwister.

In the Classroom Again

PROFESSOR SCHÖNFELD   Today we are going to talk about family life. Tell us something of your family. Mr. Silva, will you begin, please.

SILVA   I have five brothers and sisters.*

SCHÖNFELD   How many sisters do you have?

SILVA   Three. Two are still single and one is married.

SCHÖNFELD   Then you have two brothers, don't you?

SILVA   Yes. One brother is an engineer with a construction firm. The other is a lawyer and works for the government.

● ● ●

SCHÖNFELD   And you, Miss Jensen?

JENSEN   My father is in the foreign service. My parents have been in Africa for two years.

SCHÖNFELD   But you yourself live in Denmark, don't you?

JENSEN   Yes, with my grandparents. That makes my grandmother very happy, because she is often alone in the house.

SCHÖNFELD   Why is that?

JENSEN   My grandfather is a businessman and travels a great deal.

SCHÖNFELD   Do you go to see your parents during the summer?

JENSEN   No. During the summer I usually spend a month with an uncle and aunt.

● ● ●

SCHÖNFELD   And Miss Moreau, your father is a doctor, isn't he?

MOREAU   Yes, a specialist in heart disease. He is always very busy.

SCHÖNFELD   Does he have a large practice?

MOREAU   Yes, because other doctors send him many patients.

SCHÖNFELD   Do you have any brothers and sisters?

MOREAU   No, but my cousins are like a brother and sister to me.

---

* There is no English equivalent for **die Geschwister** except the technical expression "siblings."

Fragen über den Dialog

1. Wie viele Geschwister sind in der Familie Silva?
2. Wie viele Schwestern hat Herr Silva?
3. Sind seine Schwestern alle verheiratet?
4. Ist ein Bruder Ingenieur oder Arzt?
5. Ist der Ingenieur bei einer Autofirma oder einer Baufirma?
6. Hat Herr Silva einen Bruder bei der Regierung?
7. Ist Juan Silva Jurist?
8. Wer ist im Außenministerium?
9. Wo wohnen Fräulein Jensens Eltern?
10. Wie lange sind ihre Eltern schon in Afrika?
11. Bei wem wohnt Fräulein Jensen?
12. Wem macht das viel Freude?
13. Ist ihr Großvater Jurist oder Geschäftsmann?
14. Was ist Fräulein Moreaus Vater?
15. Wer schickt ihm viele Patienten?

Lesestück:

Ein Amerikaner in Deutschland

Herr Brown ist in What Cheer, im amerikanischen Bundesstaat Iowa, geboren. In diesem Städtchen hat er vom sechsten bis zum achtzehnten Lebensjahr die Schule besucht. Sein Vater war dort in einer Bank angestellt, aber vor einigen Jahren hat er die Heimat im Mittelwesten verlassen und eine Stellung als Personaldirektor bei einer Chemiefirma im
5   Westen angenommen. Jetzt wohnt die Familie Brown in Kalifornien. Dort hat der Sohn auf der Staatsuniversität mit dem Deutschstudium angefangen. Das hat seinem Vater gefallen, denn er selbst ist deutscher Abstammung und hat noch Verwandte in Deutschland. Ursprünglich hat die Familie den Namen „Braun" geschrieben.

Herrn Browns[1] Vater kennt Deutschland sehr gut, weil seine Firma ihn auf mehrere
10   Geschäftsreisen nach Europa geschickt hat. Seine Firma verkauft einer Firma in Düsseldorf Chemikalien für Medikamente. Er spricht fließend Deutsch, denn er hat es immer zu Hause gehört, aber er hat immer noch einen amerikanischen Akzent. Auf der Universität hat der Sohn besonders gute Zensuren bekommen, und das hat seinem Vater auch sehr gefallen. Darum hat er nun seinem Sohn eine Deutschlandreise versprochen.

---

[1] **Herrn Browns**   Mr. Brown's

München: Am Marienplatz
vor dem Rathaus

15   Herr Brown hat die Reise mit seinem Professor für Germanistik besprochen. Der
Professor hat ihm geraten, im Sommer das Institut für Ausländer zu besuchen. Auf dem
Institut studiert man nur Deutsch, deutsche Literatur und deutsche Geschichte. Das
Leben am Institut ist im großen und ganzen nicht sehr formell. Dozenten und Studenten
essen im Gasthaus zusammen, und jeder Student wohnt bei einer Familie. Mit der deut-
20   schen Familie muß der Student aus dem Ausland Deutsch sprechen, weil wenige Leute
sich in einer Fremdsprache unterhalten können. Man hat viel Kontakt mit den Deutschen
und kann deswegen große Fortschritte in der Sprache machen.
        Herr Brown ist jetzt am Institut in Schwarzhausen. Die Studenten aus Europa
können besser Deutsch als er, denn im Durchschnitt lernen sie es schon seit dem elften
25   Lebensjahr. Er nutzt jede Gelegenheit aus, mit den Leuten im Städtchen Deutsch zu
sprechen. Besonders gern unterhält er sich mit seinem Wirt über Sport, Politik und wirtschaftliche Fragen. Durch seinen Fleiß und sein Interesse für die deutsche Sprache kann
er die anderen Studenten bald einholen.

[190]

Wortschatz

die Abstammung, –en *origin, descent,
  ancestry*; er ist deutscher
  Abstammung *he is of German
  descent*
achtzehnt- *eighteenth*
der Akzent, –e *accent*
das Alphabet, –e *alphabet*
  als *as*; als Kind *as a child*
  angestellt *employed*
der **Arzt**, ∸e / die **Ärztin**, –nen *physician*
  auf deutsch *in German*
  aus *out, out of*
das Außenministerium, (*plur.*) –ministerien
  foreign ministry, state department
  außer *besides, except*
die Autofirma, (*plur.*) –firmen
  automobile company
  bald *soon*
die **Bank**, –en *bank, banking
  establishment*
die Baufirma, (*plur.*) –firmen
  construction firm
  beim = bei dem
der **Bruder**, ∸ *brother*
der Buchstabe, –n *letter of the alphabet*
der Bundesstaat, –en *federal state, state
  belonging to a federation*
die Chemiefirma, (*plur.*) –firmen
  chemical firm
die Chemikalien (*plur.*) *chemicals*
  darum *therefore, for that reason*
  deswegen *for that reason, for that
  purpose*
der **Deutsche**, –n / die **Deutsche**, –n
  native of Germany
die Deutschlandreise, –n *trip to Germany*
das Deutschstudium, (*plur.*) –studien
  study of German
der Dozent, –en *instructor, lecturer at the
  university*
  durch *by means of*
der **Durchschnitt**, –e *average*; im
  Durchschnitt *on the average*
  elft- *eleventh*
  englisch (*adj.*) *English*
(das) **Europa** *Europe*

das Familienleben *family life*
die **Firma**, (*plur.*) Firmen *firm, business,
  company*
der **Fleiß** *diligence, industry*
  fließend *fluent*
  formell *formal*
der **Fortschritt**, –e *progress*
die **Fremdsprache**, –n *foreign language*
die **Freude**, –n *joy, pleasure*; das macht
  der Großmutter viel Freude *that
  makes my grandmother very happy*
  geboren *born*; ist geboren *was
  born*
  gegenüber *opposite, across from*
die **Gelegenheit**, –en *opportunity*
die **Germanistik** *German studies,
  German philology*
der **Geschäftsmann**, (*plur.*) Geschäftsleute
  businessman
die Geschäftsreise, –n *business trip*
die **Geschichte**, –n *history*; *story*
die Geschwister (*plur. only*) *brothers and
  sisters, siblings*
  groß *great, large*; im großen und
  ganzen *in general*
die **Großeltern** (*plur. only*) *grandparents*
die **Großmutter**, ∸ *grandmother*
der **Großvater**, ∸ *grandfather*
  Haus: **nach Hause gehen** *to go home*
die Herzkrankheit, –en *heart disease*
der **Ingenieur**, –e *engineer*
  Interesse für *interest in*
der **Jurist**, –en / die **Juristin**, –nen *lawyer*
der Kontakt, –e *contact*
die **Kusine**, –n *female cousin*
das Lebensjahr, –e *year of life*
  ledig *unmarried, single*
die Literatur *literature*
das Medikament, –e *drug*
  mehrere (*plur. only*) *several, a number
  of*
der Mittelwesten *Middle West*
  nah(e) *near, close*
  neben *beside, next to, near, close to*
  nun *now, at present*
der **Onkel**, – *uncle*

der Patient, –en *patient*
der Personaldirektor, –en *personnel director*
die Praxis *practice*
die **Regierung**, –en *government, administration*
die **Schweiz** (*always accompanied by def. art.*) *Switzerland*
der **Schweizer**, – *native of Switzerland*
die **Schwester**, –n *sister*
  seit *since, for* (*with expressions of time*)
der Spezialist, –en *specialist*
der **Sport**, –e *sport(s)*
die Staatsuniversität, –en *state university*
die **Stellung**, –en *position*
die **Tante**, –n *aunt*
  ursprünglich *original*
  verheiratet *married*
der **Verwandte**, –n *relative*
  wenige *few, a few*
der **Westen** *west, West*
  wieso *why, why is that*

wirtschaftlich *economic*
zehnt- *tenth*
die Zensur, –en *grade* (*mark*) *in school*

annehmen (nimmt an), angenommen *to accept, assume*
anstellen *to employ*
ausnutzen *to take advantage of* (*an opportunity*); *exploit*
besprechen (bespricht), besprochen *to discuss*
einholen *to overtake*
†**folgen** *to follow*
können: **er kann Deutsch** *he knows German*
raten (rät), geraten *to advise, give counsel*
†**reisen** *to travel*
schicken *to send*
sich unterhalten (unterhält sich), sich unterhalten (mit) *to converse* (*with*)
versprechen (verspricht), versprochen *to promise*

Weitere Übungen

1. Read the following sentences, replacing all nouns with pronouns. Note the word order of the pronoun objects:

   Beispiel: Ich habe *dem Briefträger die Postkarte* gegeben.   Ich habe *sie ihm* gegeben.

   a. Mein Freund hat dem Beamten die Fahrkarte gezeigt.
   b. Ich habe der Schwester eine Postkarte geschickt.
   c. Sie gibt der Wirtin das Geld.
   d. Die Schwester ist jetzt bei den Großeltern.
   e. Die Studenten unterhalten sich gern mit dem Gastwirt.
   f. Es tut meiner Freundin leid.
   g. Der Wagen hat meinem Freund gefallen.

2. Complete the following sentences with the correct form of the expression in parentheses:

   a. Er hat es mit _____ besprochen. (sein Vater)
   b. Wir müssen es _____ sagen. (die Leute)
   c. Ich komme aus _____. (der Mittelwesten)
   d. Kommen Sie heute abend zu _____? (ich)
   e. Sie ist bei _____ angestellt. (die Regierung)

f. Nach _____ gehen wir ins Kino. (das Abendessen)

g. Ich habe das Geld von _____ bekommen. (eine Tante)

h. Wir wohnen seit _____ in Afrika. (ein Jahr)

i. Er fährt heute mit _____. (sein Wagen)

j. Sie unterhält sich gern mit _____. (du)

k. Ich habe _____ von der Reise erzählt. (er)

l. Wer wohnt bei _____? (Sie)

3. Restate the following dialogue in German:

   a. Is your (*fam. sing.*) father with a construction firm?

   b. No, he is with a chemical firm.

   a. What does his company sell?

   b. Chemicals for drugs.

   a. Does it sell its chemicals in Germany?

   b. Yes, to a company in Düsseldorf.

4. Read the following sentences, supplying the correct preposition:

   a. Er geht jetzt _____ den Eltern.

   b. Ich wohne _____ der Großmutter.

   c. Wir sind schon _____ zwei Jahren in Amerika.

   d. Kommen Sie _____ München?

   e. Wir fahren jeden Tag _____ die Stadt.

   f. Er hat eine Stellung _____ der Bundesbahn.

   g. Ich fahre selten _____ dem Zug.

   h. _____ dem Unterricht gehen die Studenten ins Gasthaus.

   i. Ich habe einen Brief _____ meinen Eltern bekommen.

   j. Wir gehen heute abend _____ unseren Freunden.

   k. Wollen Sie heute abend _____ das Wirtshaus gehen?

5. Answer the following questions with complete sentences:

   a. Wo ist Herr Brown geboren?

   b. Liegt das Städtchen im Westen oder im Mittelwesten?

   c. War sein Vater bei der Bank oder bei einer Fabrik dort angestellt?

   d. Wo hat Herr Brown sein Deutschstudium angefangen?

   e. Wie hat man ursprünglich den Namen Brown geschrieben?

   f. Was verkauft die Chemiefirma?

   g. Hat Herr Brown gute Zensuren bekommen?

   h. Was hat der Vater seinem Sohn versprochen?

   i. Mit wem hat der Sohn die Reise besprochen?

   j. Mit wem hat der Student in Schwarzhausen viel Kontakt?

   k. Bei wem wohnt der Student aus dem Ausland?

   l. Wer hat noch Verwandte in Deutschland?

   m. Wer geht oft auf Geschäftsreisen nach Europa?

Schriftliches

1. Answer the following questions with complete sentences:

    a. Bei wem wohnen Sie?
    b. Zu wem fahren Sie im Sommer?
    c. Wie lange sind Sie schon hier in diesem Bundesstaat?
    d. Fahren Sie mit dem Zug oder mit dem Wagen nach Hause?
    e. Gehen Sie heute zum Arzt?
    f. Was haben Sie von Ihren Eltern bekommen?

2. Write the following sentences in German:

    a. My father is employed in a bank.
    b. My brother is with a construction firm.
    c. My cousin comes to (see) me often.
    d. I received good grades in German, and that pleased my parents.
    e. You (*fam. plur.*) must take advantage of every opportunity to speak German with the people in the inn.
    f. He likes to converse with the innkeeper and with the customers.
    g. After the evening meal I would like to go to a movie.
    h. Can you (*formal*) give me (some) information? I would like to go to the museum.
    i. I just received a letter from your (*fam. sing.*) sister. Would you (*fam. sing.*) like to read it?
    j. In the villages one has much contact with (the) Germans.

Ausspracheübungen

Some Difficult Consonant Clusters

zw: zwei, zweite, zwar, zwölf, zwanzig, zwischen, Zwiebelturm
spr: sprechen, spricht, Sprache, Springbrunnen, gesprochen, versprechen
zt: jetzt, Arzt, Ärzte, letzte
schl: schlafen, schlecht, schläfrig, Schloß, schließen
schr: schreiben, Kugelschreiber, geschrieben, schriftlich
pf: empfehlen, Pfeifen, Pferd, Strumpf
str: Straße, Straßenbahn, streng, stritt, strömen, Strumpf
schw: Geschwister, Schwester, Schwan, schwer, schwarz, Schweiz, schwimmen
chts: nichts, Lichts

Verschiedenes

Das Alphabet

BUCHSTABE	NAME AUF DEUTSCH	BUCHSTABE	NAME AUF DEUTSCH
a	ā	n	ĕn
b	bē	o	ō
c	tßē	p	pē
d	dē	q	kū
e	ē	r	ĕr
f	ĕf	s	ĕß
g	gē	ß	ĕßtßĕt
h	hā	t	tē
i	ī	u	ū
j	jŏt	v	fau
k	kā	w	wē
l	ĕl	x	ĭkß
m	ĕm	y	üpßilŏn
		z	tßĕt

Übungen

1. Spell your first and last name in German.
2. Read the following abbreviations in German:

BUCHSTABEN	DEUTSCHE NAMEN	ENGLISCHE NAMEN
VW	Volkswagen	*Volkswagen*
BRD	Bundesrepublik Deutschland	*Federal Republic of Germany*
DDR	Deutsche Demokratische Republik	*German Democratic Republic*
DM	Deutsche Mark	*German mark*
DKW	Deutsche Kraftwagen-Werke	*German Automobile Works*
AEG	Allgemeine Elektrizitätsgesellschaft	*General Electric Company*
LKW	Lastkraftwagen	*truck*
PKW	Personenkraftwagen	*automobile*
CDU	Christlich-Demokratische Union	*Christian Democratic Union*
SPD	Sozialdemokratische Partei Deutschlands	*Social Democratic Party of Germany*
CSU	Christlich-Soziale Union	*Christian Socialist Union*
AG	Aktiengesellschaft	*stock company*
G.m.b.H.	Gesellschaft mit beschränkter Haftung	*company with limited liability (ltd.)*
EWG	Europäische Wirtschaftsgemein-schaft	*European Economic Community (Common Market)*
DFB	Deutscher Fußball-Bund	*German Soccer League*

Grammatik

A. The Dative Case as the Indirect Object

The indirect object of German verbs is in the dative case. Dative forms of the definite article, the indefinite article, and examples of possessive adjectives are given below:

	Singular			*Plural*
	MASCULINE	FEMININE	NEUTER	ALL GENDERS
DEFINITE ARTICLE	dem Mann	der Frau	dem Kind	den Männern, Frauen, Kindern
INDEFINITE ARTICLE	einem Mann	einer Frau	einem Kind	Männern, Frauen, Kindern
POSSESSIVE ADJECTIVES	meinem Bruder	meiner Mutter	meinem Haus	meinen Brüdern
	unserem Wagen	unserer Wirtin	unserem Dorf	unseren Büchern
	seinem Freund	seiner Firma	seinem Kind	seinen Freunden

As noted in the **Grammatik** of **Lektion** 6, the ending **-n** is added to the plural of all nouns in the dative case except those nouns forming the plural with **-en**, **-n** or **-s**.
Observe the use of the dative case in the following sentences:

Ich habe es **dem Mann** gesagt.
Morgen geben wir **der Wirtin** das Geld.
Er hat **seinen Eltern** einen Brief geschrieben.
Ich habe **unserem Briefträger** den Brief gegeben.
Ich will **meinen Freunden** von der Reise erzählen.

B. Prepositions with the Dative Case

The objects of the following prepositions are always in the dative case:

aus   *out, out of, from*
außer   *besides, except*
bei   *with, at the house of, at the business of, by, at, near*
gegenüber*   *opposite, across from*

mit   *with, by*
nach   *to, toward, after*
seit   *since, for (with expressions of time)*
von   *of, from, by*
zu   *to, at, for*

---

* The preposition **gegenüber** often follows its object.

Er kommt **aus dem Haus.**
Außer der Wirtin wohnen noch zwei Studenten im Hause.
Wir waren gestern **beim (bei dem) Arzt.**
Er ist heute **bei seiner Mutter.**
Ich wohne **dem Bahnhof gegenüber.**
Er fährt oft **mit dem D-Zug.**
Im Sommer fahren die Touristen **nach dem Westen.**
Nach dem Essen gehe ich ins Konzert.
Am Freitag fahre ich **nach Hause.**
Ich gehe um zwei Uhr **zum (zu dem) Arzt.**
Im August geht er **zu seinen Eltern.**
Mein Onkel ist morgen nicht **zu Hause.**

C. Verbs Taking Objects in the Dative Case

Some verbs take a dative object, although that object may appear to the speaker of
English to be a direct object. Among the verbs in this group are the following:

antworten	*to answer*	glauben	*to believe*
*folgen	*to follow*	helfen	*to help*
gefallen	*to please*	raten	*to advise*

Er antwortet mir.   *He answers me.*
　　　(*dat.*)
Das Buch gefällt dem Mädchen.   *The girl likes the book.*
　　　　　(*dat.*)
Wir haben ihnen bei der Arbeit geholfen. *We helped them with the work.*
　　(*dat.*)

D. Order of Direct and Indirect Objects

When both a direct object (accusative case) and an indirect object (dative case) occur
in the predicate, the word order is as follows:

1. A pronoun object precedes a noun object.
   Ich gebe **ihm** kein **Geld** mehr.
   Er gibt **es** dem **Kind**.

---

* **Folgen** has not appeared in the text so far.

2. If both objects are pronouns, the direct object precedes.
   Wir haben **es ihnen** schon gesagt.
   Der Kellner bringt **sie mir**.

3. If both objects are nouns, the indirect object precedes.
   Ich schreibe den **Eltern** eine **Postkarte**.
   Wir haben seiner **Firma** die **Chemikalien** verkauft.

11

ELFTE LEKTION

Grammatische Ziele:

Präpositionen mit Dativ und Akkusativ
—an, auf, hinter, in, neben, über, unter, vor, zwischen

Einführende Beispiele

Anschauungsmaterial:
          ein Buch
          ein Papierkorb
          ein Kugelschreiber

1. Fräulein Moreau ist im Wohnzimmer.
   Wo ist Fräulein Moreau?
          Fräulein Moreau ist im Wohnzimmer.

2. Frau Schmidt kommt ins Wohnzimmer.
   Wer kommt ins Wohnzimmer?
          Frau Schmidt kommt ins Wohnzimmer.

3. Ich lege das Buch auf den Tisch.
   Wohin lege ich das Buch?
          Sie legen das Buch auf den Tisch.

4. Das Buch liegt jetzt auf dem Tisch.
   Wo liegt es?
          Es liegt auf dem Tisch.

5. Hier ist ein Papierkorb.
   Ich stelle den Papierkorb vor die Tür.
   Wohin habe ich den Papierkorb gestellt?
          Sie haben den Papierkorb vor die Tür gestellt.
   Ist der Papierkorb jetzt vor der Tür?
          Ja, der Papierkorb ist jetzt vor der Tür.

6. Steht der Papierkorb vor oder hinter der Tür?
          Der Papierkorb steht vor der Tür.

7. Herr _____, gehen Sie ans Fenster!
   Wohin geht Herr _____?
          Herr _____ geht ans Fenster.

8. Herr _____, bleiben Sie am Fenster stehen!
   Wo steht er jetzt?
          Er steht jetzt am Fenster.

9. Fräulein _____, gehen Sie an die Tür!
   Wohin geht sie?
   Sie geht an die Tür.

10. Fräulein _____, bleiben Sie an der Tür stehen!
    Wo steht sie?
    Sie steht an der Tür.

11. Ich lege den Kugelschreiber neben das Buch.
    Wohin lege ich den Kugelschreiber?
    Sie legen den Kugelschreiber neben das Buch.

12. Jetzt liegt der Kugelschreiber neben dem Buch.
    Wo liegt er?
    Er liegt neben dem Buch.

13. Hängt die Landkarte über der Wandtafel?
    Ja, die Landkarte hängt über der Wandtafel.

14. Fahren Sie jeden Tag über die Brücke?
    Ja, ich fahre jeden Tag über die Brücke.

15. Ich stelle den Korb unter den Tisch.
    Was habe ich unter den Tisch gestellt?
    Sie haben den Korb unter den Tisch gestellt.
    Wo steht der Korb jetzt?
    Der Korb steht unter dem Tisch.
    Habe ich den Korb auf den Tisch oder unter den Tisch gestellt?
    Sie haben den Korb unter den Tisch gestellt.

16. Herr _____, stehen Sie auf!
    Stellen Sie sich zwischen den Stuhl und das Fenster!
    Wer stellt sich zwischen den Stuhl und das Fenster?
    Herr _____ stellt sich zwischen den Stuhl und das Fenster.

17. Herr _____ steht jetzt zwischen dem Stuhl und dem Fenster.
    Wo steht er jetzt?
    Er steht jetzt zwischen dem Stuhl und dem Fenster.

Übungen

1. Beispiele: *er*   *Er geht* ins Wohnzimmer.
wir   *Wir gehen* ins Wohnzimmer.

a. er
b. wir
c. sie (*they*)

d. ich
e. meine Freunde
f. die Wirtin

2. Beispiel: *ins Kino*   Wir möchten *ins Kino* gehen.

a. ins Kino
b. ins Theater

c. ins Wohnzimmer
d. ins Haus

3. Beispiel: *in die Oper*   Ich gehe jetzt *in die Oper*.

a. in die Oper
b. in die Stadt

c. in die Küche
d. in die Gaststätte

4. Beispiel: *auf das Sofa*   Sie legt das Buch *auf das Sofa*.

a. auf das Sofa
b. auf den Tisch

c. auf einen Stuhl
d. auf einen Tisch

5. Beispiel: *auf*   Ich lege es *auf* den Tisch.

a. auf
b. unter

c. vor
d. neben

6. Beispiel: *über*   Wir gehen *über* die Brücke.

a. über
b. auf

c. unter
d. an

7. Beispiel: *die Mutter*   Haben Sie einen Brief an *die Mutter* geschrieben?

a. die Mutter
b. Ihre Tante

c. die Eltern
d. den Vater

8. Beispiel: *die Tür*   Gehen Sie an *die Tür!*

a. die Tür
b. das Fenster

c. den Tisch
d. die Wandtafel

9. Beispiel: *am Nachmittag*   Wir müssen *am Nachmittag* arbeiten.

a. am Nachmittag
b. am Abend

c. am Samstag
d. am Montagmorgen

10. Beispiel: *hinter*   **Der Garten liegt *hinter* dem Haus.**

    a. hinter   c. neben
    b. vor   d. nicht weit von

11. Beispiele: *der Stuhl*   **Der Stuhl steht an dem Fenster.**
                    wir   **Wir stehen an dem Fenster.**

    a. der Stuhl   d. er
    b. wir   e. ich
    c. der Tisch   f. die Großmutter

12. Beispiel: *Dorf*   **Heute gehen wir ins *Dorf.***

    a. Dorf   c. Gasthaus
    b. Kino   d. Museum

13. Beispiele: *Dorf*   **Ich wohne *im Dorf.***
                  Stadt   **Ich wohne *in der Stadt.***

    a. Dorf   e. Mittelwesten
    b. Stadt   f. Bergen
    c. Hotel   g. Schweiz
    d. Blumenstraße   h. Gasthof

14. Beispiele: *Stadt*   **Ich will morgen *in die Stadt* gehen.**
                  Kino   **Ich will morgen *ins Kino* gehen.**

    a. Stadt   e. Berge
    b. Kino   f. Oper
    c. Hotel   g. Kirche
    d. Schule   h. Geschäft

15. Beispiele: **Ich *bin im* Dorf.   Ich *gehe ins* Dorf.**
                 Ich *bin* in *der* Stadt.   Ich *gehe* in *die* Stadt.

    a. Ich bin im Dorf.   d. Ich bin heute nicht im Institut.
    b. Ich bin in der Stadt.   e. Ich bin morgen nicht im Museum.
    c. Ich bin heute in der Schule.   f. Ich bin in meinem Zimmer.

16. Beispiel: **Er *steht* an *der* Tür.   Er *geht* an *die* Tür.**

    a. Er steht an der Tür.   d. Er steht an der Brücke.
    b. Er steht an dem Fenster.   e. Er steht an seinem Tisch.
    c. Er steht an der Haltestelle.   f. Er steht jetzt am Fahrkartenschalter.

17. **Beispiel: Gehen Sie auf die Post?   Ja, ich gehe auf die Post.**

    a. Gehen Sie auf die Post?
    b. Geht er an die Tür?
    c. Gehen Sie in Ihr Zimmer?
    d. Fährt er jeden Tag in die Berge?
    e. Muß man an der Haltestelle warten?
    f. Hängt die Landkarte über der Wandtafel?
    g. Gehen Sie heute abend in ein Hotel?
    h. Essen Sie gewöhnlich im Restaurant?
    i. Ist die Haltestelle vor Ihrem Haus?
    j. Steigt man vor dem Museum aus?
    k. Gehen Sie am Sonntag in die Kirche?
    l. Steht Ihr Wagen vor dem Haus?
   m. Liegt der Garten hinter dem Haus?
    n. Steht der Stuhl neben dem Tisch?

18. **Beispiele: Wohin gehen Sie jetzt?   (*Zimmer*)   Ich gehe ins Zimmer.**
             Wo muß man warten?   (*Haltestelle*)   Man muß an der Haltestelle warten.

    a. Wohin gehen Sie jetzt?   (Zimmer)
    b. Wo muß man warten?   (Haltestelle)
    c. Wo arbeiten Sie heute?   (Schule)
    d. Wohin fahren Sie morgen?   (Stadt)
    e. Wo wohnt Ihr Freund?   (Hotel)
    f. Wann müssen Sie das Lesestück durcharbeiten?   (Abend)
    g. Wohin geht er?   (Tür)
    h. Wo essen wir heute abend?   (Gasthaus)
    i. Wo soll ich aussteigen?   (Museum)
    j. Wo wohnen Sie jetzt?   (Stadt)
    k. Wo steht der Stuhl?   (Fenster)
    l. Wohin fährt er jeden Tag?   (Stadt)

Fragen

1. Hängt die Landkarte über der Wandtafel oder über dem Fenster?
2. Steht der Professor hinter dem Tisch?
3. Wer steht vor der Klasse?
4. Sitzen Sie neben einem Mädchen?
5. Was hängt über der Wandtafel?

München: Demonstration

6. Gehen Sie am Sonntag in die Kirche oder ins Geschäft?
7. Arbeitet Ihr Vater in einer Fabrik?
8. Wo essen die Studenten zu Mittag?
9. Ist die Haltestelle vor der Schule oder vor dem Dom?
10. Wo arbeitet Ihr Vater?
11. Hält die Straßenbahn vor der Schule?
12. Wer geht an die Tür, wenn es klingelt?
13. Wohnen Sie in einem Dorf oder einer Stadt?
14. Wohin geht man am Sonntag?
15. Gehen Sie auf die Post oder auf die Bank?
16. Wohin geht man, wenn es klingelt?
17. Geht man auf den Bahnsteig, wenn der Zug ankommt?
18. Was steht vor Ihrem Haus?
19. Wer sitzt neben Ihnen?
20. Wo kauft man eine Fahrkarte?

Eine deutsche Apotheke

Dialog:

Der Tanzabend

Paul Jones und Anneliese Neumann gehen auf den Tanzabend.

PAUL   Gehst du oft tanzen, Anneliese?

ANNELIESE   Oh ja, denn ich tanze sehr gern.

PAUL   Gibt es oft Gelegenheit zum Tanzen hier im Kurhotel?

ANNELIESE   In der Saison jeden Samstagabend.

PAUL   Immer im Hotel?

ANNELIESE   Ja, der Saal ist sehr groß dort. Viele Kurgäste tanzen auch gern.

PAUL   Aber die Gäste sind doch krank, nicht wahr?

ANNELIESE (*lacht*)   Nein, sie baden so oft im Wasser aus der Heilquelle, daß sie gleich wieder gesund werden!

PAUL   Kaum zu glauben!

● ● ●

ANNELIESE   Tanzt du gern zu bayrischer Musik?

PAUL   Sehr gern, aber manchmal werden die Tänzer ein bißchen wild.

ANNELIESE   Ja, du hast recht. Ich tanze persönlich viel lieber Jazz und Rock.

PAUL   Kennst du die neusten Schlager?

ANNELIESE   Ja, weil wir in unserem Jazzklub oft Platten aus Amerika bekommen.

● ● ●

PAUL   Kommt dein Bruder denn nicht zum Tanz?

ANNELIESE   Nein, er geht heute abend ins Gemeindehaus. Eine Gruppe von Gymnasiasten hat dort eine Sitzung über die Wasserverseuchung in dieser Gegend.

PAUL   Ist der Fluß denn wirklich so schmutzig?

ANNELIESE   Ja, bei der Stahlfabrik am Stadtrand kommen zu viele Chemikalien in den Fluß.

PAUL   Dann können die Jungen also nicht mehr im Fluß schwimmen gehen.

ANNELIESE   Das stimmt. Viel schlimmer aber ist die Tatsache, daß durch die Chemikalien viele Fische umkommen.

The Dance

Paul Jones and Anneliese Neumann are going to a dance.

PAUL   Do you often go dancing, Anneliese?

ANNELIESE   Oh yes, because I like to dance very much.

PAUL   Are there many opportunities to dance in the spa hotel?

ANNELIESE   During the season, every Saturday night.

PAUL   Always in the hotel?

ANNELIESE   Yes, the hall there is very large. Many guests also like to dance.

PAUL   But the guests are sick, aren't they?

ANNELIESE (*laughs*)   No, they bathe so often in water from the mineral spring that they get well again right away!

PAUL   Hard to believe!

● ● ●

ANNELIESE   Do you like to dance to Bavarian music?

PAUL   Very much, but sometimes the dancers get a little wild.

ANNELIESE   Yes, you're right. Personally, I much prefer dancing to jazz and rock.

PAUL   Do you know the latest hits?

ANNELIESE   Yes, because in our jazz club we often get records from America.

● ● ●

PAUL   Isn't your brother coming to the dance?

ANNELIESE   No, he's going to the community house tonight. A group of Gymnasium pupils is having a meeting there about water pollution in this region.

PAUL   Is the river really so dirty?

ANNELIESE   Yes, at the steel mill on the edge of town, too many chemicals are getting into the river.

PAUL   Then the boys can't go swimming in the river anymore.

ANNELIESE   That's right. But much worse is the fact that many fish are dying because of the chemicals.

Fragen über den Dialog

1. Wann geht man in Schwarzhausen tanzen?
2. Wer geht mit Paul tanzen?
3. Wo ist der Tanzabend?
4. Wer geht gern tanzen?
5. Wer wird gleich wieder gesund?
6. Tanzt Anneliese gern zu Jazzmusik?
7. Kennt sie die neusten Schlager?
8. Wer hat Platten mit den neusten Schlagern?
9. Was bekommt der Jazzklub aus Amerika?
10. Ist Karl Neumann auch auf dem Tanzabend?
11. Ist er in dem Gemeindehaus oder im Wirtshaus?
12. Wer hat eine Sitzung im Gemeindehaus?
13. Was ist schmutzig?
14. Was kommt bei der Stahlfabrik in den Fluß?
15. Was kommt im Fluß um?

Lesestück:

Die deutsche Jugend

Die deutsche Jugend spielt seit Jahrhunderten eine wichtige Rolle in der deutschen Kultur. Eine Jugendbewegung im achtzehnten Jahrhundert war der „Sturm und Drang".[1] Die Stürmer und Dränger[2] haben gegen den französischen Einfluß auf die deutsche Literatur und auf das deutsche Denken gekämpft. Sie haben Shakespeare,
5 Homer, die Bibel und die alte deutsche Volksdichtung „entdeckt". Wie manche jungen Leute von heute haben sie den Rationalismus abgelehnt und das Irrationelle, das „Gefühl", das „Herz", die Freiheit und die Natur betont. Junge Dichter wie Goethe und Schiller[3] haben revolutionäre Gedanken in ihren Werken ausgedrückt und gegen die politische Tyrannei gepredigt.
10 Im vorigen Jahrhundert haben die Studenten an der Revolution von 1848 teilgenommen und an den Barrikaden gegen die Soldaten gekämpft. In jener Revolution hat das Volk um die Einigung Deutschlands[4] gekämpft, denn Deutschland war damals

---

[1] **der „Sturm und Drang"** Storm and Stress, a German literary movement of the eighteenth century
[2] **die Stürmer und Dränger** the Storm and Stress poets

[3] **Friedrich von Schiller** (1759–1805), famous German lyric poet and dramatist
[4] **Deutschlands** of Germany

noch kein einheitliches Land, sondern eine Menge von fast völlig unabhängigen König-,
Herzog- und Fürstentümern. Die Fürsten haben gegen Einigung gekämpft, denn keiner
15 hat seine Macht an eine demokratische Regierung verlieren wollen.[5] Carl Schurz,[6] ein
Student an der Universität Bonn, hat an der Revolution teilgenommen. Man hat einen
beliebten Professor ins Gefängnis geworfen, und Schurz hat ihn dann befreit – ein sehr
gefährliches Unternehmen.

   Um die Jahrhundertwende ist eine Jugendbewegung, die „Wandervögel",[7] ent-
20 standen[8] und hat sich einen Lebensstil mit Volkstanz und Volksmusik gebildet. Mit
Wandern aufs Land und durch die Felder haben die Wandervögel das einfache, gesunde
Leben im Freien betont und das Stadtleben abgelehnt.

   Unter dem Nazi-Regime war der militaristische und nationalistische Einfluß auf die
junge Generation außerordentlich stark. Nach dem Zusammenbruch von 1945, am
25 Kriegsende, war die Haltung der[9] Jugend zu den deutschen politischen und sozialen
Problemen zynisch und gleichgültig – ja sogar antipolitisch. Viele Jugendliche waren
eltern- und heimatlos, und waren oft im Schwarzhandel tätig. Die Jugendkriminalität
hat sich damals erstaunlich schnell erhöht, weil es viel Arbeitslosigkeit unter der Jugend
gegeben hat.

30   Heute ist es ganz anders. Der junge Deutsche kann leicht eine Stellung in einem
Geschäft, im Handel oder in der Industrie finden. Das gilt nicht nur für Jungen, sondern
auch für Mädchen. Wie auch in den USA, arbeiten Mädchen schon lange als Steno-
typistinnen im Büro oder sind als Krankenschwestern im Krankenhaus oder in einer
Klinik tätig. Heute finden sie Stellungen in der Industrie, bei der Regierung, der Bundes-
35 bahn, der Lufthansa u.a.m. Ein Mädchen kann sich auf der Universität als Lehrerin,
Architektin, Juristin, Apothekerin, Technikerin oder Ärztin ausbilden lassen.

   Genau wie die Jugend in anderen Ländern waren manche Jugendlichen in den
sechziger Jahren oft unruhig, radikal und rebellisch, und wollten die soziale Ordnung
umstürzen. Die heutige Jugend aber weiß, daß Krieg, Armut, Wasser-, Boden- und
40 Luftverseuchung Probleme bleiben, die unglaublich schwer zu lösen sind.[10]

---

[5] **hat . . . verlieren wollen**   wanted to lose
[6] **Carl Schurz** (1829–1906), German-American
  statesman
[7] **die „Wandervögel"** "Migratory Birds," name
  given to members of a German youth movement

[8] **ist . . . entstanden**   arose
[9] **der**   of the
[10] **die . . . sind**   which are unbelievably difficult
  to solve

Wortschatz

anders *different*
ans = an das
antipolitisch *antipolitical*
der Apotheker, – / die Apothekerin, –nen
  pharmacist
die Arbeitslosigkeit *unemployment*
der Architekt, –en / die Architektin, –nen
  architect
die **Armut** *poverty*
die Barrikade, –n *barricade*
  beliebt *popular*
die **Bibel**, –n *Bible*
die Bodenverseuchung *soil pollution*
die **Bundesrepublik Deutschland (BRD)**
  Federal Republic of Germany
das **Büro**, –s *office*
  damals *at that time, in those days*
  demokratisch *democratic*
das Denken *thinking, thought*
der **Dichter**, – / die **Dichterin**, –nen *poet*
  einfach *simple*
der **Einfluß**, (*plur.*) –flüsse *influence*
  einheitlich *unified*
die Einigung, –en *unification*
  elternlos *without parents, orphaned*
der Fisch, –e *fish*
  französisch (*adj.*) *French*
die Freiheit, –en *freedom*
der Fürst, –en *prince*
das Fürstentum, ⁻er *principality*
der **Gedanke**, –n *thought*
  gefährlich *dangerous*
das Gefängnis, –se *prison*
das **Gefühl**, –e *feeling*
  gegen *against, contrary to*
die Gegend, –en *region*
das Gemeindehaus, ⁻er *community house*
  genau *exact, precise*
die Generation, –en *generation*
  gesund *healthy, well*
  gleich *at once, immediately*
  gleichgültig *indifferent*
die Gruppe, –n *group*
der Gymnasiast, –en *pupil in a Gymnasium*
die Haltung, –en *attitude; conduct*
der Handel *commerce*
die Heilquelle, –n *mineral spring*

heimatlos *homeless*
das **Herz**, –en *heart*
das Herzogtum, ⁻er *duchy*
  heutig- *present, present-day*
  hinter *behind*
die **Industrie**, –n *industry*
das **Irrationelle** *the irrational*
  ja *indeed*
die Jahrhundertwende *turn of the century*
der Jazzklub, –s *jazz club*
  jen (–**er**, –**e**, –**es**) *that, that one, those*
die Jugendbewegung, –en *youth movement*
die Jugendkriminalität *juvenile crime*
der **Jugendliche**, –n *young person from
  fourteen to eighteen*
  kaum *scarcely*; kaum zu glauben!
  hard to believe!
  keiner (*pron.*) *no one*
die Klinik, –en *clinic*
das Königtum, ⁻er *kingdom*
der Korb, ⁻e *basket*
  krank *sick, ill*
das **Krankenhaus**, ⁻er *hospital*
die **Krankenschwester**, –n *nurse*
der **Krieg**, –e *war*
das Kriegsende *end of the war, war's end*
die Kultur, –en *culture*
der Kurgast, ⁻e *patient, guest at a spa
  hotel*
  Land: **aufs Land** *to the country*
der Lebensstil, –e *life style*
der **Lehrer**, – / die **Lehrerin**, –nen *teacher*
die Lufthansa *name of a German airline*
die Luftverseuchung *air pollution*
die **Macht**, ⁻e *power*
die **Menge**, –n *mass, large number, large
  quantity*
  militaristisch *military, militaristic*
  nationalistisch *nationalistic*
die **Natur**, –en *nature*
das Nazi-Regime *Nazi regime*
  neu *new*; **neu(e)st-** *newest*
  nicht mehr *no longer*
die **Ordnung**, –en *order*
der Papierkorb, ⁻e *wastepaper basket*
  persönlich *personal*
die **Platte**, –n *record*

politisch *political*

das **Problem**, –e *problem*

radikal *radical*

der Rationalismus *rationalism*

rebellisch *rebellious*

recht haben *to be right*

die Revolution, –en *revolution*

revolutionär *revolutionary*

der Rock *rock music*

die **Rolle**, –n *role*; **eine Rolle spielen** *to play a role, be a factor*

die Saison, –s *season (theater season, tourist season, etc.)*

der Schlager, – *popular song, hit*

schlimm *bad*

schmutzig *dirty*

der Schwarzhandel *black market*

der Schwarzwald *Black Forest*

sechziger: in den sechziger Jahren *in the sixties*

die Sitzung, –en *meeting, session*

sogar *even*

der **Soldat**, –en *soldier*

sozial *social*

das Stadtleben *city life*

die Stahlfabrik, –en *steel mill*

die Stenotypistin, –nen *stenographer*

der Tanz, ̈e *dance*

der Tanzabend, –e *dance, evening of dancing*

das Tanzen *dancing*

der Tänzer, – *dancer*

tätig *active, busy*

die Tatsache, –n *fact*

der Techniker, – / die Technikerin, –nen *technician*

die Tyrannei *tyranny*

übers = über das

unabhängig *independent*

unglaublich *unbelievable*

unruhig *restless*

unter *under; between, among*

das Unternehmen, – *undertaking, enterprise*

die Volksdichtung *folk literature*

die Volksmusik *folk music*

der Volkstanz, ̈e *folk dance*

völlig *complete, entire*

vorig- *previous, former*

der **Wald**, ̈er *forest, woods*

das Wandern *hiking*

die Wasserverseuchung *water pollution*

das **Werk**, –e *(artistic, literary) work*

wichtig *important*

wild *wild*

der Zusammenbruch, ̈e *collapse*

zynisch *cynical*

ablehnen *to refuse, reject*

ausbilden *to train, educate*; sich ausbilden lassen *to be educated, get an education*

ausdrücken *to express*

baden *to bathe*

befreien *to free*

betonen *to emphasize*

bilden *to form*

entdecken *to discover*

†entstehen *to arise, originate*

erhöhen *to raise, increase*

gelten (gilt), gegolten (für) *to apply (to), be valid (for)*

hängen, gehangen *to hang*

kämpfen (um) *to fight (for), struggle, combat*

legen *to put, place, lay*

lösen *to solve*

predigen *to preach*

†schwimmen gehen *to go swimming*

†stehenbleiben *to stop*

stellen *to put, place, locate*; sich stellen *to place oneself, take a position*

stimmen: das stimmt *that's true*

tanzen *to dance*; tanzen gehen *to go dancing*

teilnehmen (nimmt teil), teilgenommen (an) (with dat.) *to take part, participate (in)*

†umkommen *to perish, die*

umstürzen *to overthrow*

verlieren, verloren *to lose*

werfen (wirft), geworfen *to throw*

Weitere Übungen

1. Read the following sentences, using the correct form of the verb in parentheses and making any other necessary changes:

   a. Er steht an der Tür. (gehen)
   b. Arbeitest du heute im Büro? (gehen)
   c. Viele junge Leute gehen auf die Universität. (studieren)
   d. Fährst du aufs Land? (wohnen)
   e. Wir gehen an den Stadtrand. (bauen)
   f. Ich steige an der Haltestelle aus. (gehen)
   g. Der Lehrer geht hinter seinen Tisch. (stehen)
   h. Mein Freund wohnt in den Bergen. (fahren)
   i. Der Wagen fährt jetzt vor das Haus. (stehen)
   j. Ich arbeite in seinem Geschäft. (gehen)

2. Read the following sentences, using each of the words in parentheses as prepositional objects:

   a. Er hat an der Tür gewartet. (Haltestelle, Fahrkartenschalter, Fenster)
   b. Ich habe einen Brief an seinen Freund geschrieben. (Tante, Vater, Freunde)
   c. Wir wohnen neben meinem Geschäft. (Eltern, Schule, Büro)
   d. Der Park liegt hinter der Schule. (Dom, Häuser, Gymnasium)
   e. Wir fahren heute in die Stadt. (Berge, Schweiz, Dorf)
   f. Gehen Sie heute aufs Land? (Rathaus, Bahnhof, Burg)

3. Supply the following information:

   a. your father is a doctor and works in a clinic
   b. your sister is a stenographer with a chemical firm
   c. you work in a hospital in the summer
   d. you like to travel to the mountains
   e. your brother worked in a furniture factory
   f. your uncle is a lawyer with the government
   g. your family likes to go to the country
   h. you are studying at the university

4. Answer the following questions with complete sentences:

   a. Was war der „Sturm und Drang"?
   b. Was lehnen heutzutage viele Jugendliche ab?
   c. Wer hat heute oft revolutionäre Gedanken?
   d. Wer hat an der Revolution von 1848 teilgenommen?
   e. Wer hat um die Einigung Deutschlands gekämpft?
   f. Wen hat Carl Schurz befreit?

g. Welche Jugendbewegung hat das Stadtleben abgelehnt?
h. Warum hat sich die Jugendkriminalität nach dem Zusammenbruch von 1945 erhöht?
i. Wo können Mädchen heute eine Stellung finden?
j. Welche Probleme sucht die Jugend von heute zu lösen?

Schriftliches

1. Rewrite the following sentences, using the correct form of the verb in parentheses and making any other necessary changes:

   a. Mein Bruder geht heute abend ins Gemeindehaus.   (sein)
   b. Ich gehe am Samstag nicht in mein Geschäft.   (arbeiten)
   c. Wir wohnen auf dem Land.   (fahren)
   d. Seid ihr in der Küche?   (gehen)
   e. Zu viele Chemikalien kommen in die Flüsse.   (sein)
   f. Ein Wagen steht vor Ihrem Hause.   (fahren)
   g. Wir sollen an die Haltestelle gehen.   (umsteigen)

2. Using complete sentences, write answers to the following questions as indicated by the expressions in parentheses:

   a. Wo liegt der Blumengarten?   (*in front of the house*)
   b. Wohin gehst du jetzt?   (*to the office*)
   c. Wo sind Ihre neuen Platten?   (*in my room*)
   d. Wo muß man aussteigen?   (*in front of the opera*)
   e. Wo ist die Post?   (*next to the railway station*)
   f. Wo hängt die Landkarte?   (*between the window and the blackboard*)
   g. Wo wohnt Ihre Familie?   (*in the mountains*)
   h. Wo liegt das Gymnasium?   (*behind the city hall*)
   i. Wohin haben Sie meine Bücher gelegt?   (*on the table near the door*)
   j. Wo hat Goethe revolutionäre Gedanken ausgedrückt?   (*in his works*)
   k. Wo kann man sich ausbilden lassen?   (*at the university*)
   l. Wo liegt die Stahlfabrik?   (*on the edge of town*)

Grammatik

Prepositions with the Dative and the Accusative Case

The following prepositions require the dative case when no change of position is expressed, that is, when they answer the question **wo?** They require the accusative case when change of position is expressed, that is, when they answer the question **wohin?**

an	*at, by, near, on; to*	über	*over; about; via*
auf	*at, on, upon; to*	unter	*under; between, among*
hinter	*behind*	vor	*before, in front of*
in	*in, into*	zwischen	*between*
neben	*beside, near, next to*		

wo? (DATIVE)	**wohin?** (ACCUSATIVE)
Wir sind jetzt **im Klassenzimmer**.	Frau Schmidt kommt eben **ins Haus**.
Das Buch liegt **auf dem Stuhl**.	Er legt es **auf den Tisch**.
Er steht **am Fenster**.	Sie geht **an die Wandtafel**.
Der Baum steht **vor dem Haus**.	Sie stellt den Korb **vor die Tür**.
Der Bleistift liegt **neben dem Buch**.	Ich stelle den Stuhl **neben das Fenster**.
Die Landkarte hängt **über der Wandtafel**.	Er hängt die Landkarte **über die Wandtafel**.
	Fahren wir **über die Brücke**?
	In zehn Minuten fährt der Zug **über die Grenze**.
Der Garten liegt **hinter dem Haus**.	Ich gehe **hinter das Haus**.
Der Papierkorb steht **unter dem Tisch**.	Wir wollen den Tisch **zwischen die Tür und das Sofa** stellen.

The dative/accusative prepositions usually take the dative case in expressions of time.

Am Nachmittag sehen sie eine Aufführung von ,,Jedermann".
Im Herbst fahren wir nach Deutschland.
Vor dem Krieg war er in Amerika.
Kommen Sie **in einem Monat** wieder!

An exception is the preposition **über**, which takes the accusative case in expressions of time.

Übers Wochenende fahren sie nach Frankfurt.
Er war **über sechs Jahre** dort im Schwarzwald.

In prepositional phrases that do not express location, change of position, or time, the case taken by the dative/accusative prepositions does not follow a consistent pattern.

DATIVE

Es hat viel Arbeitslosigkeit **unter der Jugend** gegeben.
Er hat **an der Revolution** teilgenommen.
Wenige Leute können sich **in einer Fremdsprache** unterhalten.

ACCUSATIVE

Er hat selten **an die Eltern** geschrieben.
Ich denke oft **an meine Mutter.**
Wir warten **auf die Straßenbahn.**
Dieser Einfluß **auf die Jugend** ist sehr stark.
Ich habe ihm **auf alle Fragen** geantwortet.
Er hat **über die Luft- und Wasserverseuchung** gesprochen.

Ein Ostberliner Geschäft

12
ZWÖLFTE LEKTION

Grammatisches Ziel:

Das Imperfekt starker Verben

Einführende Beispiele

1. Wir sind heute im Klassenzimmer.
   Wir waren auch gestern hier.
   Wo waren wir gestern?
   Wir waren gestern hier.

2. Ich war gestern abend im Kino.
   Waren Sie gestern abend auch im Kino?
   Ja, ich war gestern abend auch im Kino.
   War der Film interessant?
   Ja, der Film war interessant.

3. Ich ging am Samstag ins Konzert.
   Gingen Sie auch ins Konzert?
   Ja, ich ging auch ins Konzert.

4. Ihr Freund ging am Freitag ins Theater.
   Wohin ging er?
   Er ging ins Theater.

5. Herr _____ fuhr letzte Woche nach München.
   Ich fuhr mit.
   Wann fuhr ich nach München?
   Sie fuhren letzte Woche nach München.

6. Mein Freund und ich blieben zwei Tage in Stuttgart.
   Wie lange blieben wir dort?
   Sie blieben zwei Tage dort.

7. Jetzt verstehe ich Bayrisch, aber zuerst verstand ich es nicht. Verstanden Sie es
   zuerst?
   Nein, zuerst verstand ich es nicht.

8. Herr Brown und ich sprachen gestern mit Herrn Neumann.
   Mit wem sprach ich?
   Sie sprachen mit Herrn Neumann.
   Sprach Herr Brown auch mit Herrn Neumann?
   Ja, Herr Brown sprach auch mit Herrn Neumann.

9. Meine Eltern waren letzte Woche in Frankfurt.
   Sie kamen am Sonntag zurück.
   Wann kamen sie zurück?
   Sie kamen am Sonntag zurück.

10. Ich habe heute meine Bücher vergessen.
    Ich vergaß sie auch gestern.
    Was vergaß ich gestern?
    Sie vergaßen gestern Ihre Bücher.

11. Meine Freunde standen lange an der Haltestelle.
    Wo standen sie?
    Sie standen an der Haltestelle.

12. Robert fragt seinen Freund: ,,Gingst du gestern ins Kino?"
    Was fragt Robert seinen Freund?
    Robert fragt seinen Freund: ,,Gingst du gestern ins Kino?"

Übungen

1. **Beispiel:** *ins Gasthaus*   **Er ging *ins Gasthaus*.**

   a. ins Gasthaus   c. zum Arzt
   b. ins Hotel   d. nach Hause

2. **Beispiel:** *in die Schule*   **Ich kam zu spät *in die Schule*.**

   a. in die Schule   c. zur Haltestelle
   b. ins Kino   d. ins Geschäft

3. **Beispiel:** *nach Köln*   **Wir kamen schließlich *nach Köln*.**

   a. nach Köln   c. nach Hause
   b. zum Fluß   d. an die Grenze

4. **Beispiel:** *die Kinder*   **Die Kinder gingen zu Fuß in die Berge.**

   a. die Kinder   d. die zwei Mädchen
   b. meine Freunde   e. sie (*they*)
   c. Sie   f. wir

5. Beispiele: *wir*   *Wir gingen* **gestern in die Oper.**
             er   *Er ging* **gestern in die Oper.**

a. wir	d. meine Freunde
b. er	e. sie (*they*)
c. ich	f. sie (*she*)

6. Beispiel: *ich*   *Ich* **sprach gestern mit ihnen.**

a. ich	d. sie (*she*)
b. mein Freund	e. Herr Schönfeld
c. er	f. ich

7. Beispiel: *wir*   *Wir sprachen* **lange über die soziale Ordnung.**

a. wir	d. ich
b. die Freunde	e. er
c. die Studenten	f. Sie

8. Beispiel: *du*   *Du verstandest* **das Problem nicht.**

a. du	d. er
b. die Studenten	e. das Kind
c. wir	f. ich

9. Beispiel: *sie* (*she*)   *Sie fuhr* **letzte Woche nach München.**

a. sie (*she*)	d. meine Wirtin
b. ich	e. wir
c. meine Eltern	f. sie (*they*)

10. Beispiel: *an der Haltestelle*   **Ich stand lange *an der Haltestelle*.**

a. an der Haltestelle	c. vor dem Museum
b. auf dem Bahnsteig	d. vor dem Geschäft

11. Beispiel: *er*   *Er* **blieb eine Woche in Wien.**

a. er	c. ich
b. mein Bruder	d. meine Tante

12. Beispiel: *du* **Wie lange *bliebst du* dort?**

a. du	d. wir
b. Ihre Freunde	e. die Eltern
c. die Leute	f. sie (*they*)

13. **Beispiel:** *wir*   *Wir blieben* nicht lange in der Schweiz.

a. wir
b. sie (*they*)
c. ich

d. meine Freunde
e. du
f. sie (*she*)

14. **Beispiel:** *ich*   *Ich vergaß* gestern die Sitzung.

a. ich
b. wir
c. mein Vater

d. sie (*they*)
e. er
f. die Studenten

15. **Beispiel:** *wir*   *Wir aßen* zu Mittag im Gasthaus.

a. wir
b. meine Freunde
c. die Studenten

d. er
e. ich
f. sie (*they*)

16. **Beispiel:** *meine Mutter*   *Meine Mutter schrieb* am Montag den Brief.

a. meine Mutter
b. meine Eltern

c. ich
d. der Geschäftsmann

17. **Beispiel:** *ich*   Im Herbst *sah ich* seine Eltern.

a. ich
b. er

c. wir
d. meine Freunde

18. **Beispiel:** *wir hatten*   *Wir hatten* damals keine Zeit.

a. wir hatten
b. ich hatte
c. der Beamte hatte

d. unsere Freunde hatten
e. du hattest
f. Sie hatten

19. **Beispiel:** *mein Freund*   *Mein Freund hatte* zu viel zu tun.

a. mein Freund
b. man
c. wir

d. du
e. ich
f. alle Leute

20. **Beispiel:** *Ich fuhr* letzte Woche nach München.   *Wir fuhren* letzte Woche nach München.

a. Ich fuhr letzte Woche nach München.
b. Ich ging gestern tanzen.
c. Ich war einen Monat bei meinem Onkel.
d. Ich gab ihm kein Geld.
e. Ich sprach gestern mit ihr.
f. Ich trank eine Tasse Kaffee im Restaurant.

g. Ich vergaß unsere Fahrkarten.

h. Ich fuhr am Montag nach Bamberg.

i. Ich fuhr um acht Uhr ab.

j. Ich kam eine Stunde später an.

k. Ich fand meinen Freund nicht zu Hause.

l. Ich schrieb einen Brief an meine Eltern.

m. Ich sah den Film in Stuttgart.

n. Ich besprach die Jugendbewegung mit ihm.

o. Ich las von der Luftverseuchung in Düsseldorf.

p. Ich fand alles in Ordnung.

q. Ich trug die Tassen in die Küche.

r. Ich wurde bald wieder gesund.

21. Beispiel: Ich *verstehe* die Jugend nicht.   Ich *verstand* die Jugend nicht.

a. Ich verstehe die Jugend nicht.

b. Ich gebe ihm kein Geld mehr.

c. Ich bekomme gute Zensuren.

d. Ich gehe am Abend ins Theater.

e. Ich bleibe übers Wochenende bei ihm.

f. Ich vergesse den Fahrplan nicht.

g. Ich spreche gern mit den Bayern.

h. Ich komme um zehn Uhr in Regensburg an.

i. Ich gehe nach der Arbeit zur Sitzung.

j. Ich bin morgens im Krankenhaus tätig.

22. Beispiel: Sie *gehen* gleich auf die Post.   Sie *gingen* gleich auf die Post.

a. Sie gehen gleich auf die Post.

b. Sie lesen über das Leben in Amerika.

c. Sie trinken zu viel Bier im Hofbräuhaus.

d. Sie fahren mit dem Schnellzug nach Nürnberg.

e. Sie werden gleich wieder gesund.

f. Sie stehen lange vor dem Gemeindehaus.

g. Sie verstehen die Jugendlichen sehr gut.

h. Sie kommen am Freitag zurück.

i. Sie bekommen im Deutschunterricht gute Zensuren.

j. Sie tragen eine Uhr, nicht wahr?

23. Beispiele: Er *versteht* mich nicht.   Er *verstand* mich nicht.
Wir *fahren* einmal nach Basel.   Wir *fuhren* einmal nach Basel.

a. Er versteht mich nicht.

b. Wir fahren einmal nach Basel.

c. Ich bin auf Geschäftsreisen.

d. Deine Eltern kommen am Mittwoch zurück.

e. Der Zug kommt auf Gleis sieben an.

f. Ich sehe mir die Stadt an.

g. Die zwei Mädchen bleiben eine Woche dort.

h. Er liest das Lesestück nicht.

i. Meine Eltern sind im Sommer in Deutschland.

j. Mein Bruder ist bei einer Autofirma.

k. Der Professor vergißt meinen Namen.

l. Schreibst du einen Brief an deinen Vetter?

Fragen

1. Waren Sie letzten Sommer in Deutschland?
2. Fuhren Sie im Herbst nach Kalifornien?
3. Um wieviel Uhr kam der Zug an?
4. Wann stand er heute morgen auf?
5. Was bekamen Sie gestern von Ihren Eltern?
6. Sie trugen gestern eine Uhr, nicht wahr?
7. Blieb er lange bei Ihnen?
8. Lasen Sie den Artikel über die Luftverseuchung in Düsseldorf?
9. Aßen Sie im Gasthaus zu Mittag?
10. Traf sie ihren Freund an der Haltestelle?
11. Fanden Sie die Aufgabe für gestern schwer oder leicht?
12. Vergaß er gestern die Sitzung?

Dialog:

Eine neue Bekanntschaft

Eines Abends gingen Fräulein Moreau und Herr Brown ins Gasthaus. Ein Herr saß allein und bat sie, an seinem Tisch Platz zu nehmen.

LÜDEKE   Guten Abend! Wollen Sie nicht an meinem Tisch Platz nehmen?

BROWN   Danke schön! Das ist sehr nett von Ihnen.

LÜDEKE   Sie sind Studenten am Institut, nicht wahr?

BROWN   Ja. Woher wußten Sie das?

LÜDEKE   Das sah ich sofort, als Sie hereinkamen. Sie sehen nicht wie ein Bayer aus.

MOREAU   Sie sind gewiß auch kein Bayer. Das kann ich schon an Ihrer Aussprache hören.

LÜDEKE   Da haben Sie allerdings recht. Ich bin hier Lehrer am Gymnasium.

● ● ●

BROWN   Welches Fach unterrichten Sie, Herr Dr. Lüdeke?

LÜDEKE   Mathematik und Naturwissenschaften.

BROWN   Das Gymnasium ist unserer Mittelschule oder *high school* sehr ähnlich, nicht wahr?

LÜDEKE   Nein, im Gegenteil. Der Unterschied ist sehr groß.

BROWN   Wie lange geht ein Schüler aufs Gymnasium?

LÜDEKE   Gewöhnlich neun Jahre, und am Ende seiner Schulzeit macht er das Abitur. Erst dann darf er auf die Universität gehen.

● ● ●

MOREAU   In welchem Jahr haben Sie Ihren Doktor gemacht?

LÜDEKE   Meinen Doktor machte ich vor einem Jahr. Zuerst war ich ein Jahr auf der Universität Köln, aber dann ging ich nach München. Dort schrieb ich meine Doktorarbeit.

MOREAU   Wann kamen Sie nach Schwarzhausen?

LÜDEKE   Letzten Herbst.

Eine Litfaßsäule

A New Acquaintance

One evening Miss Moreau and Mr. Brown went to the inn. A gentleman was sitting alone and asked them to sit at his table.

LÜDEKE   Good evening. Won't you sit down at my table?

BROWN   Thank you. That's very nice of you.

LÜDEKE   You're students at the Institute, aren't you?

BROWN   Yes. How did you know that?

LÜDEKE   I saw that as soon as you entered. You don't look like a Bavarian.

MOREAU   You're certainly not a Bavarian either. I can already tell that by your pronunciation.

LÜDEKE   There you are right, of course. I'm a teacher here at the Gymnasium.

● ● ●

BROWN   Which subject do you teach, Dr. Lüdeke?

LÜDEKE   Mathematics and natural sciences.

BROWN   The Gymnasium is very similar to our secondary school or high school, isn't it?

LÜDEKE   No, on the contrary, there's a great difference.

BROWN   How long does a student go to the Gymnasium?

LÜDEKE   Usually nine years, and at the end of his schooling he passes the qualifying examination. Only then is he permitted to go to the university.

● ● ●

MOREAU   When did you receive your Ph.D.?

LÜDEKE   I received my Ph.D. a year ago. First I was at the University of Cologne for a year, but then I went to Munich. I wrote my dissertation there.

MOREAU   When did you come to Schwarzhausen?

LÜDEKE   Last fall.

Fragen über den Dialog

1. Wer ging eines Abends ins Gasthaus?
2. Wer saß allein an einem Tisch?
3. Hatte Herr Dr. Lüdeke eine bayrische Aussprache?
4. Sah Herr Brown wie ein Bayer aus?
5. Wann kam Herr Dr. Lüdeke nach Bayern?
6. Wo hatte er eine Stellung?
7. Ist das Gymnasium unserer *high school* ähnlich?
8. Was macht der Schüler am Ende seiner Schulzeit?
9. Wann machte Herr Dr. Lüdeke seinen Doktor?
10. Machte er seinen Doktor in München oder Köln?
11. Wo war er zuerst?
12. Wo schrieb er seine Doktorarbeit?
13. Wann kam er nach Schwarzhausen?
14. Welche Fächer unterrichtet er?

Lesestück:

Das deutsche Schulwesen

Fräulein Moreau und Herr Brown hatten eines Abends keine Schulaufgaben für den nächsten Tag und entschlossen sich, ins Gasthaus „Zum Schwarzen Roß" zu gehen. Es waren[1] immer viele Leute aus der Nachbarschaft da. Die Gäste unterhielten sich mit Kartenspielen und mit Geschwätz über das schlechte Benehmen der[2] Nachbarskinder und
5 andere wichtige Lebensprobleme. Die Unterhaltung mit den anderen Gästen bot den Studenten vom Institut eine gute Gelegenheit, sich in der deutschen Sprache zu üben.

An diesem Abend sahen die zwei jungen Leute einen Tisch, an dem[3] ein Herr allein saß. Es stand kein Stammtischschild darauf;[4] daher wußten sie, daß die übrigen Plätze frei waren. Der Mann bat sie höflich, doch an seinem Tisch Platz zu nehmen. Die
10 Studenten erfuhren, daß er Lehrer war. Er hieß Lüdeke und hatte eine Stellung am Gymnasium in Schwarzhausen.

Die Studenten nahmen Interesse an dem Schulwesen in Deutschland, und es war sehr leicht, ein Gespräch darüber anzufangen.[5] Herr Brown fand es schwer, das deutsche Schulwesen zu begreifen, weil es dem amerikanischen System gar nicht ähnlich ist. Wie
15 fast alle Amerikaner in Deutschland, hielt Herr Brown das deutsche Schulwesen für sehr kompliziert. Im Gegensatz dazu schienen ihm die amerikanischen Schulen sehr logisch und systematisch aufgebaut, aber durch die Unterhaltung mit dem Lehrer gewann er einen Einblick in den deutschen Schulaufbau.

Die allgemeine Schulpflicht gilt vom sechsten bis zum achtzehnten Lebensjahr. Die
20 Schulwoche umfaßt sechs Tage, und der Unterricht findet in den meisten Schulen nur vormittags statt. Ehe die Schulpflicht beginnt, können Kinder einen Kindergarten besuchen, aber er ist nicht immer öffentlich wie in Amerika, sondern oft eine Einrichtung von Kirchen, Gemeinden oder Privatgruppen.

Das Kind verbringt die ersten vier Schuljahre in der Grundschule. Dann stehen dem
25 Schüler je nach seiner Fähigkeit und seinem Berufsinteresse drei Möglichkeiten offen:

1. Er kann noch vier oder fünf Jahre in der Grundschule bleiben. Dann besucht er eine Berufsschule. Gleichzeitig kann er bei einer Firma oder einem Handwerksmeister in die Lehre treten und ein Handwerk erlernen.

2. Der Schüler kann die Realschule, früher oft Mittelschule genannt, besuchen. In
30 der Regel umfaßt diese Schule sechs Klassen oder Stufen. Von der Mittelschule kann der Jugendliche in die Verwaltungen, das Wirtschaftsleben oder auf eine Fachschule für Berufsausbildung gehen. Die Fachschulen sind technische Schulen für Forstwirtschaft, Landwirtschaft, Bergbau, Architektur, Handel, Maschinenbau usw.

---

[1] **es waren**   there were
[2] **der**   of the
[3] **an dem**   at which
[4] **es...darauf**   there was no **Stammtischschild** on it. The **Stammtischschild** is a sign on the table

of an inn reserving it for regular customers.
[5] **anzufangen**   When **zu** is used with the infinitive of a verb with a separable prefix, it is placed between the prefix and the main part of the verb.

3. Etwa fünfunddreißig Prozent aller Schüler[6] besuchen das Gymnasium, die früher
35 sogenannte höhere Schule. Der Unterricht auf dem Gymnasium dauert neun Jahre, und
am Schluß macht der Gymnasiast das Abitur. Erst wenn er sein Abitur bestanden hat,
darf er die Universität oder andere Hochschulen besuchen. Den Ausdruck „Hochschule"
kann man nicht mit *high school* übersetzen, da die Universität z.B. eine Hochschule ist
und etwa der amerikanischen *graduate school* entspricht.

Wortschatz

das Abitur *university qualifying examination*; das Abitur machen, bestehen *to take, pass the qualifying examination*
ähnlich *similar, resembling, like*
allerdings *to be sure, of course*
allgemein *general, universal*
die Architektur *architecture*
aufgebaut *structured*
der Ausdruck, ⁼e *expression*
die Bekanntschaft, –en *acquaintance*
das Benehmen *behavior, conduct*
der Bergbau *mining*
die Berufsausbildung *vocational training*
das Berufsinteresse, –n *vocational interest*
die Berufsschule, –n *trade school, vocational school*
daher *thus, therefore*
danke schön *thank you*
darüber *over or about it, them or that*
dazu *to or for it, them or that*
Doktor: ich machte meinen Doktor *I received my Ph.D.*
die Doktorarbeit, –en *doctoral dissertation*
ehe *before*
der Einblick, –e *insight*
die Einrichtung, –en *arrangement, establishment*
das Ende, –n *end*
etwa *approximately, about, somewhat*

das **Fach**, ⁼er *subject, specialty, major area of study*
die Fachschule, –n *technical school*
die Fähigkeit, –en *capability, ability*
die Forstwirtschaft *forestry*
frei *free; not reserved, vacant*
früher *former*
gar nicht *not at all*
der Gegensatz, ⁼e *contrast*
die Gemeinde, –n *community, parish*
das Geschwätz *gossip*
das Gespräch, –e *conversation*
gleichzeitig *simultaneous*
die Grundschule, –n *elementary school*
das Handwerk, –e *trade, craft*; ein Handwerk erlernen *to learn a trade*
der Handwerksmeister, – *master craftsman, artisan*
hoch (hoh-), höher, höchst- *high, higher, highest*
die Hochschule, –n *university, institution of higher learning* (not *high school*)
höflich *courteous*
Interesse nehmen (an) (*with dat.*) *to take an interest (in)*
je nach *according to*
das Kartenspielen *card playing*
der Kindergarten, ⁼ *kindergarten*
(das) Köln *Cologne*
kompliziert *complicated*
die **Landwirtschaft** *agriculture*

---

[6] **aller Schüler** of all pupils

das Lebensproblem, –e *problem of life*
die Lehre *apprenticeship*; in die Lehre treten *to enter apprenticeship*
logisch *logical*
der Maschinenbau *mechanical engineering*
die Mathematik *mathematics*
meist- *most*
die Mittelschule, –n *type of secondary school*
die **Möglichkeit**, –en *possibility*
die Nachbarschaft, –en *neighborhood*
das Nachbarskind, –er *neighbor's child, child next-door*
die Naturwissenschaft, –en *natural science*
öffentlich *public*
Platz nehmen *to sit down*
die Privatgruppe, –n *private group*
das **Prozent**, –e *percent*
die Realschule, –n *type of secondary school*
die Regel, –n *rule*; in der Regel *as a rule*
schlecht *bad*
der **Schluß**, (*plur.*) Schlüsse *conclusion, end*; am Schluß *at the end*
der Schulaufbau *school structure and organization*

die **Schulaufgabe**, –n *lesson, schoolwork*
der **Schüler**, – *pupil, student* (*below university level*)
das Schuljahr, –e *school year*
die Schulpflicht, –en *obligation or requirement to attend school*
das Schulwesen *school system*
die Schulwoche, –n *school week*
die Schulzeit, –en *schooling, school days*
sofort *immediately*
sogenannt *so-called*
die Stufe, –n *grade, level, class*
das System, –e *system*
systematisch *systematic*
technisch *technical*
übrig *left, leftover, remaining*
die Unterhaltung, –en *conversation*
der **Unterschied**, –e *difference*
usw. = **und so weiter** *and so forth, etc.*
die Verwaltung, –en *administration*
vormittags *in the morning, in the forenoon*
welch(–er, –e, –es) *which, what*
das Wirtschaftsleben *business world*
z.B. = **zum Beispiel** *for example*
zwölft- *twelfth*

The following list contains the principal parts of all strong verbs used in this lesson; many of these verbs have already appeared in the **Wortschatz** of previous lessons.

†**abfahren (fährt ab), fuhr ab** *to depart*
anbieten, bot an, angeboten *to offer*
anfangen (fängt an), fing an, angefangen *to begin*
†**ankommen, kam an** *to arrive*
(sich) **ansehen (sieht an), sah an, angesehen** *to look at*
†**aufstehen, stand auf** *to get up*
aussehen (sieht aus), sah aus, ausgesehen *to look, appear*
†**aussteigen, stieg aus** *to get off or out of a vehicle*
beginnen, begann, begonnen *to begin*
begreifen, begriff, begriffen *to comprehend, understand, conceive of*
bekommen, bekam, bekommen *to receive, obtain*
besprechen (bespricht), besprach, besprochen *to discuss*

bestehen, bestand, bestanden *to pass* (*a test*)
bieten, bot, geboten *to offer*
bitten, bat, gebeten (um) *to request, ask for*
†**bleiben, blieb** *to remain, stay*
†**einsteigen, stieg ein** *to get into a vehicle, board*
sich entschließen, entschloß sich, sich entschlossen *to decide*
entsprechen (entspricht), entsprach, entsprochen *to correspond to*
erfahren (erfährt), erfuhr, erfahren *to find out*
erlernen *to learn*
essen (ißt), aß, gegessen *to eat*
†**fahren (fährt), fuhr** *to ride, travel, go by vehicle*; **hat gefahren** *to drive a vehicle*
finden, fand, gefunden *to find*

geben (gibt), gab, gegeben   *to give*
gefallen (gefällt), gefiel, gefallen   *to
please*
†gehen, ging   *to go*
gelten (gilt), galt, gegolten (für)   *to
apply (to), be valid (for)*
gewinnen, gewann, gewonnen   *to
obtain, win*
haben (hat), hatte, gehabt   *to have*
halten (hält), hielt, gehalten   *to stop,
halt; hold;   halten für   to consider,
regard*
heißen, hieß, geheißen   *to be called,
be named*
helfen (hilft), half, geholfen   *to help*
†hereinkommen, kam herein   *come in*
†kommen, kam   *to come*
lesen (liest), las, gelesen   *to read*
liegen, lag, gelegen   *to lie, be
situated*
†mitfahren (fährt mit), fuhr mit   *to
accompany, travel with someone*
nehmen (nimmt), nahm, genommen   *to
take*
offenstehen, stand offen, offengestanden   *to be open, stand open*
raten (rät), riet, geraten   *to advise*
scheinen, schien, geschienen   *to seem,
appear*
schreiben, schrieb, geschrieben   *to
write*
†schwimmen, schwamm   *to swim*
sehen (sieht), sah, gesehen   *to see*
†sein (ist), war   *to be*
sitzen, saß, gesessen   *to sit*

sprechen (spricht), sprach, gesprochen
to speak
stattfinden, fand statt, stattgefunden
to take place, occur
stehen, stand, gestanden   *to stand*
teilnehmen (nimmt teil), nahm teil,
teilgenommen (an) (*with dat.*)   *to
take part, participate (in)*
tragen (trägt), trug, getragen   *to
carry; wear*
†treten (tritt), trat   *to step, walk; enter*
trinken, trank, getrunken   *to drink*
übersetzen   *to translate*
umfassen   *to include*
unterbrechen (unterbricht), unterbrach, unterbrochen   *to interrupt*
sich unterhalten (unterhält sich),
unterhielt sich, sich unterhalten
(mit)   *to converse (with);
entertain oneself*
unterrichten   *to instruct*
verbringen, verbrachte, verbracht
to spend (time)
vergessen (vergißt), vergaß, vergessen
to forget
verlieren, verlor, verloren   *to lose*
versprechen (verspricht), versprach,
versprochen   *to promise*
verstehen, verstand, verstanden   *to
understand*
†werden (wird), wurde   *to become*
wissen (weiß), wußte, gewußt   *to
know*
†zurückkommen, kam zurück   *to
return, come back*

Weitere Übungen

1. Read the following sentences in the past tense:

   a. Er verspricht mir alles.
   b. Ich schwimme gern im See.
   c. Wir gehen oft in den Park.
   d. Ich begreife den deutschen Schulaufbau nicht.
   e. Er bittet uns, an seinem Tisch Platz zu nehmen.
   f. Drei Möglichkeiten stehen dem Schüler offen.
   g. Der Gast nimmt an unserem Tisch Platz.
   h. Du bekommst gute Zensuren.
   i. Ich lese einen Bericht über die Grundschule.
   j. Es gibt heute abend Sauerbraten.
   k. Das deutsche Schulwesen scheint mir sehr kompliziert.
   l. Du verstehst den Unterschied nicht.
   m. Ich schreibe meine Doktorarbeit an der Universität Köln.
   n. Es sind viele Leute aus der Nachbarschaft da.
   o. Das Leben am Institut gefällt mir sehr.
   p. Die Aufführung findet vor dem Dom statt.
   q. Der Zug fährt sofort ab.
   r. Wir fangen gleich ein Gespräch mit ihm an.
   s. Der Bericht über die Grundschule liegt auf dem Tisch.
   t. Die allgemeine Schulpflicht beginnt mit dem sechsten Jahr.

2. Read the following sentences, using the past tense of the verb in parentheses:

   a. Der Zug stand auf Gleis sieben. (halten)
   b. Ich saß am selben Tisch wie er. (essen)
   c. Er fand die Fahrkarte nicht. (vergessen)
   d. Wir waren gestern nicht zu Hause. (bleiben)
   e. Er bekam einen Einblick in das deutsche Schulwesen. (gewinnen)
   f. Mein Freund hatte kein Gepäck. (tragen)
   g. Wir besprachen den Schulaufbau in Deutschland. (verstehen)
   h. Es war kein Stammtischschild darauf. (stehen)
   i. Wir saßen zu lange im Gasthaus. (trinken)
   j. Ich fuhr um acht Uhr ab. (ankommen)
   k. Wir erfuhren es von dem Lehrer. (bekommen)
   l. Sprachen Sie mit ihm? (sich unterhalten)
   m. Wir stiegen vor dem Rathaus aus. (einsteigen)

3. Supply the following information, using the past tense:

   a. where you were last night
   b. that you discussed the German school system

c. that you went home at 11:00

d. that you traveled to Germany last summer

e. that you didn't understand the lesson yesterday

f. whether you received a letter from your parents

g. where you were this morning

h. whether you liked the film on Monday

i. when you read the reading passage

4. Answer the following questions with complete sentences:

a. Wohin gingen Fräulein Moreau und Herr Brown?

b. Wer unterhielt sich mit Kartenspielen?

c. Wer saß allein an einem Tisch?

d. Wen bat Herr Dr. Lüdeke, an seinem Tisch Platz zu nehmen?

e. Worüber sprachen die drei Leute?

f. Wer fand es schwer, das deutsche Schulwesen zu begreifen?

g. Wie hieß der Lehrer?

h. Wann kam Herr Dr. Lüdeke nach Schwarzhausen?

i. Was besprach der Lehrer mit den zwei Studenten?

j. Wer hielt den deutschen Schulaufbau für kompliziert?

Schriftliches

1. Write the third person singular present, past tense, and past participle of each of the following verbs:

a. bieten

b. anbieten

c. unterbrechen

d. erfahren

e. geben

f. stehen

g. verstehen

h. essen

i. gewinnen

j. nehmen

k. teilnehmen

l. sehen

m. verlieren

n. sich entschließen

o. raten

p. liegen

q. helfen

r. gelten

2. Write the following sentences in German, using the past tense:

a. The students were interested in the German school system.

b. I was at the University of Munich for a year.

c. When did you (*fam. sing.*) come to South Germany?

d. In August we traveled to Austria by car.

e. How long did you (*fam. sing.*) remain in Switzerland?

f. We discussed the youth movement with the teacher.
g. Did you (*formal*) read about the air and water pollution in Düsseldorf?
h. The train arrived at 10:30 and departed at 10:45.
i. We found it difficult to comprehend the school system.
j. They found out soon what that was.
k. He didn't look like an American.
l. I sat down at his table; he spoke for a long time about the life style in Germany.

Deutsche Grundschule

Grammatik

A. The Past Tense of Strong Verbs

Strong verbs form the past tense by changing the stem.

INFINITIVE	PAST STEM
gehen, schreiben, sehen	ging, schrieb, sah

PAST TENSE

ich	ging,	schrieb,	sah		wir	gingen,	schrieben,	sahen
du	gingst,	schriebst,	sahst		ihr	gingt,	schriebt,	saht
er sie es	ging,	schrieb,	sah		sie Sie	gingen,	schrieben,	sahen

B. Prefixes

A prefix changes the meaning of a verb but does not affect the formation of the past tense.

INFINITIVE	PAST STEM	
kommen	kam	*to come*
ankommen	kam an	*to arrive*
bekommen	bekam	*to receive*
stehen	stand	*to stand*
aufstehen	stand auf	*to get up*
verstehen	verstand	*to understand*

In simple sentences and independent clauses, a separable prefix is separated from the main part of the verb in both the present and the past tense. The prefix is placed at the end of the simple sentence or independent clause.

PRESENT TENSE

Ich **steige** hier **aus**.
Wir **steigen** an der Haltestelle **ein**.
Er **steht** immer früh **auf**, aber ich **stehe** oft um zehn Uhr **auf**.
Ich gehe auf den Bahnhof, denn der Zug **fährt** in 30 Minuten **ab**.

PAST TENSE

Ich **stieg** hier **aus**.

Wir **stiegen** an der Haltestelle **ein**.

Er **stand** immer früh **auf**, aber ich **stand** oft um zehn Uhr **auf**.

Ich ging auf den Bahnhof, denn der Zug **fuhr** in 30 Minuten **ab**.

A separable prefix is always attached to the infinitive and the past participle. (See **Lektion** 6.)

An inseparable prefix remains attached to the stem in all forms of the verb. (See **Lektion** 3.)

C. Strong Verbs Used Through **Lektion** 12

INFINITIVE	PAST STEM	
beginnen	begann	to begin
bieten	bot	to offer
anbieten	bot an	to offer
verbieten	verbot	to forbid
bitten	bat	to request
bleiben	blieb	to remain
stehenbleiben	blieb stehen	to stop
*brechen	brach	to break
unterbrechen	unterbrach	to interrupt
empfehlen	empfahl	to recommend
essen	aß	to eat
fahren	fuhr	to travel, drive
abfahren	fuhr ab	to depart
erfahren	erfuhr	to find out, experience
hinfahren	fuhr hin	to travel there, to that place
mitfahren	fuhr mit	to travel with someone
vorbeifahren	fuhr vorbei	to ride past
zurückfahren	fuhr zurück	to return by vehicle
*fallen	fiel	to fall
gefallen	gefiel	to please

* Verbs with an asterisk have not appeared in the text so far, but are included here to show the stem of other verbs in the list.

INFINITIVE	PAST STEM	
*fangen	fing	*to catch*
anfangen	fing an	*to begin*
finden	fand	*to find*
stattfinden	fand statt	*to take place*
gebären	gebar	*to give birth to*
geben	gab	*to give*
aufgeben	gab auf	*to assign*
gehen	ging	*to go*
hingehen	ging hin	*to go there, to that place*
vorbeigehen	ging vorbei	*to go past*
gelten	galt	*to apply, be valid*
gewinnen	gewann	*to win, obtain*
*greifen	griff	*to seize*
begreifen	begriff	*to comprehend*
halten	hielt	*to hold; stop*
sich unterhalten	unterhielt sich	*to converse; entertain oneself*
hängen	hing	*to hang*
heißen	hieß	*to be named*
helfen	half	*to help*
kommen	kam	*to come*
ankommen	kam an	*to arrive*
bekommen	bekam	*to receive, obtain*
hereinkommen	kam herein	*to come in*
mitkommen	kam mit	*to accompany*
umkommen	kam um	*to die, perish*
vorbeikommen	kam vorbei	*to come past*
zurückkommen	kam zurück	*to return*
lassen	ließ	*to let, leave*
verlassen	verließ	*to leave*
lesen	las	*to read*
liegen	lag	*to lie, be situated*

---

* Verbs with an asterisk have not appeared in the text so far, but are included here to show the stem of other verbs in the list.

INFINITIVE	PAST STEM	
nehmen	nahm	*to take*
annehmen	nahm an	*to accept, assume*
teilnehmen	nahm teil	*to take part*
raten	riet	*to advise*
scheinen	schien	*to seem*
schlafen	schlief	*to sleep*
schließen	schloß	*to close*
sich entschließen	entschloß sich	*to decide*
schreiben	schrieb	*to write*
schwimmen	schwamm	*to swim*
sehen	sah	*to see*
ansehen	sah an	*to look at*
ausssehen	sah aus	*to appear*
sitzen	saß	*to sit*
sprechen	sprach	*to speak*
besprechen	besprach	*to discuss*
entsprechen	entsprach	*to correspond to*
versprechen	versprach	*to promise*
stehen	stand	*to stand*
aufstehen	stand auf	*to get up*
bestehen	bestand	*to pass (a test)*
entstehen	entstand	*to arise*
offenstehen	stand offen	*to be open*
verstehen	verstand	*to understand*
*steigen	stieg	*to climb*
aussteigen	stieg aus	*to get out of a vehicle*
einsteigen	stieg ein	*to get into a vehicle, board*
hinaufsteigen	stieg hinauf	*to climb up*
umsteigen	stieg um	*to transfer from one vehicle to another*
tragen	trug	*to carry; wear*
treffen	traf	*to meet*
treten	trat	*to step, walk*
trinken	trank	*to drink*
tun	tat	*to do*
vergessen	vergaß	*to forget*

INFINITIVE	PAST STEM	
verlieren	verlor	*to lose*
weisen	wies	*to indicate*
werden	wurde	*to become*
werfen	warf	*to throw*

D. The Present and Past Tenses of **Haben, Werden,** and **Sein**

PRESENT TENSE

ich	habe,	werde,	bin
du	hast,	wirst,	bist

er			
sie	hat,	wird,	ist
es			

wir	haben,	werden,	sind
ihr	habt,	werdet,	seid

sie			
Sie	haben,	werden,	sind

PAST TENSE

ich	hatte,	wurde,	war
du	hattest,	wurdest,	warst

er			
sie	hatte,	wurde,	war
es			

wir	hatten,	wurden,	waren
ihr	hattet,	wurdet,	wart

sie			
Sie	hatten,	wurden,	waren

13

DREIZEHNTE LEKTION

Grammatische Ziele:
Das Imperfekt schwacher Verben
Das Imperfekt von Modalverben
Das Plusquamperfekt

Einführende Beispiele

1. Gestern hatte ich keinen Unterricht und besuchte einen Freund.
   Er machte seine Schulaufgaben.
   Was machte er?
   Er machte seine Schulaufgaben.

2. Meine Eltern machten letztes Jahr eine Reise nach Deutschland.
   Wohin machten sie eine Reise?
   Sie machten eine Reise nach Deutschland.

3. Ich studierte letzten Winter in Bonn.
   Studierten Sie auch in Bonn?
   Ja, ich studierte auch in Bonn.

4. Herr Dr. Lüdeke studierte in München.
   Wo studierte er?
   Er studierte in München.

5. Ich wohnte drei Jahre in Berlin.
   Wie lange wohnte ich dort?
   Sie wohnten drei Jahre dort.

6. Meine Familie und ich machten eine Reise nach Salzburg.
   Wohin reisten wir?
   Sie reisten nach Salzburg.

7. Ich reiste letzten Sommer nach Italien.
   Reisten Sie auch nach Italien?
   Ja, ich reiste auch nach Italien.

8. Wir lernten gestern einige Verben.
   Was lernten wir gestern?
   Wir lernten gestern einige Verben.

9. Ich arbeitete letzten Sommer in einer Fabrik.
   Arbeiteten Sie auch in einer Fabrik?
   Ja, ich arbeitete auch in einer Fabrik.
   Arbeitete Ihr Freund auch da?
   Ja, mein Freund arbeitete auch da.

10. Ich mußte fünfzehn Minuten auf den Zug warten.
   Mußten Sie auch warten?
     Ja, ich mußte auch warten.
   Wie lange mußte ich warten?
     Sie mußten fünfzehn Minuten warten.

11. Die Aufgabe war nicht schwer, und ich konnte sie schnell machen.
   Konnten Sie sie auch schnell machen?
     Ja, ich konnte sie auch schnell machen.
   Konnten die anderen Studenten die Aufgabe machen?
     Ja, die anderen Studenten konnten die Aufgabe machen.
   Konnte Herr _____ die Aufgabe lesen?
   Ja, Herr _____ konnte die Aufgabe lesen.

12. Herr Brown ging gestern abend nicht ins Kino.
   Er hatte den Film schon gesehen.
   Warum ging er nicht ins Kino?
     Er hatte den Film schon gesehen.

13. Ich hatte die Aufgabe schon gemacht, bevor wir ins Kino gingen.
   Hatten Sie die Aufgabe auch schon gemacht?
     Ja, ich hatte die Aufgabe auch schon gemacht.

Übungen

1. Beispiel: *machte*   Er *machte* es gestern abend.

  a. machte   c. verkaufte
  b. lernte   d. erzählte

2. Beispiel: *übersetzten*   Gestern *übersetzten* wir die Verben.

  a. übersetzten   c. wiederholten
  b. lernten   d. übten

3. Beispiel: *arbeitete*   Gestern abend *arbeitete* ich mit ihr.

  a. arbeitete   c. lernte
  b. tanzte   d. sprach

4. Beispiel: *zu Hause*   **Die Studenten arbeiteten lange *zu Hause*.**

a. zu Hause
b. zusammen

c. in der Schule
d. an dem Bericht

5. Beispiel: *ich*   **Ich arbeitete in einer Fabrik.**

a. ich
b. er

c. mein Freund
d. sie (*she*)

6. Beispiel: *meine Freunde*   **Meine Freunde wohnten in der Blumenstraße.**

a. meine Freunde
b. sie (*they*)

c. wir
d. seine Verwandten

7. Beispiele: *wir*   **Wir warteten zehn Minuten auf den Zug.**
                  ich   **Ich wartete zehn Minuten auf den Zug.**

a. wir
b. ich
c. diese Leute

d. er
e. sie (*she*)
f. Fräulein Moreau

8. Beispiel: *mußte*   **Sie mußte eine lange Reise machen.**

a. mußte
b. sollte
c. durfte

d. konnte
e. wollte
f. möchte

9. Beispiel: *durften*   **Wir durften heute bei ihm bleiben.**

a. durften
b. sollten
c. mußten

d. konnten
e. möchten
f. wollten

10. Beispiele: *er*   **Er wollte den Film nicht sehen.**
                    wir   **Wir wollten den Film nicht sehen.**

a. er
b. wir
c. sie (*they*)

d. Fräulein Moreau und Herr Brown
e. ich
f. sie (*she*)

11. Beispiel: *ich*   **Ich machte im Frühling eine Reise nach Europa.**

a. ich
b. wir
c. meine Eltern

d. sie (*she*)
e. die drei Freunde
f. wer (?)

12. **Mustersatz:**

    Meine Freunde   *wollten*   **Berlin besuchen.**

  a.   wollten
  b. er
  c.   sollte
  d. wir
  e.   mußten
  f. ich
  g.   möchte
  h. der Tourist
  i.   durfte
  j. diese Touristen
  k.   konnten

13. **Beispiel:** *I would like to*   ***Ich möchte*** **schwimmen gehen.**

  a. *I would like to*   d. *we wanted to*
  b. *they would like to*   e. *we were permitted to*
  c. *they wanted to*   f. *I was permitted to*

14. **Beispiel:** *several students wanted to*   ***Einige Studenten wollten*** **bei uns bleiben.**

  a. *several students wanted to*   e. *he would like to*
  b. *several students could*   f. *he had to*
  c. *he could*   g. *they had to*
  d. *he should*   h. *they should*

15. **Beispiele:** Er *macht* eine Reise nach Wien.   Er *machte* eine Reise nach Wien.
                 Machst du deine Schulaufgaben?   *Machtest* du deine Schulaufgaben?

  a. Er macht eine Reise nach Wien.
  b. Machst du deine Schulaufgaben?
  c. Er arbeitet an seiner Doktorarbeit.
  d. Sie reist nach Würzburg.
  e. Ich lerne langsam die Sprache.
  f. Mein Freund verkauft seinen Volkswagen.
  g. Ich will im Mai das Abitur machen.
  h. Er hört jede Woche von seiner Schwester.

16. **Beispiele:** Wir *machen* eine Reise ins Ausland.   Wir *machten* eine Reise ins Ausland.
                 Sie *hören* gern Jazzmusik.   Sie *hörten* gern Jazzmusik.

  a. Wir machen eine Reise ins Ausland.
  b. Sie hören gern Jazzmusik.
  c. Wir arbeiten oft zusammen.
  d. Meine Freunde lernen Deutsch.

e. Sie machen im März das Abitur.

f. Wir müssen an der Haltestelle warten.

g. Wir wollen am Wochenende in die Berge fahren.

h. Meine Eltern wollen mich besuchen.

i. Wohnen deine Eltern in der Gartenstraße?

j. Wir reisen im Juni nach Dänemark.

17. **Beispiele:**   Er *will* eine Reise nach Wien   Er *wollte* eine Reise nach Wien
            machen.   **machen.**
            Wir *haben* **keine Arbeitslosigkeit**   **Wir** *hatten* **keine Arbeitslosigkeit**
            mehr.   **mehr.**

a. Er will eine Reise nach Wien machen.

b. Wir haben keine Arbeitslosigkeit mehr.

c. Wir arbeiten an dem Lesestück.

d. Ich will hier auf dich warten.

e. Er kann noch vier Jahre in der Grundschule bleiben.

f. Der Unterricht dauert zwei Stunden.

g. Meine Freunde warten schon auf mich.

h. Besuchen Sie ein Gymnasium?

i. Er unterrichtet Mathematik.

18. **Beispiel:**   *gehört*   **Ich hatte das schon** *gehört*.

a. gehört   e. gewußt

b. gemacht   f. gesagt

c. gelernt   g. verkauft

d. gesehen   h. gelesen

19. **Beispiele:**   *er*   *Er hatte* **die Aufgabe schon gemacht.**
                 wir   *Wir hatten* **die Aufgabe schon gemacht.**

a. er   d. Fräulein Jensen

b. wir   e. alle Studenten

c. ich   f. sie (*they*)

20. **Beispiel:**   **Er** *hat* **das schon gemacht.**   **Er** *hatte* **das schon gemacht.**

a. Er hat das schon gemacht.

b. Ich habe ihn einmal gesehen.

c. Mein Freund hat das nicht gewußt.

d. Wir haben den Mercedes verkauft.

e. Viele Leute haben die Oper gehört.

f. Mein Vater hat viele Arbeiter eingestellt.

Fragen

1. War Herr Brown gestern zu Hause?
2. Saß Herr Dr. Lüdeke allein an einem Tisch?
3. Waren Sie gestern bei der Großmutter?
4. Wer ging mit Herrn Jones tanzen?
5. Wo war der Tanzabend?
6. Wohin fuhren Herr Jones und Herr Segovia?
7. Fuhren sie mit dem Personenzug oder dem D-Zug?
8. Arbeiteten Sie im Sommer bei einer Chemiefirma?
9. Wer stellte den Papierkorb vor die Tür?
10. Haben Sie mit meinem Kugelschreiber geschrieben?
11. Hielt die Straßenbahn vor dem Museum?
12. Wie lange mußten Sie auf die Straßenbahn warten?
13. Spielten Sie eine neue Platte?
14. Hatten Sie das Lesestück schon gelesen, bevor Sie ins Kino gingen?

Dialog:

In der Konditorei

Am Sonntagnachmittag gingen Herr Dr. Lüdeke, Fräulein Moreau und Herr Brown in eine Konditorei. Sie bestellten Eis, ein Stück Torte und Kaffee mit Schlagsahne.

MOREAU   Woher kommen Sie, Herr Dr. Lüdeke?

LÜDEKE   Ich stamme aus Königsberg in Ostpreußen, aber wir wohnten einige Jahre in Stettin, bevor die Russen kamen.

MOREAU   Was machten Sie dann?

LÜDEKE   Unter großen Schwierigkeiten verließ meine Familie Ostdeutschland und floh in den Westen. Ich war damals noch sehr klein.

BROWN   Was machten Sie in der Westzone?

LÜDEKE   Am Anfang mußten wir in einem Flüchtlingslager wohnen.

• • •

LÜDEKE   Damals gab es viele Probleme mit uns Flüchtlingen. Jetzt haben wir neue Sozialprobleme mit den Gastarbeitern.

BROWN   Wie viele Gastarbeiter gibt es in der Bundesrepublik?

LÜDEKE   Über zwei Millionen, und viele brachten ihre Familien mit.

MOREAU   Gehen die Kinder zur Schule?

LÜDEKE   Nur wenige, denn für die meisten sind die Sprachschwierigkeiten zu groß.

In the **Konditorei***

*On Sunday afternoon Dr. Lüdeke, Miss Moreau, and Mr. Brown went to a **Konditorei**.*
They ordered ice cream, a piece of torte, and coffee with whipped cream.

MOREAU   Where do you come from, Dr. Lüdeke?

LÜDEKE   Originally I came from Königsberg in East Prussia, but we lived several years in
Stettin before the Russians came.

MOREAU   What did you do then?

LÜDEKE   With great difficulty my family left East Germany and fled to the West. I was
still very small at that time.

BROWN   What did you do in the West Zone?

LÜDEKE   In the beginning we had to live in a refugee camp.

● ● ●

LÜDEKE   At that time there were many problems with us refugees. Now we have new
social problems with the foreign workers.

BROWN   How many foreign workers are there in the Federal Republic?

LÜDEKE   Over two million, and many brought their families along.

MOREAU   Do the children go to school?

LÜDEKE   Only a few, because for most of them the language difficulties are too great.

---

* A **Konditorei** is a type of café or pastry shop in which cakes, pastries, ice cream, and a variety of con-
fections are both served and sold over the counter.

Fragen über den Dialog

1. Wo liegt Königsberg?
2. Woher stammt Herr Dr. Lüdeke?
3. Wo wohnte die Familie Lüdeke, bevor die Russen kamen?
4. Wohin floh seine Familie?
5. Mit wem gab es damals viele Probleme?
6. Mit wem gibt es jetzt Sozialprobleme in der Bundesrepublik?
7. Wie viele Gastarbeiter gibt es in Westdeutschland?
8. Wen brachten viele Gastarbeiter mit?
9. Gehen ihre Kinder zur Schule?
10. Warum gehen ihre Kinder nicht zur Schule?

Gastarbeiter in Deutschland

Lesestück:

Flüchtlinge und Gastarbeiter

Die zwei Studenten fanden Herrn Dr. Lüdeke sehr freundlich, und er erzählte ihnen folgendes von den Sozialproblemen in Westdeutschland seit dem Zweiten Weltkrieg:

Am Kriegsende teilten die Siegermächte Deutschland in vier Zonen auf. Die Russen besetzten den Osten und die Engländer den Norden. Frankreich bekam im Westen das
5 Gebiet am Rhein, und die Vereinigten Staaten übernahmen die Zone im Süden. Mit Ausnahme der[1] sowjetischen Besatzungszone vereinigten sich später die Zonen politisch und wirtschaftlich unter dem Namen ,,Bundesrepublik Deutschland''. Rußland bildete aus seiner Besatzungszone die ,,Deutsche Demokratische Republik''.

Am Kriegsende mußte die deutsche Bevölkerung in Polen, Rumänien, Jugoslawien,
10 Ungarn, Ostpreußen und der Tschechoslowakei die Heimat verlassen und nach Westdeutschland fliehen. Dazu flohen Tausende aus der Ostzone über die Grenze zur Freiheit im Westen. In den ersten zehn Jahren nach Kriegsende verließen über zwölf Millionen Menschen ihre Heimat; so entstand die größte Völkerwanderung in der westeuropäischen Geschichte.

15 Durch den Marshall-Plan[2] erholte sich die deutsche Wirtschaft nach dem Krieg, und in wenigen Jahren waren die Flüchtlinge nicht mehr heimat- und arbeitslos. In den drei Jahrzehnten nach Kriegsende wuchs die Industrie außerordentlich schnell und brauchte immer mehr Arbeitskräfte. Bald gab es nicht mehr genug Arbeiter für die Fabriken, die Baufirmen, die Hotels, den Bergbau, die Geschäfte und die Bundesbahn.
20 Dann begann eine neue Völkerwanderung. Aus fast allen Ländern am Mittelmeer kamen Arbeiter, um in der Bundesrepublik eine Stellung zu finden. Auf den Straßen von allen großen Städten in Westdeutschland sah man Menschen aus der Türkei, Syrien, dem Libanon, Jordanien, Ägypten, Griechenland, Portugal, Spanien, Italien und Jugoslawien. Man nannte die Fremden ,,Gastarbeiter''. Natürlich brachten sie viele Sozialprobleme mit
25 sich, denn sie brauchten besondere Wohnungen, Schulen, Kirchen, Ärzte und Lehrer. Die Ausländer sprachen kein Deutsch, und viele lernten es nur ganz wenig oder gar nicht.

Viele Gastarbeiter gingen praktisch über Nacht von armen, unterentwickelten Gebieten in eine moderne Industriewelt. Zum ersten Mal in ihrem Leben hatten sie ihre
30 Dörfer, Freunde und Familien verlassen und eine Großstadt gesehen. Für manche waren der Zivilisationsschock und die Adaptationsschwierigkeiten zu groß, und sie brachen psychisch zusammen.

Bei der Arbeit war der Gastarbeiter zuerst oft ungeschickt und ohne Disziplin, aber

---

[1] **der** of the

[2] **der Marshall-Plan** The Marshall Plan was a U.S. program designed to aid the economic recovery of West European nations devastated by World War II. It was developed by George C. Marshall (1880–1959), secretary of state from 1947 to 1949.

er konnte lernen und hatte ein Ziel. Das Ziel war, Geld zu verdienen. Er arbeitete lange
35 Stunden, oft Überstunden, und sparte sein Geld. Erst später kam die Familie nach.

Bald lebten über 600 000 Gastarbeiterfamilien in der Bundesrepublik. In diesen
Familien gab es 1,7 Kinder pro Familie, also über eine Million Kinder. Diese Kinder
hatten so gut wie keine Ausbildungsmöglichkeiten. Weniger als zehn Prozent konnten
eine Schule besuchen, und das meistens nur auf kurze Zeit. Viele Kinder mußten die
40 Hausarbeit machen und auf die kleineren Geschwister aufpassen.

Es gab auch viele Wohnungsprobleme, denn die Fremden suchten immer billige
Wohnungen. Oft wohnten mehrere Leute oder sogar eine ganze Familie in einem kleinen
Zimmer. Unter diesen Verhältnissen entstanden nicht nur hygienische Probleme, sondern
auch Frustration und Mißtrauen. Es ist kein Wunder, daß die Gastarbeiter manchmal
45 mit dem Gesetz in Konflikt kamen. Mit der Zeit bildete eine kleine Minderheit terroris-
tische Gruppen mit politischen Zielen; die Araber, zum Beispiel, kämpften durch
Gewalttaten um die „Befreiung" Palästinas,[3] und die Kroaten versuchten durch terroris-
tische Methoden, Propaganda für die Befreiung Kroatiens[4] von Jugoslawien zu machen.

Manche Deutschen sahen ungern die vielen Ausländer auf ihren Straßen, in ihren
50 Gasthäusern und in ihren Fabriken, und fanden es schwer oder unmöglich, die Fremden
in ihre Gesellschaft aufzunehmen. Andere Deutsche waren bereit, die Gastarbeiter zu
akzeptieren; aber die Sprachschwierigkeiten und der kulturelle Unterschied standen wie
eine hohe Mauer zwischen ihnen.

Nach dem Zweiten Weltkrieg mußten die Regierung, die Kirchen, die Industrie und
55 Privatgruppen versuchen, die Flüchtlinge gesellschaftlich zu integrieren. Zum zweiten
Mal mußten in späteren Jahren jene Institutionen versuchen, die Integration von Millionen Menschen durchzuführen.

Wortschatz

die Adaptationsschwierigkeit, –en *difficulty in adjusting*
der **Anfang**, ⁼e *beginning*; **am Anfang** *in the beginning*
der **Araber**, – *Arab*
die Arbeitskräfte (*plur.*) *labor, labor force*
arbeitslos *unemployed*
arm *poor*

die Ausbildungsmöglichkeit, –en *educational opportunity*
die **Ausnahme**, –n *exception*
die Befreiung *liberation*
bereit *ready*
die Besatzungszone, –n *occupation zone*
besonder- *special, particular*
die Bevölkerung, –en *population*
bevor *before*

[3] **Palästinas** of Palestine

[4] **Kroatiens** of Croatia, a province of Yugoslavia

billig   *cheap, inexpensive*
die **Deutsche Demokratische Republik**
   (**DDR**)   *German Democratic
   Republic* (*East Germany*)
die Disziplin   *discipline*
dreizehnt-   *thirteenth*
das **Eis**   *ice cream*
der Engländer, –   *Englishman*;   die
   Engländerin, –nen   *Englishwoman*
die Fläche, –n   *surface, area*
der **Flüchtling**, –e   *refugee*
das Flüchtlingslager, –   *refugee camp*
   folgendes   *the following*
der **Fremde**, –n   *stranger*
die Frustration, –en   *frustration*
   ganz wenig   *very little*
der **Gastarbeiter**, –   *foreign worker,
   guest worker*
die Gastarbeiterfamilie, –n   *foreign
   worker's family*
das **Gebiet**, –e   *district, territory, area*
die **Gesellschaft**, –en   *society*
das **Gesetz**, –e   *law*
die Gewalttat, –en   *act of violence*
die **Großstadt**, ⁼e   *metropolis*
   größt-   *biggest, greatest*
das Grundgesetz   *Basic Law* (*constitution*) *of the Federal Republic of
   Germany*
die **Hausarbeit**   *housework*
   hygienisch   *hygienic*
   immer mehr   *more and more*
die **Industriewelt**   *industrial world*
   insgesamt   *total, collectively*
die Institution, –en   *institution*
die Integration   *integration*
(das) Jordanien   *Jordan*
   km² = das Quadratkilometer, –
   square kilometer
die Konditorei, –en   *confectioner's shop,
   pastry shop*
der Konflikt, –e   *conflict*
der Kroate, –n   *Croat*
(das) Kroatien   *Croatia*
   kulturell   *cultural*
der Libanon   *Lebanon*
das **Mal**, –e   *time*;   **zum ersten Mal**
   for the first time
die **Mauer**, –n   *wall* (*of masonry*)
der **Mensch**, –en   *man, person, human
   being*

die **Methode**, –n   *method*
die Minderheit, –en   *minority*
das **Mißtrauen**   *distrust*
das Mittelmeer   *Mediterranean Sea*
   modern   *modern*
der **Norden**   *north*
   ohne   *without*
(das) Ostdeutschland   *East Germany*
der **Osten**   *east*
(das) Ostpreußen   *East Prussia*
die Ostzone   *East Zone*
(das) Palästina   *Palestine*
(das) Polen   *Poland*
(das) Portugal   *Portugal*
   praktisch   *practical*
   pro   *per*
die Propaganda   *propaganda*
   psychisch   *psychological, emotional*
der Regierungssitz, –e   *seat of government, capital*
die Reise: **eine Reise machen**   *to take a
   trip*
der **Rhein**   *Rhine River*
(das) Rumänien   *Rumania*
der **Russe**, –n   *native of Russia*
(das) Rußland   *Russia*
die Schlagsahne   *whipped cream*
die **Schwierigkeit**, –en   *difficulty*
die Siegermacht, ⁼e   *victorious power*
   sowjetisch   *Soviet*
das Sozialproblem, –e   *social problem*
die Sprachschwierigkeit, –en   *language
   difficulty*
der Stadtstaat, –en   *city-state*
der **Süden**   *south*
(das) Syrien   *Syria*
das **Tausend**   –e   *thousand*
   terroristisch   *terrorist*
die Torte, –n   *torte* (*type of rich cake*)
die Tschechoslowakei (*always accompanied by def. art.*)   *Czechoslovakia*
die Türkei (*always accompanied by def.
   art.*)   *Turkey*
die Überstunde, –n   *overtime*
   um . . . zu (*with inf.*)   *in order to*
(das) Ungarn   *Hungary*
   ungeschickt   *awkward, unskilled*
   unmöglich   *impossible*
   unterentwickelt   *underdeveloped*
das **Verhältnis**, –se   *condition, circumstance, relationship*

die Völkerwanderung, –en *migration*
der **Weltkrieg**, –e *World War*; der
    Zweite Weltkrieg *World War II*
    westeuropäisch *West European*
die Westzone, –n *West Zone*
die **Wirtschaft**, –en *economy, economic*
    system
die **Wohnung**, –en *residence, apartment*
das Wohnungsproblem, –e *housing*
    problem
das **Wunder**, – *wonder, surprise*
    Zeit: auf kurze Zeit *for a short time*;
    mit der Zeit *in time*
das **Ziel**, –e *goal, objective*
der Zivilisationsschock, –s or –e *culture*
    shock
die Zone, –n *zone*

    akzeptieren *to accept*
    aufnehmen (nimmt auf), nahm auf,
      aufgenommen *to accept, assimilate*
    aufpassen (auf) (*with acc.*) *to take*
    care of, look after
    aufteilen *to divide*
    besetzen *to occupy*
    brauchen *to need*
    bringen, brachte, gebracht *to bring*
    durchführen *to carry out, accomplish*
    dürfen (darf), durfte, gedurft *to be*
    allowed to, be permitted to

sich erholen *to recover*
    †**fliehen, floh** *to flee*
    integrieren *to integrate*
    können (kann), konnte, gekonnt *can,*
    to be able to
    mitbringen, brachte mit, mitgebracht
    to bring along
    müssen (muß), mußte, gemußt *must,*
    to have to
    †**nachkommen, kam nach** *to come*
    after, follow
    nennen, nannte, genannt *to name,*
    call
    sollen (soll), sollte, gesollt *to be*
    obligated to, be supposed to, shall,
    should
    sparen *to save*
    †stammen aus *to come from*
    übernehmen (übernimmt), übernahm,
      übernommen *to assume control of,*
    take over
    verdienen *to earn*
(sich) vereinigen *to unite*
    versuchen *to try, attempt*
    †**wachsen (wächst), wuchs** *to grow*
    wollen (will), wollte, gewollt *to want*
    †**zusammenbrechen (bricht zusammen),**
    brach zusammen *to break down,*
    collapse

Weitere Übungen

1. Read the following sentences in the past tense:

   a. Die Siegermächte teilen Deutschland in vier Zonen auf.

   b. Frankreich bekommt das Gebiet am Rhein.

   c. Viele Menschen verlassen die Heimat.

   d. Die deutsche Bevölkerung muß das Gebiet verlassen.

   e. Die deutsche Wirtschaft erholt sich bald.

   f. Die Fremden suchen billige Wohnungen.

   g. Viele Deutsche wollen die Gastarbeiter akzeptieren.

   h. Weniger als zehn Prozent können eine Schule besuchen.

   i. Manche Leute akzeptieren die Fremden nicht.

Flucht über die Sektorengrenze

    j. Mancher Gastarbeiter bricht psychisch zusammen.

    k. Die Kinder müssen auf die kleineren Geschwister aufpassen.

    l. Die Gastarbeiter gehen über Nacht in eine moderne Industriewelt.

    m. Ich will im Sommer ans Mittelmeer fahren.

    n. Mein Freund unterrichtet Mathematik.

    o. Woher wissen Sie das?

2. Read the following sentences in the present perfect and past perfect tenses:

    a. Ich sehe ihn sehr oft.

    b. Zum ersten Mal in ihrem Leben verlassen die Fremden ihre Dörfer.

    c. Die Wirtschaft erholt sich bald.

    d. In der Heimat haben die Gastarbeiter keine Ausbildungsmöglichkeiten.

    e. Ich weiß schon von den Problemen am Kriegsende.

    f. Manche Leute nehmen die Ausländer in ihre Gesellschaft nicht auf.

3. Restate the following dialogue in German:

    a. Where did you (*fam. sing.*) come from?

    b. Originally I came from Düsseldorf.

    a. Did you go to school there?

    b. Yes, I attended the Gymnasium there for nine years.

    a. When did you leave Düsseldorf?

    b. Three years ago.

    a. Did you find a position?

    b. Yes, I worked in a bank.

4. Restate the following dialogue in German, using the past tense:

    a. Why did so many foreign workers come to Germany?

    b. Germany needed workers, and they could find work there.

    a. Did they go to other countries too?

    b. Yes, many went to Austria. There were also many in Switzerland.

    a. Did they work in factories?

    b. Yes, and also in hotels and for the Federal Railway.

5. Answer the following questions with complete sentences:

    a. Wer teilte Deutschland am Kriegsende in vier Teile auf?

    b. Wer besetzte den Norden?

    c. Wie viele Menschen mußten nach dem Krieg die Heimat verlassen?

    d. Woher kamen die Gastarbeiter?

    e. Was brauchten die Gastarbeiter?

    f. Wen verließen die Gastarbeiter in ihren Dörfern?

    g. Welches Ziel hatten sie?

    h. Wie viele Gastarbeiterfamilien kamen nach?

    i. Hatten die Kinder Ausbildungsmöglichkeiten?

    j. Wer mußte die Hausarbeit machen?

    k. Welche Ziele hatten die terroristischen Gruppen unter den Gastarbeitern?

    l. Welche Institutionen versuchten, die Fremden gesellschaftlich zu integrieren?

Schriftliches

1. Write the following sentences in the past tense:

    a. Vor drei Tagen hat er die Stadt verlassen.

    b. Damals hat es viel Arbeitslosigkeit gegeben.

    c. Am Kriegsende haben die Siegermächte das Land in vier Zonen aufgeteilt.

    d. Ich habe ihn in München gekannt.

    e. Die Gastarbeiter haben viele Sozialprobleme mit sich gebracht.

    f. Sie haben besondere Wohnungen gebraucht.

   g. Der Gastarbeiter hat oft Überstunden gearbeitet.

   h. Die Kinder haben praktisch keine Ausbildungsmöglichkeiten gehabt.

   i. Viele Gastarbeiter haben kein Deutsch gekonnt.

   j. Die terroristischen Gruppen haben durch Gewalttaten gekämpft.

   k. Viele Kinder haben auf ihre kleineren Geschwister aufgepaßt.

   l. Die Wirtschaft hat sich nach dem Krieg schnell erholt.

2. Write the following sentences in German, using the past tense:

   a. Many refugees fled from the east before the Russians came.

   b. Over twelve million people had to leave their native region.

   c. Sometimes the foreigners came into conflict with the law.

   d. The foreign workers went from underdeveloped areas into an industrial world.

   e. The foreigners spoke no German, and many did not learn it either.

   f. The culture shock was often too great, and many broke down psychologically.

   g. The strangers often brought their families along.

   h. The foreign workers worked long hours in the businesses and the factories.

   i. Many came originally from countries on the Mediterranean.

   j. Were you (*fam. plur.*) permitted to leave the East Zone?

Verschiedenes

Die Bundesrepublik Deutschland und ihre Länder

Land	*Regierungssitz*	*Bevölkerung* (*in 1000*) (*im Jahre* 1972)	*Fläche* (km²)
Baden-Württemberg	Stuttgart	9 100	35 750
Bayern	München	10 800	70 550
Bremen (Stadtstaat)	Bremen	700	404
Hamburg (Stadtstaat)	Hamburg	1 812	747
Hessen	Wiesbaden	5 500	21 108
Niedersachsen	Hannover	7 200	47 386
Nordrhein-Westfalen	Düsseldorf	17 207	33 977
Rheinland-Pfalz	Mainz	3 684	19 831
Saarland	Saarbrücken	1 127	2 567
Schleswig-Holstein	Kiel	2 567	15 658
West-Berlin* (Stadtstaat)	Berlin-Schöneberg	2 130	481
	Insgesamt	61 827	248 459

---

* According to the **Grundgesetz** (Constitution) of the German Federal Republic, West Berlin is one of the federal states. However, its status is somewhat different from that of the other states. The three powers occupying West Berlin maintain certain nominal controls and jurisdiction, and its representatives in parliament are not empowered to vote.

Grammatik

A. The Past Tense of Weak Verbs

Weak verbs form the past tense by adding personal endings to the stem of the infinitive.

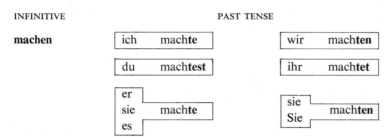

INFINITIVE	PAST TENSE	
machen	ich machte	wir mach**ten**
	du mach**test**	ihr mach**tet**
	er / sie / es mach**te**	sie / Sie mach**ten**

The personal endings are preceded by **-e-** if the infinitive stem of the weak verb ends in **-d** or **-t**.

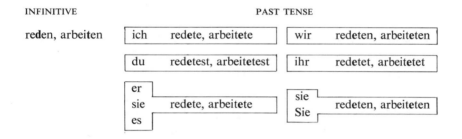

INFINITIVE	PAST TENSE	
reden, arbeiten	ich redete, arbeitete	wir redeten, arbeiteten
	du redetest, arbeitetest	ihr redetet, arbeitetet
	er / sie / es redete, arbeitete	sie / Sie redeten, arbeiteten

B. The Past Tense of the Modal Auxiliary Verbs and **Wissen**

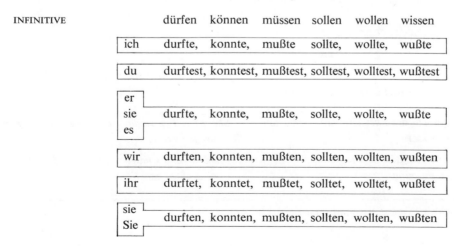

INFINITIVE	dürfen	können	müssen	sollen	wollen	wissen
ich	durfte,	konnte,	mußte	sollte,	wollte,	wußte
du	durftest,	konntest,	mußtest,	solltest,	wolltest,	wußtest
er / sie / es	durfte,	konnte,	mußte,	sollte,	wollte,	wußte
wir	durften,	konnten,	mußten,	sollten,	wollten,	wußten
ihr	durftet,	konntet,	mußtet,	solltet,	wolltet,	wußtet
sie / Sie	durften,	konnten,	mußten,	sollten,	wollten,	wußten

C. Irregular Weak Verbs

A small group of verbs take the same endings as the weak verbs but change the stem vowel of the infinitive from **-e-** or **-i-** to **-a-** in the past tense and the past participle.

INFINITIVE	PAST TENSE	PAST PARTICIPLE	
*brennen	brannte	gebrannt	*to burn*
bringen	brachte	gebracht	*to bring*
denken	dachte	gedacht	*to think*
kennen	kannte	gekannt	*to be acquainted with*
nennen	nannte	genannt	*to name*
*rennen	rannte	gerannt	*to run*
*senden	sandte	gesandt	*to send*
*wenden	wandte	gewandt	*to turn*

D. The Past Perfect Tense

The past perfect, or pluperfect, tense is formed with the past tense of **haben** as the helping verb and the past participle of the main verb.

ich	hatte	gesehen, gehört

du	hattest	gesehen, gehört

er		
sie	hatte	gesehen, gehört
es		

wir	hatten	gesehen, gehört

ihr	hattet	gesehen, gehört

sie		
Sie	hatten	gesehen, gehört

The past perfect tense is used in German, as in English, to report an action that took place prior to some other past action.

Sie kam gestern um zwei Uhr an; wir **hatten** schon **gegessen.**

*She arrived yesterday at two o'clock; we **had** already **eaten.***

Ich **hatte** die Aufgabe schon **gelernt**, bevor ich ins Kino ging.

*I **had** already **studied** the lesson before I went to the movie.*

---

* Verbs with an asterisk have not yet appeared in the text.

14

VIERZEHNTE LEKTION

Grammatisches Ziel:
Der Genitiv

Einführende Beispiele

Anschauungsmaterial:
ein Bild eines Volkswagens
ein Bild einer Kirche

1. Mein Freund besuchte mich gestern.
   Sein Wagen ist neu.
   Der Wagen des Freundes ist ein Volkswagen.
   Ist der Wagen des Freundes ein Volkswagen?
   Ja, der Wagen des Freundes ist ein Volkswagen.

2. Hier ist ein Bild eines Volkswagens.
   Ist es das Bild eines Opels oder eines Volkswagens?
   Es ist das Bild eines Volkswagens.

3. Fräulein _____, geben Sie mir Ihren Kugelschreiber!
   Das ist der Kugelschreiber der Studentin da.
   Was ist das?
   Das ist der Kugelschreiber der Studentin da.

4. Das ist der Wagen eines Freundes.
   Ist das der Wagen einer Freundin oder eines Freundes?
   Das ist der Wagen eines Freundes.

5. Das ist die Tür des Klassenzimmers.
   Das ist die Tür dieses Klassenzimmers.
   Was ist das?
   Das ist die Tür dieses Klassenzimmers.
   Ist das die Tür unseres Klassenzimmers?
   Ja, das ist die Tür unseres Klassenzimmers.

6. Das Haus der Eltern steht in der Blumenstraße.
   Wo steht das Haus der Eltern?
   Das Haus der Eltern steht in der Blumenstraße.
   Wessen (*whose*) Haus steht in der Blumenstraße?
   Das Haus der Eltern steht in der Blumenstraße.

7. Der Wagen meiner Tante steht vor dem Haus.
   Wessen Wagen steht vor dem Haus?
     Der Wagen Ihrer Tante steht vor dem Haus.

8. Das ist das Buch der Studentin da.
   Wessen Buch ist das?
     Das ist das Buch der Studentin da.
   Ist das das Buch einer Studentin oder eines Studenten?
     Das ist das Buch einer Studentin.

9. Haben Sie den neuen Wagen des Arztes gesehen?
     Ja, ich habe den neuen Wagen des Arztes gesehen.

10. Ist das ein Bild einer Kirche oder eines Geschäfts?
     Das ist ein Bild einer Kirche.

11. Ist das das Bild eines Volkswagens oder eines Opels?
     Das ist das Bild eines Volkswagens.

Übungen

1. Beispiel: *Lehrers*   **Dort steht der Wagen des *Lehrers*.**

  a. Lehrers
  b. Professors

  c. Wirts
  d. Arztes

2. Beispiel: *Schwester*   **Ich habe den Brief der *Schwester* gelesen.**

  a. Schwester
  b. Freundin

  c. Großmutter
  d. Studentin

3. Beispiel: *der*   **Haben Sie das Buch *der* Lehrerin gelesen?**

  a. der
  b. unserer

  c. seiner
  d. Ihrer

4. Beispiel: *meines*   **Hier ist die Adresse *meines* Geschäfts.**

  a. meines
  b. seines

  c. des
  d. dieses

5. **Beispiel:** *der*   **Wir fahren heute mit dem Wagen *der* Eltern.**

   a. der
   b. unserer

   c. seiner
   d. meiner

6. **Beispiel:** *des Hauses*   **Die Tür *des Hauses* ist offen.**

   a. des Hauses
   b. seines Hauses
   c. meines Hauses
   d. der Kirche

   e. der Schule
   f. meiner Schule
   g. unserer Schule
   h. meines Zimmers

7. **Beispiel:** *das Haus*   **Die Tür *des Hauses* ist geschlossen.**

   a. das Haus
   b. das Zimmer
   c. das Geschäft

   d. mein Geschäft
   e. unser Geschäft
   f. dieses Geschäft

8. **Beispiel:** *der Arzt*   **Haben Sie die Adresse *des Arztes* gefunden?**

   a. der Arzt
   b. der Ingenieur
   c. der Lehrer

   d. mein Lehrer
   e. Ihr Lehrer
   f. unser Lehrer

9. **Beispiel:** *die Frau*   **Dort steht das Gepäck *der Frau*.**

   a. die Frau
   b. die Dame
   c. diese Dame

   d. diese Studentin
   e. die Freundin
   f. meine Freundin

10. **Beispiele:** *der Lehrer*   **Ich habe den neuen Wagen *des Lehrers* gesehen.**
    die Familie Neumann   **Ich habe den neuen Wagen *der Familie Neumann* gesehen.**

    a. der Lehrer
    b. die Familie Neumann
    c. der Ingenieur
    d. die Eltern

    e. die Tante
    f. mein Arzt
    g. die Wirtin
    h. das Geschäft

11. **Beispiel:** *my father's car*   **Ich habe *den Wagen meines Vaters* gefahren.**

    a. *my father's car*
    b. *my brother's car*

    c. *my uncle's car*
    d. *my friend's car*

12. **Beispiel:** *the teacher's house*   **Ich habe *das Haus des Lehrers* gefunden.**

    a. *the teacher's house*
    b. *my teacher's house*

    c. *our teacher's house*
    d. *her teacher's house*

13. Beispiel: *the coed's friend*   **Ich habe mit *dem Freund der Studentin* gesprochen.**

    a. *the coed's friend*

    b. *this coed's friend*

    c. *his daughter's friend*

    d. *our aunt's friend*

14. Beispiel: *I lost the address of the hotel.*   **Ich habe die Adresse *des Hotels* verloren.**

    a. *I lost the address of the hotel.*

    b. *I lost the address of my hotel.*

    c. *I lost the address of his hotel.*

    d. *I lost the address of his firm.*

    e. *I lost the address of their firm.*

    f. *I lost the address of their school.*

    g. *I lost the address of your school.*

    h. *I lost the address of your parents.*

15. Beispiel: **Wessen Gepäck ist das?** (*meines Vaters*)   **Das ist das Gepäck *meines Vaters*.**

    a. Wessen Gepäck ist das? (meines Vaters)

    b. Wessen Wagen ist das? (einer Lehrerin)

    c. Wessen Geschäft ist das? (seiner Eltern)

    d. Wessen Firma ist das? (unseres Freundes)

    e. Wessen Kinder sind das? (unserer Nachbarn)

    f. Wessen Kind ist das? (meiner Nachbarn)

16. Beispiel: **Wessen Firma ist das?** (*mein Vater*)   **Das ist die Firma *meines Vaters*.**

    a. Wessen Firma ist das? (mein Vater)

    b. Wessen Geschäft ist das? (unser Freund)

    c. Wessen Wagen ist das? (seine Eltern)

    d. Wessen Haus ist das? (der Lehrer)

    e. Wessen Gepäck ist das? (das Mädchen)

    f. Wessen Volkswagen ist das? (meine Nachbarn)

Fragen

1. Wessen Firma ist das?
2. Wessen Adresse ist das?
3. Wo ist die Haltestelle der Straßenbahn?
4. Ist das der Wagen Ihrer Eltern?
5. Wo steht das Haus seiner Wirtin?
6. Wo finde ich das Haus seiner Eltern?
7. Arbeiten Sie im Geschäft Ihres Bruders?
8. Mit wessen Kugelschreiber schreiben Sie?

Lesestück:

Deutsch – eine Fremdsprache?

Einige Studenten des Instituts saßen während einer Zigarettenpause bei Kaffee und Coca-Cola mit Herrn Professor Schönfeld zusammen. Sie besprachen die vielen Einflüsse des Auslands auf die Deutschen.

„Ich habe schon den Einfluß Amerikas auf die Deutschen bemerkt", sagte Herr
5 Jones. „Haben andere Länder auch so einen starken Einfluß auf Deutschland ausgeübt?"

„Deutschland steht doch schon lange unter dem Einfluß fremder[1] Ideen", antwortete Fräulein Moreau. Sie hatte europäische Geschichte gut gelernt.

„Sie haben recht", begann der Professor. „Der Einfluß des Auslands fing schon mit den Germanen[2] an, denn sie hatten in alten Zeiten viel Kontakt mit den Römern.
10 Im Mittelalter kreuzten die großen Handelsstraßen das Land und brachten nicht nur Waren, sondern auch neue Geistesströmungen mit sich. Die Kreuzzüge und später die Renaissance öffneten dem Volk die Kultur Italiens und des Ostens."

„Friedrich der Große[3] war ein Verehrer der Franzosen, nicht wahr?" fragte Fräulein Jensen.
15 „Ja, im siebzehnten und achtzehnten Jahrhundert stand Deutschland politisch und kulturell fast völlig im Schatten Frankreichs. Während des Dreißigjährigen Krieges (1618–1648) wurden viele französische Wörter in die deutsche Sprache aufgenommen.[4] Friedrich, der größte König Preußens, sprach Französisch etwas besser als seine Muttersprache. Unter ihm erreichte der Einfluß Frankreichs den Höhepunkt. Wie andere
20 Deutsche verehrte er die Weltanschauung und den Rationalismus[5] der Franzosen, schrieb ein Buch auf französisch über deutsche Literatur und ließ sich in Potsdam ein Schloß im französischen Stil bauen.[6] Er nannte das Schloß ‚Sans Souci', d.h. ‚Ohne Sorge'."

„Gibt es viele Fremdwörter in der deutschen Sprache?" wollte einer der Studenten[7] wissen.
25 „Viele", fuhr der Professor fort, „die Priester, Mönche und Studenten des Mittelalters übernahmen viele Wörter aus dem Latein, und während des Zeitalters des großen Königs von Preußen erhielt unsere Sprache zahlreiche Ausdrücke aus dem Französischen. Von Zeit zu Zeit versuchte man, die Fremdwörter zu entfernen, trotzdem gibt es aber heute noch viele in unserer Sprache.
30 Manche Fremdwörter sind natürlich fast unentbehrlich wie z.B. die Fachausdrücke in

---

[1] **fremder** of foreign
[2] **die Germanen** Germanic tribes, ancestors of the Germans, Scandinavians, Dutch, and English
[3] **Friedrich der Große** Frederick the Great, king of Prussia from 1740 to 1786
[4] **wurden . . . aufgenommen** were assimilated

[5] **der Rationalismus** Rationalism, eighteenth-century movement in philosophy and literature that placed great emphasis on man's ability to reason, to think logically
[6] **ließ sich . . . ein Schloß . . . bauen** had a castle built
[7] **einer . . . Studenten** one of the students

einem wissenschaftlichen Buch. Weiterhin sind viele Fremdwörter wie *Alkohol, Klima,*
Studium, Religion und *Maschine* schon lange ein fester Teil des deutschen Wortschatzes.
    In den Jahren nach dem Zweiten Weltkrieg brachten die Soldaten der Siegermächte
und später die vielen Touristen, Studenten und Geschäftsleute aus Amerika viele englische
35 Ausdrücke ins Land. Bald wurde es bei uns Mode, im Geschäft, im Handel und im Journalismus die neusten Wörter, oft Slang- oder Fachausdrücke, der englischen Sprache zu
verwenden. Auf beinahe jeder Seite der meisten Illustrierten und der Nachrichten-
Magazine erblickt man den neusten Slang aus Amerika. Manche Ausdrücke verschwinden
bald wieder, andere aber setzen sich fest, genau wie die lateinischen und französischen
40 Wörter in früheren Zeiten.
    In den sechziger und siebziger Jahren strömten die kulturellen Tendenzen der
Jugend aus Amerika und England nach Deutschland. Aus der jugendlichen Nebenkultur
der Hippie-Welt kamen Ausdrücke wie *Underground, Drop-out, Release, Joint, Fixer,*
bashed, fixe, bombed, Acid, ausflippen, Trip, to be cool, Tea-head, to kick a habit u.a.m."
45 „Ich habe letztes Wochenende einen Studenten an der Universität Marburg besucht",
bemerkte Herr Brown. „Dort hörte ich die Studenten fast immer Englisch sprechen. Es
scheint Mode zu sein, an der Universität Englisch zu sprechen."
    „Ja", sagte Herr Professor Schönfeld, „die meisten Studenten sprechen fließend
Englisch, und wenn sie Deutsch sprechen, verwenden sie viele englische Ausdrücke.
50 Eben fällt mir etwas ein: für die Aufgabe am Freitag bringen Sie eine Liste von englischen
Wörtern, welche Sie im Deutschen gelesen oder gehört haben!"

Bad Godesberg

Wortschatz

Beginning with this lesson, the **Wortschatz** will list the genitive singular ending of masculine and neuter nouns (feminine nouns do not add such an ending). The genitive ending will precede the plural ending, when one is given.

die **Adresse,** –n *address*
der Alkohol, –s, –e *alcohol*
   anstatt *instead of*
das **Bild,** –(e)s, –er *picture*
das Coca-Cola, –(s) *Coca-Cola*
   d.h. = **das heißt** *that is, i.e.*
der Dreißigjährige Krieg, des Dreißigjährigen Krieg(e)s *Thirty Years'*
   War
   europäisch (*adj.*) *European*

der Fachausdruck, –(e)s, ¨e *technical*
   expression
   fest *firm, fixed*
   fremd *foreign, strange*
das **Fremdwort**, –(e)s, ¨er *foreign word*
die Geistesströmung, –en *intellectual*
   current
der Germane, –n, –n *Teuton, member of*
   an ancient Germanic tribe
die Handelsstraße, –n *trade route*

die Hippie-Welt *world of the hippies*
der **Höhepunkt**, –(e)s, –e *high point, peak*
die **Idee**, –n *idea*
die Illustrierte, –n *illustrated magazine*
der Journalismus, – *journalism*
    jugendlich (*adj.*) *youth*
das **Klima**, –s, –s *climate*
der Kreuzzug, –(e)s, ⁼e *crusade*
das Latein, –s *Latin*
    lateinisch (*adj.*) *Latin*
die Liste, –n *list*
die **Maschine**, –n *machine*
die **Mode**, –n *fashion, style*; **Mode**
    sein, werden *to be, become the*
    fashion
der Mönch, –(e)s, –e *monk*
die **Muttersprache**, –n *mother tongue,*
    native language
das Nachrichten-Magazin, –s, –e *news*
    magazine
die Nebenkultur, –en *subculture*
der Opel, –s, – *German automobile*
(das) Preußen, –s *Prussia*
der Priester, –s, – *priest*
die Religion, –en *religion*
die Renaissance *Renaissance*
der Römer, –s, – *Roman*
der Schatten, –s, – *shadow*
    sechziger: in den sechziger und
    siebziger Jahren *in the sixties and*
    seventies
    siebzehnt- *seventeenth*
der Slang, –s, –s *slang*
der Slangausdruck, –(e)s, ⁼e *slang*
    expression
    so *such*
    statt *instead of*
das **Studium**, –s, (*plur.*) Studien *course,*
    studies

der **Teil**, –(e)s, –e *part*
die Tendenz, –en *trend*
    trotz *in spite of*
    trotzdem *nevertheless, in spite of that*
    unentbehrlich *indispensable*
der Verehrer, –s, – *admirer*
    vierzehnt- *fourteenth*
    während *during*
die **Ware**, –n *ware, product*
    wegen *because of*
    weiterhin *furthermore*
die Weltanschauung, –en *philosophy of*
    life
    wessen (*gen.*) *whose*
    wissenschaftlich *scientific*
    zahlreich *numerous*
das **Zeitalter**, –s, – *era*
die Zigarettenpause, –n *cigarette break*

    ausflippen (*slang*) *to flip out*
    ausüben *to exert*
    †einfallen (fällt ein), fiel ein (*with dat.*
    obj.) *to occur (in thought)*
    entfernen *to remove*
    erblicken *to see, catch sight of*
    erhalten (erhält), erhielt, erhalten *to*
    receive, obtain
    erreichen *to attain, reach*
sich festsetzen *to become permanent*
    †**fortfahren (fährt fort), fuhr fort** *to*
    continue
    kreuzen *to cross*
    strömen *to stream*
    verehren *to admire*
    †**verschwinden, verschwand** *to disappear*
    verwenden *to use*
    zusammensitzen, saß zusammen,
    zusammengesessen *to sit together*

Weitere Übungen

1. Complete the following sentences with the genitive of the expressions in parentheses.

   a. Das ist der Einfluß _____.   (das Ausland, die Franzosen)
   b. Während _____ saßen die Studenten mit Herrn Professor Schönfeld zusammen. (eine Zigarettenpause, der Nachmittag)
   c. Damals erreichte der Einfluß _____ den Höhepunkt.   (Frankreich, Amerika)
   d. Die Handelsstraßen _____ kreuzten das Land.   (das Mittelalter, die Römer)
   e. Ich kenne das Haus _____.   (seine Eltern, unser Nachbar)
   f. Sie arbeitet im Geschäft _____.   (mein Vater, ihre Tante)
   g. So war damals die Weltanschauung _____.   (die Jugend, die Jugendlichen)
   h. Vergessen Sie das Geschwätz _____.   (die Frauen, solche Leute)
   i. Wir sprachen über die Einflüsse _____.   (die Siegermächte, der Handel)
   j. Das gilt für die Jugend _____.   (meine Zeit, dieses Zeitalter)
   k. Während _____ müssen wir schwer arbeiten.   (die Woche, der Abend)
   l. Trotz _____ kommen jedes Jahr viele Gastarbeiter nach Deutschland. (der Zivilisationsschock, die Adaptationsschwierigkeiten)
   m. Das Benehmen _____ war nicht freundlich.   (seine Kinder, diese Menschen)
   n. Die kulturellen Tendenzen _____ waren anders als heute.   (jene Zeit, jenes Zeitalter)
   o. Fuhren Sie mit dem Wagen _____?   (Ihr Onkel, Ihre Firma)

2. Answer the following questions with complete sentences, using the expressions in parentheses:

   a. Wessen Haus ist das?   (seine Eltern)
   b. Wessen Adresse ist das?   (meine Firma)
   c. Mit wessen Wagen fuhren Sie gestern?   (unser Freund)
   d. Mit wessen Kindern haben Sie eben gesprochen?   (die Nachbarn)
   e. Welcher Einfluß ist das?   (das Ausland)
   f. In wessen Geschäft arbeiten Sie?   (ein Freund)

3. Read the following sentences substituting the translation of the expressions in parentheses for the expressions in boldface:

   a. Ich habe **den Wagen meines Vaters** gefahren.   (*my brother's car, my uncle's car, my sister's car, his sister's car, his friends' car*)
   b. Ich habe **das Haus des Lehrers** gefunden.   (*our teacher's house, her teacher's house, your parents' house, your friends' house, my doctor's house*)

4. Tell in German where you might be if you heard the following expressions:

   a. Da kommt schon Linie sieben.
   b. Schnellzug München-Frankfurt fährt in zehn Minuten ab.
   c. Die Schüler haben Schwierigkeiten mit den englischen Verben.

d. Unsere Gäste trinken viel Wasser aus der Heilquelle.

e. Guten Abend, Herr Dr. Lüdeke! Ist dieser Platz frei?

f. Guten Morgen, Herr Schmidt! Gehen Sie auch in die Stadt?

g. Entschuldigen Sie bitte. Können Sie mir sagen, wo das Deutsche Museum ist?

5. Answer the following questions with complete sentences:

a. Was tranken die Studenten während einer Zigarettenpause?

b. Steht Deutschland schon lange unter dem Einfluß fremder Ideen?

c. Mit wem hatten die Germanen Kontakt?

d. Aus welcher Sprache stammten viele Wörter im Mittelalter?

e. Welche Fremdsprache hat heute großen Einfluß auf die deutsche Sprache?

f. Was besprachen die Studenten bei Kaffee und Coca-Cola?

g. Mit wem fing der Einfluß des Auslands an?

h. Wer war ein Verehrer der Franzosen?

i. Wer war Friedrich der Große?

j. Was sieht man auf beinahe jeder Seite der Nachrichten-Magazine?

Schriftliches

1. Using the genitive case, write phrases based on the following sentences:

Beispiel: *Die Jugendlichen reisten   die Reise der Jugendlichen*
           ins Ausland. (die Reise)   ins Ausland

a. Der Wirt ist freundlich.   (die Freundlichkeit)

b. Man integriert die Gastarbeiter.   (die Integration)

c. Wir üben die Verben.   (die Übung)

d. Die Touristen fahren heute ab.   (die Abfahrt)

e. Er drückte seine Gefühle aus.   (der Ausdruck)

f. In solchen Schulen bildet man unsere Jugend aus.   (die Ausbildung)

g. Mein Freund ist sehr neugierig.   (die Neugierde)

h. Wir haben diese Tendenz angefangen.   (der Anfang)

i. Die Studenten unterhielten sich mit einem Lehrer.   (die Unterhaltung)

j. Die Jugendlichen waren arbeitslos.   (die Arbeitslosigkeit)

k. Unser Lehrer hat mich schon gefragt.   (die Frage)

l. Das Mädchen dachte an ihren Freund.   (der Gedanke)

2. Write the following sentences in German:

a. The influence of (the) foreigners began very early.

b. During a cigarette break we discussed the influence of America on the Germans.

*Friedrich der Große,
König von Preußen*

c. The king of Prussia was an admirer of the French.
d. In spite of their frustrations and housing problems, the foreign workers remained in the cities of Germany.
e. The children of the foreign workers had no educational opportunities.
f. I lost the address of my hotel.
g. The technical expressions of (the) business people and of (the) commerce are now a part of our language.
h. Instead of technical expressions, we now get expressions from the subculture of (the) youth and of the hippie world from foreign countries.

Verschiedenes

Deutscher (?) Wortschatz

die Air-Couch
    apricot (Farbe)[1]
das Autoshampoo
das Badminton-Sport-Set
die Bar
der Bikini
die Blazer-Jacke
der Boyscout
der Caravan (Wohnwagen)[2]
die City-Mode
der City-Speeder (Schuhe)[3]
die Cocktail-Garnitur[4]
das Color-Gerät (Fernsehgerät)[5]
das Comeback
der Cord (Stoff)[6]
die Digital-Automatic (Uhr)
der elastische Cord-Stretch-Bezug[7] (für
    Stühle)
    exclusiv fashion
die Feincord-Shorts
das Go-Kart
die „Golden Style" Serie
der Heimtrainer (Fahrrad zum Abnehmen)[8]
ein heißer Tip
das HiFi-Stereo-Modell
das „High-Riser" Allroundrad[9]
die Ideal Topstar „Electronic"
    (Nähmaschine)[10]
der Jeans-Stil, der Jeansanzug[11]
der Jersey-Rock[12]
die Kabelbox
das Kaffeeservice
das Krocket-Familien-Set
die Lacksynthetic[13]
der Luxus-Party-Grill

der Military-Look
die Mini-Boy-Automatik (Regenschirm)[14]
der Mixer
die Moleskin-Qualität
der Original-Philips-Video-Recorder
der Overall
das Party-Kleid[15]
die Party-Stimmung[16]
das Portable (Fernsehgerät)
der Preis-Hit
der Pullover, Pulli
der Rockfan
    sanitized (Socken)[17]
der Scotch Whiskey „The Tory's"
der Sling-pumps
der Slipper, Mokassinslipper
die Star-Qualität
die „Steakboy" Fleischwalze[18]
der Straight Bourbon
der Supergrill
der Super-Mini-Boy (Regenschirm)
der Super-Sound (Stereo-Plattenspieler)[19]
    Swiss made (Uhren)
der Teddybär
    tip-sheared (Teppich)[20]
der Top-Cassetten-Recorder
    topfit, top-modisch,[21] topschick[22]
    Trimm dich durch Sport
der Video-Adapter
    vollsynthetic[23]
    Wash and Wear
das Weekend
das Wintercamping
der Zuchtperlen-Choker[24]

---

[1] **die Farbe** color   [2] **der Wohnwagen** trailer, mobile home   [3] **der Schuh** shoe   [4] **die Garnitur** set, accessories   [5] **das Fernsehgerät** television set   [6] **der Stoff** fabric   [7] **der Bezug** cover, slipcover for furniture   [8] **das Fahrrad zum Abnehmen** bicycle for reducing   [9] **das Rad** wheel; bicycle   [10] **die Nähmaschine** sewing machine   [11] **der Anzug** suit   [12] **der Rock** skirt   [13] **der Lack** lacquer   [14] **der Regenschirm** umbrella   [15] **das Kleid** dress   [16] **die Stimmung** mood, atmosphere   [17] **die Socke** sock   [18] **die Fleischwalze** roller for tenderizing meat   [19] **der Plattenspieler** record player   [20] **der Teppich** carpet   [21] **modisch** stylish   [22] **schick** chic   [23] **voll** fully, entirely   [24] **die Zuchtperle** cultured pearl

Grammatik

A. The Genitive Case

The genitive case shows possession or relationship. The genitive forms of the definite article, the indefinite article, and **ein**-words are as follows:

	Singular		*Plural*
MASCULINE	FEMININE	NEUTER	ALL GENDERS
des	der	des	der
eines	einer	eines	—
meines	meiner	meines	meiner

Most monosyllabic masculine and neuter nouns take the ending **-es** in the genitive singular; however, as indicated in the **Wortschatz** of this and subsequent lessons, the **-e-** is often optional. Most polysyllabic masculine and neuter nouns form the genitive singular with the ending **-s**.

MONOSYLLABIC	POLYSYLLABIC
des Mann**es** (*or* Manns)	des Mädchen**s**
des Haus**es**	meines Vater**s**
eines Freund**es** (*or* Freunds)	unseres Professor**s**

All masculine and neuter nouns ending in **-s**, **-ß**, or **-z** take the ending **-es** in the genitive singular.

des Glas**es**
des Einflus**ses**
des Gegensatz**es**

Feminine nouns in the singular and plural nouns of all genders take no genitive endings.

FEMININE SINGULAR	PLURAL
das Haus **meiner Tante**	das Problem **der Gastarbeiter**
die Adresse **der Familie**	der Einfluß **der Fremdsprachen**

The genitive is replaced by **von** if a noun is not preceded by an article, **ein**-word, or other adjective.

Die Probleme **von Leuten** ohne Ausbildungsmöglichkeiten sind schwer zu lösen.
Das ist der Einfluß **von Touristen** aus Amerika.

B. The Genitive Case of Personal and Geographical Names

Personal names form the genitive with the ending **-s**, but without an apostrophe. If the personal name ends in **-s**, **-ß**, **-x** or **-z**, usually only an apostrophe is added for the genitive.

WITH -s	WITH APOSTROPHE
Frau Schmidts Haus	Hans' Eltern
Karls Freund	Fritz' Vater

Geographical names usually form the genitive with **-s**.

der Einfluß Amerikas
Bremens Polizisten

The genitive of geographical names is sometimes replaced by the preposition **von**.

der König Preußens	=	der König von Preußen
die Hauptstadt Bayerns	=	die Hauptstadt von Bayern

C. Prepositions with the Genitive Case

Several prepositions take objects in the genitive case. Among them are the following:

anstatt	*instead of*	während	*during*
statt	*instead of*	wegen	*on account of*
trotz	*in spite of*		

Während des Tages haben wir Unterricht.
Wegen der Arbeit mußten wir zu Hause bleiben.

D. The Genitive Case with Indefinite Expressions of Time

The genitive case may be used with indefinite expressions of time.

Eines Abends gingen die Studenten ins Gasthaus.	*One evening the students went to the inn.*
Wir wollen **eines Tages** nach Köln fahren.	*Someday we want to go to Cologne.*

E. Typical Noun Declensions

The following are typical declensions of German nouns with the definite article:

Singular

	MASCULINE	FEMININE	NEUTER
NOMINATIVE	der Wagen	die Frau	das Kind
GENITIVE	des Wagens	der Frau	des Kindes
DATIVE	dem Wagen	der Frau	dem Kind(e)
ACCUSATIVE	den Wagen	die Frau	das Kind

Plural

NOMINATIVE	die Wagen	die Frauen	die Kinder
GENITIVE	der Wagen	der Frauen	der Kinder
DATIVE	den Wagen	den Frauen	den Kindern
ACCUSATIVE	die Wagen	die Frauen	die Kinder

The following are typical declensions of German nouns with **ein**-words:

Singular

	MASCULINE	FEMININE	NEUTER
NOMINATIVE	unser Freund	keine Sorge	sein Haus
GENITIVE	unseres Freund(e)s	keiner Sorge	seines Hauses
DATIVE	unserem Freund(e)	keiner Sorge	seinem Haus(e)
ACCUSATIVE	unseren Freund	keine Sorge	sein Haus

Plural

NOMINATIVE	unsere Freunde	keine Sorgen	seine Häuser
GENITIVE	unserer Freunde	keiner Sorgen	seiner Häuser
DATIVE	unseren Freunden	keinen Sorgen	seinen Häusern
ACCUSATIVE	unsere Freunde	keine Sorgen	seine Häuser

15
FÜNFZEHNTE LEKTION

Grammatisches Ziel:

Pronomen als Attribute—dieser, jeder, jener, mancher, solcher, welcher

Einführende Beispiele

Anschauungsmaterial:
    ein gelbes Buch
    ein rotes Buch

1. Dieser Student ist blond,
    aber jener* Student hat braune Haare.
    Wer hat braune Haare?
        Jener Student hat braune Haare.
    Wer hat blonde Haare?
        Dieser Student hat blonde Haare.
    Welcher Student ist nicht blond?
        Jener Student ist nicht blond.

2. Das Buch auf dem Tisch da ist gelb.
    Dieses Buch ist rot.
    Ist dieses Buch rot oder gelb?
        Dieses Buch ist rot.
    Ist jenes Buch gelb?
        Ja, jenes Buch ist gelb.
    Welches Buch ist rot?
        Dieses Buch ist rot.

3. Alle Studenten im Deutschunterricht sind fleißig.
    Jeder Student im Deutschunterricht ist fleißig.
    Ist jeder Student im Deutschunterricht fleißig?
        Ja, jeder Student im Deutschunterricht ist fleißig.
    Ist dieser Student fleißig?
        Ja, dieser Student ist fleißig.

4. Nicht jeder Student bringt seinen Bleistift mit.
    Manche Studenten bringen keinen Bleistift mit.
    Manche Studenten vergessen ihren Bleistift.
    Was vergessen manche Studenten?
        Manche Studenten vergessen ihren Bleistift.

---

* **Jener** is seldom used in colloquial speech. Instead of **jener Student**, one would say: **der Student da** or **der Student dort**.

5. Diese Studentin ist blond.
   Ist diese Studentin blond oder braunhaarig?
     Diese Studentin ist blond.
   Welche Studentin ist blond?
     Diese Studentin ist blond.

6. Jene Studentin ist braunhaarig.
   Ist jene Studentin blond oder braunhaarig?
     Jene Studentin ist braunhaarig.
   Ist jede Studentin blond?
     Nein, nicht jede Studentin ist blond.
   Ist jedes Mädchen blond?
     Nein, nicht jedes Mädchen ist blond.

7. Manche Studenten bekommen gute Zensuren.
   Solche Studenten arbeiten fleißig, nicht wahr?
     Ja, solche Studenten arbeiten fleißig.

Übungen

1. Beispiel: *der*   **Der Student arbeitet fleißig.**

  a. der   c. mancher
  b. dieser   d. welcher (?)

2. Beispiel: *dieses*   **Dieses Fremdwort hat er verstanden.**

  a. dieses   c. jedes
  b. das   d. manches

3. Beispiel: *diese*   **Diese Studentin ist aus Berlin.**

  a. diese   c. die
  b. jene   d. welche (?)

4. Beispiel: *solche*   **Solche Leute arbeiten gern.**

  a. solche   c. manche
  b. diese   d. welche (?)

5. Beispiel: *Mann*   **Ich kenne diesen *Mann* nicht.**

    a. Mann   c. Kellner
    b. Ausländer   d. Geschäftsmann

6. Beispiel: *den*   **Wir haben *den* Ausländer gesehen.**

    a. den   c. jenen
    b. diesen   d. jeden

7. Beispiel: *diesem Zug*   **Wir fahren selten mit *diesem Zug*.**

    a. diesem Zug   e. diesen Leuten
    b. diesem Wagen   f. solchen Leuten
    c. dieser Straßenbahn   g. jenen Studenten
    d. dieser Linie   h. dem Zug

8. Beispiel: **Ich kenne *den* Mann nicht.** **Ich kenne *diesen* Mann nicht.**

    a. Ich kenne *den* Mann nicht.
    b. Haben Sie *den* Brief gelesen?
    c. Wir haben gestern *den* Film gesehen.
    d. Er wohnt auf *dem* Bauernhof.
    e. Wo haben Sie *den* Ausdruck gehört?
    f. Wir fahren mit *dem* Zug.
    g. Unser Lehrer hat an *dem* Tisch gestanden.
    h. Ich habe mit *dem* Gastarbeiter gesprochen.
    i. Wir warten auf *den* Zug.

9. Beispiele: **Er fährt mit *der* Straßenbahn.** **Er fährt mit *dieser* Straßenbahn.**
               Sie will *das* Heft lesen. **Sie will *dieses* Heft lesen.**

    a. Er fährt mit *der* Straßenbahn.
    b. Sie will *das* Heft lesen.
    c. *Die* Leute sind Touristen.
    d. Meine Wirtin wohnt in *dem* Haus.
    e. Er nimmt heute *die* Straßenbahn.
    f. Kennen Sie *die* Stadt?
    g. Wir haben einmal in *dem* Dorf gewohnt.
    h. Mit *den* Leuten kann man nichts machen.
    i. Er hat *das* Geschäft verkauft.
    j. Gehen Sie in *das* Haus?
    k. Meine Schule steht neben *der* Kirche.
    l. *Die* Studentinnen kommen aus England.

10. Beispiel: Ich kenne *den* Lehrer nicht. (*dieser*)   Ich kenne *diesen* Lehrer nicht.

    a. Ich kenne *den* Lehrer nicht. (dieser)
    b. Ich sehe noch *den* Zug. (kein)
    c. Wir verstehen *das* Buch nicht. (dieser)
    d. *Der* Einfluß fing mit den Germanen an. (jener)
    e. Ich kenne *die* Leute aus Berlin. (mancher)
    f. Mit *den* Leuten kann man nichts machen.   (solcher)
    g. Wir haben *die* Studenten gern. (solcher)
    h. Ich lese gern *die* Illustrierten. (solcher)
    i. *Den* Wein trinkt er oft. (solcher)
    j. *Die* Studenten sind krank. (mancher)
    k. *Der* Mensch kann das verstehen. (welcher?)

11. Beispiele: *Dieser Student arbeitet* immer.   *Diese Studenten arbeiten* immer.
              Welches Kind hat das gesagt?   *Welche Kinder haben* das gesagt?

    a. Dieser Student arbeitet immer.
    b. Welches Kind hat das gesagt?
    c. Jene Frau ist sehr fleißig.
    d. Diese Idee gefiel ihm nicht.
    e. Welche Kirche gefällt Ihnen besser?
    f. Diese Fabrik ist sehr modern.
    g. Dieser Ausländer versteht kein Deutsch.
    h. Jenes Haus ist im Barockstil.
    i. Mancher Zug hält nicht im Dorf.

12. Beispiel: Hat jeder Student einen Bleistift?   Ja, jeder Student hat einen Bleistift.

    a. Hat jeder Student einen Bleistift?
    b. Hat jede Firma eine Fabrik?
    c. Gehen Sie in dieses Geschäft?
    d. Ist das der Freund dieses Mädchens?
    e. Sind solche Touristen immer Amerikaner?
    f. Ist dieses Haus neu?
    g. Fahren Sie mit dieser Linie?
    h. Entstehen solche Geistesströmungen in Italien?
    i. Kennt er diese Stadt?
    j. Haben Sie den Dialekt dieses Mannes verstanden?
    k. Es gibt überall solche Leute, nicht wahr?
    l. Ist dieser Platz frei?
    m. Jene Ausländer sind Studenten, nicht wahr?
    n. Ist dieser Unterricht interessant?

Fragen

1. Gehen Sie oft in dieses Geschäft?
2. Kennen Sie diesen Mann aus Amerika?
3. Kennen Sie jeden Studenten und jede Studentin hier?
4. Welcher Student kommt aus Spanien?
5. Welche Studentin kommt aus England?
6. Welches Mädchen hat Deutsch in Paris gelernt?

7. Mit welchem Mann haben Sie gesprochen?
8. Solche Leute kommen ganz sicher aus England, nicht wahr?
9. Kennen Sie diese Stadt?
10. Sind jene Leute Studenten oder Touristen?
11. Haben Sie schon mit diesen Leuten gesprochen?
12. Fahren Sie heute mit diesem oder mit jenem Wagen?

Kiel: Segelboote und Hochhäuser

Lesestück:

Medizin und Soziologie

Herr Brown hatte sich erkältet, bekam eine Halsentzündung und hatte jeden Tag auch
etwas Fieber. Daher mußte er einige Male zum Arzt gehen. Im Laufe der ärztlichen
Behandlung lernte er den Arzt, Herrn Dr. Werner, gut kennen. Erich Werner, der Sohn
des Arztes, war Schüler auf dem Gymnasium und wollte nach dem Abitur Soziologie in
5 Amerika studieren. Um Erich mit Herrn Brown bekannt zu machen, hatte Herr Dr.
Werner den Amerikaner und Fräulein Moreau eingeladen, eines Abends einen Besuch
bei der Familie Werner zu machen. Erich und sein Vater stellten ausführliche Fragen
über verschiedene amerikanische Hochschulen und über die Möglichkeiten und Kosten
eines Studienjahres in den Vereinigten Staaten. Auch besprachen sie den Stand der
10 Medizin und der Sozialwissenschaften in Deutschland und in Amerika. Die jungen Leute
erfuhren, daß die medizinischen Fakultäten in Deutschland und in Österreich im neunzehnten Jahrhundert weltberühmt waren.
   „Damals waren diese Fakultäten in Wien und in Berlin wahrscheinlich die besten in
der Welt", bemerkte Dr. Werner, „und im vorigen Jahrhundert waren solche berühmten
15 Forscher wie Rudolf Virchow in Berlin tätig."
   „Virchow hatte etwas mit der Zellentheorie zu tun, nicht wahr?" fragte Herr Brown.
   „Er entwickelte eine Zellentheorie", fuhr der Arzt fort. „Er war in allem sehr
revolutionär. Zu jener Zeit war die sogenannte ‚wissenschaftliche' Methode unter den
Wissenschaftlern nicht so hochgeschätzt. Anstatt ein Experiment im Laboratorium
20 genau zu beobachten,[1] waren sie oft geneigt, lange über ein wissenschaftliches Problem
nachzudenken. Oft entstand eine Theorie auf diese Weise, aber manchmal bewies man
sie nicht durch Experimente und direkte Beobachtung. In Virchow aber sprach der Geist
des wahren Wissenschaftlers: Forschung und klinische Beobachtung.
   Die Wissenschaftler wußten schon, daß die Zelle existierte, und man stellte Theorien
25 über die Entstehung und Funktion der Zelle auf, aber solche Theorien waren mehr
oder weniger falsch. Virchows Theorie aber beschrieb die Rolle der Zelle, und in seinem
Buch über zellulare Pathologie erklärte er das Zellgewebe: Die Zelle ist die kleinste
Form des Lebens. Die Zellen des Körpers bilden eine Gemeinde oder Gesellschaft. Jede
Zelle ist lebendig, und jede Zelle bringt neue Zellen hervor. Wenn die Zellen normal
30 funktionieren, ist das Leben normal. Krankheiten entstehen, wenn die Zellen nicht
richtig funktionieren . . . ."
   „Mein Vater ist Arzt und bekommt viele medizinische Zeitschriften", unterbrach
Fräulein Moreau. „Ich las einmal einen Artikel über Virchow. Er war nicht nur sehr
revolutionär in seinen wissenschaftlichen Theorien, sondern auch in seinen Gedanken
35 über Politik. Während einer Typhusepidemie untersuchte er die Gesundheitsverhältnisse
der Bevölkerung in Oberschlesien. Dort sah er viele kranke, halb verhungerte Menschen.

---

[1] **anstatt . . . beobachten** instead of observing

Solche Menschen waren arm und litten unter den schlechtesten wirtschaftlichen Verhältnissen jener Zeit. In seinem Bericht über die Lage dieser Menschen hielt er die Regierung verantwortlich für das Unglück der Bevölkerung."

40   „Sie haben recht", antwortete der Arzt. „Er nahm an der Revolution von 1848 teil und kämpfte für Demokratie, Einigung der deutschen Staaten, allgemeine Ausbildung, Freiheit und Wohlstand der Bevölkerung."

„Ich habe auf der Universität ‚Die Weber' von Gerhart Hauptmann[2] gelesen", unterbrach Herr Brown. „Dieses Drama beschreibt die Armut und das traurige Schicksal
45 der Weber in Schlesien zu jener Zeit. Ihr Lohn war gering, und sie mußten lange Stunden am Webstuhl arbeiten. Sogar kleine Kinder arbeiteten in der Weberei. Diese Menschen wurden sehr leicht krank, weil sie eben schwach waren."

„Ja, damals herrschte unter den Arbeitern die tiefste Armut", fuhr Dr. Werner fort, „es ist kein Wunder, daß ein Mann wie Virchow gegen die Monarchie kämpfte. Wegen
50 seiner Teilnahme an der Revolution mußte er, wie Richard Wagner, Carl Schurz und manche anderen Revolutionäre, ins Ausland fliehen. Erst im Jahre 1856 lud man ihn ein, nach Berlin zurückzukehren."

Am Ende des angenehmen und lehrreichen Abends erkannten die Studenten, daß die Medizin und die Sozialwissenschaften in manchen Hinsichten wirklich alliierte
55 Fächer sind. Beide haben das gleiche Ziel: die Verbesserung des menschlichen Lebens und des menschlichen Daseins.

Wortschatz

alliiert *allied*
angenehm *pleasant, nice*
der Artikel, –s, – *article*
ärztlich *medical*
die **Ausbildung**, –en *training, education*
ausführlich *detailed, extensive*
die **Behandlung**, –en *treatment*
die **Beobachtung**, –en *observation*
best- *best*
der **Besuch**, –(e)s, –e *visit, visitor(s)*;
    bei einer Familie einen Besuch
    machen *to pay a family a visit*
blond *blond*
braunhaarig *brunette*

das Dasein, –s *existence*
die **Demokratie**, –n *democracy*
    dies(–er, –e, –es) *the latter*
die Entstehung *origin*
das **Experiment**, –(e)s, –e *experiment*
die **Fakultät**, –en *school or college within a university*
    falsch *false, wrong*
das **Fieber**, –s, – *fever*
die **Form**, –en *form*
der **Forscher**, –s, – *researcher*
die **Forschung**, –en *research*
    Frage: **eine Frage stellen** (über) (*with acc.*) *to ask a question (about)*

---

[2] **„Die Weber" von Gerhart Hauptmann** *The Weavers* by Gerhart Hauptmann (1862–1946), German poet and dramatist

fünfzehnt- *fifteenth*
die Funktion, –en *function*
der **Geist**, –es, –er *spirit, mind, intellect*
   gering *small, slight*
das Gesundheitsverhältnis, –ses, –se
   condition(s) of sanitation
das **Haar**, –(e)s, –e *hair*
die Halsentzündung, –en *inflammation of
   the throat*
die Hinsicht, –en *respect*; in manchen
   Hinsichten *in some respects*
   hochgeschätzt *esteemed, highly
   valued*
   jen(–er, –e, –es) *the former*
   kleinst- *smallest*
   klinisch *clinical*
der **Körper**, –s, – *body*
die **Kosten** (*plur.*) *cost(s), expenses*
die **Krankheit**, –en *disease*
das Laboratorium, –s, (*plur.*) Laboratorien *laboratory*
die **Lage**, –n *situation, position*
der **Lauf**, –(e)s, ⸚e *course*
   lebendig *alive*
   lehrreich *instructive*
der **Lohn**, –(e)s, ⸚e *pay, wage(s)*
die **Medizin**, –en *medicine*
   medizinisch *medical*
   menschlich *human*
die Monarchie, –n *monarchy*
   neunzehnt- *nineteenth*
   normal *normal*
(das) Oberschlesien, –s *Upper Silesia*
die Pathologie *pathology*
der Revolutionär, –s, –e *revolutionist*
das **Schicksal**, –(e)s, –e *fate*
   schlechtest- *worst*
(das) Schlesien, –s *Silesia*
die Sozialwissenschaft, –en *social science*
die Soziologie *sociology*
der Stand, –(e)s, ⸚e *status, condition*
das Studienjahr, –(e)s, –e *year of study*
die Teilnahme, –n (an) (*with dat.*)
   participation (*in*)
die **Theorie**, –n *theory*
   tief *deep*; tiefst- *deepest*
   traurig *sad*
die Typhusepidemie, –n *typhus epidemic*
das **Unglück**, –(e)s, –e *misfortune*
   verantwortlich *responsible*

die Verbesserung, –en *improvement*
   verhungert *starved*
   verschieden *various, different*
   wahr *true, real*
der Weber, –s, – *weaver*
die Weberei, –en *textile mill*
der Webstuhl, –(e)s, ⸚e *loom*
die **Weise**, –n *way, manner*; **auf diese
   Weise** *in this way*
der **Wissenschaftler**, –s, – *scientist*
der **Wohlstand**, –(e)s *prosperity*
   Zeit: **zu jener Zeit** *at that time*
die **Zeitschrift**, –en *journal, magazine*
die Zelle, –n *cell*
die Zellentheorie, –n *cell theory*
das Zellgewebe, –s, – *cell tissue*
   zellular *cellular*

   aufstellen *to formulate, set up*
   bekannt machen *to introduce,
   acquaint*
   beobachten *to observe*
   beschreiben, beschrieb, beschrieben *to
   describe*
   beweisen, bewies, bewiesen *to
   prove*
   einladen (lädt ein), lud ein, eingeladen
   to invite
   entwickeln *to develop*
sich **erkälten** *to catch cold*
   erkennen, erkannte, erkannt *to
   recognize*
   erklären *to explain*
   existieren *to exist*
   funktionieren *to function*
   herrschen *to prevail, rule, predomin-
   ate*
   hervorbringen, brachte hervor,
   hervorgebracht *to produce, bring
   forth*
   kennenlernen *to become acquainted
   with, get to know*
   leiden, litt, gelitten *to suffer*
   nachdenken, dachte nach, nachgedacht (über) (*with acc.*) *to
   reflect, contemplate, think (about)*
   neigen *to incline*
   untersuchen *to investigate, examine*
   †**zurückkehren** *to return*

Weitere Übungen

1. Read the following sentences, replacing the definite article with the correct form of the word in parentheses:

    a. Er entwickelte **die** Zellentheorie.   (dieser)
    b. Ich kenne **die** Wissenschaftler.   (solcher)
    c. Er war zu **der** Zeit in Berlin.   (jener)
    d. Er erklärte **das** Zellgewebe.   (solcher)
    e. Sie schrieb es in **dem** Brief.   (jeder)
    f. **Die** Zelle bringt neue Zellen hervor.   (jeder)
    g. Haben Sie **den** Bericht gelesen?   (dieser)
    h. Damals entstand **die** Zellentheorie.   (mancher)

VW Schmusedecke

  i. So war es am Anfang **des** Jahrhunderts.   (dieser)
  j. Wir waren oft während **des** Jahres in Berlin.   (dieser)
  k. Wir besprachen **die** Möglichkeit.   (jeder)
  l. Aus **der** Forschung entstanden viele Theorien.   (dieser)
  m. Ich las **den** Artikel.   (jeder)
  n. Aus **den** Gesundheitsverhältnissen entstehen viele Krankheiten.   (solcher)

2. Read the following sentences, using the plural of the bold-faced expressions and making any other necessary changes:

  a. Ich kenne **diesen Wissenschaftler**.
  b. Er denkt lange über **ein solches Problem** nach.
  c. Wir lasen gestern **diesen Artikel**.
  d. **Solche Forschung** beweist nichts.
  e. **Diese Zelle** ist lebendig.
  f. Er entwickelte **jene Methode**.
  g. **Solche Möglichkeit** existiert nicht mehr.
  h. Die Theorien **dieses Wissenschaftlers** waren falsch.
  i. **Welches Drama** haben Sie gelesen?
  j. **Ein solcher Student** muß fleißig arbeiten.
  k. **Mancher Revolutionär** floh ins Ausland.
  l. Er hatte mit **diesem Experiment** wenig zu tun.

3. Complete the following sentences on the basis of the **Lesestück**:

  a. . . . der Geist des wahren Wissenschaftlers.
  b. Virchow kämpfte für . . .
  c. Anstatt ein Experiment im Laboratorium genau zu beobachten, . . .
  d. In seinem Buch über . . .
  e. Wenn die Zellen normal funktionieren, . . .
  f. . . . in Deutschland und in Österreich . . . weltberühmt.
  g. Dieses Drama beschreibt . . .
  h. Solche Menschen litten . . .
  i. . . . am Webstuhl arbeiten.
  j. Er hielt die Monarchie . . .
  k. Virchow nahm . . . teil.
  l.   . . . die tiefste Armut.

4. Answer the following questions with complete sentences:

  a. Wer hatte sich erkältet?
  b. Wen besuchte Herr Brown?
  c. Welches Fach wollte Erich Werner in Amerika studieren?
  d. Welche medizinischen Fakultäten waren im neunzehnten Jahrhundert weltberühmt?
  e. Wo war Rudolf Virchow tätig?

f. Was erklärte Virchow?

g. Was bringt jede Zelle hervor?

h. Was untersuchte Virchow in Oberschlesien?

i. Wo brach eine Typhusepidemie aus?

j. Wie war die wirtschaftliche Lage der Bevölkerung in Oberschlesien?

k. Wer mußte lange Stunden am Webstuhl arbeiten?

l. Was beschreibt das Drama von Gerhart Hauptmann?

m. Wer nahm an der Revolution von 1848 teil?

n. Wann durfte Virchow nach Berlin zurückkommen?

Schriftliches

1. Write the following sentences, inserting the correct form of the expressions in parentheses:

a. _____ entstand auf _____. (jede Theorie) (diese Weise)

b. _____ waren damals weltberühmt. (diese Fakultäten)

c. Mit _____ wollte er nichts zu tun haben. (solche Menschen)

d. Während _____ gab es viel Armut. (jenes Zeitalter)

e. Sie sprachen lange über _____. (solche Möglichkeiten)

f. Die wirtschaftlichen Verhältnisse _____ waren schlecht. (jene Zeit)

g. _____ trinkt man immer gern. (solcher Wein)

h. Erich, der Sohn _____, war Schüler auf dem Gymnasium. (dieser Arzt)

i. Die Gesundheitsverhältnisse _____ wurden besser. (solche Menschen)

j. _____ sind in _____ alliiert. (solche Fächer) (manche Hinsichten)

k. Aus _____ entstehen neue Zellen. (jede Zelle)

l. Aus _____ kommen Sie? (welche Stadt)

m. Das Schicksal _____ ist nicht sicher. (mancher Gastarbeiter)

n. In _____ _____ wohnen Sie? (welcher Teil) (diese Stadt)

2. Write the following sentences in German:

a. The scientists could not prove this theory.

b. To which doctor did you (*formal*) go?

c. This drama described the fate of the weavers at that time.

d. We discussed every possibility of such research.

e. Each cell is a part of such cell tissue.

f. These people easily became sick, because they were simply weak.

g. Such theories were more or less wrong.

h. Virchow took part in that revolution and fought for the freedom and prosperity of these people.

Grammatik

Der-words

The following adjectives are usually called **der**-words, because their declensional endings are similar to those of the definite article:

dieser	*this, these*		mancher	*many a, many*
jeder	*each, every*		solcher	*such a, such*
jener	*that, those*		welcher	*which*

The Definite Article

	Singular			Plural
	MASCULINE	FEMININE	NEUTER	ALL GENDERS
NOMINATIVE	der	die	das	die
GENITIVE	des	der	des	der
DATIVE	dem	der	dem	den
ACCUSATIVE	den	die	das	die

Der-*word*

NOMINATIVE	dieser	diese	dieses	diese
GENITIVE	dieses	dieser	dieses	dieser
DATIVE	diesem	dieser	diesem	diesen
ACCUSATIVE	diesen	diese	dieses	diese

Mancher and **solcher** may be used with **ein** as follows:

	MASCULINE	FEMININE	NEUTER
NOMINATIVE	solch ein Lohn	solch eine Theorie	solch ein Kind
GENITIVE	solch eines Lohnes	solch einer Theorie	solch eines Kindes
DATIVE	solch einem Lohn(e)	solch einer Theorie	solch einem Kind(e)
ACCUSATIVE	solch einen Lohn	solch eine Theorie	solch ein Kind

In the singular **solcher** may follow **ein**.

ein solcher Mann, eine solche Frau, ein solches Kind

In the plural **mancher** and **solcher** are not used with **ein**, and they retain the **der**-word endings.

The **der**-words may be used as pronouns; they retain their declensional endings.

Früher waren die deutschen medizinischen Fakultäten bekannt; **manche** waren sogar weltberühmt.

Einige der Studenten besuchten das Museum; **jeder** fand es sehr interessant.

Viele Züge fahren jeden Tag nach München. Mit **welchem** möchten Sie fahren?

When used pronominally, **dieser** and **jener** have the meaning "the latter," "the former."

Herr Jones besuchte oft Fräulein Neumann. **Diese** war die Tochter der Familie Neumann in Schwarzhausen; **jener** war ein Student aus Amerika.

16

SECHZEHNTE LEKTION

Grammatische Ziele:
Beugung des Adjektivs
Steigerung des Adjektivs und des Adverbs

Einführende Beispiele I

Anschauungsmaterial:
>   ein rotes Buch
>   ein grünes Buch
>   ein roter Kugelschreiber
>   ein blauer Kugelschreiber
>   ein Brief

1. Dieses Buch ist rot, und jenes Buch ist grün.
   Das ist das rote Buch.
   Was ist das?
   >   *Das ist das rote Buch.*

2. Ist das das grüne Buch?
   >   *Ja, das ist das grüne Buch.*

3. Diese Studentin ist blond,
   aber jene Studentin ist braunhaarig.
   Ist das die blonde Studentin?
   >   *Ja, das ist die blonde Studentin.*
   Ist das die blonde oder die braunhaarige Studentin?
   >   *Das ist die braunhaarige Studentin.*

4. Auf der Straße stehen zwei Wagen.
   Der große Wagen ist ein Mercedes,
   und der kleine Wagen ist ein Volkswagen.
   Ist der große Wagen ein Mercedes?
   >   *Ja, der große Wagen ist ein Mercedes.*
   Welcher Wagen ist der kleine Wagen?
   >   *Der kleine Wagen ist der Volkswagen.*

5. Kennen Sie das junge Mädchen dort?
   >   *Ja, ich kenne das junge Mädchen dort.*

6. Sehen Sie die blonde Studentin?
   >   *Ja, ich sehe die blonde Studentin.*

7. Dieser Student hat den roten Kugelschreiber,
   und ich habe den blauen Kugelschreiber.
   Hat er den roten Kugelschreiber?
   Ja, er hat den roten Kugelschreiber.
   Welchen Kugelschreiber habe ich?
   Sie haben den blauen Kugelschreiber.

8. Ich habe diesen langen Brief von einem Freund bekommen.
   Von wem habe ich den langen Brief bekommen?
   Sie haben den langen Brief von einem Freund bekommen.

9. Dort sitzen Fräulein ———— und Fräulein ————.
   Kennen Sie diese jungen Mädchen?
   Ja, ich kenne diese jungen Mädchen.

Übungen I

1. Beispiel: *der rote*   **Dort liegt *der rote* Kugelschreiber.**

   a. der rote   c. der blaue
   b. der gelbe   d. der lange

2. Beispiel: *das junge Mädchen*   *Das junge Mädchen* **versteht mich nicht.**

   a. das junge Mädchen   c. der junge Mann
   b. die junge Frau   d. dieses kleine Kind

3. Beispiel: *Frau*   **Diese junge *Frau* wohnt neben uns.**

   a. Frau   c. Lehrerin
   b. Apothekerin   d. Dame

4. Beispiel: *Wagen*   **Ich habe den neuen *Wagen* schon gesehen.**

   a. Wagen   c. Volkswagen
   b. Mercedes   d. Opel

5. Beispiel: *Brücke*   **Kennen Sie die alte *Brücke*?**

   a. Brücke   c. Frau
   b. Kirche   d. Burg

6. Beispiel: *neu*   Wir verkauften das *neue* Geschäft am Marktplatz.

   a. neu
   b. groß
               c. alt
               d. klein

7. Beispiel: Der Bleistift ist *rot.*   Das ist der *rote* Bleistift.

   a. Der Bleistift ist rot.
   b. Der Wagen ist neu.
   c. Die Kirche ist alt.
   d. Das Mädchen ist jung.
   e. Die Dame ist verheiratet.
   f. Der Bruder ist ledig.
   g. Die Theorie ist bewiesen.
   h. Das Buch ist klein.
   i. Die Methode ist wissenschaftlich.
   j. Die Burg ist alt.

8. Beispiele: Ich habe den Wagen gefahren. (*rot*)   Ich habe den *roten* Wagen gefahren.
            Wir kennen das Mädchen. (*jung*)   Wir kennen das *junge* Mädchen.

   a. Ich habe den Wagen gefahren. (rot)
   b. Wir kennen das Mädchen. (jung)
   c. Wir haben das Geschäft verkauft. (groß)
   d. Ich verstehe diese Theorie. (neu)
   e. Ich habe den Bericht geschrieben. (lang)
   f. Wir kauften das Haus. (weiß)
   g. Er verstand den Mann nicht. (alt)
   h. Sie besuchten den Arzt. (jung)
   i. Wir fuhren durch die Landschaft. (schön)
   j. Wir gingen auf die Burg. (alt)

Einführende Beispiele II

1. Die Studenten waren gestern im neuen Museum.
   Wo waren sie?
      Sie waren im neuen Museum.

2. Herr Brown ging zum jungen Arzt.
   Zu welchem Arzt ging er?
      Er ging zum jungen Arzt.

3. Ich habe der alten Frau Geld gegeben.
   Wem habe ich Geld gegeben?
      Sie haben der alten Frau Geld gegeben.

4. Hans hat mit den kleinen Kindern gespielt.
   Mit wem hat er gespielt?
       Er hat mit den kleinen Kindern gespielt.

Übungen II

1. Beispiel: *alt*   Wir waren gestern in der *alten* Kirche.

   a. alt   c. groß
   b. neu   d. gotisch

2. Beispiel: *Mann*   Ich habe oft mit dem jungen *Mann* gesprochen.

   a. Mann   c. Lehrer
   b. Mädchen   d. Arzt

3. Beispiel: *den neuen Gästen*   Er sprach lange mit *den neuen Gästen.*

   a. den neuen Gästen   e. den jungen Damen
   b. den kleinen Kindern   f. der jungen Dame
   c. den alten Frauen   g. dem alten Mann
   d. den anderen Studenten   h. der netten Kellnerin

4. Beispiele: *das kleine Kind*   Ich habe *dem kleinen Kind* das Buch gegeben.
                 die junge Dame   Ich habe *der jungen Dame* das Buch gegeben.

   a. das kleine Kind   d. der gute Freund
   b. die junge Dame   e. das kleine Mädchen
   c. die alte Frau   f. der junge Amerikaner

5. Beispiel: Ich war gestern in der Kirche.   (*neu*)   Ich war gestern in der *neuen* Kirche.

   a. Ich war gestern in der Kirche.   (neu)
   b. Ich sprach mit der Dame.   (jung)
   c. Wir fuhren mit dem Wagen.   (neu)
   d. Er hat dem Kind geholfen.   (klein)
   e. Wir saßen alle an dem Tisch.   (lang)
   f. Sie saß am Tisch.   (groß)
   g. Er kam aus dem Haus.   (groß)
   h. Wir hielten an der Grenze.   (deutsch)
   i. Ich wartete an der Brücke.   (alt)
   j. Es liegt am Fluß.   (klein)

Einführende Beispiele III

Anschauungsmaterial:
    zwei Bücher von verschiedener Größe

1. Sie sind neunzehn Jahre alt,
   und Herr _____ ist auch neunzehn Jahre alt.
   Sie sind so alt wie er, aber ich bin älter als Sie.
   Ich bin der älteste (die älteste) in diesem Zimmer.
   Wer ist der älteste (die älteste) in diesem Zimmer?
       Sie sind der älteste (die älteste) in diesem Zimmer.

2. Bin ich älter als Sie?
       Ja, Sie sind älter als ich.

3. Bin ich jünger oder älter als Herr _____?
       Sie sind älter als Herr _____.

4. Sind Sie jünger als ich?
       Ja, ich bin jünger als Sie.

5. Sind Sie so alt wie Herr _____?
       Ja, ich bin so alt wie Herr _____.

6. Ist dieses Buch kleiner als jenes Buch?
       Ja, dieses Buch ist kleiner als jenes Buch.

7. Ist das das kleinere Buch?
       Ja, das ist das kleinere Buch.

8. Ein Personenzug fährt schnell, aber ein D-Zug fährt schneller.
   Der D-Zug fährt schneller als der Personenzug.
   Welcher Zug fährt schneller?
       Der D-Zug fährt schneller.
   Welcher Zug fährt langsamer?
       Der Personenzug fährt langsamer.

9. Der TEE-Zug fährt schneller als andere Züge.
   Von allen Zügen fährt der TEE-Zug am schnellsten.
   Welcher Zug fährt am schnellsten?
      Der TEE-Zug fährt am schnellsten.
   Welcher von den drei Zügen fährt am langsamsten?
      Der Personenzug fährt am langsamsten.

Übungen III

1. **Beispiel:** *groß*   **Er ist nicht so *groß* wie ich.**

   a. groß
   b. jung
   c. klein

   d. alt
   e. fleißig
   f. müde

2. **Beispiel:** *größer*   **Ich bin *größer* als er.**

   a. größer
   b. kleiner
   c. fleißiger

   d. jünger
   e. älter
   f. freundlicher

3. **Beispiel:** *groß*   **Sie sind *größer* als ich.**

   a. groß
   b. klein
   c. jung

   d. alt
   e. langsam
   f. freundlich

4. **Beispiel:** **Der Mercedes fährt *schnell*. (am schnellsten)** **Der Mercedes fährt**
   **   *am schnellsten.***

   a. Der Mercedes fährt schnell. (am schnellsten)
   b. Der Volkswagen fährt langsam. (am langsamsten)
   c. Ich esse gern Sauerbraten. (am liebsten)
   d. Robert Brown lernt fleißig. (am fleißigsten)
   e. Fräulein Moreau spricht gut Deutsch. (am besten)

5. **Beispiel:** *Welcher Wagen* **fährt am schnellsten? (der Mercedes)** *Der Mercedes* **fährt**
   **   am schnellsten.**

   a. Welcher Wagen fährt am schnellsten? (der Mercedes)
   b. Welcher Wagen fährt am langsamsten? (der Volkswagen)
   c. Welcher Zug fährt am schnellsten? (der TEE-Zug)

d. Welcher Student bleibt am längsten in Deutschland? (Herr Brown)

e. Welche Studentin arbeitet am wenigsten? (Annette Moreau)

f. Welcher Student kommt am frühesten zur Schule? (Herr Jones)

g. Was essen Sie am liebsten? (Sauerbraten)

h. Was studieren die Studenten am liebsten? (Deutsch)

i. Wer lernt am fleißigsten? (Robert Brown)

6. Hören Sie zu und beantworten Sie dann die Fragen!

Karl, Liese und Max sind Geschwister. Karl ist zehn Jahre alt, Liese ist fünfzehn und Max ist zwanzig Jahre alt.

a. Wer ist das jüngste Kind in der Familie?
   (Karl ist das jüngste Kind in der Familie.)

b. Wer ist das älteste Kind in der Familie?
   (Max ist das älteste Kind in der Familie.)

c. Wer ist älter als Liese?
   (Max ist älter als Liese.)

d. Wer ist jünger als Liese?
   (Karl ist jünger als Liese.)

e. Wer ist älter als Karl?
   (Liese und Max sind älter als Karl.)

f. Ist Max älter oder jünger als Karl?
   (Max ist älter als Karl.)

g. Ist Karl so alt wie Liese?
   (Nein, Karl ist nicht so alt wie Liese.)

h. Ist Max das älteste oder das jüngste Kind in der Familie?
   (Max ist das älteste Kind in der Familie.)

i. Welcher Bruder ist der jüngere?
   (Karl ist der jüngere.)

j. Welches Kind ist das älteste?
   (Max ist das älteste.)

Fragen

1. Sind Sie jünger als ich?
2. Wer ist der älteste hier?
3. Ist das Rathaus größer oder kleiner als die neue Schule?
4. Haben Ihre Eltern das weiße oder das grüne Haus gekauft?
5. Wohnen Sie in einem großen oder in einem kleinen Haus?
6. Mußten Sie an der deutschen Grenze halten?
7. Kennen Sie den jungen Mann da?

8. Wie heißt das schöne Mädchen aus Frankreich?
9. Die junge Dame ist die jüngste Tochter des Professors, nicht wahr?
10. Haben Sie eine schwere oder eine leichte Aufgabe für morgen?
11. Wie heißt der junge Mann aus Amerika?
12. Sie haben eine alte Tante in Hamburg, nicht wahr?
13. Was essen Sie am liebsten?
14. Welcher von den deutschen Zügen fährt am schnellsten?

Lesestück:

Deutsche Feste

In den kleineren deutschen Städten und Dörfern gibt es im Sommer Volksfeste, und Schwarzhausen war keine Ausnahme. Die ausländischen Studenten am Institut waren alle sehr neugierig, das Volksfest zu sehen. Herr Jones hatte Fräulein Neumann eingeladen, mit ihnen zu gehen.

5   Alles im Städtchen schien zum Stillstand zu kommen, als das Fest begann. Auf einer großen Wiese am Rande der kleinen Stadt standen die bunten Zelte, Stände und Buden des Festes. In der Mitte stand das große Zelt, und ringsherum waren ein Karussell, ein Puppentheater, eine Bude mit Glücksrad, eine Schießbude, ein Riesenrad und Erfrischungsbuden. In diesen Buden konnte man Getränke, Eis, Würste und belegtes Brot

10 kaufen. Die breite Wiese wimmelte von fröhlichen Menschen; überall hörte man den typischen Lärm des Rummelplatzes.

    Unter dem großen Zelt waren Tische und Bänke. Die vielen Gäste saßen an den langen Tischen und tranken Bier aus großen Krügen. Mehrere Männer trugen die bunte Tracht des Bayern: Lederhose, grünen Jägerhut, weiße Strümpfe und grüne Jacke mit

15 silbernen Knöpfen.' Die meisten Mädchen und Frauen trugen bayrische Dirndltracht.

Karnevalreklame

An einem Ende des Zelts war eine Bühne. Darauf spielte eine kleine Kapelle die bekann-
testen bayrischen Lieder.

Fräulein Neumann, Herr Jones und die anderen Studenten verließen um Mitternacht
den bunten Platz und gingen langsam nach Hause. Als Paul Jones um ein Uhr zu Bett
20 ging, hörte er aus der Ferne immer noch den Lärm der Kapelle und „Ein Prosit, ein
Prosit der Gemütlichkeit.“[1]

Am nächsten Tag ging Herr Jones in die Bibliothek und forschte nach Information
über die Entstehung und Geschichte der deutschen Feste. Wie er von Anneliese Neumann
am vorigen Abend erfahren hatte, spielten das Volksfest, die Messe, der Karneval und
25 der Jahrmarkt eine bedeutende Rolle in der Entwicklung der deutschen Kultur.

Der Ursprung des Festes oder Karnevals ist heidnisch. Dieses Fest entstand in den
grauen vergangenen Zeiten der alten Germanen. In seiner ursprünglichen Form war
Karneval wahrscheinlich ein Bauernfest. Man feierte im Frühling die wiederkehrende
Fruchtbarkeit der Erde. Um eine reiche Ernte von den grünenden Feldern zu bekommen,
30 stellte man ein Schiff auf einen Wagen und fuhr damit durch die Straßen des Dorfes und
die Felder der Bauern. Das Schiff war das Symbol der Götter der Fruchtbarkeit und
wurde von vermummten Tänzern begleitet.[2] Die tanzenden Gestalten der Vermummten
trugen Kleider aus grünen Blättern als Symbol der neuen Lebenskräfte der Erde. Als
Überbleibsel dieses Gebrauchs trägt man heute etwas Grünes am *Saint Patrick's Day.*

35 In der Pantomime des Tanzes um den Festwagen stellten die Vermummten den
Konflikt in der Natur zwischen dem Guten und dem Übel dar, d.h. zwischen Frühling
und Winter, zwischen dem neuerwachten Leben und dem Tod. Manche Tänzer trugen
groteske Masken; andere hatten schwarze Gesichter als Symbol der bösen Geister,
und noch andere trugen Glocken an den Kleidern. Aus solchen grotesken Gestalten
40 entstand im Mittelalter der Narr; und aus dem Tanz entstand schließlich das Karnevalspiel.

Im Frühmittelalter verbreitete sich das Christentum über das ganze Land, und das
Volk mischte die neuen christlichen Elemente mit den älteren heidnischen. Man feierte
nun Karneval, das heidnische Frühlingsfest, vor den vierzig Fasttagen vor Ostern.

45 Heute gibt es in vielen deutschen Städten ein Fest vor der Fastenzeit. Das Fest hat
verschiedene Namen wie Fasching (in Süddeutschland), Karneval und Fastnacht. In
Köln, Mainz und noch anderen Städten feiert man Rosenmontag,[3] eigentlich *R*asen-
montag; an diesem Tag darf das Volk „rasen“. Es gibt auch Feste zu anderen Jahreszeiten, das Weinfest im September in den Dörfern und kleineren Städten am Rhein und
50 an der Mosel entlang und das berühmte Oktoberfest in München.

Der *Homecoming*-Festzug an amerikanischen Schulen, das *Mardi Gras*-Fest in New
Orleans und der Rosenfestzug in Pasadena am Neujahrstag haben alle einen heidnischen
Ursprung. So lebt der Natursymbolismus der alten Germanen im zwanzigsten Jahr-
hundert weiter, nicht nur in den Volksfesten Deutschlands, sondern auch in Amerika.

---

[1] **„Ein . . . Gemütlichkeit“** "A Toast to Congeniality," a famous German drinking song
[2] **wurde von . . . begleitet** was accompanied by

[3] **der Rosenmontag** festival in Cologne and
other places along the Rhine on the Monday
before Lent; **rosen** is dialectal for **rasen**, "to
rave, participate in frenzied activity."

Wortschatz

als *when*
ausländisch *foreign, from abroad*
die **Bank,** ⸚e *bench, seat*
der **Bauer,** –n, –n *peasant, farmer*; die
    Bäuerin, –nen *peasant woman*
das **Bauernfest,** –(e)s, –e *rural festival*
bedeutend *significant*
bekannt *known, well-known*
belegtes Brot *open-faced sandwich*
die **Bibliothek,** –en *library*
das **Blatt,** –(e)s, ⸚er *leaf*
böse *bad, evil*
breit *broad, wide*
das **Brot,** –(e)s, –e *bread*
die **Bude,** –n *booth*
die **Bühne,** –n *stage*
bunt *colorful, multicolored*
das **Christentum,** –(e)s *Christianity*
christlich (*adj.*) *Christian*
damit *with it, them or that*
die **Dirndltracht,** –en *Bavarian and
    Austrian costume for women*
eigentlich *real, actual*
einundzwanzigst- *twenty-first*
das **Element,** –(e)s, –e *element*
entlang *along*; am Rhein entlang
    along the Rhine
die **Entwicklung,** –en *development*
die **Erde** *earth, land*
die **Erfrischungsbude,** –n *refreshment
    booth*
die **Ernte,** –n *harvest*
etwas Grünes *something green*
der **Fasching,** –s *Shrovetide festival*
die **Fastenzeit** *time of fasting, Lent*
die **Fastnacht** *Shrove Tuesday*
der **Fasttag,** –(e)s, –e *day of fasting*;
    die vierzig Fasttage vor Ostern
    Lent
das **Feld,** –(e)s, –er *field*
das **Fest,** –es, –e *festival, celebration*
der **Festwagen,** –s, – *festival wagon,
    float*
der **Festzug,** –(e)s, ⸚e *festival parade*
fröhlich *joyous*
die **Fruchtbarkeit** *fertility*
das **Frühlingsfest,** –(e)s, –e *spring
    festival*

das **Frühmittelalter,** –s *early Middle
    Ages*
der **Gebrauch,** –(e)s, ⸚e *custom, usage*
das **Gesicht,** –(e)s, –er *face*
die **Gestalt,** –en *figure, form*
die **Glocke,** –n *bell*
das **Glücksrad,** –(e)s, ⸚er *wheel of
    fortune*
der **Gott,** –es, ⸚er *god*
grau *gray*; die grauen vergangenen
    Zeiten *the dim ages of the past*
grotesk *grotesque*
grünend *becoming green*
das **Gute,** –n *good*
heidnisch *pagan*
die **Information,** –en *information*
das **Italienisch(e),** –en *Italian language*
die **Jacke,** –n *jacket, coat*
der **Jägerhut,** –(e)s, ⸚e *hunting hat*
der **Jahrmarkt,** –(e)s, ⸚e *annual fair*
die **Kapelle,** –n *band*
der **Karneval,** –s, –e *or* –s *Shrovetide
    festival*
das **Karnevalspiel,** –(e)s, –e *Shrovetide
    play*
das **Karussell,** –s, –e *or* –s *merry-go-
    round*
die **Kleider** (*plur.*) *clothes*
der **Knopf,** –(e)s, ⸚e *button*
der **Krug,** –(e)s, ⸚e *mug, pitcher*
der **Lärm,** –(e)s *noise*
die **Lebenskraft,** ⸚e *vitality*
die **Lederhose,** –n *leather pants*
das **Lied,** –(e)s, –er *song*
die **Maske,** –n *mask*
die **Messe,** –n *fair*
die **Mitte,** –n *middle, midst*
die **Mitternacht** *midnight*
die **Mosel** *Moselle River*
der **Narr,** –en, –en *fool*
der **Natursymbolismus,** – *nature
    symbolism*
neuerwacht *newly awakened*
der **Neujahrstag,** –(e)s, –e *New Year's
    Day*
das **Oktoberfest,** –es *October festival*
das *or* die (*plur.*) **Ostern** *Easter*
die **Pantomime,** –n *pantomime*

das Puppentheater, –s, – *puppet theater*
der Rand, –(e)s, ⸚er *edge, border,*
    outskirts
das Riesenrad, –(e)s, ⸚er *Ferris wheel*
    ringsherum *around (it)*
der Rosenfestzug, –(e)s, ⸚e *Tournament*
    of Roses Parade
der Rummelplatz, –es, ⸚e *amusement*
    park
die Schießbude, –n *shooting gallery*
das **Schiff**, –(e)s, –e *ship, boat; float*
    sechzehnt- *sixteenth*
    silbern *silver, of silver*
der Stand, –(e)s, ⸚e *stand, booth*
der Stillstand, –(e)s *stop, standstill*
der **Strumpf**, –(e)s, ⸚e *stocking*
das Symbol, –s, –e *symbol*
    tanzend *dancing*
die **Tracht**, –en *costume*
    typisch *typical*
das Übel, –s *evil*
das Überbleibsel, –s, – *remainder, relic*
der Umlaut, –(e)s, –e *umlaut, modifica-*
    tion of a vowel

der Ursprung, –(e)s *origin*
    vergangen *past*
    vermummt *masked, disguised*;
    der Vermummte, –n, –n *mummer,*
        person in masquerade costume
das Volksfest, –es, –e *carnival, festival*
das Weinfest, –es, –e *wine festival*
    wiederkehrend *returning*
die **Wiese**, –n *meadow*
die **Wurst**, ⸚e *sausage*
das **Zelt**, –(e)s, –e *tent*
    zwanzigst- *twentieth*

begleiten *to accompany*
darstellen *to represent, portray*
feiern *to celebrate*
forschen (nach) *to do research,*
    search (for)
mischen *to mix*
(sich) verbreiten *to spread*
    weiterleben *to continue to live*
†**wiederkehren** *to return*
    wimmeln (von) *to teem (with)*

Weitere Übungen

1. Read the following sentences, using the correct form of the adjectives in parentheses:
   a. Ich wohne in einer Stadt. (bayrisch)
   b. Wir wohnten in einem Dorf. (klein)
   c. Arbeitest du in dieser Fabrik? (groß)
   d. Ich kenne den Mann dort. (jung)
   e. Wollt ihr an der Haltestelle auf mich warten? (nächst-)
   f. In diesen Buden konnte man alles kaufen. (klein)
   g. Haben Sie die Studenten gesehen? (ausländisch)
   h. Das Zelt stand auf einer Wiese. (groß, breit)

2. Read the following sentences in accordance with the models given:
   Beispiele: Das ist die Wohnung des Freundes. (*gut*)   **Das ist die Wohnung des *guten***
                                                                          Freundes.

   Das ist das Haus der Lehrerin. (*jung*)   **Das ist das Haus der *jungen* Lehrerin.**
   a. Das ist die Wohnung des Freundes. (gut)
   b. Das ist das Haus der Lehrerin. (jung)
   c. Das ist die Theorie der Wissenschaftler. (modern)
   d. Das ist das Ende des Berichts. (lang)

Karneval

e. Hast du den Wagen des Professors gesehen? (neu)

f. Kennst du die Frau meines Bruders? (älter)

g. Wo ist die Heimat dieser Leute? (jung)

h. Er schrieb über die Entstehung dieses Festes. (deutsch)

i. So sind die Gebräuche der Bayern. (meist-)

j. Das sind die Kinder meines Verwandten. (deutsch)

3. Give the positive degree of the following adjectives and adverbs:

a. besser	i. langsamer	q. kürzer
b. früher	j. länger	r. kleiner
c. älter	k. breiter	s. stärker
d. jünger	l. schöner	t. kälter
e. schneller	m. mehr	u. lieber
f. moderner	n. ärmer	v. neuer
g. größer	o. geringer	w. näher
h. höher	p. wichtiger	x. wärmer

4. Read the following expressions, changing the adjective to the superlative form:

Beispiel: *jung*   das *jüngste* Kind

a. jung   die _____ Tochter
b. klein   das _____ Haus
c. lang   der _____ Fluß
d. lang   am _____ Tag
e. schnell   mit dem _____ Zug
f. alt   die _____ Tante
g. wichtig   das _____ Problem
h. modern   für die _____ Theorien
i. hoch   neben dem _____ Turm
j. hoch   die _____ Türme
k. schlecht   auf der _____ Straße
l. gering   der _____ Lohn
m. arm   zu den _____ Flüchtlingen
n. nahe   in der _____ Straße
o. wenig   das _____ Geld
p. kalt   die _____ Tage
q. warm   an den _____ Tagen
r. neu   im _____ Kleid
s. alt   die _____ Kleider
t. viel   die _____ Menschen
u. schön   mit den _____ Mädchen
v. schön   mit dem _____ Mädchen
w. krank   zum _____ Mann
x. klein   des _____ Kindes
y. jung   bei der _____ Tochter
z. klein, jung   das _____ Kind der _____ Schwester
aa. kurz   mit der _____ Linie
bb. stark   die _____ Medizin
cc. viel   bei den _____ Leuten

5. Read the following sentences, supplying the missing word:

a. Er ist viel _____ als ich. (*older*)
b. Sie sind etwas _____ als mein Bruder. (*younger*)
c. Ich bin nicht ganz so _____ wie meine Kusine. (*old*)
d. Um Mitternacht wurde der Lärm des Rummelplatzes _____. (*less*)
e. Heute ist der _____ Tag im Jahr. (*longest*)
f. Elsa ist meine _____ Schwester. (*youngest*)
g. Der Personenzug fährt _____ als der D-Zug. (*more slowly*)
h. Die Türme der Frauenkirche sind _____ als das Rathaus. (*higher*)
i. Die _____ deutschen Berge sind in Süddeutschland. (*highest*)

  j. Das _____ deutsche Schiff ist die ,,Esso Deutschland''. (*largest*)

  k. Der _____ deutsche Zug ist der ,,Rheingold-Expreß''. (*fastest*)

  l. Der ,,Dompfeil'' fährt _____ als die _____ deutschen Züge. (*faster*) (*most*)

  m. Die _____ Leute machen den _____ Lärm. (*smallest*) (*most*)

  n. Der Rhein ist der _____ Fluß in Deutschland. (*longest*)

  o. Von den zwei Ländern, Deutschland und Österreich, ist jenes das _____. (*larger*)

  p. In der Schweiz, einem der _____ europäischen Länder, spricht man nicht nur Deutsch, sondern auch Italienisch und Französisch. (*smaller*)

6. Answer the questions following each statement.

  a. Auf einer großen Wiese am Rande der kleinen Stadt standen die bunten Zelte.
    (1) Was stand auf der großen Wiese?
    (2) Wie waren die Zelte?
    (3) Wo war die große Wiese?

  b. In den Erfrischungsbuden auf der breiten Wiese konnte man Getränke und Würste kaufen.
    (1) Wo konnte man Würste bekommen?
    (2) In welchen Buden konnte man Würste kaufen?
    (3) Wie war die Wiese?

  c. Die vielen Gäste saßen an den langen Tischen und tranken Bier aus großen Krügen.
    (1) Wo saßen die vielen Gäste?
    (2) Was tranken sie?
    (3) Wer trank aus großen Krügen?

  d. Man feierte im Frühling die wiederkehrende Fruchtbarkeit der Erde.
    (1) Was feierte man im Frühling?
    (2) Wann kehrt die Fruchtbarkeit der Erde wieder?
    (3) Kehrt die Fruchtbarkeit der Erde jeden Frühling wieder?

Schriftliches

1. Write answers to the following questions, using complete sentences:

  a. Sind Sie das älteste Kind in Ihrer Familie?
  b. Ist Ihre Mutter älter als Ihr Vater?
  c. Haben Sie einen jüngeren Bruder?
  d. Wer ist das jüngste Kind in Ihrer Familie?
  e. Welcher Berg ist der höchste auf der Welt?
  f. Fährt der Schnellzug, der Eilzug oder der Personenzug am schnellsten?
  g. Welcher amerikanische Fluß ist länger als der Rhein?

  h. Welcher amerikanische Bundesstaat ist der größte?
  i. Welcher amerikanische Bundesstaat ist der kleinste?
  j. Ist Chicago größer als New York?
  k. Welche deutsche Stadt ist die größte?
  l. Ist Bremen, München oder Berlin die größte deutsche Stadt?
  m. Ist die Schweiz so groß wie Österreich?

2. Write the following sentences in German:

  a. In the summer there are carnivals in the smaller German cities.
  b. The people drank beer under the big tent.
  c. The foreign students heard the typical noise of a German carnival.
  d. Some of the men wore the colorful Bavarian costume.
  e. This long drama describes the sad fate of the poor workers in the nineteenth century.
  f. The cell is the smallest form of life.
  g. The exact observation of a new experiment is very important in the scientific laboratory of the twentieth century.
  h. In its original form the Shrovetide festival probably celebrated the returning fertility of the cold earth.
  i. At that time most scientists reflected on a scientific problem and then formulated a new theory.
  j. At one end of the big tent a small band played the well-known Bavarian songs.

Salzburger Karneval:
Perchtengestalt und Polizist

Grammatik

A. Weak Adjective Endings

German adjective endings are classified as weak or strong (see section F). The weak adjective endings are:

	Singular			Plural
	MASCULINE	FEMININE	NEUTER	ALL GENDERS
NOMINATIVE	-e	-e	-e	-en
GENITIVE	-en	-en	-en	-en
DATIVE	-en	-en	-en	-en
ACCUSATIVE	-en	-e	-e	-en

Descriptive adjectives have weak endings when they follow

1) the definite article
   Das große Zelt stand auf der breit**en** Wiese neben dem klein**en** Dorf.
2) a **der**-word
   Kennen Sie diese jung**en** Leute?
3) the indefinite article with an ending
   Der Jahrmarkt spielte eine große Rolle in der deutsch**en** Kultur.
4) an **ein**-word with an ending
   In seiner ursprünglich**en** Form war Karneval ein Bauernfest.

B. The Positive Degree of Adjectives and Adverbs

An adjective in the positive degree takes an ending when it precedes the noun it modifies.

Wir wohnen in einem weiß**en** Haus.
Köln ist eine alt**e** Stadt.
Der groß**e** Wagen ist ein Mercedes.
Was ist die Adresse Ihres neu**en** Geschäfts?
Die jung**en** Leute tanzten den ganz**en** Abend.
Ich habe meine alt**e** Tante besucht.

Predicate adjectives and adverbs in the positive degree do not take endings.

Der Wagen ist **neu**.
Das Haus ist nicht sehr **groß**.
Er lief **schnell** auf die Straße.
Mein Freund ist **oft** bei uns.

C. The Comparative Degree of Adjectives and Adverbs

The comparative form of an adjective or adverb usually has the suffix **-er**. If the adjective precedes the noun it modifies, the adjective ending is attached to the suffix.

In den klein**eren** Dörfern sieht man das oft.
Der ält**ere** Mann ist mein Onkel.

Adverbs and predicate adjectives in the comparative degree take no ending besides the suffix **-er**.

>   Der D-Zug fährt schnell**er** als der Personenzug.
>   Der Volkswagen ist klein**er** als der Mercedes.

D. The Superlative Degree of Adjectives and Adverbs

The superlative form of most adjectives has the suffix **-st**. If the adjective precedes the noun it modifies, the adjective ending is attached to the suffix.

>   Der Rhein ist der läng**ste** deutsche Fluß.
>   Heidelberg ist eine der schön**sten** Städte Deutschlands.

The superlative form of a predicate adjective or of an adverb is preceded by **am** and ends in the suffix **-sten**.

>   Von allen Kirchen der Welt ist der Turm des Doms in Ulm **am höchsten**.
>   Unter allen Studenten des Instituts spricht Herr Jones **am besten** Deutsch.
>   Von allen deutschen Zügen fährt der „Helvetia" **am schnellsten**.

The superlative form of a predicate adjective may also take the following form:

>   Welcher Zug ist **der schnellste**?
>   Diese Frau ist **die schönste** von allen.
>   Dieses Kind ist **das jüngste** in der ganzen Schule.
>   Diese Schüler sind **die besten** in der Schule.

Adjectives with stems ending in **d**, **t**, **z**, **s**, or **ß** form the superlative with the suffix **-est**.

>   Heute ist der kürz**este** Tag im Jahr.
>   Die meisten Gastarbeiter wohnten in den schlecht**esten** Wohnungen.

E. The Umlaut and Irregularities in the Comparative and Superlative Degrees

Some adjectives and adverbs, most of them monosyllabic, have an umlaut on the stem vowel in the comparative and superlative degrees.

>   Hans ist **ält**er als Marie, aber Fritz ist das **ält**este Kind in der Familie.
>   München ist **größ**er als Heidelberg, aber kleiner als Berlin.

The following common adjectives and adverbs occurring through **Lektion** 16 take an umlaut or are irregular in their comparison:

POSITIVE	COMPARATIVE	SUPERLATIVE
alt	älter	der, die, das älteste am ältesten
arm	ärmer	der, die, das ärmste am ärmsten
gern	lieber	— am liebsten
gesund	gesünder	der, die, das gesündeste am gesündesten
groß	größer	der, die, das größte am größten
gut	besser	der, die, das beste am besten
hoch, hoh-	höher	der, die, das höchste am höchsten
jung	jünger	der, die, das jüngste am jüngsten
kalt	kälter	der, die, das kälteste am kältesten
krank	kränker	der, die, das kränkste am kränksten
kurz	kürzer	der, die, das kürzeste am kürzesten
lang	länger	der, die, das längste am längsten
nah(e)	näher	der, die, das nächste am nächsten
oft	öfter	— am öftesten
rot	röter	der, die, das röteste am rötesten
schmal	schmäler	der, die, das schmälste am schmälsten
schwach	schwächer	der, die, das schwächste am schwächsten
schwarz	schwärzer	der, die, das schwärzeste am schwärzesten

POSITIVE	COMPARATIVE	SUPERLATIVE
stark	stärker	der, die, das stärkste am stärksten
viel	mehr	der, die, das meiste am meisten
warm	wärmer	der, die, das wärmste am wärmsten

Hoch is the form of the predicate adjective, but **hoh-** is the form preceding a noun.

Der Turm ist sehr **hoch.**
Der **hohe** Turm steht heute noch.

The forms of **gern** can function only as adverbs, never as adjectives.

Zum Nachtisch esse ich **gern** Kuchen, aber Torte esse ich **lieber**; doch **am liebsten** esse ich Vanilleeis.

F. Commonly Used Strong Adjective Endings

Strong adjective endings are used when the adjective follows an **ein**-word without an ending, that is, in the masculine nominative singular and in the neuter nominative and accusative singular.

	MASCULINE	NEUTER
NOMINATIVE	ein jung**er** Mann mein alt**er** Wagen	ein klein**es** Kind euer neu**es** Auto
ACCUSATIVE		kein groß**es** Kind unser klein**es** Geschäft

G. Numbers Used as Adjectives

The cardinal numbers, except **ein**, do not usually have adjective endings. **Ein** has **ein**-word endings when used either as the indefinite article or as the cardinal number.

The ordinal numbers are adjectives and are formed as follows:

erst-, zweit-, dritt-, viert-, fünft-, sechst-, siebt-, acht-, neunt-, zehnt-, elft-, zwölft-, dreizehnt-, vierzehnt-, fünfzehnt-, sechzehnt-, siebzehnt-, achtzehnt-, neunzehnt-, zwanzigst-, einundzwanzigst-

Ich habe ihn heute zum **ersten** Mal gesehen.
Wir lesen für morgen die **dritte** Aufgabe.
Am **vierten** Juli fahren wir nach Hause.
Die **zwanzigste** Übung ist schwer.

Ordinal numbers are often written with a period after the numeral as follows:

am 10. März = am zehnten März
der 8. Januar = der achte Januar

17
SIEBZEHNTE LEKTION

Grammatisches Ziel:

Intransitive Verben mit „sein" als Hilfsverb im Perfekt

Einführende Beispiele

1. Ich gehe heute abend zum Volksfest.
   Herr Brown hat das Volksfest schon gesehen.
   Er ist gestern zum Volksfest gegangen.
   Wohin ist er gegangen?
   > *Er ist zum Volksfest gegangen.*
   Wann ist er zum Volksfest gegangen?
   > *Er ist gestern zum Volksfest gegangen.*

2. Sie sind letzte Woche nach Salzburg gefahren,
   aber ich bin nach München gefahren.
   Wohin sind Sie gefahren?
   > *Ich bin nach Salzburg gefahren.*
   Wohin bin ich gefahren?
   > *Sie sind nach München gefahren.*

3. Herr Jones ist auch nach München gefahren.
   Wer ist auch nach München gefahren?
   > *Herr Jones ist auch nach München gefahren.*

4. Mein Freund und ich sind am nächsten Tag zurückgekommen.
   Wann sind wir zurückgekommen?
   > *Sie sind am nächsten Tag zurückgekommen.*

5. Herr Jones ist ins Ausland gereist.
   Zwei Freunde sind mit ihm gereist.
   Wer ist mit ihm gereist?
   > *Zwei Freunde sind mit ihm gereist.*

6. Ich blieb nur zwei Tage in München,
   aber Herr Silva ist bis gestern geblieben.
   Wer ist bis gestern geblieben?
   > *Herr Silva ist bis gestern geblieben.*

7. Ich war nur einmal in Berlin,
   aber Fräulein Jensen ist oft in Berlin gewesen.
   Wer ist oft in Berlin gewesen?
   > *Fräulein Jensen ist oft in Berlin gewesen.*

8. Sind Sie schon in Chicago gewesen?
   Ja, ich bin schon in Chicago gewesen.

9. Ist der D-Zug schon angekommen?
   Ja, der D-Zug ist schon angekommen.

Übungen

1. **Beispiel:** *lange*   **Wir sind *lange* in Frankfurt geblieben.**

   a. lange
   b. eine Woche

   c. drei Monate
   d. in einem kleinen Hotel

2. **Beispiel:** *mit ihm*   **Ich bin oft *mit ihm* gefahren.**

   a. mit ihm
   b. mit diesem Zug

   c. nach Köln
   d. auf der Autobahn

3. **Beispiel:** *in diesem kleinen Hotel*   **Sind Sie schon oft *in diesem kleinen Hotel* gewesen?**

   a. in diesem kleinen Hotel
   b. in der Schweiz

   c. in Regensburg
   d. bei der Familie Schmidt

4. **Beispiel:** *von der Schule*   **Er ist um ein Uhr *von der Schule* gekommen.**

   a. von der Schule
   b. vom Geschäft

   c. vom Volksfest
   d. von der Arbeit

5. **Beispiel:** *gereist*   **Wann sind Sie nach Berlin *gereist*?**

   a. gereist
   b. gekommen

   c. gefahren
   d. abgefahren

6. **Beispiele:** *er*   ***Er ist* mit unseren Freunden in die Stadt gefahren.**
             wir   ***Wir sind* mit unseren Freunden in die Stadt gefahren.**

   a. er
   b. wir

   c. ich
   d. die Kinder

7. **Beispiel:** ***Ich bin* nach Köln gefahren.**   ***Wir sind* nach Köln gefahren.**

   a. Ich bin nach Köln gefahren.
   b. Ich bin nur eine Stunde dort geblieben.
   c. Ich bin in Frankfurt umgestiegen.
   d. Ich bin um neun Uhr abgefahren.

8. **Beispiel:** *Er ist* hier ausgestiegen.   *Sie sind* hier ausgestiegen.

    a. Er ist hier ausgestiegen.
    b. Er ist eine Woche bei mir geblieben.
    c. Er ist nach Hause gefahren.
    d. Er ist mit dem letzten Zug angekommen.
    e. Er ist letztes Jahr in Hannover gewesen.

9. **Beispiel:** *Mein Freund ist* heute morgen bei mir   *Meine Freunde sind* heute morgen bei
    gewesen.   mir gewesen.

    a. Mein Freund ist heute morgen bei mir gewesen.
    b. Der Mann ist eben eingestiegen.
    c. Dieser Student ist nicht ins Kino gegangen.
    d. Der junge Herr ist gestern zurückgekommen.

10. **Beispiel:** Wir *stehen* um halb acht *auf*.   Wir *sind* um halb acht *aufgestanden*.

    a. Wir stehen um halb acht auf.
    b. Wir kommen um zwei Uhr an.
    c. Wir reisen im Sommer in die Schweiz.
    d. Wir gehen um zwei Uhr schwimmen.

11. **Beispiel:** Er *fährt* mit seinem neuen Wagen.   Er *ist* mit seinem neuen Wagen *gefahren*.

    a. Er fährt mit seinem neuen Wagen.
    b. Er geht eben hin.
    c. Er bleibt bis Samstag bei uns.
    d. Er geht heute abend in die Oper.

12. **Beispiel:** Ich *gehe* in die Stadt.   Ich *bin* in die Stadt *gegangen*.

    a. Ich gehe in die Stadt.
    b. Ich bin schon hier.
    c. Ich fahre mit dem Schnellzug nach Mainz.
    d. Ich reise oft allein.
    e. Ich steige in Stuttgart um.

13. **Beispiele:** Sie *gehen* zu Fuß.   Sie *sind* zu Fuß *gegangen*.
                    Mein Freund *steigt* in Frankfurt *um*.   Mein Freund *ist* in Frankfurt
                                           umgestiegen.

    a. Sie gehen zu Fuß.
    b. Mein Freund steigt in Frankfurt um.
    c. Diese Gastarbeiter kommen aus Italien.
    d. Er bleibt am Dienstag zu Hause.
    e. Seine Eltern fahren am Freitag ab.
    f. Wir sind am Mittwoch bei der Mutter.

g. Sie fährt mit dem nächsten Zug ab.
h. Am Marienplatz steigen wir aus.
i. Ich gehe jeden Tag hin.
j. Im Sommer gehe ich oft schwimmen.
k. Herr Neumann ist am Freitag nicht in der Fabrik.

Fragen

1. Sind Sie zu Fuß in die Stadt gegangen?
2. In welcher Stadt sind Sie umgestiegen?
3. Wohin sind Ihre Eltern gezogen?
4. Wie lange wollte er in Köln bleiben?
5. Ist er eine Woche in Köln geblieben?
6. Haben Sie gestern abend gut geschlafen?
7. Wann sind Sie heute morgen aufgestanden?
8. Sind seine Freunde mit dem Zug oder mit ihrem Wagen gefahren?
9. Wollen Sie im Sommer in die Schweiz reisen?
10. Ist Ihre Familie letzten Sommer nach Italien gereist?

Lesestück:

Mackie Messer[1]

In der Mitte des Ausländerkurses sind die Studenten während einer viertägigen Pause unter der Leitung des Instituts nach Berlin geflogen. Pünktlich ist das Flugzeug in der ehemaligen Hauptstadt Preußens und des Deutschen Reiches gelandet. Vom Flughafen sind die Studenten mit dem Omnibus zu einer Pension gefahren. Nach dem Mittagessen
5 in der Pension sind einige der Studenten mit Herrn Professor Hildebrand, einem der Professoren am Institut, auf dem Kurfürstendamm spazierengegangen. Nach dem Zweiten Weltkrieg war der „Kudamm" zur Hauptstraße Westberlins geworden. Bald

---

[1] **Mackie Messer** "Mac the Knife"

sind die Studenten vom Spaziergang müde geworden und sind in ein Restaurant gegangen. Sie nahmen an einem Tisch im Freien Platz und bestellten Kaffee und Eis.

10   Nicht weit vom Restaurant stand der halbzerstörte Turm der Kaiser-Wilhelm-Gedächtniskirche, und neben dem Turm stand eine neue, moderne Kirche.

,,Den Turm ließ man als Mahnmal an den Krieg stehen", erklärte Professor Hildebrand, ,,als Erinnerung an die Grausamkeit des Krieges. Heute abend müssen Sie ihn beim Mondlicht sehen. Die Ansicht bei Nacht ist sehr eindrucksvoll."

15   Am selben Abend ist die ganze Gruppe ins Schillertheater gegangen, um eine Aufführung der ,,Dreigroschenoper" von Bertolt Brecht zu sehen. Die Musik, die Inszenierung und die Kunst der Schauspieler machten einen großen Eindruck auf die Studenten.

Westberlin: Das Reichstagsgebäude vor dem Brand

Nach der Aufführung sind sie in eine Konditorei gegangen und haben den Dichter und
seine Werke besprochen.

20   Im Jahre 1928 führte man zum ersten Mal diese berühmte Oper auf. Die Erstaufführung fand im ,,Theater am Schiffbauerdamm" statt. Die ursprüngliche Handlung
ist in dem Werk ,,*Beggar's Opera*" von John Gay, einem bedeutenden englischen Dichter
des achtzehnten Jahrhunderts, zu finden.[2] Brecht bearbeitete das Werk Gays und fügte
neue Szenen und Balladen bei. Kurt Weill, Komponist und Freund Brechts, komponierte
25   die Musik zu dem Stück. In dieser Oper versuchte Weill, Jazz und moderne Musik
zum Rang einer ernsten Kunst zu erheben.

     Die Handlung spielt am Ende des vorigen Jahrhunderts in einem elenden Vorort
Londons. Herr Macheath, Räuber und Mörder, heiratet Polly Peachum. Pollys Vater
ist der Besitzer der Firma ,,Bettlers Freund". Bei ihm ist das Betteln ein Geschäft, und
30   von ihm bekommen die Straßenbettler der ganzen Stadt allerlei Verkleidungen; als
Besitzer der Firma bekommt er einen hohen Prozentsatz des Bettelgeldes. Herr Peachum
läßt die Polizei wissen, wo Macheath, alias ,,Mackie Messer", zu finden ist, denn er
ärgert sich sehr über die Heirat seiner Tochter mit einem Verbrecher. Jenny, Freudenmädchen und eine der vielen Geliebten Mackies, hilft Herrn Peachum. Sie verrät Mackie
35   aus Rache, denn sie liebt ihn, und er hat sie verlassen. Die Polizei fängt ihn und führt
ihn ins Gefängnis, aber er entflieht. Zum zweiten Mal verhaftet man ihn, und das Gericht
verurteilt ihn zum Tode. Im letzten Augenblick begnadigt ihn die Königin von England
und erhebt ihn in den Adelstand.

     Anstatt eines konventionellen Dramas stellte Brecht eine Reihe von satirischen
40   Bildern dar. Durch den Schock dieser dramatischen Bilder versuchte der Dichter, den
Zuschauer zum Denken zu bringen. Die Charaktere, die Handlung, die Lieder (Brecht
nannte sie *songs*) und Balladen betonen das Übel im Menschen: ,,Die Welt ist arm, der
Mensch ist schlecht", und ,,Erst kommt das Fressen, dann kommt die Moral". Das
Werk kritisierte das Bürgertum und den Kapitalismus; der bürgerliche Geschäftsmann
45   ist ein Räuber, und der Räuber ist ein Geschäftsmann: Bürger = Geschäftsmann =
Räuber. Als Kritiker der Sozialordnung war Brecht ein Meister; er stellte das soziale
Problem dar, aber er gab keine Lösung zu diesem Problem. Der Zuschauer sollte selber
nach der Lösung suchen.

     Von Anfang an hatte das Werk großen Erfolg und spielte lange in Berlin und
50   anderen Städten. Dann übernahmen die Nazis die Regierung des Reiches, und Brecht
war sofort in großer Gefahr, denn wegen seiner politischen Anschauungen stand sein
Name sehr weit oben auf der Verhaftungsliste. Am 27. Februar 1933 brannte das
Reichstagsgebäude nieder. Für die Nazis war der Brand das Signal, ihre Feinde zu
verfolgen und zu verhaften. Am nächsten Tag floh Brecht mit Frau und Söhnchen nach
55   Wien und dann in die Schweiz. Er mußte seine kleine Tochter in Augsburg lassen. Sie
war dort bei seinem Vater, aber es war für Brecht zu gefährlich, in die Heimat zu reisen.
Schließlich ist eine Engländerin über die Grenze gefahren und hat das zweijährige Kind
in die Schweiz geschmuggelt – ein sehr gefährliches Unternehmen.

---

[2] **zu finden**   to be found

Bertolt Brecht

      Als Flüchtling lebte Brecht auch in Dänemark, Schweden und Finnland, bis er im
60 Jahre 1941 über Rußland, Sibirien und den Pazifik nach den Vereinigten Staaten gezogen
ist. Trotz seiner scharfen Kritik am Kapitalismus ist er bis zum Jahre 1948 im kapita-
listischen Amerika geblieben. Dann ist er nach Ostberlin zurückgekehrt, wo er 1956 im
Alter von achtundfünfzig Jahren gestorben ist.

Wortschatz

der Adelstand, –(e)s *nobility, rank of nobility*
alias *alias*
allerlei *all sorts of things, a variety*
das **Alter**, –s, – *age*
die Anschauung, –en *philosophy, attitude, view*
die Ansicht, –en *view, sight*
der **Augenblick**, –(e)s, –e *moment*
der Ausländerkurs, –es, –e *course for foreigners*
die **Autobahn**, –en *autobahn, super-highway*
die Ballade, –n *ballad*
der Besitzer, –s, – *owner*
das Bettelgeld, –(e)s *alms*
das Betteln, –s *begging*
der Bettler, –s, – *beggar*
der **Bürger**, –s, – *member of the middle class, bourgeois*
bürgerlich *bourgeois*
das **Bürgertum**, –s *bourgeoisie, middle class*
der Charakter, –s, –e *character*
dramatisch *dramatic*
„Die Dreigroschenoper" *The Threepenny Opera*
ehemalig *former*
der **Eindruck**, –(e)s, ⁀e *impression*
eindrucksvoll *impressive*
elend *wretched, miserable*
der **Erfolg**, –(e)s, –e *success*
die **Erinnerung**, –en *reminder, remembrance*
ernst *serious*
die Erstaufführung, –en *premiere*
der **Feind**, –(e)s, –e *enemy*
(das) Finnland, –s *Finland*
der Flughafen, –s, ⁀ *airport*
das **Flugzeug**, –(e)s, –e *airplane*
das Fressen, –s *eating (refers to animals eating; vulgar when applied to human beings)*
das Freudenmädchen, –s, – *prostitute*
die **Gefahr**, –en *danger*
die Geliebte, –n *girl friend*
das **Gericht**, –(e)s, –e *court of justice*
gewesen (*see* sein)

die Grausamkeit *cruelty, brutality*
halbzerstört *half-destroyed*
die Handlung, –en *plot, action*
die Hauptstraße, –n *main street*
die Heirat, –en *marriage*
die Inszenierung *staging, sets*
die Kaiser-Wilhelm-Gedächtniskirche *Kaiser William Memorial Church, West Berlin*
der Kapitalismus, – *capitalism*
kapitalistisch *capitalistic*
der Komponist, –en, –en *composer*
konventionell *conventional*
die Kritik (an) (*with dat.*) *criticism (of)*
der Kritiker, –s, – *critic*
die **Kunst**, ⁀e *art*
der Kurfürstendamm, –(e)s *name of famous boulevard in West Berlin*
die Leitung *direction*
die Lösung, –en *solution*
das Mahnmal, –(e)s, –e *memorial, reminder*
der **Meister**, –s, – *master*
das **Mittagessen**, –s, – *noon meal, lunch*
das Mondlicht, –(e)s *moonlight*
die Moral *moral(s)*
der Mörder, –s, – *murderer*
der Nazi, –s, –s *Nazi*
Nr. = die Nummer, –n *number*
oben *up, above*
der Omnibus, –ses, –se *bus*
(das) Ostberlin, –s *East Berlin, communist sector of Berlin*
die **Pause**, –n *pause, recess*
der Pazifik, –s *Pacific Ocean*
die Pension, –en *boardinghouse*
die **Polizei** *police*
der Prozentsatz, –es, ⁀e *percentage*
pünktlich *punctual*
die Rache *revenge*
der Rang, –(e)s, ⁀e *rank*
der Räuber, –s, – *robber*
das **Reich**, –(e)s, –e *empire*
das Reichstagsgebäude, –s *Parliament Building, West Berlin*
die **Reihe**, –n *row, series*
satirisch *satirical*
scharf, schärfer, schärfst- *sharp*

der **Schauspieler**, –s, –   *actor*
der Schiffbauerdamm, –(e)s   *name of street in East Berlin*
das Schillertheater, –s   *Schiller Theater, West Berlin*
der Schock, –(e)s, –e *or* –s   *shock*
(das) Schweden, –s   *Sweden*
selb-   *same*
selber   *self, myself, yourself, himself, herself, itself, ourselves, yourselves, themselves*
(das) Sibirien, –s   *Siberia*
das Signal, –s, –e   *signal*
das Söhnchen, –s, –   *small son*
die Sozialordnung   *social order*
der **Spaziergang**, –(e)s, ⁼e   *walk, stroll*
der Straßenbettler, –s, –   *street beggar*
das **Stück**, –(e)s, –e   *play, drama*
die Szene, –n   *scene*
der Verbrecher, –s, –   *criminal*
die Verhaftungsliste, –n   *list of people to be arrested*
die Verkleidung, –en   *disguise*
viertägig   *four-day, of four days' duration*
der Vorort, –(e)s, –e   *suburb*
(das) Westberlin, –s, *also* West-Berlin   *West Berlin, a federal city-state*
der Zuschauer, –s, –   *spectator*
zweijährig   *two-year-old*

sich **ärgern**   *to become annoyed, irritated*
aufführen   *to perform, produce (a play)*
bearbeiten   *to rework, revise*
begnadigen   *to pardon*
beifügen *to add to*
entfliehen, entfloh, ist entflohen   *to escape*
erheben, erhob, erhoben   *to raise, elevate*
fangen (fängt), fing, gefangen   *to catch*
fliegen, flog, ist geflogen   *to fly*
führen   *to lead, guide*
heiraten   *to marry*
komponieren   *to compose*
kritisieren   *to criticize*
landen, ist gelandet   *to land*
niederbrennen, brannte nieder, ist niedergebrannt   *to burn down*
schmuggeln   *to smuggle*
sein (ist), war, ist gewesen   *to be*
spazierengehen, ging spazieren, ist spazierengegangen   *to go for a walk*
sterben (stirbt), starb, ist gestorben   *to die*
verfolgen   *to persecute, pursue*
verhaften   *to arrest*
verraten (verrät), verriet, verraten   *to betray*
verurteilen   *to condemn*
ziehen, zog, ist gezogen   *to move*

Weitere Übungen

1. Read the following sentences in the perfect tense:

   a. Das Flugzeug landet pünktlich auf dem Flughafen.

   b. Bei ihm ist das Betteln ein Geschäft.

   c. Die Handlung des Dramas spielt in einem elenden Vorort.

   d. Er wird gleich müde.

   e. Wir landen um elf Uhr.

   f. Ich steige an der Haltestelle am Marienplatz aus.

   g. Im Jahre 1956 kehrt er nach Ostberlin zurück.

   h. Jenny verrät Mackie aus Rache.

   i. Schließlich kommen wir am Ziel an.

j. Die Studenten gehen auf dem Kurfürstendamm spazieren.

k. Ich fahre oft mit dem D-Zug.

l. Der Baum wächst langsam.

m. Manche Gastarbeiter brechen psychisch zusammen.

n. Er fährt heute seinen neuen Wagen in die Stadt.

o. Solche Gebräuche entstehen auf dem Land.

p. Die Aufführung gefällt mir sehr.

q. Ich wohne bei der Tante in der Gartenstraße.

r. Ich reise zu Ostern in die Berge.

s. Das Werk kritisiert das Bürgertum.

t. Wie lange bleiben Sie in Berlin?

u. Das Gericht verurteilt den Mörder zum Tode.

v. Wir steigen vor dem Schillertheater um.

Ostberlin: Theater am Schiffbauerdamm

2. Give either a positive or a negative response to the following questions:

   a. Sind Sie in Berlin gelandet?
   b. Ist er zu Fuß gegangen?
   c. Haben Sie in Berlin gewohnt?
   d. Sind die Studenten auf dem Kudamm spazierengegangen?
   e. Haben Sie Eis bestellt?
   f. Haben Sie lange auf uns gewartet?
   g. Ist Ihr Freund in die Schweiz geflogen?
   h. Sind Sie schon in Wien gewesen?
   i. Ist sie vom Spaziergang müde geworden?
   j. Sind Sie in Köln umgestiegen?

3. Tell in German where you might be if you were to hear the following:

   a. Der Turm neben der schönen, neuen Kirche ist ein Mahnmal an den Krieg.
   b. Stimme im Lautsprecher: D-Zug Nr. 217 kommt auf Gleis sieben an.
   c. Hier darf man keine Aufnahmen machen.
   d. Wie gefällt Ihnen die Inszenierung?
   e. Sollen wir es mit dem Karussell versuchen?
   f. Ich möchte eine Fahrkarte erster Klasse nach München kaufen.
   g. Die Schauspieler spielen heute abend sehr gut, nicht wahr?
   h. Vanilleeis und Kaffee, bitte.
   i. Vorsicht bei der Abfahrt! Wir wünschen eine gute Reise!
   j. Das Puppentheater ist dort in der Bude.
   k. Nehmen Sie bitte an meinem Tisch Platz!
   l. Hier findet die Aufführung von „Jedermann" statt.

4. Answer the following questions with complete sentences:

   a. In welchem Theater führte man zum ersten Mal die „Dreigroschenoper" auf?
   b. Warum ließ man den Turm der Kaiser-Wilhelm-Gedächtniskirche stehen?
   c. In welches Theater sind die Studenten gegangen?
   d. Was hat einen großen Eindruck auf die Studenten gemacht?
   e. In welchem Jahre fand die Erstaufführung der „Dreigroschenoper" statt?
   f. Wer ist Mackie Messer?
   g. Was kritisiert die „Dreigroschenoper"?
   h. Wo spielt die Handlung der Oper?
   i. Wessen Name stand sehr weit oben auf der Verhaftungsliste der Nazis?
   j. Wer war ein großer Kritiker der Sozialordnung?
   k. Was versuchte der Dichter durch dramatische Bilder zu tun?
   l. Wann und wo ist Brecht gestorben?

Schriftliches

1. Complete the following sentences, replacing each blank with one or more words:

   a. Das Flugzeug _____ pünktlich gelandet.
   b. Am selben Abend _____ gegangen.
   c. Wann sind Sie _____ geflohen?
   d. Er ist _____ D-Zug _____.
   e. Wir _____ heute abend _____ gegessen.
   f. Ich bin _____ Flugzeug nach _____.
   g. Nach dem Mittagessen _____ spazierengegangen.
   h. Bist _____ müde _____?

2. Write the following sentences in German, using only the present perfect tense:

   a. We flew to Berlin yesterday.
   b. I have been in Heidelberg frequently.
   c. He went by train to Düsseldorf and then flew to Munich.
   d. They have been in Salzburg only once.
   e. Have you (*fam. plur.*) seen the tower of the Kaiser William Memorial Church by moonlight?
   f. The students have gone for a walk on the **Kurfürstendamm**.
   g. I stayed a whole month in Bad Reichenhall.
   h. We got up early this morning and departed at seven o'clock.
   i. We got out at the car stop in front of the Schiller Theater.
   j. They went to a **Konditorei** and discussed the poet and his works.

Verschiedenes

Die Moritat[1] von Mackie Messer
aus dem Vorspiel[2] der „Dreigroschenoper"

Und der Haifisch,[3] der hat Zähne[4]
Und die[5] trägt er im Gesicht
Und Macheath, der hat ein Messer
Doch das Messer sieht man nicht.

Ach, es sind des Haifischs Flossen[6]
Rot, wenn dieser[7] Blut vergießt![8]
Mackie Messer trägt 'nen[9] Handschuh[10]
Drauf[11] man keine Untat[12] liest.

An der Themse[13] grünem Wasser
Fallen plötzlich[14] Leute um![15]
Es ist weder Pest noch[16] Cholera
Doch es heißt:[17] Macheath geht um.[18]

An 'nem schönen blauen Sonntag
Liegt ein toter[19] Mann am Strand,[20]
Und ein Mensch geht um die Ecke[21]
Den[22] man Mackie Messer nennt.

Und Schmul Meier[23] bleibt verschwunden
Und so mancher reiche Mann
Und sein Geld hat Mackie Messer
Dem[24] man nichts beweisen kann.

Jenny Towler[25] ward[26] gefunden
Mit 'nem Messer in der Brust[27]
Und am Kai[28] geht Mackie Messer
Der von allem nichts gewußt.[29]

Wo ist Alfons Glite,[30] der Fuhrherr?[31]
Kommt das je[32] ans Sonnenlicht?[33]
Wer es immer wissen könnte –
Mackie Messer weiß es nicht.

Und das große Feuer[34] in Soho[35]
Sieben Kinder und ein Greis[36] –
In der Menge[37] Mackie Messer, den
Man nicht fragt und der nichts weiß.

Und die minderjährige[38] Witwe[39]
Deren[40] Namen jeder weiß
Wachte auf[41] und war geschändet[42] –
Mackie, welches war dein Preis?[43]

Bertolt Brecht (1898–1956)

---

[1] **die Moritat** ballad about murder and other forms of violence   [2] **das Vorspiel** prologue   [3] **der Haifisch** shark   [4] **der hat Zähne** it has teeth   [5] **die** these   [6] **die Flosse** fin   [7] **dieser** it, the latter (the shark)   [8] **Blut vergießen** to shed blood   [9] **'nen = einen**   [10] **der Handschuh** glove   [11] **drauf = darauf**   [12] **die Untat** crime   [13] **die Themse** Thames River   [14] **plötzlich** suddenly   [15] **umfallen (fällt um), fiel um, ist umgefallen** to fall over   [16] **weder Pest noch** neither plague nor   [17] **es heißt** they say   [18] **umgehen, ging um, ist umgegangen** to make the rounds   [19] **tot** dead   [20] **der Strand** name of a street in London   [21] **die Ecke** corner   [22] **den** whom   [23] **Schmul Meier** proper name   [24] **dem** (against) whom   [25] **Jenny Towler** proper name   [26] **ward** archaic and poetic form of **wurde**   [27] **die Brust** breast   [28] **der Kai** quay   [29] **der von allem nichts gewußt** who knew nothing about it   [30] **Alfons Glite** proper name   [31] **der Fuhrherr** drayman   [32] **je** ever   [33] **das Sonnenlicht** sunlight   [34] **das Feuer** fire   [35] **Soho** section of London   [36] **der Greis** old man   [37] **die Menge** crowd   [38] **minderjährig** minor, not of age   [39] **die Witwe** widow   [40] **deren** whose   [41] **aufwachen, ist aufgewacht** to awaken   [42] **schänden** to dishonor, violate   [43] **der Preis** price; prize

Westberlin

Grammatik

Intransitive Verbs Requiring the Auxiliary **Sein**

Most verbs form the present perfect tense with the present tense of **haben** in combination with the past participle of the verb. They form the past perfect tense with the past tense of **haben** and the past participle of the verb.

PRESENT PERFECT TENSE

Ich **habe** heute mein Buch **vergessen.**
Wir **haben** die nächste Aufgabe **angefangen.**
Ich **habe** mir einen neuen Wagen **gekauft.**
Sie **hat** auf der Universität Heidelberg **studiert.**

PAST PERFECT TENSE

Ich **hatte** schon zu Mittag **gegessen,** als er zu mir kam.
Er **hatte** den Doktor schon **gemacht,** bevor er nach Schwarzhausen kam.
Meine Freunde **hatten** vor dem Krieg auf der Universität Heidelberg **studiert.**

An intransitive verb is one that cannot take a direct object. Intransitive verbs expressing motion, that is, change of location or position, and another small but important group of intransitive verbs form the present perfect tense with the present tense of **sein** as the auxiliary verb in combination with the past participle. These verbs form the past perfect tense with the past tense of **sein** in combination with the past participle.

PRESENT PERFECT TENSE

Gestern **ist** er auf Besuch **gekommen.**
Ich **bin** letzte Woche nach Köln **gefahren.**
Eben **sind** sie **eingestiegen.**
Wir **sind** kaum eine Stunde in Stuttgart **geblieben.**
Er **ist** im Juli des vergangenen Jahres **gestorben.**

PAST PERFECT TENSE

Wir **waren** schon **abgefahren,** bevor der Brief ankam.
Er **war** schon **aufgestanden,** ehe ich in die Schule ging.

The following list contains all verbs used so far that require **sein** as the helping verb in the perfect tense:

abfahren	ist abgefahren	*to depart*
ankommen	ist angekommen	*to arrive*
aufstehen	ist aufgestanden	*to get up*

aussteigen	ist ausgestiegen	*to get off or out of a vehicle*
bleiben	ist geblieben	*to remain, stay*
einfallen	ist eingefallen	*to occur (in thought)*
einsteigen	ist eingestiegen	*to get into a vehicle, board*
entfliehen	ist entflohen	*to escape*
entstehen	ist entstanden	*to arise, originate*
fahren	ist gefahren	*to ride, travel, go by vehicle*
fallen	ist gefallen	*to fall*
fliegen	ist geflogen	*to fly*
fliehen	ist geflohen	*to flee*
folgen	ist gefolgt	*to follow*
fortfahren	ist fortgefahren	*to continue*
gehen	ist gegangen	*to go*
hereinkommen	ist hereingekommen	*to come in*
hinaufsteigen	ist hinaufgestiegen	*to climb up, go up*
hinfahren	ist hingefahren	*to travel there or to that place*
hingehen	ist hingegangen	*to go there or to that place*
kommen	ist gekommen	*to come*
landen	ist gelandet	*to land*
mitfahren	ist mitgefahren	*to accompany, travel with someone*
mitkommen	ist mitgekommen	*to accompany*
nachkommen	ist nachgekommen	*to come after, follow*
niederbrennen	ist niedergebrannt	*to burn down*
reisen	ist gereist	*to travel*
schwimmen	ist geschwommen	*to swim*
schwimmen gehen	ist schwimmen gegangen	*to go swimming*
sein	ist gewesen	*to be*
spazierengehen	ist spazierengegangen	*to go walking*
stammen	ist gestammt	*to come from, originate*
stehenbleiben	ist stehengeblieben	*to stop*
steigen	ist gestiegen	*to climb*
sterben	ist gestorben	*to die*
treten	ist getreten	*to step, walk*
umkommen	ist umgekommen	*to perish*
umsteigen	ist umgestiegen	*to transfer from one vehicle to another*
verschwinden	ist verschwunden	*to disappear*
vorbeifahren	ist vorbeigefahren	*to drive past, ride past*
vorbeigehen	ist vorbeigegangen	*to go past*
vorbeikommen	ist vorbeigekommen	*to come past, stop in*
wachsen	ist gewachsen	*to grow*
werden	ist geworden	*to become*
wiederkehren	ist wiedergekehrt	*to return*
ziehen	ist gezogen	*to move*

zurückfahren	ist zurückgefahren	*to return by vehicle*
zurückkehren	ist zurückgekehrt	*to return*
zurückkommen	ist zurückgekommen	*to return, come back*
zusammenbrechen	ist zusammengebrochen	*to break down, collapse*

18

ACHTZEHNTE LEKTION

Grammatische Ziele:

Unterordnende Konjunktionen

Relativpronomen

Wortstellung bei unterordnenden Konjunktionen und bei
  Relativpronomen

Einführende Beispiele

1. Die Studenten fliegen nach Berlin.
   Haben Sie gewußt, daß die Studenten nach Berlin fliegen?
   Ja, ich habe gewußt, daß die Studenten nach Berlin fliegen.

2. Man macht keine Aufnahmen, weil es hier verboten ist.
   Warum macht man keine Aufnahmen?
   Man macht keine Aufnahmen, weil es hier verboten ist.

3. Herr Brown fuhr nach München, als er in Deutschland war.
   Wohin fuhr er, als er in Deutschland war?
   Er fuhr nach München, als er in Deutschland war.

● ● ●

4. Herr Brown ist der Student, der aus Amerika kommt.
   Ist Herr Brown der Student, der aus Amerika kommt?
   Ja, Herr Brown ist der Student, der aus Amerika kommt.
   Wer ist Herr Brown?
   Herr Brown ist der Student, der aus Amerika kommt.

5. Die Studentin, die aus Frankreich kommt, ist Fräulein Moreau.
   Ist Fräulein Moreau die Studentin, die aus Frankreich kommt?
   Ja, Fräulein Moreau ist die Studentin, die aus Frankreich kommt.

6. Das Mädchen, das hier wohnt, heißt Inge Jensen.
   Welches Mädchen heißt Inge Jensen?
   Das Mädchen, das hier wohnt, heißt Inge Jensen.

7. Die Filme, die im ,,Palast" spielen, sind Kriegsfilme.
   Welche Filme sind Kriegsfilme?
   Die Filme, die im ,,Palast" spielen, sind Kriegsfilme.

8. Der Arzt, den Herr Brown besucht, heißt Werner.
   Wie heißt der Arzt, den Herr Brown besucht?
   Der Arzt, den Herr Brown besucht, heißt Werner.
   Ist das der Arzt, den Sie besuchen?
   Ja, das ist der Arzt, den ich besuche.

9. Der Freund, dem er das Geld gab, heißt Silva.
    Wie heißt der Freund, dem er das Geld gab?
    Der Freund, dem er das Geld gab, heißt Silva.

10. Die Studentin, mit der er sprach, war Fräulein Moreau.
    Wer war die Studentin, mit der er sprach?
    Die Studentin, mit der er sprach, war Fräulein Moreau.

Westberlin

11. Das Mädchen, von dem Herr Jones spricht, ist Anneliese.
Wer ist das Mädchen, von dem Herr Jones spricht?
Das Mädchen, von dem Herr Jones spricht, ist Anneliese.

12. Die Leute, denen er das sagte, waren Touristen.
Wer waren die Leute, denen er das sagte?
Die Leute, denen er das sagte, waren Touristen.

Übungen

1. Beispiel: *ich weiß*   **Ich weiß, daß er heute nach Berlin fliegt.**

   a. ich weiß   c. ich habe gewußt
   b. ich glaube   d. wissen Sie (?)

2. Beispiel: **Ich glaube, er fliegt nach Berlin.   Ich glaube, *daß* er nach Berlin fliegt.**

   a. Ich glaube, er fliegt nach Berlin.
   b. Ich glaube, er fliegt heute nach Berlin.
   c. Ich glaube, er ist in Berlin.
   d. Ich glaube, er ist seit einem Jahr in Berlin.
   e. Ich glaube, er wohnt seit einem Jahr in Berlin.

3. Beispiel: **Ich glaube, mein Freund bleibt zu Hause.   Ich glaube, *daß* mein Freund zu Hause bleibt.**

   a. Ich glaube, mein Freund bleibt zu Hause.
   b. Ich glaube, mein Freund bleibt heute abend zu Hause.
   c. Ich glaube, mein Freund geht nach Hause.
   d. Ich glaube, meine Freunde gehen nach Hause.
   e. Ich glaube, meine Freunde gehen heute abend nach Hause.

4. Beispiel: **Ich habe keine Zeit. Ich muß lernen.   Ich habe keine Zeit, *weil* ich lernen muß.**

   a. Ich habe keine Zeit. Ich muß lernen.
   b. Wir haben keine Zeit. Wir müssen lernen.
   c. Wir hatten keine Zeit. Wir mußten lernen.
   d. Wir haben keine Zeit gehabt. Wir haben gearbeitet.
   e. Er hat keine Zeit gehabt. Er hat gearbeitet.
   f. Er hat keine Zeit verloren. Er hat gearbeitet.

5. **Beispiel:** *Er war hier.*   Ich habe mit ihm gesprochen, *als er hier war.*

    a. Er war hier.
    b. Er war bei uns.
    c. Er war gestern hier.
    d. Er arbeitete an einem Bericht.
    e. Er fing mit der Arbeit an.

6. **Beispiel:** *der bei uns wohnt*   Das ist der Mann, *der bei uns wohnt.*

    a. der bei uns wohnt   c. der aus Amerika kommt
    b. der hier wohnt   d. der meinen Vater kennt

7. **Beispiel:** *Kennen Sie den Mann . . .*   *Kennen Sie den Mann,* der auf uns wartet?

    a. Kennen Sie den Mann . . .   c. Ist das der Student . . .
    b. Wo ist der Mann . . .   d. Ist das der Professor . . .

8. **Beispiel:** *Mann*   Das ist ein *Mann*, den ich nicht kenne.

    a. Mann   c. Dichter
    b. Student   d. Schauspieler

9. **Beispiel:** *Mann*   Kennen Sie den *Mann*, der dort arbeitet?

    a. Mann   c. Beamten
    b. Kellner   d. Ingenieur

10. **Beispiel:** *Frau*   Das ist die *Frau*, die ich oft hier gesehen habe.

    a. Frau   c. Amerikanerin
    b. Studentin   d. Lehrerin

11. **Beispiele:** *Mann*   Hier ist *der Mann*, der mit uns nach Bonn fährt.
               Studentin   Hier ist *die Studentin*, die mit uns nach Bonn fährt.

    a. Mann   c. Frau
    b. Studentin   d. Student

12. **Beispiele:** *Freund*   *Der Freund,* den ich besuchen wollte, war krank.
               Tante   *Die Tante,* die ich besuchen wollte, war krank.

    a. Freund   f. Frau
    b. Tante   g. Lehrerin
    c. Student   h. Lehrer
    d. Dame   i. Vetter
    e. Onkel   j. Kusine

13. **Beispiel:** *Dorf*   Das ist das *Dorf, das* so berühmt ist.

    a. Dorf   d. Hotel
    b. Haus   e. Restaurant
    c. Schloß   f. Museum

14. **Beispiele:** *Mädchen*   Das *Mädchen, das* wir besucht haben, heißt Neumann.
                 Arzt   Der *Arzt, den* wir besucht haben, heißt Neumann.

    a. Mädchen   e. Schauspieler
    b. Arzt   f. Mädchen
    c. Dame   g. Jurist
    d. Nachbar   h. Tante

15. **Beispiele:** *ein Buch*   Er hat *ein Buch, das* ich sehen möchte.
                 einen Freund   Er hat *einen Freund, den* ich sehen möchte.

    a. ein Buch   e. einen neuen Mercedes
    b. einen Freund   f. ein Haus
    c. ein Bild   g. ein Geschäft
    d. eine Fabrik   h. eine Aufnahme

16. **Beispiel:** *Leute*   Kennen Sie die *Leute, die* heute abend kommen?

    a. Leute   c. Mädchen
    b. Studenten   d. Amerikaner

17. **Beispiele:** *Ärztin*   Das *ist die Ärztin, die* wir gestern gesehen haben.
                 Leute   Das *sind die Leute, die* wir gestern gesehen haben.

    a. Ärztin   f. Kirche
    b. Leute   g. Haus
    c. Drama   h. Häuser
    d. Touristen   i. Dame
    e. Arzt   j. Film

18. **Beispiele:** *Wagen*   Dies ist *der Wagen,* mit *dem* ich in die Stadt gefahren bin.
                 Linie   Dies ist *die Linie,* mit *der* ich in die Stadt gefahren bin.

    a. Wagen   f. Familie
    b. Linie   g. Straßenbahn
    c. Nachbarin   h. Zug
    d. Omnibus   i. Mädchen
    e. Freund   j. Nachbar

19. **Beispiel:** *Leute*   Haben Sie die *Leute* gesehen, mit denen ich gesprochen habe?

    a. Leute   c. Schauspieler
    b. Studenten   d. Kinder

20. Beispiel: Das *ist ein Mann, den* wir gut kennen.   Das *sind Männer, die* wir gut kennen.

    a. Das ist ein Mann, den wir gut kennen.

    b. Das ist eine Frau, die wir gut kennen.

    c. Das ist ein Kind, das wir gut kennen.

    d. Das ist ein Student, den wir gut kennen.

    e. Das ist ein Schauspieler, den wir gut kennen.

    f. Das ist ein Mädchen, das wir gut kennen.

    g. Das ist eine Studentin, die wir gut kennen.

    h. Das ist ein Herr, den wir gut kennen.

21. Beispiel: Kennen Sie *das Mädchen,* von *dem* ich   Kennen Sie *die Mädchen,* von *denen*
           spreche?   ich spreche?

    a. Kennen Sie das Mädchen, von dem ich spreche?

    b. Das ist der Mann, von dem Sie das kauften.

    c. Dort ist das Kind, das von der Schule kommt.

    d. Das ist das Kind, mit dem ich oft spiele.

    e. Das ist die Studentin, mit der er sprach.

    f. Das ist der Mann, dem ich die Fahrkarte zeigte.

    g. Die Dame, die hier wohnt, unterrichtet am Institut.

    h. Ich habe das Buch gefunden, das Sie verloren haben.

    i. Das ist der Freund, von dem er so oft spricht.

Fragen

1. Kennen Sie den Studenten, der hier war?
2. Ist das das Haus, das Ihre Familie gekauft hat?
3. Wer war der Arzt, zu dem Sie gingen?
4. Wie hieß die Oper, die Sie gestern hörten?
5. Ist Rothenburg die Stadt, von der er erzählte?
6. Wer ist der Dichter, der das geschrieben hat?
7. Sind das die Leute, mit denen Sie heute fahren?
8. Haben Sie den Bericht verstanden, den Sie gelesen haben?

Das Brandenburger Tor. Vor dem Tor die Mauer

Lesestück:

Berlin und das Brandenburger Tor

Einige Studenten wollten das Brandenburger Tor sehen, während sie in Berlin waren. In der S-Bahn machten sie die Bekanntschaft eines jungen Mannes namens Schoening, der sie bis an die Sektorengrenze begleitete. Herr Schoening unterrichtete an einer Berliner Schule Geschichte und sprach gern über den historischen Hintergrund seiner Heimatstadt.

5   Im Vergleich zu manchen anderen deutschen Städten ist Berlin keine alte Stadt. Köln, zum Beispiel, ist über neunzehnhundert Jahre alt, während Mainz sogar zweitausend Jahre alt ist. Die beiden sind schon zur Zeit Christi römische Festungsstädte gewesen. Im Jahre 1237 ist aber der Name ,,Berlin" zum ersten Mal in einem alten Dokument erschienen. Im Jahre 1648, als der Dreißigjährige Krieg zu Ende ging, hat
10 die Stadt nur fünftausend Einwohner gehabt. Obwohl es die Hauptstadt der Mark Brandenburg[1] war, hatte Berlin damals wenig Bedeutung in der Weltpolitik; erst mehr als fünfzig Jahre später ist es die Hauptstadt des Königreichs Preußen[2] geworden, und in der Bismarckzeit[3] des vorigen Jahrhunderts wurde es der Regierungssitz des Deutschen Reiches und gleichzeitig eine bedeutende Weltstadt. Nach der Zerstörung im Zweiten
15 Weltkrieg haben die Siegermächte die Stadt in vier Sektoren geteilt. 1948 spaltete sich die bis dahin gemeinsame Stadtverwaltung in zwei getrennte West- und Ostberliner Stadtregierungen. Ostberlin wurde der Regierungssitz der Deutschen Demokratischen Republik, während die Stadt Bonn die provisorische Hauptstadt Westdeutschlands wurde.
20   Das Stadtviertel, in dem das Brandenburger Tor steht, war vor dem Krieg das Zentrum Berlins. In der Nähe standen damals das Reichstagsgebäude, die Reichskanzlei, die Universität Berlin, Museen und andere bekannte Gebäude. Mit Ausnahme des Reichstagsgebäudes waren all diese Bauten in einem Viertel, das seit 1945 zum Ostsektor gehört.
25   Nachdem die Studenten und Herr Schoening an der letzten S-Bahnstation vor der Sektorengrenze ausgestiegen waren, sahen sie das wiederhergestellte Reichstagsgebäude. Seit dem Brand im Jahre 1933[4] hatte es fünfundzwanzig Jahre lang als Ruine gestanden – ein Symbol des ruhmlosen Endes der Weimarer Republik, die deutsche Regierung von 1919 bis zur Machtübernahme durch die Nazi-Partei. Einer der Neubauten, die man in

---

[1] **die Mark Brandenburg** Province of Brandenburg, an old frontier province ruled by the Hohenzollern princes, united in 1701 with the Duchy of Prussia to form the Kingdom of Prussia.
[2] **das Königreich Preußen** Prussia remained a kingdom until the end of World War I.
[3] **die Bismarckzeit** era of Bismarck. Otto von Bismarck (1815–1898) was a Prussian statesman, known as the Iron Chancellor, whose skillful manipulation of power and diplomacy effected the union of German states and the founding of the German Empire in 1871.
[4] **der Brand im Jahre 1933** The burning of the Parliament Building was an act of arson probably instigated by the Nazis.

30 einiger Entfernung sehen konnte, war die Kongreßhalle, ein sehr modernes Gebäude, das die Ford-Stiftung errichtet hatte.

Während Herr Schoening von Berlin redete, war die Gruppe zum Brandenburger Tor gekommen. Dieser Bau, den man 1791 im klassischen Stil errichtete, hatte im Laufe der deutschen Geschichte viele Siegesparaden und auch Niederlagen gesehen. Kaiser
35 Napoleon war 1806 als Sieger durch das Tor gezogen; die Revolutionen von 1848 und 1918, sowie den Luftkrieg, die Beschießung der Stadt, die totale Zerstörung des Nazi-Regimes und im Jahre 1953 den Aufstand des Volkes im Ostsektor hatte das Tor überstanden.

Das frühere Siegessymbol stand an der Sektorengrenze, und zu beiden Seiten
40 erstreckte sich die Mauer, die im Jahre 1961 den Flüchtlingsstrom plötzlich zum Stillstand gebracht hatte. In vergangenen Zeiten bauten Länder und Städte Mauern, damit niemand hereinkonnte, aber diese Mauer, die ein ganzes Land in ein Gefängnis verwandelt hatte, ist wahrscheinlich die einzige (außer Strafanstalten), die niemanden herausläßt.

Wie die jungen Leute von ihrem Begleiter hörten, liegt Berlin mitten in der Deutschen
45 Demokratischen Republik. Es ist wahrscheinlich das einzige Stück Erde, das eine Insel ist, ohne von Wasser umgeben zu sein. Obwohl die Flüchtlinge nichts mitnehmen durften, sind in den Jahrzehnten nach dem Zweiten Weltkrieg jedes Jahr Tausende von Menschen aus der Ostzone geflohen, denn das Leben war schon damals viel leichter und freier im Westen. Im Jahre 1961 aber errichteten die Ostdeutschen die Mauer. Solche Maßnahmen
50 waren vom Standpunkt der Deutschen Demokratischen Republik aus sehr nötig. So viele Ärzte, Lehrer, Arbeiter und Fachleute waren geflohen, daß die Volkswirtschaft, die ohnehin sehr schwach war, und der allgemeine Wohlstand der ostdeutschen Bevölkerung in Gefahr gerieten. Ohne Arbeiter konnten die Fabriken nicht in Betrieb bleiben; ohne Ärzte konnte die Regierung die Gesundheit der Bevölkerung nicht mehr schützen;
55 ohne Fachleute konnte die Industrie nicht weiter bestehen, und ohne Lehrer konnte das Schulwesen seine Aufgabe der Jugendbildung nicht erfüllen.

Erst in den frühen siebziger Jahren wurde die Spannung des „kalten Krieges" zwischen der BRD und der DDR, eigentlich zwischen den westlichen Ländern und den kommunistischen Ländern, etwas geringer. Durch kleine aber wichtige diplomatische
60 Maßnahmen haben die führenden Staatshäupter versucht, die Spannungspolitik zwischen den zwei politischen Weltteilen abzubauen, was in der weiten Zukunft zu der Ver-wirklichung des alten Traumes von „einer Welt" führen könnte.

Wortschatz

als ob *as if*
der Aufstand, –(e)s, ⸚e *revolt, uprising*
der Bau, –(e)s, (*plur.*) Bauten *building, structure*
die Bedeutung, –en *significance*
der Begleiter, –s, – *companion, escort*
Berliner (*adj.*) *Berlin*

die Beschießung, –en *bombardment*
der Betrieb, –(e)s, –e *operation*
bis: bis an *as far as*; bis dahin *up to that time*
der Brand, –(e)s, ⸚e *fire, conflagration*
das Brandenburger Tor, –(e)s *Brandenburg Gate, Berlin*

die **BRD** = die Bundesrepublik Deutschland *Federal Republic of Germany*
Christus, (*gen.*) Christi *Christ*; zur
  Zeit Christi *at the time of Christ*
dahin *to that time; to that place*
damit *in order that*
die **DDR** = die Deutsche Demokratische
  Republik *German Democratic
  Republic (East Germany)*
der, die, das *who, which, that*
diplomatisch *diplomatic*
das **Dokument**, –(e)s, –e *document*
der **Einwohner**, –s, – *inhabitant*
einzig *single, only*
das **Ende**: zu Ende gehen *to end*
die **Entfernung**, –en *distance*; in einiger
  Entfernung *at some distance*
entweder . . . oder *either . . . or*
die **Fachleute** (*plur.*) *skilled workers,
  specialists*
die **Festungsstadt**, ⁼e *fortified city*
der **Flüchtlingsstrom**, –(e)s, ⁼e *stream of
  refugees*
die **Ford-Stiftung** *Ford Foundation*
führend *leading*
das **Gebäude**, –s, – *building*
gemeinsam *common, in common*
die **Gesundheit** *health*
die **Heimatstadt**, ⁼e *hometown*
der **Hintergrund**, –(e)s *background*
indem *while, while at the same time*
die **Insel**, –n *island*
die **Jugendbildung** *education of youth*
der **Kaiser**, –s, – *kaiser, emperor*
klassisch *classical*
kommunistisch *communist*
die **Kongreßhalle** *Convention Hall,
  West Berlin*
das **Königreich**, –(e)s, –e *kingdom*
der **Luftkrieg**, –(e)s, –e *aerial warfare*
die **Machtübernahme** *seizure of power*
die **Maßnahme**, –n *measure*
nachdem *after*
namens *by the name of*
die **Nazi-Partei** *Nazi Party*
der **Neubau**, –(e)s, (*plur.*) –bauten
  *building under construction, new
  structure*
nichts *nothing*
die **Niederlage**, –n *defeat*
nötig *necessary*
ohne . . . zu (*with inf.*) *without*

ohnehin *anyway, moreover*
Ostberliner (*adj.*) *East Berlin*
ostdeutsch (*adj.*) *East German*
der **Ostdeutsche**, –n, –n *East German*
der **Ostsektor**, –s *East Sector*
plötzlich *sudden*
provisorisch *provisional, temporary*
die **Reichskanzlei** *Imperial Chancellery*
römisch (*adj.*) *Roman*
ruhmlos *infamous, inglorious*
die **Ruine**, –n *ruin(s)*
die **S-Bahn**, –en = die Stadtbahn
  municipal railway
die **S-Bahnstation**, –en *municipal
  railway station*
seitdem *since*
die **Seite**, –n *side*
der **Sektor**, –s, –en *sector*
die **Sektorengrenze**, –n *sector boundary*
der **Sieger**, –s, – / die **Siegerin**, –nen
  victor, conqueror
die **Siegesparade**, –n *victory parade*
das **Siegessymbol**, –s, –e *symbol of
  victory*
sobald *as soon as*
sowie *as well as*
die **Spannung**, –en *tension*
die **Spannungspolitik** *politics of tension*
das **Staatshaupt**, –(e)s, ⁼er *head of
  state*
die **Stadtregierung**, –en *municipal
  government*
die **Stadtverwaltung**, –en *municipal
  administration*
das **Stadtviertel**, –s, – *section of a city*
der **Standpunkt**, –(e)s, –e *standpoint*
die **Strafanstalt**, –en *penal institution*
total *total*
der **Traum**, –(e)s, ⁼e *dream*
die **Verwirklichung** *realization,
  materialization*
das **Viertel**, –s, – *section of a city*
die **Volkswirtschaft** *national economy*
während *while*
weder . . . noch *neither . . . nor*
die **Weimarer Republik** *Weimar
  Republic*
die **Weltpolitik** *world politics*
die **Weltstadt**, ⁼e *metropolis*
der **Weltteil**, –(e)s, –e *part of the world*
Westberliner (*adj.*) *West Berlin*
westlich *west, westerly, western*

das **Zentrum**, –s, (*plur.*) Zentren   *center,*
    downtown area
die Zerstörung, –en   *destruction*
die Zukunft   *future*

    abbauen   *to reduce*
    bestehen, bestand, bestanden   *to*
      exist
    erfüllen   *to fulfill*
    errichten   *to erect, construct*
    erscheinen, erschien, ist erschienen   *to*
      appear
sich erstrecken   *to extend*
    gehören (*with dat. obj.*)   *to belong to*
    geraten (gerät), geriet, ist geraten   *to*
      get into, fall into; in Gefahr
      geraten   *to run into danger*

herauslassen (läßt heraus), ließ
    heraus, herausgelassen   *to let out*
hereinkönnen (kann herein), konnte
    herein, hereingekonnt   *to be able*
    to enter
mitnehmen (nimmt mit), nahm mit,
    mitgenommen   *to take along*
schützen   *to protect*
(sich) spalten, spaltete (sich), (sich) gespaltet
    or gespalten   *to split*
trennen   *to separate*
überstehen, überstand, überstanden
    to survive
umgeben (umgibt), umgab, umgeben
    to surround
verwandeln   *to change, transform*
wiederherstellen   *to restore*

Westberlin: die Kaiser-Wilhelm-Gedächtniskirche

Weitere Übungen

1. Combine the following pairs of sentences by using a relative pronoun:

Beispiele: Kennen Sie den Mann? Er war hier.   Kennen Sie den Mann, *der* hier war?

Das ist die Frau. Ich habe mit ihr   Das ist die Frau, mit *der* ich

gesprochen.   gesprochen habe.

   a. Wir machten die Bekanntschaft eines jungen Mannes. Er begleitete uns bis an die Sektorengrenze.
   b. Wir wohnen in einem Stadtviertel. Es liegt in der Nähe des Zentrums.
   c. Die Kongreßhalle ist einer der Neubauten. Man kann sie in einiger Entfernung sehen.
   d. Die Studenten gingen durch ein Stadtviertel. In dem Stadtviertel standen nicht viele Gebäude.
   e. Köln ist eine alte Stadt. Köln liegt am Rhein.
   f. Die Studenten begleiteten einen Mann. Von ihm lernten sie vieles über die Geschichte Berlins.
   g. Wo ist der Zug? Wir sollen mit dem Zug fahren.
   h. Ich kenne die Leute. Sie warten an der Haltestelle.
   i. Das ist die Frage. Ich kann auf die Frage nicht antworten.
   j. Das ist das Drama. Er sprach von dem Drama.
   k. Ich kenne den Mann. Sein Wagen steht vor der Tür.
   l. Wir essen heute abend in dem Gasthaus. Mein Freund arbeitet in dem Gasthaus.
   m. Das sind die Nachbarn. Ihre Kinder spielen oft auf der Straße.
   n. Kennen Sie die Studenten? Herr Schoening spricht mit ihnen.
   o. Das sind die Kinder. Ihr Benehmen ist sehr gut.
   p. Ist das die Frau? Ihr Mann arbeitet bei der Bundesbahn.

2. Combine the following pairs of sentences, using the conjunction indicated:

   a. Berlin hatte damals wenig Bedeutung. Es war die Hauptstadt der Mark Brandenburg. (obwohl)
   b. Ich bleibe zu Hause. Ich will einen Brief schreiben. (denn)
   c. Er ist in die Stadt gefahren. Er wollte einen Freund besuchen. (weil)
   d. Wissen Sie? Diese Mauer trennt die Stadt. (daß)
   e. Ich wollte das Brandenburger Tor sehen. Er wollte in den Ostsektor fahren. (aber)
   f. Berlin ist der Regierungssitz der DDR. Bonn ist die provisorische Hauptstadt der BRD. (während)
   g. Die Studenten gingen zu Fuß weiter. Sie waren ausgestiegen. (nachdem)
   h. Es stand an der Sektorengrenze. Zu beiden Seiten erstreckte sich eine Mauer. (und)
   i. Sie machten die Bekanntschaft eines Lehrers. Sie fuhren mit der S-Bahn. (als)
   j. Man errichtete die Mauer. Das Volk konnte nicht fliehen. (damit)
   k. Die Studenten fuhren nicht über die Sektorengrenze. [Sie] stiegen an der letzten S-Bahnstation aus. (sondern)
   l. Man kann das Reichstagsgebäude sehen. Man geht zum Brandenburger Tor. (wenn)

3. Answer the following questions with complete sentences:

   a. Wie heißt das Tor, das an der Sektorengrenze steht?

   b. Welche Stadt ist der Regierungssitz der Deutschen Demokratischen Republik?

   c. Wie heißt die provisorische Hauptstadt Westdeutschlands?

   d. Was war das Stadtviertel, in dem das Brandenburger Tor steht, vor dem Zweiten Weltkrieg?

   e. Wie heißt der Neubau, den die Ford-Stiftung errichtet hatte?

   f. Wie alt ist Köln?

   g. Ist Köln älter als Berlin?

   h. Ist Köln, Mainz oder Berlin die älteste Stadt?

   i. In welchem Jahr errichtete man die Mauer in Berlin?

   j. Wie hieß der Lehrer, dessen Bekanntschaft die Studenten in der S-Bahn gemacht hatten?

Schriftliches

1. Rewrite the following sentences, substituting **weil** for **denn**. Make all necessary grammatical changes.

   a. Hier darf man das nicht tun, denn es ist zu gefährlich.

   b. Ich kenne diese Gegend sehr gut, denn ich habe früher hier gewohnt.

   c. Ich muß das heute noch machen, denn ich fahre morgen um acht Uhr ab.

   d. Er muß zu Hause bleiben, denn sein Freund soll heute morgen von Köln ankommen.

   e. Ich habe keinen Bericht geschrieben, denn ich bin gestern ins Kino gegangen.

   f. Wir können nicht länger auf ihn warten, denn der Zug fährt in zehn Minuten.

2. Write the following sentences in German:

   a. Is that the house in which you (*formal*) lived while you were working for the chemical firm?

   b. The wall which the East Germans erected in 1961 suddenly brought the stream of refugees to a stop.

   c. The factories which had no workers could not remain in operation.

   d. When the Thirty Years' War ended, Berlin had five thousand inhabitants.

   e. Bertolt Brecht, whose *Threepenny Opera* we heard yesterday, lived in the United States for several years before he returned to Germany.

   f. The man with whom the students spoke was a teacher.

   g. The friends whom I wanted to visit were not at home.

   h. The students did not know that the Parliament Building stood near the sector boundary.

Grammatik

A. Coordinating Conjunctions

Coordinating conjunctions connect coordinate clauses. The following coordinating conjunctions occur frequently:

aber *but*
denn *for, because*
entweder . . . oder *either . . . or*
oder *or*
sondern *but, but on the contrary*
und *and*
weder . . . noch *neither . . . nor*

Coordinating conjunctions are followed by normal word order.

Ich muß zu Hause bleiben, **denn** ich muß den ganzen Abend arbeiten.

Sondern introduces a correction of a preceding negative statement.

Wir fuhren nicht nach München, **sondern** nach Berlin.

B. Subordinating Conjunctions

Subordinating conjunctions introduce subordinate clauses. The following subordinating conjunctions occur frequently:

als *than, when*
als ob *as if*
bis *until*
da *since*
damit *in order that*
daß *that*
indem *while, while at the same time*
ob *whether*
obwohl *although*

seitdem *since*
sobald *as soon as*
sowie *as well as*
während *while*
warum *why*
weil *because*
wenn *if, when*
wie *as, how*
wo *where*

C. Transposed Word Order

Most German subordinate clauses require transposed word order. In transposed word order the conjugated verb form is transposed to the end of the clause.

NORMAL WORD ORDER	TRANSPOSED WORD ORDER
Er **ist** jetzt hier.	Ich weiß, daß er jetzt hier **ist**.
Sie **muß** gleich ins Geschäft gehen.	Ich weiß, daß sie gleich ins Geschäft gehen **muß**.
Er **ist** krank.	Er ist im Krankenhaus, weil er krank **ist**.
Er **hat** heute einen Brief bekommen.	Wir wissen schon, daß er heute einen Brief bekommen **hat**.

Berlin: Die Sektorengrenze

A separable prefix is attached to the stem of the conjugated verb in transposed word order.

Wissen Sie, daß ich heute **abfahre**?
Er hat mir alles erzählt, nachdem er **zurückkam**.
Ich habe dich gleich gesehen, als du **hereinkamst**.

D. Relative Pronouns

A relative pronoun usually relates a subordinate clause to a noun in the main clause. The gender and number of the relative pronoun are determined by its antecedent, the word to which it refers; the case of the relative pronoun is determined by its function in its own clause. The clause introduced by a relative pronoun requires transposed word order.

ANTECEDENT	RELATIVE PRONOUN	REMAINDER OF MAIN CLAUSE
Der Mann,	**den** wir besuchten,	wohnt schon lange in Berlin.
(*masc., sing., nom.*)	(*masc. sing., acc.*)	

The common declension of the relative pronoun is as follows:

	Singular			*Plural*
	MASCULINE	FEMININE	NEUTER	ALL GENDERS
NOMINATIVE	der	die	das	die
GENITIVE	dessen	deren	dessen	deren
DATIVE	dem	der	dem	denen
ACCUSATIVE	den	die	das	die

German relative pronouns make no distinction between persons and things.

Die Studentin, **deren** Eltern ich besuchte, ist Anneliese Neumann.
     (*whose*)
Der Student, **dem** sie half, ist Amerikaner.
     (*whom*)
Das ist die Frau, **die** meine Eltern kennt.
     (*who*)
Die Ausländer, **die** man auf den Straßen von Schwarzhausen sieht, sind Studenten.
     (*whom*)
Das ist die Straßenbahn, mit **der** ich jeden Morgen fahre.
     (*which*)
Hier ist ein Buch, **das** Sie lesen sollten.
     (*which, that*)

Was is used as a relative pronoun when the antecedent is an entire clause.

Herr Schoening ging mit den Studenten zum Brandenburger Tor, was sehr nett von ihm war.

Er wollte nicht länger hier bleiben, was ich natürlich gut verstehen konnte.

Was is used as a relative pronoun when the antecedent is **alles, das, etwas,** or **nichts**.

Das ist **alles, was** ich jetzt habe.

Das, was er mir gesagt hat, ist nicht wahr.

NEUNZEHNTE LEKTION

Grammatische Ziele:
Präpositionen mit dem Akkusativ—durch, für, gegen, ohne, um
Da-Verbindungen mit Präpositionen
Wo-Verbindungen mit Präpositionen
Das Futur

Einführende Beispiele

1. Die Studenten gingen durch den Wald.
   Gingen die Studenten durch den Wald oder durch das Dorf?
   Die Studenten gingen durch den Wald.

2. Für die meisten Studenten ist Deutsch leicht.
   Für wen ist Deutsch leicht?
   Für die meisten Studenten ist Deutsch leicht.

3. Der Wagen ist gegen eine Mauer gefahren.
   Ist der Wagen gegen einen Baum oder eine Mauer gefahren?
   Der Wagen ist gegen eine Mauer gefahren.

4. Ohne Arbeiter kann eine Fabrik nicht in Betrieb bleiben.
   Ohne was kann eine Fabrik nicht in Betrieb bleiben?
   Ohne Arbeiter kann eine Fabrik nicht in Betrieb bleiben.

5. Um das Dorf steht eine Mauer.
   Wo steht die Mauer?
   Die Mauer steht um das Dorf.

● ● ●

6. Ich fuhr gestern mit der Straßenbahn.
   Fuhren Sie auch damit?
   Ja, ich fuhr auch damit.

7. Hinter dem Haus liegt ein schöner Garten.
   Was liegt dahinter?
   Ein schöner Garten liegt dahinter.

8. Ich warte auf die Straßenbahn.
   Warten Sie auch darauf?
   Ja, ich warte auch darauf.

9. Die Regierung will die politische Spannung mit dem Osten abbauen.
   Sind Sie dafür?
   Ja, ich bin dafür.
   Sind Sie dagegen?
   Nein, ich bin nicht dagegen.

10. Ich warte auf den Zug nach München.
    Worauf warten Sie?
    Ich warte auch auf den Zug nach München.

11. Durch den Marshall-Plan erholte sich die deutsche Wirtschaft.
    Wodurch erholte sich die deutsche Wirtschaft?
    Durch den Marshall-Plan erholte sich die deutsche Wirtschaft.

12. Viele Leute sprechen gern über die Politik.
    Worüber sprechen viele Leute gern?
    Viele Leute sprechen gern über die Politik.

● ● ●

13. Gestern ging Herr Brown ins Institut.
    Heute bleibt er zu Hause, aber morgen wird er nach München fahren.
    Wohin wird er fahren?
    Er wird nach München fahren.
    Wann wird er nach München fahren?
    Morgen wird er nach München fahren.

14. Ich werde nächstes Wochenende hier bleiben.
    Werden Sie nächstes Wochenende auch hier bleiben?
    Ja, ich werde nächstes Wochenende auch hier bleiben.

15. Die Studenten werden für morgen einen Bericht schreiben.
    Was werden sie für morgen schreiben?
    Sie werden für morgen einen Bericht schreiben.

16. Herr Brown will ins Kino gehen, aber er muß zu Hause bleiben.
    Er wird nicht ins Kino gehen, denn er muß einen Bericht schreiben.
    Wohin will er gehen?
    Er will ins Kino gehen.
    Wird er ins Kino gehen?
    Nein, er wird nicht ins Kino gehen.
    Wird er einen Bericht schreiben?
    Ja, er wird einen Bericht schreiben.

Übungen

1. Beispiel: *mich*   Er tut das ohne *mich*.

   a. mich

   b. sie (*her*)

   c. Geld

   d. seinen Freund

2. Beispiel: *Frau*   Heute abend gehe ich ohne *meine Frau* ins Kino.

   a. Frau

   b. Freundin

   c. Freund

   d. Freunde

3. Beispiel: *Verwaltung*   Er ist gegen die *Verwaltung*.

   a. Verwaltung

   b. Demokratie

   c. Gastarbeiter

   d. Regierung

4. Beispiel: *Park*   Wir fuhren langsam durch *den Park*.

   a. Park

   b. Dorf

   c. Feld

   d. Stadt

   e. Wald

   f. Wälder

5. Beispiel: *Schloß*   Die Straße geht um *das Schloß*.

   a. Schloß

   b. Park

   c. Kirche

   d. Fabrik

   e. Tor

   f. Bahnhof

6. Beispiel: *Regierung*   Er spricht für *seine Regierung*.

   a. Regierung

   b. Verwaltung

   c. Firma

   d. Freund

7. Beispiel: Für wen arbeitet er schon lange? (*Volk*)   Er arbeitet schon lange für *das Volk*.

   a. Für wen arbeitet er schon lange? (Volk)

   b. Für wen hat er das getan? (Kinder)

   c. Für wen will er das tun? (Jugend)

   d. Ohne was ging er nach Hause? (Jacke)

   e. Ohne was hat sie die Reise gemacht? (Gepäck)

8. Beispiel: Wofür ist er? (*Demokratie*)   Er ist *für die Demokratie*.

   a. Wofür ist er? (Demokratie)

   b. Wogegen ist er? (Verwaltung)

c. Wogegen sind Sie?   (Regierung)

d. Wofür sind die meisten Amerikaner?   (Demokratie)

e. Worüber spricht er?   (Probleme des Schulwesens)

f. Womit schreiben Sie?   (Kugelschreiber)

g. Worauf liegt der Bericht?   (Tisch)

h. Wovon sprachen Sie eben?   (Wirtschaft)

i. Worauf warten Sie?   (Straßenbahn)

j. Woran denkt er immer?   (Heimat)

9. **Beispiel: Er ist *für die Demokratie*.   Er ist *dafür*.**

a. Er ist für die Demokratie.

b. Das Volk ist für die Republik.

c. Wir sind gegen diese Theorie.

d. Er bat mich um Geld.

e. Ich denke oft an die Heimat.

f. Hast du schon von dem Drama gehört?

g. Mein Geschäft ist neben der Post.

h. Er schreibt mit dem Kugelschreiber.

i. Er sprach über die vielen Probleme Berlins.

j. Nach dem Volksfest ist alles wieder ruhig.

k. Der Tisch steht neben dem Fenster.

l. Deine Uhr liegt auf dem Tisch.

m. Der Garten liegt vor dem Hause.

n. Er sitzt schon im Wagen.

o. Wir warten auf den Zug.

10. **Beispiel: Steht der Stuhl *neben dem Fenster?*   Ja, der Stuhl steht *daneben*.**

a. Steht der Stuhl neben dem Fenster?

b. Warten Sie auf den nächsten Zug?

c. Liegt das Buch auf dem Tisch?

d. Haben Sie von dem Geschäft gehört?

e. Steht eine Mauer vor dem Schloß?

f. Liegt die Post zwischen dem Rathaus und der Kirche?

g. Denkt er oft an die Heimatstadt?

h. Hat er über die Probleme der Gastarbeiter gesprochen?

i. Steht der Dom hinter dem Park?

j. Sind Sie bei der Sitzung gewesen?

k. Hat er Sie um Geld gebeten?

l. Liegt das Buch unter der Zeitschrift?

m. Haben Sie das Problem in Ihrem Bericht erklärt?

n. Sind Sie gegen die Politik in der DDR?

11. Beispiel: *bleiben*   **Wir werden nicht lange *bleiben*.**

a. bleiben   c. arbeiten
b. warten   d. auf ihn warten

12. Beispiel: *verstehen*   **Er wird es nicht *verstehen*.**

a. verstehen   c. begreifen
b. lesen   d. tun

13. Beispiel: *nächste Woche*   **Meine Freunde werden *nächste Woche* zu uns kommen.**

a. nächste Woche   c. in drei Tagen
b. morgen   d. nächsten Monat

14. Beispiel: *studieren*   **Wirst du nächstes Jahr *studieren*?**

a. studieren   c. in die Schweiz reisen
b. nach Deutschland fahren   d. den Doktor machen

15. Beispiele: *wir*   **Wir werden bald in die Schweiz reisen.**
              ihr   **Ihr werdet bald in die Schweiz reisen.**

a. wir   d. meine Freunde
b. ihr   e. du
c. er   f. ich

16. Beispiel: *ich*   **Ich werde es wohl nicht finden.**

a. ich   d. das Kind
b. wir   e. ihr
c. du   f. Sie

Fragen

1. Wie lange wird er hier bleiben?
2. Was werden Sie im Sommer zu Hause tun?
3. Werden Sie leicht krank?
4. Wird Ihr Freund gesund werden, wenn er zum Arzt geht?
5. Wollen Sie Arzt oder Professor werden?
6. Wann werden wir nach Berlin fliegen?

Marktplatz in Trier

7. Wann wollen Sie in die Schweiz reisen?
8. Arbeiten Sie an dem Bericht?
9. Woran arbeitet er?
10. Worüber wird er heute abend sprechen?
11. Dort ist die Post. Ist das Geschäft daneben?
12. Bat er Sie um Geld?

Lesestück

Universität und Student

Herr Jones, der jetzt mit Anneliese Neumann gut befreundet war, war eines Abends bei der Familie Neumann, als Ernst Neumann, ein Vetter von Anneliese, auf Besuch kam. Ernst war Student an einer deutschen Universität. Paul Jones hatte, wie es oft bei Amerikanern der Fall ist, eine romantische Vorstellung von der deutschen Universität
5 und dem Studentenleben. Durch seine neue Bekanntschaft mit Ernst lernte er vieles über die deutsche Universität, und dabei war er über den großen Unterschied zwischen den amerikanischen und den deutschen Universitäten erstaunt.

„Der Amerikaner", sagte Fräulein Neumanns Vetter, „der die Hochschulen Deutschlands und Amerikas vergleichen will, wird nicht sofort verstehen, daß die beiden kaum
10 vergleichbar sind. Er wird wohl staunen, daß die Verwaltung der deutschen Universität so klein ist und daß es keine *quizzes, transcripts, credits* und selten *tests* gibt. Er wird es kaum begreifen, daß ein deutscher Student selbst verantwortlich dafür ist, seine Vorlesungen in sein Studienbuch einzutragen, weil die Verwaltung der Universität nicht immer ein Verzeichnis davon führt. Oft wird das Studienbuch der einzige Beweis sein,
15 daß der Student sich überhaupt auf der Universität immatrikulieren ließ."

Während des Gesprächs mit Ernst lernte Paul folgendes über die deutschen Universitäten:

Im Jahre 1348 entstand in Prag die erste Universität im Heiligen Römischen Reich.[1] Darauf folgten 1365 Wien und 1386 Heidelberg. Kaum ein Jahrhundert später waren
20 es neunzehn Universitäten, die sich in deutschsprachigen Gebieten befanden. Einer der Einflüsse, unter denen man im Spätmittelalter so viele Hochschulen gründete, war der Humanismus, eine intellektuelle Bewegung, die sich von Italien aus über Westeuropa ausbreitete. Der Humanismus führte zu einem Wiederaufleben der Antike und brachte damit eine neue Lebensanschauung in den etwas beschränkten mittelalterlichen Gedan-
25 kenkreis. Um die humanistische Wissenschaft zu verbreiten, gründete man Unterrichtsstätten, die heute noch als berühmte Universitäten die humanistische Tradition aufrechterhalten.

Der Unterricht an der alten Universität bestand hauptsächlich aus Vorlesungen und Disputationen. Der Professor disputierte mit seinen Kollegen und der Student mit
30 seinem Professor, denn man hielt die Disputation damals für sehr nützlich. Daraus entstand die mündliche Doktorprüfung. Wenn man disputieren wollte, stellte man Thesen auf und lud andere Gelehrte ein, darüber zu disputieren. Die berühmten fünfundneunzig Thesen, die Dr. Martin Luther an die Tür der Wittenberger Kirche anschlug und die den Anfang der Reformation bezeichneten, waren im Grunde nur Lehrsätze,
35 die der Professor gegen andere Geistliche zu verteidigen hoffte.

---

[1] **das Heilige Römische Reich**   the Holy Roman Empire. Regarded as a continuation of the Roman Empire, it endured from A.D. 962 until it was dissolved by Napoleon in 1806.

Wie der Mönch, der Ritter und der Bauer, ist auch der Student für das Mittelalter stereotyp und erscheint immer wieder in der spätmittelalterlichen Dichtung. Dieser wechselte oft seine Lehrstätte, wanderte auf der Suche nach Weisheit von einer Universität zur anderen und lebte hauptsächlich vom Betteln und von seiner Schlauheit.

40 Hans Sachs (1494–1576), Schuhmachermeister und Dichter, verfaßte eine Menge Fastnachtspiele, kurze Dramen, deren Aufführungen an den Festtagen vor der Fastenzeit stattfanden. Eines seiner berühmtesten Fastnachtspiele heißt „Der Fahrend Schuler im Paradeiß" (modernes Deutsch: „Der fahrende Schüler im Paradies"), in welchem der Student seine Schlauheit beweist:

45 Einmal wanderte ein Student von der Universität in die Heimat. Er hatte großen Hunger und kein Geld. Unterwegs erblickte er eine Bäuerin in ihrem Garten. Er ging zu ihr und bat sie um etwas zum Essen. Sie wollte wissen, woher er kam. „Aus Paris", antwortete er, aber die Frau, die wenige Kenntnisse in der Geographie hatte, hörte „Paradies" anstatt „Paris". Dann fragte sie, ob er ihren verstorbenen Mann im Paradies

50 kannte, und beschrieb, wie er aussah. Natürlich antwortete der Student „ja" darauf.

„Es geht ihm sehr schlecht im Paradies", fuhr er fort, „weil er Hunger leidet und schlechte Kleidung hat. Die anderen Seelen helfen ihm nur wenig."

Bei diesen Worten ging die Bäuerin ins Haus und brachte dem Studenten ein Bündel mit Lebensmitteln und Kleidern, das er ihrem verstorbenen Mann bringen sollte.

55 „Das wird Ihrem verstorbenen Mann ganz gewiß eine große Freude machen", bemerkte der Student.

Nach gegenseitigen Ausdrücken der Dankbarkeit machte sich der Student schnell auf den Weg ins „Paradies". Bald kam der zweite Mann der gescheiten Frau nach Hause. Als er von seiner Frau hörte, was eben geschehen war, stieg er zornig auf sein Pferd und

60 ritt dem Studenten nach, um seine Kleider und Lebensmittel zurückzubekommen. Dieser hörte bald das Trapp-Trapp des Pferdes hinter sich, verbarg das Bündel unter einem Busch und wartete auf den Bauern. Als der Bauer den Studenten erblickte, fragte er nach einem Studenten mit einem Bündel. Der hilfsbereite Student zeigte auf den nahen Wald und sagte: „Ich habe einen Studenten gesehen, der eben in dem Wald verschwunden

65 ist. Er wird wohl noch da sein."

Nun bat ihn der Bauer darum, sein Pferd zu halten, und damit verschwand er auch im Wald. Ohne weiteres holte der Student das verborgene Bündel hervor, stieg auf das Pferd und ritt schnell davon. Als der Bauer ohne Studenten und ohne Bündel zurückkam und fand, daß jetzt auch sein Pferd verschwunden war, ging ihm plötzlich ein Licht auf.

70 Langsam ging er zu Fuß nach Hause und sagte zu seiner Frau, die gespannt auf ihn gewartet hatte: „Ich habe den Studenten gefunden und ihm mein Pferd gegeben, damit er schneller ins Paradies kommt."

Wortschatz

die Antike *classical antiquity*
    beschränkt *limited*
die **Bewegung**, –en *motion, movement*
der Beweis, –es, –e *proof, evidence*
das Bündel, –s, – *bundle, parcel*
der Busch, –es, ¨e *bush*
    dabei *with, at or near it, them or that*
    dadurch *through it, them or that*
    dafür *for it, them or that*
    dagegen *against it, them or that*
    dahinter *behind it, them or that*
    danach *after or according to it,
        them or that*
    daneben *by or near it, them or that*

die Dankbarkeit *gratitude*
    daran *on, to, in, at or about it, them
        or that*
    daraus *out of or from it, them or that*
    darin *in it, them or that*
    darum *for or about it, them or that*
    darunter *below or beneath it, them or
        that; among them*
    davon *of, from or about it, them or
        that*
    davor *in front of it, them or that*
    dazwischen *between them*
    deutschsprachig *German-speaking*
die **Dichtung**, –en *poetry, literature*

Hans Sachs

die Disputation, –en *debate*
die Doktorprüfung, –en *doctoral examination*
fahrend *traveling, wandering*
der **Fall**, –(e)s, ⸚e *case*
das Fastnachtspiel, –(e)s, –e *Shrovetide play or farce*
der Festtag, –(e)s, –e *holiday*
ganz gewiß *most certainly*
der Gedankenkreis, –es, –e *range of ideas*
gegenseitig *mutual, reciprocal*
der Geistliche, –n, –n *clergyman*
der Gelehrte, –n, –n *scholar*
die Geographie *geography*
gescheit *clever*
gespannt *in suspense, tense*
der **Grund**, –(e)s, ⸚e *reason, basis*; **im Grunde** *basically*
hauptsächlich *principal, main, chief*
hilfsbereit *helpful*
der Humanismus, – *humanism*
humanistisch *humanistic*
der **Hunger**, –s *hunger*; Hunger leiden *to suffer from hunger*
intellektuell *intellectual*
die **Kenntnis**, –se *knowledge*; wenige Kenntnisse *little knowledge*
die **Kleidung** *clothing*
der Kollege, –n, –n *colleague*
die Lebensanschauung *philosophy of life*
die Lebensmittel (*plur.*) *food, foodstuffs*
der Lehrsatz, –es, ⸚e *proposition, topic for debate, thesis*
die Lehrstätte, –n *place of instruction, school*
das **Licht**, –(e)s, –er *light*; es ging ihm ein Licht auf *it dawned on him*
der **Mann**, –(e)s, ⸚er *husband*
mittelalterlich *medieval*
mündlich *oral*
nützlich *useful*
ob *whether*
ohne weiteres *without further ado*
das Paradies, –es *paradise*
das **Pferd**, –(e)s, –e *horse*
(das) Prag, –s *Prague*
die Reformation *Reformation*
der **Ritter**, –s, – *knight*
romantisch *romantic*
die Schlauheit *slyness, cunning*

der Schuhmachermeister, –s, – *master cobbler*
die **Seele**, –n *soul*
das Spätmittelalter, –s *late Middle Ages*
spätmittelalterlich *late medieval*
stereotyp *stereotypic*
das Studentenleben, –s *student life*
das Studienbuch, –(e)s, ⸚er *course book*
die Suche *search*; auf der Suche nach *in search of*
die These, –n *thesis, proposition, topic*
die Tradition, –en *tradition*
das Trapp-Trapp *clip-clop*
überhaupt *at all*
die Unterrichtsstätte, –n *place of instruction*
vergleichbar *comparable*
verstorben *deceased*
das Verzeichnis, –ses, –se *record, index*; ein Verzeichnis führen *to keep a record*
die **Vorlesung**, –en *lecture*
die Vorstellung, –en *concept, notion*
der **Weg**, –(e)s, –e *way, path*; sich auf den Weg machen *to start out*
die **Weisheit** *wisdom*
(das) Westeuropa, –s *Western Europe*
das Wiederaufleben, –s *revival*
die **Wissenschaft**, –en *science; knowledge*
Wittenberger (*adj.*) *Wittenberg*
wobei *at which, at what*
wodurch *through what, through which, by what means*
wofür *for what, for which*
wogegen *against what, against which*
woran *at what, at which; about what*; woran denken Sie? *what are you thinking about?*
worauf *on what, on which*
woraus *out of what, out of which*
wovon *of what, of which*; wovon sprechen Sie? *what are you talking about?*
zornig *angry*

anschlagen (schlägt an), schlug an, angeschlagen *to affix, post, nail*
aufrechterhalten (erhält aufrecht), erhielt aufrecht, aufrechterhalten *to maintain, support*
sich ausbreiten *to spread out*

sich **befinden, befand** sich, sich **befunden**
    to be, be situated
befreundet sein (mit)   *to be a friend
    (of), be friends*
bestehen, bestand, bestanden (aus)   *to
    consist (of)*
bezeichnen   *to mark, designate*
davonreiten, ritt davon, ist davon-
    geritten   *to ride away*
disputieren   *to debate*
eintragen (trägt ein), trug ein, ein-
    getragen   *to record, make an entry*
fragen (nach)   *to inquire (about)*
**geschehen (geschieht), geschah, ist
    geschehen**   *to happen*
gründen   *to found, establish*
hervorholen   *to bring forth, fetch*
hoffen   *to hope*
sich immatrikulieren lassen   *to register,
    matriculate*

nachreiten, ritt nach, ist nachgeritten
    to ride after
staunen   *to be astonished, surprised*
steigen, stieg, ist gestiegen   *to climb*
verbergen (verbirgt), verbarg, ver-
    borgen   *to hide*
verfassen   *to write (a book, an article,
    etc.)*
vergleichen, verglich, verglichen   *to
    compare*
verteidigen   *to defend*
wandern, ist gewandert   *to wander*
wechseln   *to change*
zeigen auf (*with acc.*)   *to point at,
    point to*
**zurückbekommen, bekam zurück,
    zurückbekommen**   *to receive, get
    back*

Weitere Übungen

1. Read the following sentences, substituting the preposition in parentheses for the one in boldface. Make any other necessary changes.

   a. Er fuhr **zum** Dorf.   (durch)
   b. Ich bin **für** die neue Politik.   (gegen)
   c. Willst du **mit** mir in die Stadt fahren?   (ohne)
   d. Wir werden **in** die Berge fahren.   (durch)
   e. **Nach** der Jahrhundertwende wurde der Stil anders.   (um)
   f. Er hat oft **über** die Gastarbeiter geredet.   (für)
   g. **An** dem Tisch standen einige Stühle.   (um)
   h. **Vor** dem Museum liegt ein schöner Park.   (um)

2. Read the following sentences, substituting a **da**-compound for the expression in boldface:

   a. Ich werde morgen **bei der Sitzung** sein.
   b. Der deutsche Student ist verantwortlich **für sein Studienbuch.**
   c. **Unter den Büchern** war eine Geschichte Berlins.
   d. Der Amerikaner hat eine romantische Vorstellung **von dem deutschen Studentenleben.**
   e. **Aus der Disputation** entstand die mündliche Doktorprüfung.

Universität Freiburg

f. Die Kirche war **gegen die Reformation.**

g. Der Student erschien manchmal **in den Fastnachtspielen.**

h. **Bei diesen Worten** ging die Frau ins Haus.

i. **Nach dem Essen** gingen wir in die Oper.

j. Der Bauer erblickte den Studenten **hinter einem Baum.**

k. Der Student verbarg das Bündel **unter einem Busch.**

l. Der Bauer bat ihn **um das Bündel.**

m. Die Frau wartete **auf Auskunft von ihrem verstorbenen Mann.**

n. **Durch seine neue Bekanntschaft** lernte er vieles über das Studentenleben.

o. Wir sprachen lange **über die Probleme der Wasserverseuchung.**

3. Answer the following questions with complete sentences, using the expressions in parentheses and making any other necessary changes:

a. Woran denken Sie?   (die Freunde in der Heimat)

b. Woraus entstand die mündliche Doktorprüfung?   (die Disputation)

c. Worüber wird er morgen sprechen?   (das Problem des Schulwesens)

d. Wodurch lernte er vieles über die deutsche Universität?   (die neue Bekanntschaft)

e. Wofür ist der deutsche Student verantwortlich?   (sein Studienbuch)

f. Wobei hat sie Ihnen geholfen?   (die Arbeit)

g. Wofür hielt man früher die Disputation?   (sehr nützlich)

h. Worauf hat er gewartet?   (der nächste Zug)

4. Answer the following questions, using either a pronoun as the object of a preposition or a **da**-compound:

    a. Haben Sie mit der Frau gesprochen?

    b. Haben Sie mit dem Kugelschreiber geschrieben?

    c. Haben Sie lange auf diese Leute gewartet?

    d. Wie lange mußte er auf den Zug warten?

    e. Wann schrieb sie an ihre Eltern?

    f. War er gestern bei seinem Freund?

    g. Waren Sie gestern bei der Sitzung?

    h. Steht der Dom neben dem Kloster?

    i. Hat der Bauer nach dem Studenten gefragt?

    j. Fragten Sie nach seiner Gesundheit?

5. Read the following sentences in the future tense:

    a. Er versteht das nicht.

    b. Fahren Sie nächste Woche in die Schweiz?

    c. Du verstehst solche Theorien nicht.

    d. Ich studiere nächstes Jahr in Bonn.

    e. Arbeitet ihr morgen daran?

    f. Wir steigen an der nächsten Haltestelle aus.

    g. Mein Vetter fährt morgen ab.

    h. Der Bauer reitet dem Studenten nach.

6. Answer the following questions with complete sentences:

    a. Was bezeichnete den Anfang der Reformation?

    b. Was verfaßte Hans Sachs?

    c. Was mußte ein Gelehrter tun, wenn er mit anderen disputieren wollte?

    d. Erschienen der Mönch und der Ritter in der Dichtung des Mittelalters?

    e. Wohin wanderte ein Student einmal?

    f. Wen erblickte der Student in einem Garten?

    g. Wie ging es dem ersten Mann der Frau im Paradies?

    h. Was war in dem Bündel?

    i. Warum ritt der Bauer dem Studenten nach?

    j. Wer ist schnell davongeritten, sobald der Bauer im Walde verschwand?

Schriftliches

1. Write answers to the following questions, using a **da**-compound:

   a. Fahren Sie mit der S-Bahn in die Stadt?
   b. Entstand die mündliche Doktorprüfung aus der Disputation?
   c. Arbeitet er an den Übungen?
   d. Ist der Artikel in dieser Zeitschrift?
   e. Liegt die Post neben dem Rathaus?
   f. Waren Sie bei der letzten Sitzung?
   g. Bat er Sie um Geld?
   h. Sind die Fachleute gegen diese Theorie?

2. Write the following sentences in German:

   a. The street goes through the village and around the forest.
   b. Are you (*fam. plur.*) for it or against it?
   c. Tomorrow we are going to have visitors from Berlin.
   d. Did he ask (**bitten**) you (*formal*) for money in order to buy a car?
   e. Here is the church, and my friend's house is next to it.
   f. Since (**da**) we don't know when the mailman will come, we will ask the landlady about it.
   g. You (*fam. sing.*) know where the post office and the inn are, don't you? My store is between them.
   h. Will you (*fam. plur.*) visit us next summer?

Grammatik

A. Prepositions with the Accusative Case

The following prepositions require the accusative case:

durch	*through, by means of*	ohne	*without*
für	*for*	um	*around; at (with expressions of time)*
gegen	*against, toward*		

Wir gingen **durch den Wald.**
Durch diese Bekanntschaft lernte ich etwas von der Geschichte Berlins.
Durch schwere Arbeit kann man reich werden.
Für mich ist die deutsche Sprache sehr leicht.

Sein Wagen ist **gegen einen Baum** gefahren.
Wir sind **gegen die Politik** im Osten.
Gegen Abend kamen wir an die Grenze.
Ohne Geld kommt man nicht weiter.
Ohne solche Probleme ist das Leben schwer genug.
Um den Garten stehen viele Bäume.
Wir fuhren schnell **um den Berg.**
Um acht Uhr bin ich zu ihm gegangen.

Ohne and **um** are used to introduce dependent infinitive phrases. With an infinitive, **ohne** retains the prepositional meaning "without," but **um** assumes the meaning "in order to."

Ich stieg in den Zug, **ohne zu wissen,** wohin er fuhr.	*I boarded the train **without knowing** where it was going.*
Der Bauer suchte lange, **ohne den Studenten zu finden.**	*The peasant searched a long time **without finding the student.***
Man gründete Universitäten, **um den Humanismus zu verbreiten.**	*Universities were founded **in order to spread humanism.***
Ich fuhr in die Stadt, **um Kleidung zu kaufen.**	*I went to town **in order to buy some clothes.***

B. **Da**-Compounds

Da can be combined with most prepositions to replace prepositional phrases in which the object would be a pronoun with an inanimate antecedent. Exceptions are prepositions with the genitive case, as well as **seit** and **ohne.**

Hier ist der Bericht. Was halten Sie **davon**?
Nicht weit vom Rathaus ist die Post, und mein Geschäft liegt gleich **daneben.**
Dort steht sein Haus, und **dahinter** liegt ein schöner Garten.
Die Regierung der BRD will die Spannung zwischen Ost- und Westdeutschland abbauen; manche Deutsche sind **dagegen**, während andere sehr **dafür** sind.
Er war bei der Sitzung. Waren Sie auch **dabei**?
Hier ist mein Kugelschreiber; Sie dürfen **damit** schreiben.

If the preposition begins with a vowel, **dar-** precedes it in the compound.

Wartest du auf die Straßenbahn? Ja, ich warte **darauf.**
Haben Sie den Bericht schon geschrieben? Nein, aber ich arbeite **daran.**
Hier ist die neue Zeitschrift; lesen Sie den ersten Artikel **darin.**

In den Städten mit viel Industrie gibt es oft Luftverseuchung, und man spricht oft **darüber.**

C. Wo-Compounds

The formation of **wo**-compounds is similar to that of **da**-compounds. **Wo**-compounds are used in questions that in English often begin with "what" and end with a preposition. If the preposition begins with a vowel, **wor-** precedes it in the compound.

Worauf wartet ihr? *What are you waiting for?*
Womit schreiben Sie?   *What are you writing with?*
Worüber hat der Professor gesprochen?
Wofür ist er eigentlich?
Woran hast du gedacht?
Wovon spricht sie?

In colloquial speech the **wo**-compound is sometimes replaced by the preposition **mit was.**

Womit fährst du eigentlich?   =   **Mit was** fährst du eigentlich?

D. The Future Tense

In German, events occurring in the future are often expressed by the present tense accompanied by an adverb of time.

Wir **fliegen** morgen nach Wien.   *We **are flying** to Vienna tomorrow.*

The future tense is formed with the present tense of **werden** as the auxiliary verb and the infinitive of the main verb.

ich werde sehen	wir werden sehen
du wirst sehen	ihr werdet sehen
er ⎫	sie ⎫
sie ⎬ wird sehen	Sie ⎬ werden sehen
es ⎭	

Heidelberg: Universitätsbibliothek

Morgen **werde** ich zu Hause **bleiben**.
Wir **werden** nächste Woche nach Österreich **fahren**.
Wann **wirst** du in Köln **sein**?
Er **wird** noch ein Jahr in Bonn **studieren**.

The modal auxiliary **wollen** is not used as the conjugated verb in the formation of the future tense.

PRESENT TENSE WITH **wollen**

Er **will** hier bleiben.
*He **wants** to stay here.*
Die Kinder **wollen** das Museum besuchen.
*The children **want** to visit the museum.*

FUTURE TENSE

Er **wird** hier **bleiben**.
*He **will stay** here.*
Die Kinder **werden** das Museum **besuchen**.
*The children **will visit** the museum.*

[366]

The future tense used with the adverb **wohl** expresses probability.

Das wird **wohl** nicht so schlimm sein.	*That **probably** won't be so bad.*
Er wird **wohl** bald ankommen.	*He will **probably** arrive soon.*

20
ZWANZIGSTE LEKTION

Grammatische Ziele:
Das Passiv
Das Zustandspassiv
Reflexive Verben

Einführende Beispiele

1. Robert Brown ist sehr fleißig.
   Er macht jeden Tag seine Aufgaben.
   Seine Aufgaben werden jeden Tag gemacht.
   Was wird jeden Tag gemacht?
   Seine Aufgaben werden jeden Tag gemacht.

2. Heute machen Robert und Paul eine Reise in die Schweiz.
   Heute wird eine Reise in die Schweiz gemacht.
   Was wird heute gemacht?
   Heute wird eine Reise in die Schweiz gemacht.

3. Hier ist eine neue Brücke.
   Man baute letztes Jahr die Brücke.
   Sie wurde letztes Jahr gebaut.
   Wann wurde die Brücke gebaut?
   Die Brücke wurde letztes Jahr gebaut.

4. Die Studenten besichtigten gestern einen Dom.
   Sie haben viele Aufnahmen davon gemacht.
   Viele Aufnahmen sind gemacht worden.
   Sind viele Aufnahmen gemacht worden?
   Ja, viele Aufnahmen sind gemacht worden.

5. Ich gehe an die Tür und schließe sie.
   Die Tür wird geschlossen.
   Wird die Tür geschlossen?
   Ja, die Tür wird geschlossen.
   Wurde die Tür geschlossen?
   Ja, die Tür wurde geschlossen.
   Wurde die Tür von mir geschlossen?
   Ja, die Tür wurde von Ihnen geschlossen.

6. Ich habe die Tür geschlossen.
   Die Tür ist von mir geschlossen worden.
   Von wem ist die Tür geschlossen worden?
   Die Tür ist von Ihnen geschlossen worden.
   Ist die Tür jetzt geschlossen?
   Ja, die Tür ist jetzt geschlossen.

7. Eine Studentin hat das Fenster geöffnet.
   Von wem ist das Fenster geöffnet worden?
   > *Das Fenster ist von einer Studentin geöffnet worden.*

   Ist das Fenster jetzt geöffnet?
   > *Ja, das Fenster ist jetzt geöffnet.*

8. Herr Brown besuchte einen guten Freund.
   Der Freund sagte: ,,Setz' dich auf das Sofa!''
   Was sagte der Freund zu ihm?
   > *Der Freund sagte zu ihm: ,,Setz' dich auf das Sofa!''*

9. Herr Brown setzte sich auf das Sofa.
   Wer setzte sich auf das Sofa?
   > *Herr Brown setzte sich auf das Sofa.*

10. Ich habe mich erkältet.
    Haben Sie sich auch erkältet?
    > *Ja, ich habe mich auch erkältet.*

11. Die Studenten entschlossen sich, in die Schweiz zu reisen.
    Wer entschloß sich, in die Schweiz zu reisen?
    > *Die Studenten entschlossen sich, in die Schweiz zu reisen.*

Übungen

1. Beispiel: *gemacht*   **Die Aufgaben werden jeden Tag *gemacht*.**

   a. gemacht   c. gelesen
   b. geschrieben   d. durchgearbeitet

2. Beispiel: *hier*   **Hier wird Deutsch gesprochen.**

   a. hier   c. im Geschäft
   b. im Klassenzimmer   d. in der Schweiz

3. Beispiel: *ich*   **Ich werde eingeladen, ihn zu besuchen.**

   a. ich   d. du
   b. wir   e. Sie
   c. meine Eltern   f. er

4. **Beispiel:** *die Fabrik*   *Die Fabrik wurde* letztes Jahr gebaut.

   a. die Fabrik   c. das Geschäft
   b. dieses Haus   d. die Geschäfte

5. **Beispiel:** *ihm*   Ich wurde von *ihm* eingeladen, mitzufahren.

   a. ihm   c. seiner Familie
   b. seinem Freund   d. meinen Freunden

6. **Beispiel:** *der Bericht*   *Der Bericht ist* schon geschrieben worden.

   a. der Bericht   c. die Übungen
   b. die Aufgabe   d. der Artikel

7. **Beispiel:** *er*   Der Bericht wurde von *ihm* geschrieben.

   a. er   c. sie (*they*)
   b. ich   d. der Wissenschaftler

8. **Beispiel:** *wir*   *Wir sind* sehr freundlich aufgenommen worden.

   a. wir   d. du
   b. Sie   e. die Ausländer
   c. ich   f. ihr

9. **Beispiel: Der Bericht** *wird* **geschrieben.**   **Der Bericht** *wurde* **geschrieben.**

   a. Der Bericht wird geschrieben.
   b. Wir werden freundlich aufgenommen.
   c. Alle Übungen werden geschrieben.
   d. Ich werde eingeladen, mitzufahren.
   e. Das Drama wird heute abend aufgeführt.
   f. Ein neues Buch wird verfaßt.
   g. Die Mauer wird errichtet.
   h. Zwei neue Häuser werden hier gebaut.
   i. Du wirst von ihm freundlich aufgenommen.
   j. Die Tür wird geschlossen.
   k. Wir werden eingeladen, zu ihm zu kommen.
   l. Werdet ihr von den Leuten begleitet?

10. **Beispiel: Das Drama** *wird* **am Donnerstag aufgeführt.**   **Das Drama** *ist* **am Donnerstag aufgeführt** *worden.*

   a. Das Drama wird am Donnerstag aufgeführt.
   b. Der Wagen wird schnell verkauft.
   c. Die Studenten werden von der Polizei verhaftet.
   d. Wir werden eingeladen, in die Vorlesung zu gehen.

e. Die Mauer wird von den Ostdeutschen errichtet.
f. Mein Gepäck wird im Hotelzimmer gelassen.
g. Ich werde von der Bundesbahn angestellt.
h. Vieles wird darüber gesagt.
i. Wirst du von ihm begleitet?

11. **Beispiel: die Fahrkarten . . . kaufen   Die Fahrkarten sind schon gekauft.**

a. die Fahrkarten . . . kaufen
b. die Brücke . . . errichten
c. ich . . . anstellen
d. die Tür . . . öffnen
e. der Wagen . . . verkaufen
f. die Häuser . . . bauen
g. die Aufnahmen . . . machen
h. das Museum . . . schließen
i. viele Gastarbeiter . . . bei der Firma einstellen

12. **Beispiel: *Ich habe mich* erkältet.   *Er hat sich* erkältet.**

a. Ich habe mich erkältet.
b. Ich habe mich schon erholt.
c. Ich habe mich auf das Sofa gesetzt.
d. Ich habe mich mit ihr unterhalten.

13. **Beispiel: *Ich erholte mich* bald. (*wir*)   *Wir erholten uns* bald.**

a. Ich erholte mich bald. (wir)
b. Er erkältete sich. (ich)
c. Wir entschlossen uns, es zu kaufen. (sie: *she*)
d. Unterhieltest du dich mit ihm? (ihr)
e. Er befand sich in einer schweren Lage. (ich)
f. Das Land vereinigte sich. (die Bundesstaaten)
g. Wir übten uns zu lange in der Grammatik. (du)
h. Wir unterhielten uns lange mit ihm. (meine Freunde)

14. **Beispiel: Haben Sie sich mit dem Wirt unterhalten?   Ja, ich habe mich mit dem Wirt unterhalten.**

a. Haben Sie sich mit dem Wirt unterhalten?
b. Hatte er sich gestern schon erkältet?
c. Befanden Sie sich in einer schlechten Lage?
d. Haben Sie sich dazu entschlossen?
e. Entschloß sie sich, mit uns zu gehen?
f. Möchten Sie sich auf das Sofa setzen?
g. Erstreckte sich die Mauer zu beiden Seiten des Tores?
h. Unterhalten Sie sich oft mit ihm?

Fragen

1. Haben Sie den Bericht geschrieben?
2. Wurde der Bericht schon gestern geschrieben?
3. Von wem ist die Mauer errichtet worden?
4. Wo sind die Aufnahmen gemacht worden?
5. Von wem ist die Tür geschlossen worden?
6. Ist die Tür jetzt geschlossen?
7. Wohin möchten Sie sich setzen?
8. Wurden Sie eingeladen, nach Berlin zu fahren?
9. Haben Sie sich schon von der Krankheit erholt?
10. Wo befindet sich das Brandenburger Tor?
11. Wann wurde das Brandenburger Tor errichtet?
12. Von wem ist dieser Bericht geschrieben worden?

Lesestück:

Die Schweiz

Da es am Ende des Monats eine Woche Ferien gab, entschloß sich Robert Brown, in die Schweiz zu fahren. In Zürich hatte er einen Freund, Hans Meyer, von dem er zu einem Besuch eingeladen wurde. Die beiden hatten sich an der Universität Kalifornien kennengelernt. Robert lud Paul Jones ein, mitzufahren, weil dieser in Sankt Gallen einen
5 jungen Schweizer besuchen wollte, der vor einigen Jahren als Austauschstudent ein Jahr in seiner Schule verbracht hatte.

Die beiden Amerikaner freuten sich über die Gelegenheit, die Schweiz zu besuchen. Sie mieteten sich einen Wagen und fuhren zuerst durch Süddeutschland nach Schaffhausen, einer schweizerischen Stadt, die am Rhein nicht weit von der Grenze liegt. In
10 der Schweiz fuhren sie dann durch eine Landschaft, die an den Mittelwesten erinnerte, weil es Bauernhöfe mit großen Mais- und Kornfeldern gab. Erst als sie in Zürich ankamen, sahen sie hinter dem Zürichsee die Berge, für die die Schweiz bekannt ist.

Von Hans erfuhren sie, daß vier Sprachen in der Schweiz gesprochen werden; von siebzig Prozent der Bevölkerung wird Deutsch, eigentlich „Schwyzerdütsch", gespro-
15 chen, ein Dialekt, der eine Menge von Ortsmundarten umfaßt. Natürlich konnten die zwei Ausländer diesen Dialekt nicht verstehen. Jeder Schweizer im deutschen Sprachgebiet spricht auch Hochdeutsch. In den Gebieten, die im Westen an Frankreich grenzen, wird Französisch gesprochen, und in den Gebieten im Süden spricht man Italienisch. Die vierte Sprache ist Romantsch, von dem die Amerikaner nichts wußten.
20   „Was ist Romantsch?" wollte Robert wissen.

„Romantsch ist ein mittelalterlicher Dialekt aus dem Latein, den man nur im Kanton Graubünden spricht", antwortete Hans. „Viele Schweizer sprechen mehrere Sprachen, darunter wird Englisch gezählt, weil der Tourismus eine der Hauptquellen des schweizerischen Einkommens ist. Man braucht kaum zu sagen, daß für viele Engländer

25 und Amerikaner die Schweiz ein ideales Ferienland ist."

Von Hans erfuhren sie auch, daß etwa sieben Millionen Menschen dieses kleine, bergige Land bewohnen, das ungefähr so groß ist wie die amerikanischen Bundesstaaten Massachusetts, Connecticut und Rhode Island. Dieses unglaublich schöne, saubere Land, das in fünfundzwanzig Kantone eingeteilt ist, gilt als eine der ältesten Demokratien

30 der Welt. Seit Jahrhunderten herrscht die Tradition des Stimmrechts aller Eidgenossen, d.h. Bürger, aber das galt nur für Männer. Erst in neuster Zeit gibt es auch das Frauenstimmrecht nicht nur in allen staatlichen, sondern auch in den Angelegenheiten der meisten Kantone.

Hans unterrichtete Englisch und Französisch in einem Gymnasium, das früher ein

35 Kloster gewesen war. Die Schule lag am Rande eines Vororts von Zürich und war von einer schönen Landschaft umgeben. Robert und Paul bemerkten, daß viele Klassenzimmer mit schönen Holzfiguren und Schnitzereien geschmückt waren. Während sie sich

Polizist in Sankt Gallen

das Kloster und seine herrliche, barocke Kirche ansahen, sagte Hans, daß er bald einige
Wochen im Dienst verbringen würde.

40   ,,Jedes Jahr muß ich drei Wochen Militärdienst leisten", fuhr er fort, ,,denn jeder
Eidgenosse ist dazu verpflichtet, bis er fünfzig Jahre alt ist. Das schweizerische Heer ist
in Wirklichkeit eine Miliz- oder Bürgerarmee, und dabei haben wir praktisch keine
Berufssoldaten. Hier wird ein starkes Heer unterhalten, obwohl die Schweiz seit Napoleon
an keinen Kriegen mehr teilgenommen hat."

45   Von Zürich aus wurde mit dem jungen Schweizer eine Tour durch die Alpen
gemacht. Die Ausländer bewunderten die schönen, gut asphaltierten Straßen und Auto-
bahnen in den Bergen, die herrliche Aussicht, die Bauernhöfe, Bergwiesen, Seen und
die schneebedeckten Gipfel.

,,Obwohl die Schweiz für ihre Naturschönheiten bekannt ist, hat sie auch viel
50 Industrie", bemerkte Hans, ,,und das Wasser in den vielen blauen Seen, die so sauber
aussehen, ist leider von der Industrie so verschmutzt, daß man nicht mehr darin baden
kann. Wir machen uns große Sorge um die Verschmutzung unserer Naturgebiete."

,,Gibt es Gastarbeiter in der Schweiz?" wollte Robert wissen.

,,Ja, gewiß. Wir haben viele Gastarbeiter aus Italien und anderen Ländern am
55 Mittelmeer, weil immer mehr Arbeitskräfte von der Industrie gebraucht werden",
antwortete Hans. ,,Da sich hier keine Bodenschätze befinden, werden Rohstoffe im-
portiert und Fertigwaren exportiert. In den Bergen haben wir viel Wasserkraft, und
dadurch wird fast alle Elektrizität erzeugt, die wir verwenden. Schon früh in diesem
Jahrhundert ist die schweizerische Bundesbahn elektrifiziert worden."

60   Am nächsten Abend sahen sie im Theater in Zürich eine Aufführung von Friedrich
Dürrenmatts ,,Besuch der alten Dame". Nach der Aufführung sagte Paul: ,,Ich habe
nicht gewußt, daß Dürrenmatt ein schweizerischer Schriftsteller ist."

,,Ja", sagte Hans, ,,im Ausland meint man oft, daß bekannte Dichter wie Dürrenmatt und Max Frisch Deutsche sind, weil ihre Werke in deutscher Sprache verfaßt sind.
65 Es ist wahr, daß wir nicht so viele berühmte Dichter und Schriftsteller gehabt haben wie
Deutschland, immerhin ist z.B. Gottfried Keller, ein schweizerischer Dichter des neunzehnten Jahrhunderts, durch seine Novellen von Seldwyla[1] beliebt geworden. ,Kleider
machen Leute'[2] ist seine bekannteste Novelle, in welcher er im realistischen Stil und mit
viel Humor das Leben in den schweizerischen Dörfern beschreibt."

70   Von Zürich aus fuhren die zwei Amerikaner auf der Autobahn nach Sankt Gallen,
einer alten Stadt im östlichen Teil der Schweiz. Karl Stucki, der als Austauschstudent
in den Vereinigten Staaten gewesen war, erwartete sie. Zuerst zeigte er ihnen die Stadt,
die barocke Stiftskirche und die berühmte Stiftsbibliothek, die einer der schönsten Bauten
in der Schweiz ist. Darin sind viele Dokumente aus dem Mittelalter aufbewahrt.

75   Von einem Hügel am Stadtrand aus erblickten sie in der Ferne einen großen See.

,,Das ist der Bodensee", erklärte Karl. ,,Der Rhein hat seine Quelle in den Alpen
und bildet die Grenze zwischen Deutschland und der Schweiz. Er fließt durch den

---

[1] **Seldwyla** fictitious Swiss village   [2] **Kleider machen Leute** clothes make the man

Bodensee, der zugleich der größte und tiefste See Mitteleuropas ist. Der See liegt zwischen Deutschland, Österreich und der Schweiz, und hat an seinen Ufern viele
80 beliebte Ferienorte."

Karl war Ingenieur und führte seinen Besuch in die Berge zu einer Autobahnbrücke, deren Bauleitung er übernommen hatte. Die Brücke ragte in atemberaubender Höhe über den Talboden. Dann fuhren sie zum Wochenendhaus seiner Eltern. Das Haus stand auf einer prächtigen Alp, d.h. Bergweide, auf der große braune Kühe weideten;
85 jede Kuh trug eine Glocke um den Hals. Im Frühling streiten sich die Tiere, wobei die Siegerin dann die Leitkuh der Herde wird und stolz die größte Glocke trägt. Allein durch diese Leitkuh kann die Herde von dem Senn, d.h. Hirten, geführt werden.

Bei der Ankunft am Wochenendhaus erblickten die jungen Leute ein Reh, das friedlich geweidet hatte und nun erschrocken im Walde verschwand. Während sie die
90 kleinen bunten Alpenblumen bewunderten, hörten sie das Pfeifen eines Murmeltieres, das sich über das Betreten seines privaten Reiches ärgerte.

,,Ich habe überall in der Schweiz Neubauten gesehen – sogar hier in den Bergen", bemerkte Robert.

,,Ja", antwortete der Schweizer, ,,die Industrie wird immer größer, darum wird
95 viel gebaut. Das bedeutet nicht nur mehr Auto- und Eisenbahnen, sondern auch Maschinen und neue Fabriken. Dabei müssen wir ständig Wohnungen für die Arbeiter bauen. Viele Leute glauben, es sei[3] höchste Zeit, mit dem Bauen aufzuhören.

Am nächsten Morgen nahmen die jungen Amerikaner Abschied von ihrem Freund und fuhren nach Deutschland zurück; nur ungern verließen sie das schöne, kleine Land
100 mit seinen hohen Bergen, seinen Wäldern, seinen rauschenden Bächen und vor allem seinem tüchtigen und freundlichen Volk. Morgen aber gab es wieder Unterricht.

Wortschatz

der **Abschied**, –(e)s, –e *departure,*
  farewell; **Abschied nehmen** *to take*
  leave
die **Alp(e)**, –en *mountain pasture*
die **Alpenblume**, –n *Alpine flower*
die **Angelegenheit**, –en *affair, matter*
die **Ankunft**, ⸚e *arrival*
  asphaltiert *asphalted, paved*
  atemberaubend *breath-taking*
der **Austauschstudent**, –en, –en *exchange*
  student

die **Autobahnbrücke**, –n *autobahn*
  bridge
  barock (*adj.*) *baroque*
das **Bauen**, –s *building, construction*
die **Bauleitung** *construction supervision*
  bergig *hilly, mountainous*
die **Bergweide**, –n *mountain pasture*
die **Bergwiese**, –n *mountain meadow*
der **Berufssoldat**, –en, –en *professional*
  soldier
das **Betreten**, –s *entering, stepping into*

---

[3] **sei** is

die Bodenschätze (*plur.*)   *mineral
    resources*
der Bodensee, –s   *Lake Constance*
der **Bürger**, –s, –   *citizen*
die Bürgerarmee, –n   *citizens' army,
    conscripted army*
der **Dienst**, –es, –e   *service*
der Eidgenosse, –n, –n   *confederate,
    citizen of a confederation*
das Einkommen, –s, (*plur.*) Einkünfte
    income
die Elektrizität   *electricity*
die **Ferien** (*plur. only*)   *vacation*
das Ferienland, –(e)s, ⸚er   *vacation land*
der Ferienort, –(e)s, –e   *vacation spot*
die Fertigware, –n   *finished product*
das Frauenstimmrecht, –(e)s, –e   *woman
    suffrage*
    friedlich   *peaceful*
der Gipfel, –s, –   *peak, summit*
der **Hals**, –es, ⸚e   *throat*
die Hauptquelle, –n   *main source*
das **Heer**, –(e)s, –e   *army*
die Herde, –n   *herd*
der Hirt, –en, –en   *herdsman, shepherd*
die **Höhe**, –n   *height, summit*
die Holzfigur, –en   *wooden figure*
der **Hügel**, –s, –   *hill*
der **Humor**, –s   *humor, wit*
    ideal   *ideal*
    immerhin   *nevertheless, anyway*
der Kanton, –s, –e   *canton*
das Kornfeld, –(e)s, –er   *grainfield*
die **Kuh**, ⸚e   *cow*
die Leitkuh, ⸚e   *lead cow*
das Maisfeld, –(e)s, –er   *cornfield*
der Militärdienst, –es   *military service*
die Milizarmee, –n   *militia*
(das) **Mitteleuropa**, –s   *Central Europe*
das Murmeltier, –(e)s, –e   *marmot,
    dormouse*
das Naturgebiet, –(e)s, –e   *natural area
    (land, lakes, streams, etc.)*
die Naturschönheit, –en   *natural beauty*
    neu: in neuster Zeit   *recently*
die Novelle, –n   *novella*
die Ortsmundart, –en   *local dialect*
    östlich   *east, easterly, eastern*
das Pfeifen, –s   *whistling*
    prächtig   *fine, grand*
    privat   *private*

die Quelle, –n   *source*
    rauschend   *murmuring, rushing
    (sound of flowing water)*
    realistisch   *realistic*
das Reh, –(e)s, –e   *deer*
die Rohstoffe (*plur.*)   *raw materials*
das Romantsch, –   *Romansh language*
(das) Sankt Gallen, –s   *St. Gall*
    sauber   *clean*
    schneebedeckt   *snow-clad*
die Schnitzerei, –en   (*wood*) *carving*
der **Schriftsteller**, –s, –   *writer, author*
    schweizerisch (*adj.*)   *Swiss*
das Schwyzerdütsch   *Swiss German*
der Senn, –s, –e   *Alpine herdsman*
das Sprachgebiet, –(e)s, –e   *linguistic
    area, region where a language is
    spoken*
    staatlich   *state, governmental*
    ständig   *steady, constant*
die Stiftsbibliothek, –en   *cloister library*
die Stiftskirche, –n   *cloister church, chapel*
das Stimmrecht, –(e)s, –e   *right to vote*
    stolz   *proud*
der Talboden, –s, ⸚   *valley floor, bottom*
das **Tier**, –(e)s, –e   *animal, creature*
die Tour, –en   *tour*
der Tourismus, –   *tourism*
    tüchtig   *efficient, capable*
das **Ufer**, –s, –   *bank, shore*
    ungefähr   *approximately*
die Verschmutzung   *pollution*
    vor allem   *above all*
die Wasserkraft   *water power*
die **Wirklichkeit**   *reality*
das Wochenendhaus, –es, ⸚er   *weekend
    house*
    Zeit: höchste Zeit   *high time*
    zugleich   *at the same time*
der Zürichsee, –s   *Lake Zurich*

    aufbewahren   *to preserve, store*
    aufhören   *to cease, stop*
    bedeuten   *to mean, signify*
    bewohnen   *to inhabit*
    bewundern   *to admire*
    einteilen   *to divide into*
    elektrifizieren   *to electrify*
    erinnern   *to remind;* **sich erinnern (an)**
    (*with acc.*)   *to remember*

erschrecken (erschrickt), erschrak, ist
    erschrocken   *to be startled*
erwarten   *to expect, await*
erzeugen   *to produce*
exportieren   *to export*
fließen, floß, ist geflossen   *to flow*
sich freuen (über) (*with acc.*)   *to be happy*
    (*about*)
gelten (gilt), galt, gegolten   *to prevail*
grenzen (an) (*with acc.*)   *to adjoin,*
    border (*on*)
importieren   *to import*

leisten   *to perform, do*
(sich) mieten   *to rent*
ragen   *to tower, rise*
schmücken   *to decorate*
(sich) **streiten, stritt** (sich), (sich) **gestritten**
    to quarrel
unterhalten (unterhält), unterhielt,
    unterhalten   *to maintain, support*
verpflichten   *to obligate*
verschmutzen   *to soil, pollute*
weiden   *to graze*
würde(n)   *would*

Weitere Übungen

1. Read the following sentences in the passive voice:

   Beispiel: Man schrieb gestern den Bericht.   **Der Bericht wurde gestern geschrieben.**

   a. Man schrieb letzte Woche den Artikel.
   b. Im Jahre 1386 gründete man die Universität Heidelberg.
   c. Man hat Deutschland in vier Zonen aufgeteilt.
   d. Man nennt die Fremden „Gastarbeiter".
   e. Im achtzehnten Jahrhundert hat man in Deutschland die Franzosen verehrt.
   f. Man nahm viele Fremdwörter in die Sprache auf.
   g. Hier spricht man Englisch.
   h. Man hat solche Probleme noch nicht gelöst.
   i. Schon letzte Woche hatte man den Wagen verkauft.
   j. Man hatte schon die Vorlesungen in das Studienbuch eingetragen.

2. Read the following sentences in the future tense of the passive voice:

   Beispiel: Die Vorlesungen werden in das   **Die Vorlesungen werden in das Studienbuch**
   Studienbuch eingetragen.   **eingetragen werden.**

   a. Die Gesundheitsverhältnisse der Bevölkerung werden untersucht.
   b. Diese Methode wird nicht oft verwendet.
   c. Theorien über die Entstehung der Zelle werden aufgestellt.
   d. Viele Arbeiter werden bald angestellt.
   e. Eine neue Schule wird hier gegründet.
   f. Das Gepäck wird im Hotelzimmer gelassen.

3. Read the following sentences in the passive, introducing the agent or performer of the action with **von**:

Beispiel: Er schrieb schnell den Bericht.   Der Bericht wurde von ihm schnell geschrieben.

a. Die Firma baute letztes Jahr die Brücke.
b. Die Ärzte haben die Gesundheitsverhältnisse der Fremden untersucht.
c. Die Wissenschaftler stellen viele Theorien darüber auf.
d. Wir werden bald das Problem lösen.
e. Die Ostdeutschen errichteten im Jahre 1961 die Berliner Mauer.
f. Er lud mich ein, einen Besuch bei ihm zu machen.
g. Die Russen besetzten den Osten.
h. Sie wird uns eine große Auswahl anbieten.
i. Ich habe die Tür geschlossen.
j. Sie üben jeden Tag die Verben, nicht wahr?
k. Die Regierung schickte meinen Vetter nach Afrika.
l. Wird er dich einladen, zu ihm zu kommen?
m. Das Volk hatte den geisteskranken König sehr geliebt.
n. Im achtzehnten Jahrhundert verehrten die Deutschen die Franzosen.

Zürich

4. Read the following sentences, using either the passive or the statal passive:

   a. Die Tür ⎯⎯⎯⎯⎯ seit gestern geschlossen.
   b. Der Wagen ⎯⎯⎯⎯⎯ schon gestern gekauft.
   c. Ich ⎯⎯⎯⎯⎯ schon lange von seiner Musik begeistert.
   d. ⎯⎯⎯⎯⎯ Sie in Köln geboren?
   e. In der Schweiz ⎯⎯⎯⎯⎯ ein Dialekt gesprochen.
   f. Diese Probleme ⎯⎯⎯⎯⎯ schon seit langem gelöst.
   g. Der Dom ⎯⎯⎯⎯⎯ bald geöffnet.

5. Read the following sentences, using the correct reflexive construction in the tense indicated:

   a. Er (sich setzen) langsam in den Stuhl. (*past*)
   b. Wir (sich sehen) schon lange nicht mehr. (*present perfect*)
   c. Du (sich üben) jeden Tag, nicht wahr? (*past perfect*)
   d. Die Mauer (sich erstrecken) zu beiden Seiten des Tores. (*past*)
   e. Nicht viele Gebäude (sich befinden) in der Nähe der Mauer. (*present*)
   f. Die Studenten (sich unterhalten) schon seit fünf Uhr mit dem Fremden. (*past perfect*)
   g. (sich entschließen) ihr dazu? (*present perfect*)
   h. Du (sich erholen) bald davon. (*future*)
   i. Ich (sich ärgern), weil ich in der Stiftsbibliothek keine Aufnahmen machen durfte. (*present perfect*)

6. Answer the following questions with complete sentences:

   a. Was hat sich Robert Brown entschlossen zu tun?
   b. Von wem wurde er eingeladen, in die Schweiz zu reisen?
   c. Wer hatte sich an der Universität kennengelernt?
   d. Worüber freuten sich die zwei Amerikaner?
   e. Welche Sprachen werden in der Schweiz gesprochen?
   f. Welche Sprache wird von den meisten Schweizern gesprochen?
   g. In welchem Gebiet der Schweiz spricht man Französisch?
   h. Aus welcher Sprache entstand Romantsch?
   i. Wo befand sich die Schule, in der Hans unterrichtete?
   j. Was muß jeder Eidgenosse leisten, bis er fünfzig Jahre alt ist?
   k. Was wurde von den Amerikanern bewundert?
   l. Wovon wird fast alle Elektrizität in der Schweiz erzeugt?
   m. Wie heißt der große See, der sich zwischen Österreich, Deutschland und der Schweiz befindet?
   n. Für wen müssen Wohnungen gebaut werden?

Schriftliches

Write the following sentences in German:

a. The new building that is being erected near the city hall will be the highest (**das höchste**) in the whole city.
b. English and French were taught in a school that had formerly been a monastery.
c. The classrooms were decorated (*statal passive*) with carvings.
d. In Switzerland a strong army is maintained.
e. Paul had been invited by a friend to visit Switzerland.
f. They decided to drive to Switzerland, although Paul had caught a cold.
g. In the canton of Graubünden, Romansh is spoken.
h. Robert was annoyed because he was not allowed (**dürfen**) to take photographs in the cloister church.
i. Almost all electricity is produced by means of water power in the Alps.
j. Many lakes have been polluted by the factories on their banks.

Verschiedenes

Die Schweiz und ihre Kantone

Kanton	Bevölkerung (im Jahre 1972)	Fläche (km²)
Aargau	446 200	1 404
Appenzell-Außerrhoden	49 000	243
Appenzell-Innerrhoden	13 600	172
Basel-Land	210 100	428
Basel-Stadt	230 100	37
Bern	988 800	6 887
Freiburg	183 600	1 670
Genf	331 400	282
Glarus	38 400	684
Graubünden	171 900	7 109
Luzern	292 800	1 494
Neuenburg	169 000	797
Sankt Gallen	388 200	2 016
Schaffhausen	74 100	298
Schwyz	93 600	908
Solothurn	225 700	791
Tessin	251 700	2 811
Thurgau	183 100	1 006
Unterwalden (Nidwalden)	25 900	274
Unterwalden (Obwalden)	25 300	492
Uri	34 700	1 075
Waadt	515 900	3 211
Wallis	211 300	5 231
Zug	69 800	239
Zürich	1 117 400	1 729
Insgesamt	6 341 600	41 288

Grammatik

A. Formation of the Passive Voice

The passive voice is formed by using **werden** as the helping, or auxiliary, verb with the past participle of the main verb. The helping verb shows the tense of the action, but the main verb expresses the action itself. Only transitive verbs, that is, verbs which can take a direct object in the active voice, can be used in the passive.

PRESENT TENSE

Der Brief wird geschrieben.   *The letter is being written.*

PAST TENSE

Der Brief wurde geschrieben.   *The letter was being written.*

In the present perfect and past perfect tenses the participle of the helping verb **werden** does not take the prefix **ge-**.

PRESENT PERFECT TENSE

Der Brief ist geschrieben worden.   *The letter has been written.*

PAST PERFECT TENSE

Der Brief war geschrieben worden.   *The letter had been written.*

The passive infinitive is formed with the past participle of the main verb followed by **werden**.

geschrieben werden
errichtet werden

The passive infinitive is used in the future tense and with modal auxiliary verbs.

FUTURE TENSE

Der Brief wird **geschrieben werden.**   *The letter will be written.*

WITH MODAL VERBS

Zu dieser Jahreszeit kann eine solche Reise nicht **gemacht werden.**   *During this season such a trip cannot be made.*

Die Kühe sollen auf die Alp **geführt werden.**   *The cows are to be led to the mountain pasture.*

The following is a synopsis of the passive voice in the third person singular:

PRESENT	er wird gesehen
PAST	er wurde gesehen
PRESENT PERFECT	er ist gesehen worden
PAST PERFECT	er war gesehen worden
FUTURE	er wird gesehen werden
FUTURE PERFECT	er wird gesehen worden sein (*rarely used*)

B. The Agent and the Means

The agent, that is, the performer of an action expressed in the passive voice, is introduced with the preposition **von**.

Ich wurde **von einem Schweizer** eingeladen, ihn zu besuchen.	*I was invited **by a Swiss** to visit him.*
Die Herde wird **von dem Hirten** geführt.	*The herd is led **by the herdsman**.*
Viele Neubauten sind **von meiner Firma** errichtet worden.	*Many new structures have been erected **by my firm**.*

The means by which an action in the passive voice takes place is introduced with the preposition **durch**.

Man kann in vielen Seen nicht mehr baden, weil das Wasser **durch die Chemikalien** der Fabriken verschmutzt worden ist.	*One can no longer bathe in many lakes, because the water has been polluted **through (by means of) the chemicals** of the factories.*
Durch die Leitkuh kann die Herde geführt werden.	*The herd can be led **by (means of) the lead cow**.*

C. **Man** as a Substitute for the Passive

Man and the active form of the main verb can replace the passive when no agent or means is indicated.

PASSIVE	SUBSTITUTION WITH **man**
Einige Artikel wurden gelesen. =	Man las einige Artikel.

Sankt Gallen: Stiftsbibliothek

D. The Impersonal Passive

In German a sentence in the passive does not necessarily have an expressed subject. The impersonal pronoun **es** then functions as the subject.

Es wird jeden Abend getanzt.	*There is dancing every evening.*
Es wurde gestern gegessen und getrunken.	*There was eating and drinking yesterday.*

The pronoun **es** is omitted if it does not come first in the clause containing the passive construction.

Es wird jeden Abend getanzt.	=	**Jeden Abend** wird getanzt.
Es wurde gestern gegessen und getrunken.	=	**Gestern** wurde gegessen und getrunken.

E. The Statal Passive

The statal passive expresses a state or condition rather than an action. It is formed with **sein** as the helping verb and the past participle of the main verb. The statal passive is used predominantly in the present and past tenses.

Er **war** von Wagners Musik **begeistert.**	*He **was enraptured** by Wagner's music.*
Das Werk **ist** in deutscher Sprache **verfaßt.**	*The work **is written** in the German language.*
Viele Seen **sind** schon **verschmutzt.**	*Many lakes **are** already **polluted.***
In der Stiftsbibliothek **sind** viele Dokumente **aufbewahrt.**	*In the cloister library, many documents **are preserved.***

F. Reflexive Verbs

Reflexive verbs express actions originating with the subject and reflected back on the subject; that is, the subject is both the performer and the receiver of the action. In English, reflexive verbs are accompanied by the reflexive pronouns "myself," "yourself," "himself," and so forth.

I hurt myself.
We seated ourselves.

In German, reflexive verbs are also accompanied by reflexive pronouns. The following are the accusative reflexive pronouns:

ich setze mich   wir setzen uns
du setzt dich   ihr setzt euch

er ⎫
sie ⎬ setzt sich
es ⎭

sie ⎫
Sie ⎬ setzen sich

Some German verbs are always reflexive.

sich erkälten
sich entschließen

Some verbs can be used either reflexively or nonreflexively.

setzen
Ich **setzte** das Kind in den Stuhl.   *I seated the child in the chair.*
sich setzen
Ich **setzte mich** in den Stuhl.   *I seated myself in the chair.*

A few verbs assume a different meaning when they are used reflexively. For example, **erinnern** means "to remind"; **sich erinnern** means "to remember."

Die Landschaft **erinnerte** mich an den Mittelwesten.   *The landscape **reminded** me of the Middle West.*

Ich **erinnerte mich** an die Reise in die Schweiz.   *I **remembered** the trip to Switzerland.*

A few reflexive constructions require the reflexive pronoun in the dative case. **Sich** is both dative and accusative.

ich mache mir Sorgen   wir machen uns Sorgen
du machst dir Sorgen   ihr macht euch Sorgen

er ⎫
sie ⎬ macht sich Sorgen
es ⎭

sie ⎫
Sie ⎬ machen sich Sorgen

21

EINUNDZWANZIGSTE LEKTION

Grammatisches Ziel:

Der Konjunktiv

Einführende Beispiele I

1. Herr _____ ist heute nicht hier, weil er krank ist.
   Er würde hier sein, wenn er nicht krank wäre.
   Wo würde er sein, wenn er nicht krank wäre?
   Er würde hier sein, wenn er nicht krank wäre.
   Würde er im Deutschunterricht sein, wenn er nicht krank wäre?
   Ja, er würde im Deutschunterricht sein, wenn er nicht krank wäre.

2. Ich würde ins Krankenhaus gehen, wenn ich krank wäre.
   Wohin würden Sie gehen, wenn Sie krank wären?
   Ich würde ins Krankenhaus gehen, wenn ich krank wäre.

3. Würden wir zum Arzt gehen, wenn wir krank wären?
   Ja, wir würden zum Arzt gehen, wenn wir krank wären.

4. Ich würde nach Deutschland reisen, wenn ich viel Geld hätte.
   Würden Sie auch nach Deutschland reisen, wenn Sie viel Geld hätten?
   Ja, ich würde auch nach Deutschland reisen, wenn ich viel Geld hätte.

5. Ich würde viele Bücher lesen, wenn ich mehr Zeit hätte.
   Was würde ich tun, wenn ich mehr Zeit hätte?
   Sie würden viele Bücher lesen, wenn Sie mehr Zeit hätten.

Übungen I

1. **Beispiel:** *ich würde zum Arzt gehen*   *Ich würde zum Arzt gehen*, wenn ich Zeit hätte.

   a. ich würde zum Arzt gehen
   b. ich würde heute spazierengehen
   c. ich würde ins Kino gehen
   d. ich würde Sie besuchen
   e. ich würde meine Tante besuchen
   f. ich würde meine Freunde besuchen

2. **Beispiele:** *wir würden länger hier bleiben*   *Wir würden länger hier bleiben*, wenn *wir* mehr Geld *hätten.*

   er würde mitkommen   *Er würde mitkommen*, wenn *er* mehr Geld *hätte.*

   a. wir würden länger hier bleiben
   b. er würde mitkommen
   c. sie würden uns helfen
   d. ich würde einen neuen Wagen kaufen
   e. wir würden in die Schweiz reisen
   f. ich würde in Bonn studieren

3.´ Beispiele: *wir*   *Wir würden* ihm helfen, wenn es nötig wäre.

      du   *Du würdest* ihm helfen, wenn es nötig wäre.

a. wir

b. du

c. ich

d. die Wirtin

e. meine Freunde

f. ihr

4. Beispiele: *ich*   *Ich würde* ins Krankenhaus gehen, wenn *ich* krank *wäre.*

      man   *Man würde* ins Krankenhaus gehen, wenn *man* krank *wäre.*

a. ich

b. man

c. wir

d. sie (*they*)

e. er

f. du

5. Beispiele: *Er würde* arbeiten, wenn *er* nicht   *Sie würden* arbeiten, wenn *sie* nicht müde
      müde *wäre.*   *wären.*

      Er würde eine Reise machen, wenn   *Sie würden* eine Reise machen, wenn *sie*
      er viel Geld *hätte.*   viel Geld *hätten.*

a. Er würde arbeiten, wenn er nicht müde wäre.

b. Er würde eine Reise machen, wenn er viel Geld hätte.

c. Er würde bei uns bleiben, wenn er Zeit hätte.

d. Er würde zum Arzt gehen, wenn er krank wäre.

e. Er würde das nicht sagen, wenn er keine Sorgen hätte.

f. Er würde zu uns kommen, wenn er in der Nähe wäre.

6. Beispiele: Ich *bin* gesund.   Wenn ich nur gesund *wäre*!

      Ich *bin* nicht müde.   Wenn ich nur nicht müde *wäre*!

a. Ich bin gesund.

b. Ich bin nicht müde.

c. Ich bin nicht krank.

d. Ich bin nicht zu jung.

e. Ich bin reich.

f. Ich bin nicht so alt.

7. Beispiel: Wir *haben* Zeit.   Wenn wir nur Zeit *hätten*!

a. Wir haben Zeit.

b. Wir haben Geld.

c. Wir haben einen Wagen.

d. Wir haben Fahrkarten.

e. Wir haben Platz genug.

f. Wir haben viel Freiheit.

8. Beispiel: Wenn *Sie* nur genug Zeit *hätten*!   Wenn *du* nur genug Zeit *hättest*!

a. Wenn Sie nur genug Zeit hätten!

b. Wenn Sie nur dort wären!

c. Wenn Sie nur nicht krank wären!

d. Wenn Sie nur nicht so viel Arbeit hätten!

9. Beispiel: Wenn *du* nur fleißiger *wärest*!   Wenn *ihr* nur fleißiger *wäret*!

a. Wenn du nur fleißiger wärest!

b. Wenn du nur einen Volkswagen hättest!

c. Wenn du nur gescheit wärest!

d. Wenn du nur reich wärest!

Einführende Beispiele II

1. Mein Freund muß heute abend zu Hause bleiben, weil er zu viel Arbeit hat, aber er würde zu mir kommen, wenn er spazierenginge.
   Würde er zu mir kommen, wenn er spazierenginge?
   Ja, er würde zu Ihnen kommen, wenn er spazierenginge.

2. Wenn er zu mir käme, würde ich nicht arbeiten.
   Würde ich arbeiten, wenn er zu mir käme?
   Nein, Sie würden nicht arbeiten, wenn er zu Ihnen käme.

3. Ich habe kein Geld und kann deswegen keinen Wagen mieten.
   Ich würde aber einen Wagen mieten, wenn ich einen Scheck bekäme.
   Was würde ich tun, wenn ich einen Scheck bekäme?
   Sie würden einen Wagen mieten, wenn Sie einen Scheck bekämen.

4. Herr Brown würde Bayrisch lernen, wenn er länger in Schwarzhausen bliebe.
   Was würde er lernen, wenn er länger in Schwarzhausen bliebe?
   Er würde Bayrisch lernen, wenn er länger in Schwarzhausen bliebe.

5. Ich würde München besuchen, wenn ich nach Deutschland reiste.
   Welche Stadt würden Sie besuchen, wenn Sie nach Deutschland reisten?
   Ich würde München besuchen, wenn ich nach Deutschland reise.

Übungen II

1. **Beispiel:** *wenn er in der Stadt wäre*   **Mein Freund würde mich besuchen, *wenn er in der Stadt wäre*.**

   a. wenn er in der Stadt wäre
   b. wenn er in die Stadt käme
   c. wenn er länger in München bliebe

   d. wenn er in die Schweiz reiste
   e. wenn er nicht ins Theater ginge
   f. wenn er einen Scheck bekäme

2. **Beispiele:** *Sie*   **Wir würden hier warten, wenn *Sie* in die Stadt *kämen*.**
           du   **Wir würden hier warten, wenn *du* in die Stadt *kämest*.**

   a. Sie
   b. du
   c. sie (*she*)

   d. Ihr Freund
   e. ihr
   f. deine Eltern

3. Beispiel: *er*   Ich würde mich freuen, wenn *er* hier *bliebe*.

a. er

b. du

c. meine Tante

d. sie (*they*)

e. Sie

f. Ihr Freund

4. Beispiel: *ihr*   Ich würde mitfahren, wenn *ihr* nach Europa *reistet*.

a. ihr

b. Sie

c. er

d. deine Familie

e. deine Freunde

f. du

5. Beispiele: *er*   *Er würde* es mir sagen, wenn *er* in die Stadt *ginge*.

Sie   *Sie würden* es mir sagen, wenn *Sie* in die Stadt *gingen*.

a. er

b. Sie

c. sie (*she*)

d. sie (*they*)

6. Beispiel: *bekäme*   Wenn er es nur *bekäme*!

a. bekäme

b. hätte

c. verstände

d. läse

e. könnte

f. schriebe

g. sähe

h. fände

i. nähme

j. wüßte

k. dürfte

l. täte

7. Beispiel: *das machte*   Ich würde mich freuen, wenn sie *das machte*.

a. das machte

b. mir antwortete

c. in Berlin studierte

d. einen Wagen mietete

e. nicht so viel redete

f. das Geschwätz hörte

8. Beispiel: *hören*   Wenn meine Eltern das nur *hörten*!

a. hören

b. machen

c. sagen

d. kaufen

e. fragen

f. schicken

Einführende Beispiele III

1. Ich habe den Professor nicht verstanden, weil er zu schnell gesprochen hat.
   Aber ich hätte ihn verstanden, wenn er langsamer gesprochen hätte.
   Wen hätte ich verstanden?
       Sie hätten den Professor verstanden.
   Hätte ich ihn verstanden, wenn er langsamer gesprochen hätte?
       Ja, Sie hätten ihn verstanden, wenn er langsamer gesprochen hätte.

2. Herr Brown und Herr Jones sind in die Schweiz gefahren, weil sie Ferien gehabt haben.
   Sie wären aber nicht in die Schweiz gefahren, wenn sie keine Ferien gehabt hätten.
   Wären sie in die Schweiz gefahren, wenn sie keine Ferien gehabt hätten?
       Nein, sie wären nicht in die Schweiz gefahren, wenn sie keine Ferien gehabt hätten.
   Was hätten sie nicht getan, wenn sie keine Ferien gehabt hätten?
       Sie wären nicht in die Schweiz gefahren, wenn sie keine Ferien gehabt hätten.

3. Robert wäre länger in der Schweiz geblieben, wenn er mehr Zeit gehabt hätte.
   Was hätte er getan, wenn er mehr Zeit gehabt hätte?
       Er wäre länger in der Schweiz geblieben, wenn er mehr Zeit gehabt hätte.

Übungen III

1. **Beispiel:** *gewußt*   **Wenn ich das *gewußt* hätte . . .**

   a. gewußt
   b. getan
   c. gesehen
   d. gehört
   e. gekauft
   f. gelesen

2. **Beispiele:** *wir*   **Wenn *wir* alles verstanden *hätten* . . .**
                  du   **Wenn *du* alles verstanden *hättest* . . .**

   a. wir
   b. du
   c. sie (*they*)
   d. ich
   e. ihr
   f. eure Eltern

Universität Zürich

3. **Beispiel:** *ihn*   Ich hätte *ihn* verstanden, wenn er langsamer gesprochen hätte.

    a. ihn
    b. den Schauspieler

    c. den Polizisten
    d. den Mann

4. **Beispiele:** *wir*   *Wir hätten* ihn verstanden, wenn er langsamer gesprochen hätte.
                ich   *Ich hätte* ihn verstanden, wenn er langsamer gesprochen hätte.

    a. wir
    b. ich
    c. du

    d. sie (*they*)
    e. man
    f. alle

5. **Beispiele:** *ich*   *Ich hätte* mit ihm gesprochen, wenn *ich* ihn gesehen *hätte.*
                wir   *Wir hätten* mit ihm gesprochen, wenn *wir* ihn gesehen *hätten.*

    a. ich
    b. wir
    c. sie (*they*)

    d. sie (*she*)
    e. du
    f. Sie

6. **Beispiel:** Wir *haben* das gewußt.   Wenn wir das gewußt *hätten* . . .

    a. Wir haben das gewußt.
    b. Wir haben das verstanden.
    c. Wir haben den Film gesehen.
    d. Wir haben mit dem Beamten gesprochen.
    e. Wir haben schon gegessen.
    f. Wir haben sie nicht gekannt.

7. **Beispiel:** Ich *machte* gestern die Arbeit.   Wenn ich gestern die Arbeit *gemacht hätte* . . .

    a. Ich machte gestern die Arbeit.
    b. Ich besuchte das Gymnasium.
    c. Ich schrieb an die Eltern.
    d. Ich hatte einen Wagen.
    e. Ich hatte kein Fieber.
    f. Ich sah ihn nur einmal.

8. **Beispiele:** *er*   *Wäre er* nach München gefahren, wenn ich dort gewesen wäre?
                du   *Wärest du* nach München gefahren, wenn ich dort gewesen wäre?

    a. er
    b. du
    c. sie (*they*)

    d. sein Freund
    e. die Eltern
    f. ihr

9. Beispiele: Er *ist* mit mir gegangen.   Wenn er mit mir gegangen *wäre* . . .
                Sie *sind* bei den Eltern geblieben.   Wenn sie bei den Eltern geblieben
                                                          wären . . .

   a. Er ist mit mir gegangen.
   b. Sie sind bei den Eltern geblieben.
   c. Ich bin mit dem Zug gefahren.
   d. Du bist schon hier gewesen.
   e. Sie sind gestern abgefahren.
   f. Wir sind zu Fuß gegangen.
   g. Ihr seid um acht Uhr angekommen.
   h. Meine Eltern sind nach Deutschland gereist.

10. Beispiele: Ich *ging* nach Hause.   Wenn ich nach Hause *gegangen wäre* . . .
                 Wir *fuhren* mit dem Wagen.   Wenn wir mit dem Wagen *gefahren wären* . . .

   a. Ich ging nach Hause.   d. Sie ging ins Kino.
   b. Wir fuhren mit dem Wagen.   e. Sie reisten in die Schweiz.
   c. Er kam zu spät an.   f. Wir blieben zwei Tage dort.

Fragen

1. Würden Sie eine Reise machen, wenn Sie viel Geld hätten?
2. Was würden Sie tun, wenn Sie mehr Zeit hätten?
3. Was würden Sie tun, wenn Sie Fieber hätten?
4. Würden Sie in die Schweiz reisen, wenn er mitführe?
5. Möchten Sie nach Deutschland reisen, wenn Sie Ferien hätten?
6. Würden Sie nach Berlin fliegen, wenn Sie die Gelegenheit hätten?
7. Wären Sie gestern abend ins Kino gegangen, wenn Sie viele Schulaufgaben gehabt hätten?
8. Würden Sie hier sein, wenn Sie Ihre Schulaufgaben nicht gemacht hätten?
9. Hätten Sie an die Eltern geschrieben, wenn Sie kein Geld gehabt hätten?
10. Was würden Sie tun, wenn Sie kein Geld hätten?

Lesestück:

Ende gut, alles gut[1]

Der Unterricht am Institut für Ausländer war jetzt bald zu Ende. Eines Abends blieben die Studenten nach dem Abendessen eine Weile sitzen und besprachen die Zukunft. Paul Jones wollte in Deutschland bleiben und an der Universität München studieren. Wenn er dort bliebe, würde er oft ein Wochenende bei der Familie Neumann in Schwarz-
5 hausen verbringen, da er und Anneliese sehr gut befreundet waren. München liegt nur eine Stunde mit dem Schnellzug von Schwarzhausen entfernt. Annette Moreau wollte sich im Herbst an der Universität Marburg in Hessen immatrikulieren lassen.

Paul wußte, daß Robert und Annette sehr ungern voneinander Abschied nehmen würden.

10 „Robert, warum bleibst du nicht ein Jahr in Deutschland wie ich? Du könntest an einer Universität studieren, und dabei hätte man von Zeit zu Zeit die Gelegenheit, dich zu sehen", sagte Paul.

Für Robert war dieser Gedanke zuerst neu, aber am nächsten Tag schrieb er an das Akademische Auslandsamt der Universität Marburg und schickte sein Zulassungs-
15 gesuch ein, obwohl es in Wirklichkeit schon fast zu spät war, um Zulassung für das nächste Semester zu erwarten. Jemand hatte ihm aber gesagt, daß die Universität Ausländer oft eher annähme.

Dann schrieb er auch gleich an seine Eltern, daß er große Fortschritte in der Sprache gemacht hätte und daß er nun länger in Deutschland bleiben möchte; er bliebe gerne
20 ein ganzes Jahr und wollte an der Universität Marburg studieren. Am Ende des Briefes bat er seine Eltern um ihre Zustimmung zu dem Plan und gab ihnen seine Adresse in München.

Einige der Studenten, die miteinander besonders gut befreundet waren, hatten sich nämlich entschlossen, am Schluß des Unterrichts am Institut einige Zeit in München
25 zu verbringen, ehe sie voneinander Abschied nehmen mußten. Unter ihnen waren Annette und Robert. Dieser hatte seiner Freundin noch nicht mitgeteilt, daß er hoffte, sich auch an der Universität Marburg immatrikulieren zu lassen, wenn seine Eltern zustimmten.

Sobald Roberts Eltern den Brief von ihm bekommen hatten, riefen sie ihn aus
30 Kalifornien in München an und sagten, sie wären über seine Bitte erstaunt, noch länger in Deutschland studieren zu dürfen. Sie teilten ihm aber auch mit, daß die Familie Ende Oktober nach Deutschland reisen würde, weil sein Vater dort der Leiter einer neuen Filiale seiner Chemiefirma werden sollte. Sie würden in Frankfurt wohnen, und da Marburg in der Nähe von Frankfurt läge, könnten sie einander von Zeit zu Zeit besuchen.
35 Deswegen freuten sie sich, daß Robert in Marburg studieren wollte, und gäben gerne ihre Zustimmung zu seinem Plan.

---

[1] **Ende gut, alles gut** all's well that ends well

Robert war froh, ihnen sagen zu können, daß er seine Prüfungen glücklich bestanden
hätte und sogar eine Zwei als Zensur bekommen hätte. Dann, am letzten Tag in München,
bekam er einen Brief vom Akademischen Auslandsamt, in welchem ihm mitgeteilt wurde,
40 daß er zugelassen worden wäre.

Denselben Abend, als Annette und Robert durch einen Münchener Park spazieren-
gingen, freute sich Robert sehr, daß er ihr jetzt endlich alles erzählen konnte. Er war
ziemlich sicher, daß sie sehr überrascht und auch froh darüber sein würde.

„Wann fährst du eigentlich nach Amerika zurück?" fragte Annette, ohne es wirklich
45 wissen zu wollen, „es wäre doch so schön, wenn du noch länger in Europa bleiben
könntest."

„Was würdest du davon halten", fing er an, „wenn ich ein Jahr an der Universität
Marburg verbrächte?"

„Aber du hast mir doch schon gesagt, daß du Ende September nach Hause fährst."
50   „Ich weiß es", fuhr Robert fort, „aber ich frage nur, ob du es gerne sähest, wenn
ich nach Marburg ginge."

„Natürlich sähe ich das gerne", antwortete sie ruhig, „wenn du aber in Kalifornien
wärest, könntest du nicht zur gleichen Zeit in Marburg sein . . . oder?"

„Gewiß nicht", sagte Robert, „aber etwas ist inzwischen eingetreten, was meine
55 Pläne sehr geändert hat."

„Wieso?" wollte Annette wissen.

„Meine Eltern haben mich angerufen und haben gesagt, daß sie im Herbst nach
Deutschland zögen und daß mein Vater der Leiter einer neuen Filiale in Frankfurt
würde", erklärte er.

60   „Herrlich! Und du? Was willst du machen?"

„Nun lies mal den Brief", sagte er, indem er ihr einen Brief überreichte, den er aus
der Tasche gezogen hatte.

„Philipps-Universität Marburg, Büro des Akademischen Auslandsamts", las sie
schnell und halblaut für sich, „wir haben Ihr Zulassungsgesuch . . . und wir freuen uns,
65 Ihnen mitteilen zu können, daß Sie zum Studium zugelassen . . . Oh-la-la! C'est
formidable!"[2]

---

[2] **c'est formidable!**   that's wonderful!

Heidelberg: Karzer der Alten Universität

Wortschatz

das Akademische Auslandsamt, –(e)s, ̈er
   academic foreign office
die **Bitte**, –n *request*
   eher *rather, preferably*
   einander *one another, each other*
   Ende: **zu Ende sein** *to be at an end, be finished;* **Ende Oktober** *at the end of October*
   endlich *finally*

die Filiale, –n *branch office, affiliate*
   froh *glad, happy*
   für sich *to himself, herself, yourself, themselves*
   gleich: **zur gleichen Zeit** *at the same time, simultaneously*
   glücklich *fortunate, happy, lucky*
   halblaut *in an undertone*
(das) Hessen, –s *Hesse, a federal state*

inzwischen *meanwhile*
jemand, (*dat.*) jemandem, (*acc.*)
  jemanden *someone*
der Leiter, –s, – *head, manager*
mal *just, once*; lies mal den Brief
  just read the letter
der Plan, –(e)s, ⁀e *plan*
die Prüfung, –en *test, examination*; eine
  Prüfung bestehen *to pass a test*
das Semester, –s, – *semester*
die Tasche, –n *pocket*
voneinander *from one another*
die Weile, –n *while, short time*
die Zulassung, –en *admission*
das Zulassungsgesuch, –(e)s, –e *application for admission*
die Zustimmung, –en *approval*
die Zwei *two (noun)*

ändern *to change, alter*
anrufen, rief an, angerufen *to telephone*
einschicken *to send in*
eintreten (tritt ein), trat ein, ist eingetreten *to occur*
halten: halten von *to consider, regard*; was würdest du davon halten? *what would you think of it?*
mitteilen *to inform*
sitzen bleiben *to remain seated*
überraschen *to surprise*
überreichen *to hand over*
ziehen, zog, gezogen *to pull, draw*
zulassen, (läßt zu), ließ zu, zugelassen *to admit, permit entry*
zustimmen *to agree, approve*

Weitere Übungen

1. Read the following sentences, using indirect discourse:
   Beispiel: Er sagt: „*Ich fahre* nicht mit."   Er sagt, *er führe* nicht mit.

   a. Er sagt: „Ich komme heute nicht zurück."
   b. Er sagt: „Ich verstehe das nicht."
   c. Er antwortete: „Ich kann das auch tun."
   d. Sie antwortete: „Ich habe jetzt Zeit."
   e. Er sagte: „Ich bin krank."
   f. Sie sagte: „Ich bleibe ein Jahr in Marburg."
   g. Er hat gesagt: „Ich muß wirklich schwer daran arbeiten."
   h. Sie sagte zu uns: „Paul geht heute abend ins Kino."
   i. Er hat geantwortet: „Meine Familie zieht nach Frankfurt."
   j. Mein Freund schrieb in seinem Brief: „Die Familie Brown zieht nach Deutschland."

2. Read the following sentences, using indirect discourse:
   Beispiel: Er sagt: „*Ich habe* das Museum schon   Er sagt, *er hätte* das Museum schon
   besucht."   besucht.

   a. Er sagt: „Ich habe das Bild schon gesehen."
   b. Er sagte: „Ich verstehe den Bericht gar nicht."
   c. „Ich war schon einmal dort", sagte sie.
   d. Er wird wohl antworten: „Ich habe dir schon einmal dabei geholfen."
   e. „Ich flog letzte Woche nach Wien", hat sie gesagt.

    f. „Das habe ich nicht verstanden", sagte sie eben.

    g. Sie hat geantwortet: „Ich bin nur einmal in Heidelberg gewesen."

    h. „Ich bin nicht in die Stadt gefahren", antwortete er ruhig.

    i. „Meine Freunde sind auf Besuch gekommen", hat sie mir gesagt.

    j. „Das hat mir nicht gefallen", hat der Vater geschrieben.

3. Read the following sentences, using the conjunction **daß**:

    a. Sie sagte, sie ginge ins Theater.

    b. Er sagt, er müßte es anders machen.

    c. Man sagt, es wäre gefährlich.

    d. Der Polizist hat gesagt, man dürfte hier keine Aufnahmen machen.

    e. Paul antwortete, er verstände mich nicht.

    f. Meine Eltern haben mir geschrieben, sie führen nach Deutschland.

    g. Er sagte, er wäre schon in Berlin gewesen.

    h. Sie antwortete, sie hätte das schon getan.

    i. Er meinte, die deutsche Wirtschaft wäre gesund.

    j. Du hast mir doch gesagt, du kämest heute zu mir.

4. Read the following sentences, changing them into statements contrary to fact:

Beispiel: **Wenn ich Geld *habe*, *gehe* ich ins**   Wenn ich Geld *hätte*, *würde* ich ins Theater
               Theater.   *gehen.*

    a. Wenn ich Zeit habe, komme ich zu dir.

    b. Wenn ich zu Hause bin, arbeite ich wenig.

    c. Wenn es wärmer ist, reise ich in die Schweiz.

    d. Wenn er nach Berlin fliegt, nimmt er mich mit.

    e. Wenn wir nach Deutschland ziehen, lasse ich mich dort an einer Universität immatrikulieren.

    f. Wenn du daran gehst, kannst du es leicht tun.

    g. Wenn es kalt wird, fahren wir nach Italien.

    h. Wenn ihr nicht arbeitet, bekommt ihr schlechte Zensuren.

5. Answer the following questions with complete sentences:

    a. Was war jetzt bald zu Ende?

    b. Warum wollte Paul in München studieren?

    c. Wer würde ungern voneinander Abschied nehmen?

    d. Wer sagte, Robert sollte ein Jahr in Deutschland bleiben?

    e. Wo wollte sich Annette immatrikulieren lassen?

    f. Wo würde Robert studieren, wenn seine Eltern nichts dagegen hätten?

    g. Welche Auskunft bekam Robert von seiner Familie, als sie ihn anrief?

    h. Sagten die Eltern, daß sie ihre Zustimmung zu dem Plan gäben?

    i. Was wurde Robert vom Akademischen Auslandsamt mitgeteilt?

    j. Wollte er wissen, was Annette davon hielte, wenn er ein Jahr in Marburg verbrächte?

Schriftliches

Write the following sentences in German:

   a. If he were only here, he would help you (*fam. sing.*).
   b. If they were here, they would help you (*formal*).
   c. If they had only been here, they would have helped you (*fam. plur.*).
   d. He would not have done that if I had spoken with him about it.
   e. He would do that if I were to speak with him about it.
   f. You (*formal*) would not say that if you understood the problem.
   g. You (*fam. sing.*) would not have said that if you had understood the problem.
   h. He said he would visit you (*fam. plur.*) soon.
   i. She said that she would have visited you (*formal*) if she had had time.
   j. What would you (*fam. sing.*) do if he were to say that to you?
   k. What would you (*formal*) have done if he had said that to you?
   l. He will say he doesn't have the time.

Verschiedenes

INSTITUT FÜR AUSLÄNDER

ZEUGNIS

Herr Robert Brown

aus _____ USA _____ geb. _____ 26. Mai 1955 _____

in _____ What Cheer, Iowa _____

hat in der Zeit vom ___ 12. Juni ___ bis ___ 15. August 1974 ___ einen

LEHRGANG DER DEUTSCHEN SPRACHE

in _____ Schwarzhausen/Oberbayern _____ besucht.

und die Prüfung der MITTELSTUFE bestanden. Das Ergebnis war

schriftlich: ____ 2 ____ mündlich: ____ 2 ____

Ziel des Lehrgangs war es, den Teilnehmer dahin zu führen, daß er auch mit wichtigen Besonderheiten der deutschen Grammatik vertraut ist, und im schriftlichen Ausdruck, in Gespräch und Lektüre frei über die erworbenen Sprachkenntnisse verfügen kann.

Schwarzhausen, den ___ 17. August 1974 ___

Der Prüfungsausschuß

H Schönfeld   *B. Hildebrand*   *R Meyer*
Lehrgangsleiter

Die Prädikate sind: 1=sehr gut, 2=gut, 3=genügend. Andere Prädikate werden nicht erteilt.

---

das Zeugnis certificate   **geb. = geboren**   **der Lehrgang** course   **die Mittelstufe** intermediate class   **das Ergebnis** result   **der Teilnehmer** participant   **die Besonderheiten** (*plur.*) details, particulars   **vertraut** familiar   **die Lektüre** reading material   **daß er . . . frei über die erworbenen Sprachkenntnisse verfügen kann** that he can readily put to use the language skills he has acquired   **der Prüfungsausschuß** examination committee   **der Lehrgangsleiter** course director   **das Prädikat** evaluation, grade   **genügend** satisfactory, adequate   **werden erteilt** are given

PHILIPPS-UNIVERSITÄT MARBURG

Rektorat

Marburg/Lahn
Biegenstraße 10 L
F. 69 21 54

Akademisches Auslandsamt

16.9.74

Herrn Robert Brown
Haus International
Jugendgästehaus
8 München 13
Elisabethstraße 87

Sehr geehrter Herr Brown!

Wir haben Ihr Zulassungsgesuch, Ihren in deutscher Sprache abgefaßten Lebenslauf, die Photokopie des Zeugnisses der Universität Kalifornien und das Zeugnis des Instituts für Ausländer erhalten und freuen uns, Ihnen mitteilen zu können, daß Sie zum Studium an der Universität Marburg zugelassen sind.

Um die zur Aufnahme nötigen Formalitäten rechtzeitig erfüllen zu können, ist es nötig, daß Sie spätestens am 15.10.74 in Marburg eintreffen. Noch vor Beginn der Vorlesungen werden die deutschen Sprachkenntnisse der Bewerber von der Universität überprüft. Studenten mit noch ungenügenden Sprachkenntnissen werden nur unter der Bedingung immatrikuliert, daß sie an einem Sprachkurs teilnehmen. Eine Immatrikulation kann abgelehnt werden, wenn zu geringe oder gar keine deutschen Sprachkenntnisse vorhanden sind. Ort und Zeit der Sprachprüfung werden dem Studenten nach seiner Ankunft bekanntgegeben. Sie werden daher gebeten, sich nach Ihrer Ankunft in unserem Büro zu melden.

Das Akademische Auslandsamt und das Studentenwerk werden bemüht sein, Ihnen über Wohnverhältnisse Auskunft zu geben und Ihnen in ähnlichen Angelegenheiten behilflich zu sein.

Mit freundlichen Grüßen

Ihr *Prof. Dr. A. Seifert*

(Prof. Dr. A. Seifert)

[405]

PHILIPPS UNIVERSITY OF MARBURG

Marburg on the Lahn
10 L Biegen Street
Tel.: 69-21-54

Office of the Rector

Academic Foreign Office

September 16, 1974

Mr. Robert Brown
House International
Youth Hotel
87 Elisabeth Street
8 Munich 13

Dear Mr. Brown:

We have received your application for admission, your autobiographical sketch written in German, the photostat of your transcript from the University of California, and the certificate from the Institute for Foreigners, and we are happy to be able to inform you that you are admitted to the work in course at the University of Marburg.

To be able to comply on time with the formalities required for admission, it is necessary for you to arrive in Marburg not later than October 15, 1974. Before the beginning of lectures the applicants' knowledge of German is tested by the University. Students with insufficient knowledge of the language are registered only on condition that they participate in a language course. Registration can be refused if knowledge of the language is too limited or nonexistent. The place and time of the language test will be announced to the student after his arrival. You are therefore requested to report to our office upon your arrival.

The Academic Foreign Office and the Office of Student Affairs will make every effort to provide you with information about lodging and to be helpful to you in similar matters.

Sincerely,

Dr. A Seifert

Dr. A. Seifert

[406]

Grammatik

A. The Indicative Mood

The indicative mood of a verb is the mood of reality and actuality.

Ich **fahre** heute in die Stadt.
Wir **gingen** gestern ins Konzert.
Er **war** vor zwei Stunden hier.
Sie **wurde** sehr krank.
Ich **bin** schon einmal in Frankfurt **gewesen**.
Habt ihr Zeit dafür **gehabt**?
Meine Eltern **haben** mich **angerufen**.
Er **wird** im Herbst ins Ausland **fahren**.
Du **kannst** das jetzt nicht tun.

B. The Subjunctive Mood

The subjunctive mood of a verb expresses desire, supposition, and conditions that are hypothetical, impossible, improbable or contrary to fact. Indirect statements are also usually expressed in the subjunctive.

Wenn wir es nur **tun könnten**.	*If only we **could do** it.*
Wenn ich Zeit **hätte**, **würde** ich das **tun**.	*If I **had** time, I **would do** that.*
Wenn er hier **wäre**, **würde** er es **verstehen**.	*If he **were** here, he **would understand** it.*
Ich **würde** das Kleid **kaufen**, wenn ich genug Geld **hätte**.	*I **would buy** the dress if I **had** enough money.*
Wenn wir das **täten**, **müßten** wir es unserem Vater **sagen**.	*If we **were to do** that, we **would have to tell** our father.*
Wenn du das **gewußt hättest**, **hättest** du es ganz gewiß anders **gemacht**.	*If you **had known** that, you **would** certainly **have done** it differently.*
Paul sagte, er **ginge** morgen ins Dorf.	*Paul said he **was going** (**would go**) to the village tomorrow.*

Deutsche Jugend

[408]

C. Formation of the Subjunctive Mood

The endings of a verb in the subjunctive mood are the following:

ich	-e	wir	-en
du	-est	ihr	-et
er		sie	
sie	-e	Sie	-en
es			

There are two groups of tenses in the subjunctive, designated subjunctive I and subjunctive II. Each group has four tenses: present, past, future, and future perfect. The present subjunctive I is formed by attaching the subjunctive endings to the infinitive stem.

INFINITIVE STEM		ENDINGS		
geh-	+	-e	=	gehe
hör-	+	-e	=	höre
woll-	+	-e	=	wolle

The present subjunctive I of **sein** is irregular in the singular.

ich **sei**
du seiest
er **sei**

The present subjunctive II is formed by attaching the subjunctive endings to the stem of the past indicative.

	PAST INDICATIVE STEM		ENDINGS		
STRONG VERB	ging-	+	-e	=	ginge
WEAK VERB	hört-	+	-e	=	hörte
MODAL AUXILIARY VERB	wollt-	+	-e	=	wollte

If the past indicative of a strong verb contains the stem vowel **a**, **o**, or **u**, the vowel has an umlaut.

PAST INDICATIVE STEM		ENDINGS		
gab-	+	-e	=	gäbe
zog-	+	-e	=	zöge
fuhr-	+	-e	=	führe

The present subjunctive II of the modal auxiliary verbs is similarly formed. Note that **sollen** and **wollen** have no umlaut.

dürfte	müßte
könnte	sollte
möchte	wollte

The present subjunctive II of irregular verbs is formed as follows:

INFINITIVE	PRESENT SUBJUNCTIVE II
bringen	brächte
denken	dächte
haben	hätte
sein	wäre
werden	würde

The past subjunctive I is derived from the present perfect tense of the indicative. The helping verb is in the subjunctive mood.

er habe gesehen
ich sei gefahren

The past subjunctive II is derived from the past perfect tense of the indicative.

er hätte gesehen
ich wäre gefahren

The future subjunctive I and II are formed as follows:

I	II
er werde sehen	er würde sehen

The future perfect subjunctive I and II are not discussed here because of their infrequent usage.

D. Conjugation of the Subjunctive Mood

Present Subjunctive

	I			II		
	STRONG VERB	WEAK VERB	MODAL VERB	STRONG VERB	WEAK VERB	MODAL VERB
ich	gebe	höre	könne	gäbe	hörte	könnte
du	gebest	hörest	könnest	gäbest	hörtest	könntest
er sie es	gebe	höre	könne	gäbe	hörte	könnte
wir	geben	hören	können	gäben	hörten	könnten
ihr	gebet	höret	könnet	gäbet	hörtet	könntet
sie Sie	geben	hören	können	gäben	hörten	könnten

Past Subjunctive

Future Subjunctive

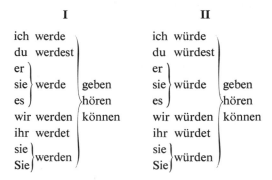

E. Uses of the Subjunctive Mood

Although there are many uses of the subjunctive mood, only the three principal ones will be discussed here: the contrary-to-fact condition, the unfulfillable wish, and indirect discourse.

In contrary-to-fact statements, subjunctive II is usually employed in both the **wenn**-clause and the result clause.

PRESENT

Ich **würde** es **kaufen**, wenn ich genug Geld **hätte**.	*I would buy it if I had enough money.*
Ich **kaufte** es, wenn ich genug Geld **hätte**.	
Wenn er hier **wäre**, **würde** er es uns **geben**.	*If he were here, he would give it to us.*
Wenn er hier **wäre**, **gäbe** er es uns.	

PAST

Ich **hätte** es **gekauft**, wenn ich genug Geld **gehabt hätte**.	*I would have bought it if I had had enough money.*
Ich **wäre** nach Köln **gefahren**, wenn er uns nicht **angerufen hätte**.	*I would have gone to Cologne if he had not called us.*

FUTURE

Ich **würde** es ihm **sagen**, wenn er hier **wäre**.	*I would tell him if he were here.*

In unfulfillable wishes and wishes unlikely to be fulfilled, subjunctive II is used.

PRESENT AND FUTURE

Wenn ich nur genug Geld **hätte**!	*If I only had enough money!*
Wenn du nur hier **bliebest**!	*If you would only remain here!*

PAST

Wenn ich nur genug Geld **gehabt hätte**!	*If I had only had enough money!*
Wenn du nur hier **geblieben wärest**!	*If you had only remained here!*

Conditional clauses, that is, **wenn**-clauses, can omit **wenn** without change in meaning. The omission of **wenn** requires inverted word order.

Wenn ich nur genug Geld hätte!	=	**Hätte** ich nur genug Geld!
Wenn er zu mir gekommen wäre, hätte ich ihm geholfen.	=	**Wäre** er zu mir gekommen, hätte ich ihm geholfen.

Direct discourse represents an exact quotation and requires quotation marks. Indirect discourse is an indirect report of someone else's statement. In indirect discourse present time can be expressed either by the present subjunctive I or by the present subjunctive II.

DIRECT DISCOURSE	INDIRECT DISCOURSE
Er sagte: „Ich **habe** keine Zeit dafür."	Er sagte, er **habe** keine Zeit dafür.
	er **hätte** keine Zeit dafür.

Any indicative tense expressing a past event (past, present perfect, and past perfect) in direct discourse is replaced by the past subjunctive I or by the past subjunctive II in indirect discourse.

<table>
<tr><th>DIRECT DISCOURSE</th><th>INDIRECT DISCOURSE</th></tr>
</table>

DIRECT DISCOURSE

Er sagte: ,,Ich **hatte** keine Zeit dafür.''
Er sagte: ,,Ich **habe** keine Zeit dafür **gehabt**.''
Er sagte: ,,Ich **hatte** keine Zeit dafür **gehabt**.''

INDIRECT DISCOURSE

Er sagte, er **habe** keine Zeit dafür **gehabt**.
Er sagte, er **hätte** keine Zeit dafür **gehabt**.

The future tense in direct discourse is replaced by the future subjunctive I or the future subjunctive II in indirect discourse.

DIRECT DISCOURSE

Er sagte: ,,Ich **werde** keine Zeit dafür **haben**.''

INDIRECT DISCOURSE

Er sagte, er **werde** keine Zeit dafür **haben**.
Er sagte, er **würde** keine Zeit dafür **haben**.

Indirect questions are expressed with the same tenses as the indirect statements above. The subordinate clause containing the indirect question is introduced either by an interrogative adverb or by **ob**.

DIRECT DISCOURSE

Er fragte: ,,Wo **wohnt** die Familie?''
Sie fragte: ,,Wann **fuhr** er nach Österreich?''
Er fragte: ,,**Werden** Sie bald Ihre Schwester **besuchen**?''

INDIRECT DISCOURSE

Er fragte, wo die Familie **wohne (wohnte)**.
Sie fragte, wann er nach Österreich **gefahren sei (wäre)**.
Er fragte, ob ich bald meine Schwester **besuchen würde**.

Imperatives are usually expressed in indirect discourse with either the present subjunctive I or the present subjunctive II of **sollen**.

DIRECT DISCOURSE

Sie sagte: ,,**Gehen Sie** in die Küche!''

INDIRECT DISCOURSE

Sie sagte, ich **solle (sollte)** in die Küche **gehen**.

ANHANG

Grammatik

A. Case

1. Nominative Case

The subject of a sentence, the predicate nominative, the nominative of address, and a noun in apposition to another nominative are in the nominative case.

SUBJECT OF SENTENCE	**Das Haus** steht in der Blumenstraße.
PREDICATE NOMINATIVE	München ist **die Hauptstadt** von Bayern.
NOMINATIVE OF ADDRESS	**Herr Brown**, wann kommen Sie zu uns?
NOMINATIVE OF APPOSITION	Frau Schmidt, **meine Wirtin**, hat zwei Söhne.

2. Genitive Case

The genitive case indicates possession or relationship; it is also used with certain prepositions. If unaccompanied by a preposition, expressions of indefinite time are in the genitive. Several adjectives, when used as predicate adjectives, may be accompanied by a noun or pronoun in the genitive case; among them are the following:

froh   *glad*, *happy*
müde   *tired*
sicher   *certain*, *sure*

An appositive of a word in the genitive is in the genitive case.

POSSESSION	Das ist das Haus **meiner Familie**.
RELATIONSHIP	Kennen Sie die Tochter **meines Freundes**?
OBJECT OF PREPOSITION	Trotz **der vielen Arbeit** gingen wir jeden Tag schwimmen.
INDEFINITE TIME	**Eines Tages** wird er das vergessen.
WITH PREDICATE ADJECTIVE	Der Gastarbeiter war **seiner Lage** nicht ganz sicher.
APPOSITION	Das Zeitalter Friedrichs des Zweiten, **des großen Königs** von Preußen, stand unter dem Einfluß der französischen Kultur.

3. Dative Case

The dative case is used for the indirect object, the object of some prepositions, the object of certain verbs, and for the dative of interest. An appositive of a word in the dative is in the dative case. Several adjectives, when used as predicate adjectives, may be accompanied by a noun or pronoun in the dative case; among them are the following:

ähnlich	*similar, resembling*	gleich	*same; equal; similar*
angenehm	*pleasant, nice*	leicht	*easy*
bekannt	*known, well-known*	nah(e)	*near, close to*
böse	*angry*	nützlich	*useful*
fremd	*foreign, strange*		

INDIRECT OBJECT	Ich habe es **ihm** gegeben.
OBJECT OF PREPOSITION	Wir sind mit **dem Zug** gefahren.
OBJECT OF VERB	Die Reise hat **ihm** nicht gefallen.
	Er hilft **mir** oft dabei.
DATIVE OF INTEREST	Die Sonne scheint **mir** ins Gesicht.
APPOSITION	Von ihm, **diesem alten Mann**, kann man nichts erwarten.
WITH PREDICATE ADJECTIVE	Das ist **ihr** nicht bekannt.

4. Accusative Case

The accusative is the case of the direct object, the object of some prepositions, of definite time expressions without a preposition, expressions of specific measurement or extent, and appositives of words in the accusative.

DIRECT OBJECT	Ich kenne **den Mann** nicht.
OBJECT OF PREPOSITION	Ist er für oder gegen **mich**?
DEFINITE TIME	Wir waren **eine ganze Woche** in Berlin.
MEASUREMENT AND EXTENT	Ich habe sie für zwei Mark **das Stück** gekauft.
	Wir fuhren **neunzig Kilometer die Stunde**.
APPOSITION	Kennen Sie Herrn Neumann, **meinen Nachbarn**?

B. Limiting Words Accompanying Nouns

1. Definite Article

The definite article reflects the gender, number, and case of the noun it precedes.

| | *Singular* | | | *Plural* |
	MASCULINE	FEMININE	NEUTER	ALL GENDERS
NOMINATIVE	der	die	das	die
GENITIVE	des	der	des	der
DATIVE	dem	der	dem	den
ACCUSATIVE	den	die	das	die

2. *Der*-Words

The following are usually called **der**-words, because their declensional endings are similar to those of the definite article:

dieser   *this, these*   mancher   *many a, many*
jeder   *each, every*   solcher   *such a, such*
jener   *that, those*   welcher   *which, what*

	Singular			*Plural*
	MASCULINE	FEMININE	NEUTER	ALL GENDERS
NOMINATIVE	dieser	diese	dieses	diese
GENITIVE	dieses	dieser	dieses	dieser
DATIVE	diesem	dieser	diesem	diesen
ACCUSATIVE	diesen	diese	dieses	diese

Solcher is declined like an adjective when preceded by **ein**; it has no ending when followed by **ein**.

	PRECEDED BY **ein**	FOLLOWED BY **ein**
NOMINATIVE	ein solcher Mann	solch ein Mann
GENITIVE	eines solchen Mannes	solch eines Mannes
DATIVE	einem solchen Mann	solch einem Mann
ACCUSATIVE	einen solchen Mann	solch einen Mann

3. Indefinite Article

The indefinite article agrees in gender and case with the noun it precedes. There are no plural forms of the indefinite article.

	Singular			*Plural*
	MASCULINE	FEMININE	NEUTER	
NOMINATIVE	ein	eine	ein	—
GENITIVE	eines	einer	eines	—
DATIVE	einem	einer	einem	—
ACCUSATIVE	einen	eine	ein	—

The indefinite article is omitted with unmodified predicate nominatives that indicate nationality, religion, rank, or profession.

UNMODIFIED PREDICATE NOMINATIVE	MODIFIED PREDICATE NOMINATIVE
Ich bin **Student**.	Ich bin **ein fleißiger Student**.
Er ist **Amerikaner**.	Er ist **ein junger Amerikaner**.
Mein Freund ist **Arzt**.	Mein Freund ist **ein guter Arzt**.

4. *Ein*-Words

The possessive adjectives and **kein** are usually called **ein**-words, because their declensional endings in the singular are identical to those of the indefinite article. In the plural the endings are the same as those for the **der**-words. The possessive adjectives are:

SINGULAR		PLURAL	
mein	*my*	unser	*our*
dein	*your—familiar*	euer	*your—familiar*
Ihr	*your—formal*	Ihr	*your—formal*
sein (*masc.*)	*his, its*		
ihr (*fem.*)	*her, its*	ihr	*their*
sein (*neut.*)	*its*		

	Singular			*Plural*
	MASCULINE	FEMININE	NEUTER	ALL GENDERS
NOMINATIVE	mein	meine	mein	meine
GENITIVE	meines	meiner	meines	meiner
DATIVE	meinem	meiner	meinem	meinen
ACCUSATIVE	meinen	meine	mein	meine

When **unser** and **euer** have endings, they are frequently abbreviated by the omission of **-e-**.

unserer	= unsrer		euere	= eure
unserem	= unsrem, unserm		eueren	= euren, euern

Nouns referring to parts of the body, clothing, and relatives are frequently accompanied by the definite article rather than the possessive adjective.

Er zog **die** Hand aus **der** Tasche.   *He drew his hand out of his pocket.*
Der Vater ging nicht ins Geschäft, während   *My father did not go to the store while*
    die Großeltern bei uns auf Besuch waren.   *my grandparents were visiting us.*

C. Nouns

1. Declension of Nouns

a. *Typical Nouns*

Most masculine and neuter nouns end in **-es** in the genitive singular if they are monosyllabic; they end in **-s** if they are polysyllabic. Feminine nouns take no genitive singular endings. Monosyllabic masculine and neuter nouns may take an **-e** ending in the dative singular. Nouns add an **-n** in the dative plural if the nominative plural does not end in **-n**, **-en**, or **-s**.

	Singular	*Plural*
	MASCULINE	
NOMINATIVE	der Bleistift	die Bleistifte
GENITIVE	des Bleistifts	der Bleistifte
DATIVE	dem Bleistift	den Bleistiften
ACCUSATIVE	den Bleistift	die Bleistifte
	FEMININE	
NOMINATIVE	die Frau	die Frauen
GENITIVE	der Frau	der Frauen
DATIVE	der Frau	den Frauen
ACCUSATIVE	die Frau	die Frauen
	NEUTER	
NOMINATIVE	das Haus	die Häuser
GENITIVE	des Hauses	der Häuser
DATIVE	dem Haus(e)	den Häusern
ACCUSATIVE	das Haus	die Häuser

b. *Weak Masculine Nouns*

Weak masculine nouns take the endings **-en** or **-n** in all cases, singular and plural, except in the nominative singular. Such nouns as **der Bauer**, **der Bayer**, **der Herr**, **der Mensch**, **der Narr**, and **der Soldat**, as well as nouns with the endings **-ent** and **-ist**, belong to this declension.

	SINGULAR	PLURAL
NOMINATIVE	der Student	die Studenten
GENITIVE	des Studenten	der Studenten
DATIVE	dem Studenten	den Studenten
ACCUSATIVE	den Studenten	die Studenten
NOMINATIVE	der Bauer	die Bauern
GENITIVE	des Bauern	der Bauern
DATIVE	dem Bauern	den Bauern
ACCUSATIVE	den Bauern	die Bauern

Der Herr takes the endings **-n** in the singular and **-en** in the plural.

	SINGULAR	PLURAL
NOMINATIVE	der Herr	die Herren
GENITIVE	des Herrn	der Herren
DATIVE	dem Herrn	den Herren
ACCUSATIVE	den Herrn	die Herren

c. *N-Loss Nouns*

A few masculine nouns such as **der Gedanke, der Glaube,** and **der Name** appear to have lost **-n** in the nominative singular.

	SINGULAR	PLURAL
NOMINATIVE	der Name	die Namen
GENITIVE	des Namens	der Namen
DATIVE	dem Namen	den Namen
ACCUSATIVE	den Namen	die Namen

d. *Das Herz*

Das Herz is the only noun which has **-ens** in the genitive singular, **-en** in the dative singular, and no ending in the nominative and accusative singular.

	SINGULAR	PLURAL
NOMINATIVE	das Herz	die Herzen
GENITIVE	des Herzens	der Herzen
DATIVE	dem Herzen	den Herzen
ACCUSATIVE	das Herz	die Herzen

e. *Nouns Derived from Other Parts of Speech*

(1) Nouns Derived from Adjectives

Nouns derived from adjectives retain adjective endings and are capitalized. Some adjectives such as **deutsch** may be used as nouns in all genders and in the plural. The neuter of such nouns has no plural.

Singular

MASCULINE

NOMINATIVE	der Deutsche	ein Deutscher
GENITIVE	des Deutschen	eines Deutschen
DATIVE	dem Deutschen	einem Deutschen
ACCUSATIVE	den Deutschen	einen Deutschen

	FEMININE		NEUTER
NOMINATIVE	die Deutsche	eine Deutsche	das Deutsche
GENITIVE	der Deutschen	einer Deutschen	des Deutschen
DATIVE	der Deutschen	einer Deutschen	dem Deutschen
ACCUSATIVE	die Deutsche	eine Deutsche	das Deutsche

Plural

NOMINATIVE	die Deutschen	keine Deutschen	Deutsche
GENITIVE	der Deutschen	keiner Deutschen	Deutscher
DATIVE	den Deutschen	keinen Deutschen	Deutschen
ACCUSATIVE	die Deutschen	keine Deutschen	Deutsche

Singular

MASCULINE

NOMINATIVE	der Jugendliche	ein Jugendlicher
GENITIVE	des Jugendlichen	eines Jugendlichen
DATIVE	dem Jugendlichen	einem Jugendlichen
ACCUSATIVE	den Jugendlichen	einen Jugendlichen

	FEMININE,		NEUTER
NOMINATIVE	die Schöne	eine Schöne	das Gute
GENITIVE	der Schönen	einer Schönen	des Guten
DATIVE	der Schönen	einer Schönen	dem Guten
ACCUSATIVE	die Schöne	eine Schöne	das Gute

Plural

NOMINATIVE	die Jugendlichen	keine Schönen	Jugendliche
GENITIVE	der Jugendlichen	keiner Schönen	Jugendlicher
DATIVE	den Jugendlichen	keinen Schönen	Jugendlichen
ACCUSATIVE	die Jugendlichen	keine Schönen	Jugendliche

Adjectives used substantively after the pronouns **etwas**, **jemand**, **nichts**, and **niemand** are capitalized and require strong neuter singular endings. Such combinations do not occur in the genitive singular or in any plural form. The preposition **von** is used as a substitute for the genitive.

NOMINATIVE	etwas Grünes	nichts Gutes
GENITIVE	—	—
DATIVE	etwas Grünem	nichts Gutem
ACCUSATIVE	etwas Grünes	nichts Gutes

Adjectives used substantively after the indefinite pronoun **alles** are capitalized and require weak neuter singular endings. Those following **alle** have weak plural endings.

	Singular	*Plural*
NOMINATIVE	alles Neue	alle Jugendlichen
GENITIVE	alles Neuen	aller Jugendlichen
DATIVE	allem Neuen	allen Jugendlichen
ACCUSATIVE	alles Neue	alle Jugendlichen

(2) Nouns Derived from Infinitives

Infinitives may be used as nouns. Such nouns are neuter and are capitalized; they are used in the singular only.

NOMINATIVE	das Denken	*thinking*	das Tanzen	*dancing*
GENITIVE	des Denkens		des Tanzens	
DATIVE	dem Denken		dem Tanzen	
ACCUSATIVE	das Denken		das Tanzen	

(3) Nouns Derived from Past Participles

Nouns derived from past participles are capitalized and take adjective endings.

Singular

	MASCULINE	FEMININE	NEUTER
NOMINATIVE	der Gelehrte	die Geliebte	das Geschriebene
GENITIVE	des Gelehrten	der Geliebten	des Geschriebenen
DATIVE	dem Gelehrten	der Geliebten	dem Geschriebenen
ACCUSATIVE	den Gelehrten	die Geliebte	das Geschriebene

NOMINATIVE	ein Gelehrter	eine Geliebte
GENITIVE	eines Gelehrten	einer Geliebten
DATIVE	einem Gelehrten	einer Geliebten
ACCUSATIVE	einen Gelehrten	eine Geliebte

Plural

ALL GENDERS

NOMINATIVE	die Gelehrten	Gelehrte
GENITIVE	der Gelehrten	Gelehrter
DATIVE	den Gelehrten	Gelehrten
ACCUSATIVE	die Gelehrten	Gelehrte

f. *Proper Nouns*

(1) Personal Names

Except in the genitive case, personal names do not take endings. In the genitive, **-s** is usually added.

Brechts Dramen   Karls Buch   Annes Bruder

If the personal name ends in **-s**, **-ß**, **-x**, or **-z**, an apostrophe is usually added to form the genitive. Such names may be used with **von** as a substitute for the genitive.

Leibnitz' Werke	=	die Werke von Leibnitz
Fritz' Eltern	=	die Eltern von Fritz
Hans' Freund	=	der Freund von Hans

(2) Names of Cities, States, and Countries

The neuter names of countries as well as the names of cities add **-s** in the formation of the genitive. Such names are often used with **von** as a substitute for the genitive.

die Geschichte Berlins⎫		
Berlins Geschichte ⎭	=	die Geschichte von Berlin
der größte König Preußens	=	der größte König von Preußen
die Bevölkerung Deutschlands	=	die Bevölkerung von Deutschland

The neuter names of cities, states, and countries are used without the definite article unless preceded by an adjective.

Berlin	das alte Berlin
Hessen	das schöne Hessen
Deutschland	das neue Deutschland

The feminine names **die Schweiz, die Tschechoslowakei,** and **die Türkei** are always used with the definite article.

NOMINATIVE	die Schweiz
GENITIVE	der Schweiz
DATIVE	der Schweiz
ACCUSATIVE	die Schweiz

The plural names of countries such as **die Vereinigten Staaten** are accompanied by the definite article.

(3) Names of Rivers

The names of rivers are declined according to their gender and are always used with the definite article.

	MASCULINE	FEMININE
NOMINATIVE	der Rhein	die Mosel
GENITIVE	des Rhein(e)s	der Mosel
DATIVE	dem Rhein	der Mosel
ACCUSATIVE	den Rhein	die Mosel

2. Gender of Nouns

a. *Sex*

Grammatical gender of nouns denoting persons usually agrees with natural sex.

der Vater, die Mutter, der Sohn, der Vetter, die Tante

Exceptions are nouns with the diminutive suffixes **-chen** and **-lein.**

das Söhnchen, das Fräulein

b. *Seasons, Months, Days of the Week, and Compass Directions*

The names of the seasons, months, days of the week, and compass directions are masculine.

der Frühling, der Mai, der Mittwoch, der Norden

c. *Professions*

Almost all nouns denoting professions are masculine.

der Lehrer, der Student, der Arzt (*exception:* die Krankenschwester)

Nouns denoting female members of professions are feminine and require the suffix **-in.**

die Lehrerin, die Studentin, die Ärztin

d. *Cities, States, and Countries*

The names of cities, states, and most countries are neuter. **Die Schweiz, die Tschechoslowakei,** and **die Türkei** are feminine.

e. *Rivers*

The names of most German rivers are feminine.

die Donau, die Elbe, die Havel, die Oder, die Weser

Some German rivers are masculine.

der Inn, der Lech, der Main, der Neckar, der Rhein

The names of most foreign rivers are masculine.

der Amazonas, der Kongo, der Mississippi, der Missouri, der Nil

The names of foreign rivers ending in **-a** or **-e** are feminine.

die Seine, die Themse, die Wolga

f. *Masculine Suffixes*

Nouns with the suffixes **-ent, -eur, -iker, -ismus, -ist, -or,** and most nouns with the suffix **-er** are masculine.

der Patient, der Ingenieur, der Techniker, der Kapitalismus, der Spezialist, der Humor, der Dichter

g. *Feminine Suffixes*

Nouns with the suffixes **-ei, -ie, -ik, -in, -ion, -heit, -(ig)keit, -schaft, -tät, -ung,** and **-ur** are feminine.

> die Polizei, die Geographie, die Mathematik, die Lehrerin, die Tradition, die Freiheit, die Freundlichkeit, die Arbeitslosigkeit, die Wirtschaft, die Universität, die Behandlung, die Natur

A few nouns that end in **-er** are feminine.

> die Mutter, die Schwester

h. *Neuter Suffixes*

Nouns with the suffixes **-eum, -(i)um, -tel,** most nouns with **-tum,** and those with the diminutive suffixes **-chen** and **-lein** are neuter.

> das Museum, das Studium, das Viertel, das Christentum, das Mädchen, das Söhnchen, das Fräulein

i. *Compound Nouns*

The last element of a compound noun governs the gender.

> der Weltteil, die Mädchenschule, das Studentenleben

j. *Infinitives Used as Nouns*

Infinitives used as nouns are neuter.

> das Essen, das Kartenspielen

3. Plurals of Nouns

The principal plural formations of nouns are as follows:

TYPE OF NOUN	PLURAL FORMATION	SINGULAR	PLURAL
Masculines and neuters with endings **-el, -en, -er,** and neuters with **-chen** and **-lein**	No change from singular	das Viertel	die Viertel
		der Wagen	die Wagen
		der Lehrer	die Lehrer
		das Fenster	die Fenster
		das Mädchen	die Mädchen
		das Fräulein	die Fräulein
Some polysyllabic masculines; two feminines: **die Mutter, die Tochter**	Umlaut on stem vowel	der Vater	die Väter
		die Mutter	die Mütter
		die Tochter	die Töchter

TYPE OF NOUN	PLURAL FORMATION	SINGULAR	PLURAL
Most monosyllabic masculines; many polysyllabic masculines; some monosyllabic feminines and neuters	Suffix -e and often umlaut on stem vowel	der Arzt der Brief der Tag der Freund der Besuch der Monat der Eindruck die Stadt das Jahr	die Ärzte die Briefe die Tage die Freunde die Besuche die Monate die Eindrücke die Städte die Jahre
Several monosyllabic masculines; many monosyllabic neuters	Suffix -er and often umlaut on stem vowel	der Mann der Wald das Haus das Dorf das Bild	die Männer die Wälder die Häuser die Dörfer die Bilder
All feminines with endings -e, -ie; several feminines with ending -er	Suffix -n	die Blume die Straße die Theorie die Schwester	die Blumen die Straßen die Theorien die Schwestern
All feminines ending in -ei, -heit, -(ig)keit, -ion, -schaft, -tät, -ung, -ur; masculines ending in -ent, -ist, -or; die Frau	Suffix -en	die Konditorei die Freiheit die Fähigkeit die Präposition die Wissenschaft die Universität die Wohnung die Kultur der Student der Spezialist der Professor die Frau	die Konditoreien die Freiheiten die Fähigkeiten die Präpositionen die Wissenschaften die Universitäten die Wohnungen die Kulturen die Studenten die Spezialisten die Professoren die Frauen
All feminines with suffix -in	Suffix -nen	die Lehrerin	die Lehrerinnen
Several neuters with endings -eum and -ium	Substitution of -en for -um	das Museum das Studium	die Museen die Studien
Many foreign nouns	Suffix -s	das Hotel das Kino der Park das Restaurant das Taxi	die Hotels die Kinos die Parks die Restaurants die Taxis
All nouns ending in -nis	Suffix -se	das Gefängnis	die Gefängnisse

D. Pronouns

1. Personal Pronouns

Singular

	FIRST PERSON	SECOND PERSON		THIRD PERSON		
		FAMILIAR	FORMAL			
NOMINATIVE	ich	du	Sie	er	sie	es
GENITIVE	meiner	deiner	Ihrer	seiner	ihrer	seiner
DATIVE	mir	dir	Ihnen	ihm	ihr	ihm
ACCUSATIVE	mich	dich	Sie	ihn	sie	es

Plural

NOMINATIVE	wir	ihr	Sie	sie
GENITIVE	unser	euer	Ihrer	ihrer
DATIVE	uns	euch	Ihnen	ihnen
ACCUSATIVE	uns	euch	Sie	sie

The gender of personal pronouns in the third person singular is determined by the grammatical gender of the antecedent.

Wo ist **der Wagen**? Steht **er** vor dem Hause?
Hier ist **der Bericht**. Haben Sie **ihn** schon gelesen?
Ich habe **die rote Jacke** gekauft, weil **sie** Herrn Brown gefallen hat.

The genitive personal pronoun occurs infrequently; it should not be confused with the possessive adjectives, which it resembles.

2. Reflexive Pronouns

In the first and second person familiar, singular and plural, the reflexive pronouns are identical to the dative and accusative personal pronouns. **Sich** is the reflexive pronoun for the second person formal and the third person, singular and plural.

Singular

	FIRST PERSON	SECOND PERSON		THIRD PERSON
		FAMILIAR	FORMAL	ALL GENDERS
DATIVE	mir	dir	sich	sich
ACCUSATIVE	mich	dich	sich	sich

Plural

DATIVE	uns	euch	sich	sich
ACCUSATIVE	uns	euch	sich	sich

Ich kann **mir** nicht helfen.
Du hast **dich** erkältet, nicht wahr?
Er hat **sich** auf das Sofa gesetzt.
Ich erinnere **mich** nicht an die Dame.

3. Interrogative Pronouns *Wer* and *Was*

NOMINATIVE	wer	was
GENITIVE	wessen	—
DATIVE	wem	—
ACCUSATIVE	wen	was

Was does not commonly occur in the genitive and dative cases; its function as the object of prepositions is usually carried out by **wo**-compounds.

4. Relative Pronouns

The gender and number of the relative pronoun agree with its antecedent; its case is determined by its function in the relative clause. Transposed word order is used in relative clauses.

	Singular			*Plural*
	MASCULINE	FEMININE	NEUTER	ALL GENDERS
NOMINATIVE	der	die	das	die
GENITIVE	dessen	deren	dessen	deren
DATIVE	dem	der	dem	denen
ACCUSATIVE	den	die	das	die

Die Familie, bei **der** ich jetzt wohne, heißt Neumann.
Kennen Sie den Mann, **der** mit mir gesprochen hat?
Der Student, **dem** ich oft helfe, ist Amerikaner.
Hier ist die Adresse des Herrn, **dessen** Firma eine Filiale in unserer Straße gekauft hat.

The declensional forms of **welcher** constitute an alternative set of relative pronouns in all but the genitive case.

	Singular			*Plural*
	MASCULINE	FEMININE	NEUTER	ALL GENDERS
NOMINATIVE	welcher	welche	welches	welche
GENITIVE	(dessen)	(deren)	(dessen)	(deren)
DATIVE	welchem	welcher	welchem	welchen
ACCUSATIVE	welchen	welche	welches	welche

In English, "that" and forms of "who" are used to represent persons, while "that" and "which" are used to represent things. In German, the forms of the relative pronoun show no distinction between antecedents representing persons and those representing things.

Das ist die Straßenbahn, mit **der** ich jeden Morgen fahre.
Die Nachbarin, mit **der** ich gestern abend in die Oper ging, ist Frau Neumann.

5. *Wer* and *Was* as Relative Pronouns

Wer can be used as a relative pronoun in the meaning "he who" or "whoever."

Wer nicht für mich ist, (der) ist gegen mich.

Was may be used as a relative pronoun when it refers to indefinite pronouns such as **alles, etwas, manches, nichts,** and **vieles.**

Alles, was er bekam, hat er wieder verloren.
Er sagt **vieles, was** nicht wahr ist.

The antecedent of **was** may also be a clause instead of a single word.

Herr Brown hatte Pläne, ein Jahr in Marburg zu studieren, **was** ihr sehr gefiel, da sie ihn gern hatte.

6. Demonstrative Pronouns

a. *Das, Dieser, and Jener*

Das is used as a demonstrative pronoun when a noun antecedent is not previously specified.

Das ist unsere neue Kirche.
Das sind die Studenten vom Institut.

A clause or sentence may be the antecedent of **das.**

Ich bekam gestern einen Brief von den Eltern, **das** hat mir Freude gemacht.

Dieser and **jener** may be used as demonstrative pronouns, but they retain the declensional endings of **der**-words. When the antecedent of **dieser** is unspecified or is a clause, the shortened neuter form **dies** is often used in the nominative and accusative singular. **Dieser** can also mean "the latter" and **jener** "the former."

Dies ist Herr Schmidt.
Von den zwei Zügen ist **dieser** der schnellere.
Vor dem Hause stehen ein Volkswagen und ein Mercedes; **jener** (*the former*) gehört mir und **dieser** (*the latter*) gehört meinem Wirt.

b. **Der** *as Demonstrative Pronoun*

Der may be used as a demonstrative pronoun and is usually stressed. Its declensional forms are like those of **der** as a relative pronoun.

Der ist aber ein guter Mann!	*He is really a good man!*
Mit **der** kann man nichts machen.	*One can't do a thing with **her**.*
Von **denen** habe ich schon oft gehört.	*I have often heard of **them**.*
Nur intelligente Leute können das tun, und **die** gibt es nicht überall.	*Only intelligent people can do that, and **they** are not found everywhere.*

E. Adjectives and Adverbs

1. Weak Adjective Endings

Descriptive adjectives have weak endings when they follow

   a) the definite article
   b) a **der**-word
   c) the indefinite article with an ending
   d) an **ein**-word with an ending

	Singular			*Plural*
	MASCULINE	FEMININE	NEUTER	ALL GENDERS
NOMINATIVE	-e	-e	-e	-en
GENITIVE	-en	-en	-en	-en
DATIVE	-en	-en	-en	-en
ACCUSATIVE	-en	-e	-e	-en

2. Strong Adjective Endings

Descriptive adjectives have strong endings when they are preceded by

   a) no **ein**- or **der**-word
   b) the indefinite article without an ending
   c) an **ein**-word without an ending

	Singular			*Plural*
	MASCULINE	FEMININE	NEUTER	ALL GENDERS
NOMINATIVE	-er	-e	-es	-e
GENITIVE	-en	-er	-en	-er
DATIVE	-em	-er	-em	-en
ACCUSATIVE	-en	-e	-es	-e

Except for the masculine and neuter endings in the genitive singular, the strong adjective endings are identical to the **der**-word endings.

3. Descriptive Adjectives Derived from City Names

Descriptive adjectives derived from city names are capitalized and require **-er** as the ending for all cases in all genders, singular and plural.

der Salzburger Dom   die Berliner Straßen
im Münchener Bahnhof   das Berliner Schloß

4. Demonstrative *Derselbe*

The demonstrative adjective **derselbe** contains two components; the first is declined like the definite article while the second takes weak adjective endings.

	Singular			*Plural*
	MASCULINE	FEMININE	NEUTER	ALL GENDERS
NOMINATIVE	derselbe	dieselbe	dasselbe	dieselben
GENITIVE	desselben	derselben	desselben	derselben
DATIVE	demselben	derselben	demselben	denselben
ACCUSATIVE	denselben	dieselbe	dasselbe	dieselben

Das ist **derselbe** Mann, der gestern hier war.
Ich habe mit **demselben** Mann gesprochen, der gestern hier war.
Dieselben Leute gehen immer ins Kino.
Wir wohnen beide in **derselben** Stadt.

The first component of **derselbe** may be contracted with a preposition; the contraction is separated from **selb-**.

Mein Freund und ich kamen **zur selben** Zeit an.
1966 fuhr mein Bruder nach Amerika; **im selben** Jahre machte ich das Abitur.

5. Comparison of Adjectives and Adverbs

a. *Normal Comparison*

In normal comparison the stem of the adjective does not change. The comparative suffix is **-er**, and the superlative suffix is **-st**. Adjective endings are added according to the number, gender, and case of the noun modified.

POSITIVE	COMPARATIVE	SUPERLATIVE
schnell	schneller	der, die, das schnellste am schnellsten
schön	schöner	der, die, das schönste am schönsten
wichtig	wichtiger	der, die, das wichtigste am wichtigsten

The superlative form is used with the definite article when the adjective precedes the noun it modifies. This form may also be used as a predicate adjective.

Der schnellste Wagen ist nicht immer **der beste.**

The superlative form of the adjective that is preceded by **am** and has the suffix **-sten** is indeclinable and is used only as a predicate adjective; the superlative form of the adverb has the same construction.

PREDICATE ADJECTIVE   Von allen Kirchen der Welt ist der Turm des Doms in Ulm **am höchsten.**

ADVERB   Von allen deutschen Zügen fährt der „Helvetia" **am schnellsten.**

Adjectives and adverbs with stems ending in **-d, -t, -s, -sch,** or **-z** take **-est-** as the superlative suffix.

POSITIVE	COMPARATIVE	SUPERLATIVE
stolz	stolzer	der, die, das stolzeste
		am stolzesten
weit	weiter	der, die, das weiteste
		am weitesten

b. *Comparison with Umlaut*

Some common monosyllabic adjectives add an umlaut to the stem vowel in the comparative and superlative degrees.

POSITIVE	COMPARATIVE	SUPERLATIVE
alt	älter	der, die, das älteste
		am ältesten
arm	ärmer	der, die, das ärmste
		am ärmsten
gesund	gesünder	der, die, das gesündeste
		am gesündesten
groß	größer	der, die, das größte
		am größten
jung	jünger	der, die, das jüngste
		am jüngsten
kalt	kälter	der, die, das kälteste
		am kältesten
krank	kränker	der, die, das kränkste
		am kränksten
kurz	kürzer	der, die, das kürzeste
		am kürzesten

lang	länger	der, die, das längste
		am längsten
oft	öfter	—
		am öftesten
rot	röter	der, die, das röteste
		am rötesten
scharf	schärfer	der, die, das schärfste
		am schärfsten
schmal	schmäler	der, die, das schmälste
		am schmälsten
schwach	schwächer	der, die, das schwächste
		am schwächsten
schwarz	schwärzer	der, die, das schwärzeste
		am schwärzesten
stark	stärker	der, die, das stärkste
		am stärksten
warm	wärmer	der, die, das wärmste
		am wärmsten

c. *Irregular Comparison*

A few common adjectives and adverbs change the stem in comparison.

POSITIVE	COMPARATIVE	SUPERLATIVE
gern(e)	lieber	—
		am liebsten
gut	besser	der, die, das beste
		am besten
hoch, hoh-	höher	der, die, das höchste
		am höchsten
nah(e)	näher	der, die, das nächste
		am nächsten
viel (*sing.*)	mehr	der, die, das meiste
		am meisten
viele (*plur.*)	mehr	die meisten
		am meisten

Gern(e) exists only as an adverb and has, therefore, only the superlative form with **am**. **Hoch** is a predicate adjective and adverb; **hoh-** can be used only as an adjective preceding a noun.

F. Prepositions

1. Prepositions with the Dative Case

aus   *out, out of, from*
außer   *besides, except*
bei   *with, at the house of, at the business of, at, near, by*
gegenüber   *opposite, across from*
mit   *with, by*
nach   *to, toward; after; according to*
seit   *since, for* (*with expressions of time*)
von   *of, from, by*
zu   *to, at, for*

Ich komme **aus Köln**.	*I come from Cologne.*
Außer mir waren nur noch zwei Leute im Geschäft.	*Besides me, there were only two other people in the store.*
Er war gestern **beim Arzt**.	*He was at the doctor's yesterday.*
Ich wohne im Sommer **bei einer Tante**.	*I reside with an aunt during the summer.*
Wir fahren oft **mit dem TEE-Zug**.	*We often travel by TEE-train.*
Er hat gestern **mit mir** darüber gesprochen.	*He spoke with me about it yesterday.*
Fährst du morgen **nach München**?	*Are you going to Munich tomorrow?*
Nach dem Essen werden wir ins Kino gehen.	*After the meal we will go to the movie.*
Sie ist schon **seit einem Jahr** in Deutschland.	*She has already been in Germany for a year.*
Habt ihr **von euren Eltern** gehört?	*Did you hear from your parents?*
Ich komme eben **vom Büro**.	*I am just coming from the office.*
Die Brücke wurde letztes Jahr **von meiner Firma** gebaut.	*The bridge was built last year by my firm.*
Er geht oft **zum Arzt**.	*He often goes to the doctor.*
Zum Frühstück trinken wir immer Kaffee.	*For breakfast we always drink coffee.*
Zu Köln am Rhein steht ein großer Dom.	*At Cologne on the Rhine there stands a great cathedral.*

Gegenüber usually follows its object.

  Dem Rathaus gegenüber steht der Dom.

Nach in the meaning of "according to" usually follows its object.

  Dem Brief nach werden die Eltern nach Europa kommen.

2. Prepositions with the Accusative Case

bis   *until, up to, as far as*
durch   *through, by means of, by*
für   *for*
gegen   *against, toward*
ohne   *without*
um   *around; at (with expressions of time)*

Wir waren **bis Abend** bei ihm.	*We were at his place until evening.*
Der Wagen fuhr langsam **durch das Dorf**.	*The car drove slowly through the village.*
Er hat es **für mich** getan.	*He did it for me.*
Der Wagen ist **gegen eine Mauer** gefahren.	*The car ran against a wall.*
Er ist **gegen den Kapitalismus**.	*He is against capitalism.*
Gegen Abend kam er nach Hause.	*Toward evening he came home.*
Ohne meine Ratschläge hat er das getan.	*He did that without my advice.*
Ohne Gepäck kann man nicht weit fahren.	*Without luggage one can't travel far.*
Um das Rathaus liegt ein schöner Park.	*A beautiful park lies around the city hall.*
Um zehn Uhr fährt der Zug ab.	*The train departs at ten o'clock.*

3. Prepositions with the Dative and Accusative Cases

Prepositions that can take either the dative or the accusative are used with the dative when they express location, that is, when the prepositional phrase answers the question **wo?** They are used with the accusative when they accompany a verb denoting motion toward a goal, that is, when the prepositional phrase answers the question **wohin?** These prepositions usually require the dative case in time expressions; **über**, however, is an exception and is used with the accusative.

an   *at, by, near, on, to*
auf   *at, on, to, upon; in*
hinter   *behind*
in   *in, into; to*
neben   *beside, next to, near, close to*
über   *over, above; about, concerning; via*
unter   *under; between, among*
vor   *before, prior to; ago; in front of, ahead of*
zwischen   *between, among*

DATIVE

Am folgenden Tag kehrte er zurück.	*He returned on the following day.*
Die Fabrik liegt **an einem Fluß**.	*The factory is situated on a river.*
Am Bahnhof kann man immer ein Taxi finden.	*At the railway station one can always find a taxi.*

Die Kinder dürfen nicht **auf der Straße** spielen.	*The children are not permitted to play in the street.*
Deine Uhr liegt **auf dem Tisch**.	*Your watch is lying on the table.*
Hinter der Mauer ist ein schöner Garten.	*Behind the wall there is a beautiful garden.*
In diesem Gebiet ist die Landschaft sehr bergig.	*In this region the landscape is very mountainous.*
Er stand die ganze Zeit **neben mir**.	*He stood beside me the whole time.*
Neben der Kirche steht ein altes Kloster.	*Next to the church stands an old monastery.*
Das Bild hängt **über der Wandtafel**.	*The picture is hanging over the blackboard.*
Unter der hohen Brücke liegt ein kleines Schiff.	*A small ship is lying under the high bridge.*
Vor dem letzten Krieg war das Leben ganz anders.	*Before the last war life was quite different.*
Ich war **vor zwei Jahren** in Wien.	*I was in Vienna two years ago.*
Wessen Wagen steht **vor unserem Hause**?	*Whose car is standing in front of our house?*
Der Bodensee liegt **zwischen der Schweiz und Deutschland**.	*Lake Constance lies between Switzerland and Germany.*

ACCUSATIVE

Gehen Sie **ans Fenster**!	*Go to the window.*
Gestern ging ich **auf den Bahnhof**.	*Yesterday I went to the railway station.*
Der Lehrer trat **hinter seinen Tisch**.	*The teacher stepped behind his table.*
Fährst du bald **in die Stadt**?	*Are you going to town soon?*
Heute abend gehen wir **ins Kino**.	*Tonight we are going to a movie.*
Er stellte den Stuhl **neben den Tisch**.	*He placed the chair by the table.*
Unterwegs sind wir **über den Rhein** geflogen.	*En route we flew over the Rhine.*
Ich will das Bild **über die Wandtafel** hängen.	*I want to hang the picture over the blackboard.*
Wir fuhren langsam **unter die Brücke**.	*We drove slowly under the bridge.*
Dürfen wir mit dem Wagen **vor das Haus** fahren?	*Are we permitted to drive (up) in front of the house?*
Ich legte den Brief **zwischen die Seiten** eines Buches.	*I put the letter between the pages of a book.*

The following sentences illustrate some of the special functions of several of these prepositions.

DATIVE

an	Sie ging langsam **an mir** vorbei.	*She went slowly past me.*
	Er nahm **an der Revolution** teil.	*He took part in the revolution.*
	Die Schweiz liegt **am Bodensee**.	*Switzerland lies on Lake Constance.*
auf	Wir wohnen **auf dem Land**.	*We live in the country.*

in	Das Reh verschwand **im Wald**.	*The deer disappeared into the woods.*
unter	Es waren einige Ausländer **unter den Studenten**.	*There were several foreigners among the students.*
	Das soll **unter uns** bleiben.	*That is to remain between us.*

ACCUSATIVE

an	Ich denke oft **an die Heimat**.	*I often think of my homeland.*
	Erinnern Sie sich **an das Volksfest**?	*Do you remember the carnival?*
	Schreibst du oft **an deine Eltern**?	*Do you often write to your parents?*
auf	Wir fahren heute **aufs Land**.	*We are driving to the country today.*
	Er geht jeden Tag **aufs Rathaus**.	*He goes to the city hall every day.*
	Auf diese Weise kommt man nicht weit.	*One doesn't get very far this way.*
	Wir mußten zehn Minuten **auf die Straßenbahn** warten.	*We had to wait ten minutes for the streetcar.*
	Ich habe nicht **auf die Frage** geantwortet.	*I didn't answer the question.*
	Sie zeigte **auf die Leute** auf dem Bahnsteig.	*She pointed to the people on the railway platform.*
über	**Übers Wochenende** fuhren wir nach Bonn.	*Over the weekend we went to Bonn.*
	Er spricht heute **über das Defizit**.	*He is speaking today about the deficit.*
	Ich lebte **über zwei Jahre** in Düsseldorf.	*I lived in Düsseldorf for more than two years.*
	Wir haben uns **über Ihre neue Stellung** gefreut.	*We were happy about your new position.*

4. Prepositions with the Genitive Case

anstatt	*instead of*	statt	*instead of*
außerhalb	*outside*	trotz	*in spite of*
diesseits	*this side of*	um . . . willen	*for the sake of*
innerhalb	*within, inside*	unterhalb	*below, under*
jenseits	*that side of*	während	*during*
oberhalb	*above*	wegen	*because of, on account of, due to*

Der Bauernhof liegt **außerhalb des Dorfes**.	*The farm lies outside the village.*
Trotz der schweren Arbeit ist sein Lohn oft gering.	*In spite of the hard work his pay is often small.*
Wegen deines Fleißes hast du gute Zensuren bekommen.	*Because of your diligence you received good grades.*

The object of **um . . . willen** is inserted between **um** and **willen**.

um (des) Himmels willen	*for heaven's sake*

G. **Da-** and **Wo-**Compounds

1. *Da*-Compounds

Da in combination with prepositions serves as a substitute for prepositional phrases in which the object is a pronoun with an inanimate antecedent. If the preposition begins with a vowel, **dar-** precedes it in the compound.

dabei   *with, at or near it, them or that*
dadurch   *through it, them or that; thereby*
dafür   *for it, them or that*
dagegen   *against it, them or that*
dahinter   *behind it, them or that*
damit   *with it, them or that; therewith*
danach   *after or according to it, them or that*
daneben   *by or near it, them or that*
daran   *on, to, in, at or about it, them or that*
darauf   *on it, them or that; thereupon*
daraus   *out of or from it, them or that*
darin   *in it, them or that; therein*
darüber   *over or about it, them or that*
darum   *for or about it, them or that; therefore, for that reason*
darunter   *below or beneath it, them or that; among them*
davon   *of, from or about it, them or that*
davor   *in front of it, them or that*
dazu   *to or for it, them or that; in addition to, besides*
dazwischen   *between them*

Liegt sein Buch auf dem Tisch? Ja, es liegt **darauf**.
Sind Sie gegen oder für die neue Politik? Ich bin sehr **dafür**.
Dort steht sein Haus, und **dahinter** liegt ein schöner Blumengarten.
Was hat er zu Ihrem Plan gesagt? Nichts, aber er hat sich **darüber** geärgert.

2. *Wo*-Compounds

The formation of **wo**-compounds is similar to that of **da**-compounds. The former usually are employed in questions that in English often begin with "what" and end with a preposition. If the preposition begins with a vowel, **wor-** precedes it in the compound.

Womit haben Sie das geschrieben?
Woran denkt er eigentlich?
Worüber hat der Ingenieur gesprochen?
Wovon sprechen Sie?

A **wo**-compound may occasionally replace a prepositional phrase in which the object is a relative pronoun with an inanimate antecedent.

Der Zug, **mit dem** ich gefahren bin, kam rechtzeitig an. } = { Der Zug, **womit** ich gefahren bin, kam rechtzeitig an.

Die politischen Ansichten, **gegen die** er geschrieben hat, sind sehr radikal. } = { Die politischen Ansichten, **wogegen** er geschrieben hat, sind sehr radikal.

A **wo**-compound replaces a prepositional phrase in which the object is a relative pronoun whose antecedent is the idea or content of the main clause.

Ich las ein Buch über die Reformation, **wobei** ich viel von der Geschichte Deutschlands lernte.

H. Conjunctions

1. Coordinating Conjunctions

aber *but*	sondern *but, but on the contrary*
denn *for, because*	und *and*
entweder . . . oder *either . . . or*	weder . . . noch *neither . . . nor*
oder *or*	

Coordinating conjunctions are followed by normal word order. The conjunctions consisting of more than one word take normal word order when they connect two subjects of the same verb; they take inverted word order in the first clause when they connect independent clauses.

Entweder Karl **oder** Marie wird uns helfen.
Entweder muß er mit dem Zug fahren, **oder** er wird zu spät ankommen.

Sondern introduces a correction of a preceding negative statement.

Nicht die Kinder, **sondern** die Eltern verstehen das.
Nicht Brot, **sondern** Kuchen sollen sie essen.
Ich fahre nicht nach Bonn, **sondern** nach Hamburg.

2. Subordinating Conjunctions

als *as; than; when*	damit *in order that*
als ob *as if*	daß *that*
bevor *before*	ehe *before*
bis *until*	indem *while, while at the same time*
da *since, inasmuch as*	nachdem *after*

ob *whether*   während *while*
obwohl *although*   weil *because*
seitdem *since*   wenn *if, when, whenever*
sobald *as soon as*   wie *as, like*

Subordinating conjunctions are followed by transposed word order.

The distinctions between **als** and **wenn** are not always readily apparent. **Als** is used in comparisons and contrasts.

> Er ist größer **als** ich.
> Die Reise war viel kürzer, **als** ich erwartet hatte.

Als is used to introduce statements referring to a single event in the past.

> **Als** er nach Hause kam, war niemand da.

Wenn introduces statements referring to repeated or customary events in the present, past, and future.

> **Wenn** der Onkel uns Kinder besuchte, brachte er uns immer etwas Gutes.
> Meine Eltern freuten sich immer, **wenn** ich ein Wochenende bei Ihnen verbrachte.
> **Wenn** es warm ist, gehe ich gern schwimmen.

Wenn introduces clauses referring to a single event in the present or future.

> **Wenn** er nach Hause kommt, wird er den Brief lesen.

Wenn introduces "if" clauses.

> **Wenn** Sie nicht bald zum Arzt gehen, werden Sie sehr krank.

3. Interrogative Adverbs and *Wo*-Compounds Used as Subordinating Conjunctions

Interrogative adverbs and **wo**-compounds, when used to introduce indirect questions, function as subordinating conjunctions and are followed by transposed word order. The following are common interrogative adverbs:

wann *when*   woher *from where*
warum *why*   wohin *where to*
wo *where*

> Ich weiß nicht, **wann** er abgefahren ist.
> Er kann es mir nicht sagen, **warum** das unmöglich ist.
> Ich möchte wissen, **wohin** er gestern gefahren ist.
> Sagen Sie mir, **woran** Sie eigentlich denken.
> Wir wissen nicht, **worüber** er gesprochen hat.

I. Verbs (Conjugations)

1. Weak Verbs

a. *Indicative Mood*

(1) Active Voice

INFINITIVE

hören	erwarten	kritisieren	anreden	reisen

PRESENT TENSE

ich höre	erwarte	kritisiere	rede . . . an	reise
du hörst	erwartest	kritisierst	redest . . . an	reist
er hört	erwartet	kritisiert	redet . . . an	reist
wir hören	erwarten	kritisieren	reden . . . an	reisen
ihr hört	erwartet	kritisiert	redet . . . an	reist
sie hören	erwarten	kritisieren	reden . . . an	reisen
Sie hören	erwarten	kritisieren	reden . . . an	reisen

PAST (IMPERFECT) TENSE

ich hörte	erwartete	kritisierte	redete . . . an	reiste
du hörtest	erwartetest	kritisiertest	redetest . . . an	reistest
er hörte	erwartete	kritisierte	redete . . . an	reiste
wir hörten	erwarteten	kritisierten	redeten . . . an	reisten
ihr hörtet	erwartetet	kritisiertet	redetet . . . an	reistet
sie hörten	erwarteten	kritisierten	redeten . . . an	reisten
Sie hörten	erwarteten	kritisierten	redeten . . . an	reisten

PRESENT PERFECT TENSE

ich habe		ich bin	
du hast		du bist	
er hat	gehört	er ist	
wir haben	erwartet	wir sind	gereist
ihr habt	kritisiert	ihr seid	
sie haben	angeredet	sie sind	
Sie haben		Sie sind	

PAST PERFECT (PLUPERFECT) TENSE

ich hatte		ich war	
du hattest		du warst	
er hatte	gehört	er war	
wir hatten	erwartet	wir waren	gereist
ihr hattet	kritisiert	ihr wart	
sie hatten	angeredet	sie waren	
Sie hatten		Sie waren	

FUTURE TENSE

ich werde
du wirst ⎫ hören
er wird ⎪ erwarten
wir werden ⎬ kritisieren
ihr werdet ⎪ anreden
sie werden ⎭ reisen
Sie werden

FUTURE PERFECT TENSE

ich werde ⎫   ich werde ⎫
du wirst ⎪ gehört   du wirst ⎪
er wird ⎬ erwartet ⎫ haben   er wird ⎬ gereist sein
wir werden ⎪ kritisiert ⎭   wir werden ⎪
ihr werdet ⎪ angeredet   ihr werdet ⎪
sie werden ⎭   sie werden ⎭
Sie werden   Sie werden

(2) Passive Voice

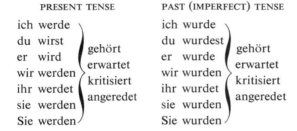

PRESENT TENSE   PAST (IMPERFECT) TENSE

ich werde ⎫   ich wurde ⎫
du wirst ⎪   du wurdest ⎪
er wird ⎬ gehört   er wurde ⎬ gehört
wir werden ⎪ erwartet wir wurden ⎪ erwartet
ihr werdet ⎪ kritisiert ihr wurdet ⎪ kritisiert
sie werden ⎭ angeredet sie wurden ⎭ angeredet
Sie werden   Sie wurden

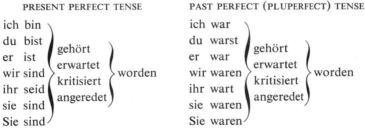

PRESENT PERFECT TENSE   PAST PERFECT (PLUPERFECT) TENSE

ich bin ⎫   ich war ⎫
du bist ⎪ gehört   du warst ⎪ gehört
er ist ⎬ erwartet ⎫ worden er war ⎬ erwartet ⎫ worden
wir sind ⎪ kritisiert ⎭   wir waren ⎪ kritisiert ⎭
ihr seid ⎪ angeredet   ihr wart ⎪ angeredet
sie sind ⎭   sie waren ⎭
Sie sind   Sie waren

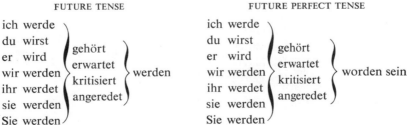

FUTURE TENSE   FUTURE PERFECT TENSE

ich werde ⎫   ich werde ⎫
du wirst ⎪ gehört   du wirst ⎪ gehört
er wird ⎬ erwartet ⎫ werden er wird ⎬ erwartet ⎫ worden sein
wir werden ⎪ kritisiert ⎭   wir werden ⎪ kritisiert ⎭
ihr werdet ⎪ angeredet   ihr werdet ⎪ angeredet
sie werden ⎭   sie werden ⎭
Sie werden   Sie werden

b. *Subjunctive Mood*

(1) **Active Voice**

PRESENT SUBJUNCTIVE I

ich höre	erwarte	kritisiere	rede . . . an	reise
du hörest	erwartest	kritisierest	redest . . . an	reisest
er höre	erwarte	kritisiere	rede . . . an	reise
wir hören	erwarten	kritisieren	reden . . . an	reisen
ihr höret	erwartet	kritisieret	redet . . . an	reiset
sie hören	erwarten	kritisieren	reden . . . an	reisen
Sie hören	erwarten	kritisieren	reden . . . an	reisen

PRESENT SUBJUNCTIVE II

ich hörte	erwartete	kritisierte	redete . . . an	reiste
du hörtest	erwartetest	kritisiertest	redetest . . . an	reistest
er hörte	erwartete	kritisierte	redete . . . an	reiste
wir hörten	erwarteten	kritisierten	redeten . . . an	reisten
ihr hörtet	erwartetet	kritisiertet	redetet . . . an	reistet
sie hörten	erwarteten	kritisierten	redeten . . . an	reisten
Sie hörten	erwarteten	kritisierten	redeten . . . an	reisten

PAST SUBJUNCTIVE I

ich habe · du habest · er habe · wir haben · ihr habet · sie haben · Sie haben } gehört, erwartet, kritisiert, angeredet

ich sei · du seiest · er sei · wir seien · ihr seiet · sie seien · Sie seien } gereist

PAST SUBJUNCTIVE II

ich hätte · du hättest · er hätte · wir hätten · ihr hättet · sie hätten · Sie hätten } gehört, erwartet, kritisiert, angeredet

ich wäre · du wärest · er wäre · wir wären · ihr wäret · sie wären · Sie wären } gereist

FUTURE SUBJUNCTIVE I

ich werde
du werdest ⎱ hören
er werde   erwarten
wir werden ⎰ kritisieren
ihr werdet anreden
sie werden reisen
Sie werden

FUTURE SUBJUNCTIVE II

ich würde
du würdest ⎱ hören
er würde   erwarten
wir würden ⎰ kritisieren
ihr würdet anreden
sie würden reisen
Sie würden

FUTURE PERFECT SUBJUNCTIVE I

ich werde
du werdest ⎱ gehört
er werde   erwartet ⎱ haben
wir werden kritisiert ⎰
ihr werdet ⎰ angeredet
sie werden
Sie werden

ich werde
du werdest
er werde
wir werden ⎱ gereist sein
ihr werdet ⎰
sie werden
Sie werden

FUTURE PERFECT SUBJUNCTIVE II

ich würde
du würdest ⎱ gehört
er würde   erwartet ⎱ haben
wir würden kritisiert ⎰
ihr würdet ⎰ angeredet
sie würden
Sie würden

ich würde
du würdest
er würde
wir würden ⎱ gereist sein
ihr würdet ⎰
sie würden
Sie würden

(2) Passive Voice

PRESENT SUBJUNCTIVE I

ich werde
du werdest ⎱ gehört
er werde   erwartet
wir werden ⎰ kritisiert
ihr werdet angeredet
sie werden
Sie werden

PRESENT SUBJUNCTIVE II

ich würde
du würdest ⎱ gehört
er würde   erwartet
wir würden ⎰ kritisiert
ihr würdet angeredet
sie würden
Sie würden

PAST SUBJUNCTIVE I

ich sei
du seiest
er sei
wir seien
ihr seiet
sie seien
Sie seien
} gehört
erwartet
kritisiert
angeredet } worden

PAST SUBJUNCTIVE II

ich wäre
du wärest
er wäre
wir wären
ihr wäret
sie wären
Sie wären
} gehört
erwartet
kritisiert
angeredet } worden

FUTURE SUBJUNCTIVE I

ich werde
du werdest
er werde
wir werden
ihr werdet
sie werden
Sie werden
} gehört
erwartet
kritisiert
angeredet } werden

FUTURE SUBJUNCTIVE II

ich würde
du würdest
er würde
wir würden
ihr würdet
sie würden
Sie würden
} gehört
erwartet
kritisiert
angeredet } werden

FUTURE PERFECT SUBJUNCTIVE I

ich werde
du werdest
er werde
wir werden
ihr werdet
sie werden
Sie werden
} gehört
erwartet
kritisiert
angeredet } worden sein

FUTURE PERFECT SUBJUNCTIVE II

ich würde
du würdest
er würde
wir würden
ihr würdet
sie würden
Sie würden
} gehört
erwartet
kritisiert
angeredet } worden sein

c. *Imperative Mood*

Second Person Familiar		***Second Person Formal***
SINGULAR	PLURAL	SINGULAR AND PLURAL
höre!	hört!	hören Sie!
erwarte!	erwartet!	erwarten Sie!
kritisiere!	kritisiert!	kritisieren Sie!
rede . . . an!	redet . . . an!	reden Sie . . . an!
reise!	reist!	reisen Sie!

2. Strong Verbs

a. *Indicative Mood*

(1) Active Voice

INFINITIVE

fangen	finden	treffen	verstehen	ansehen	bleiben

PRESENT TENSE

ich fange	finde	treffe	verstehe	sehe . . . an	bleibe
du fängst	findest	triffst	verstehst	siehst . . . an	bleibst
er fängt	findet	trifft	versteht	sieht . . . an	bleibt
wir fangen	finden	treffen	verstehen	sehen . . . an	bleiben
ihr fangt	findet	trefft	versteht	seht . . . an	bleibt
sie fangen	finden	treffen	verstehen	sehen . . . an	bleiben
Sie fangen	finden	treffen	verstehen	sehen . . . an	bleiben

PAST (IMPERFECT) TENSE

ich fing	fand	traf	verstand	sah . . . an	blieb
du fingst	fandest	trafst	verstandest	sahst . . . an	bliebst
er fing	fand	traf	verstand	sah . . . an	blieb
wir fingen	fanden	trafen	verstanden	sahen . . . an	blieben
ihr fingt	fandet	traft	verstandet	saht . . . an	bliebt
sie fingen	fanden	trafen	verstanden	sahen . . . an	blieben
Sie fingen	fanden	trafen	verstanden	sahen . . . an	blieben

PRESENT PERFECT TENSE

ich habe, du hast, er hat, wir haben, ihr habt, sie haben, Sie haben } gefangen, gefunden, getroffen, verstanden, angesehen

ich bin, du bist, er ist, wir sind, ihr seid, sie sind, Sie sind } geblieben

PAST PERFECT (PLUPERFECT) TENSE

ich hatte, du hattest, er hatte, wir hatten, ihr hattet, sie hatten, Sie hatten } gefangen, gefunden, getroffen, verstanden, angesehen

ich war, du warst, er war, wir waren, ihr wart, sie waren, Sie waren } geblieben

FUTURE TENSE

ich werde	
du wirst	fangen
er wird	finden
wir werden	treffen
ihr werdet	verstehen
sie werden	ansehen
Sie werden	bleiben

FUTURE PERFECT TENSE

ich werde			ich werde	
du wirst	gefangen		du wirst	
er wird	gefunden		er wird	
wir werden	getroffen	haben	wir werden	geblieben sein
ihr werdet	verstanden		ihr werdet	
sie werden	angesehen		sie werden	
Sie werden			Sie werden	

(2) Passive Voice

PRESENT TENSE

ich werde	
du wirst	gefangen
er wird	gefunden
wir werden	getroffen
ihr werdet	verstanden
sie werden	angesehen
Sie werden	

PAST (IMPERFECT) TENSE

ich wurde	
du wurdest	gefangen
er wurde	gefunden
wir wurden	getroffen
ihr wurdet	verstanden
sie wurden	angesehen
Sie wurden	

PRESENT PERFECT TENSE

ich bin		
du bist	gefangen	
er ist	gefunden	
wir sind	getroffen	worden
ihr seid	verstanden	
sie sind	angesehen	
Sie sind		

PAST PERFECT (PLUPERFECT) TENSE

ich war		
du warst	gefangen	
er war	gefunden	
wir waren	getroffen	worden
ihr wart	verstanden	
sie waren	angesehen	
Sie waren		

FUTURE TENSE

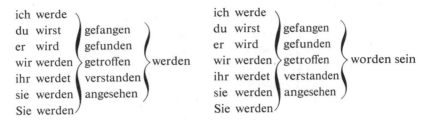

ich werde		
du wirst	gefangen	
er wird	gefunden	
wir werden	getroffen	werden
ihr werdet	verstanden	
sie werden	angesehen	
Sie werden		

FUTURE PERFECT TENSE

ich werde		
du wirst	gefangen	
er wird	gefunden	
wir werden	getroffen	worden sein
ihr werdet	verstanden	
sie werden	angesehen	
Sie werden		

b. *Subjunctive Mood*

(1) Active Voice

PRESENT SUBJUNCTIVE I

ich fange	finde	treffe	verstehe	sehe . . . an	bleibe
du fangest	findest	treffest	verstehest	sehest . . . an	bleibest
er fange	finde	treffe	verstehe	sehe . . . an	bleibe
wir fangen	finden	treffen	verstehen	sehen . . . an	bleiben
ihr fanget	findet	treffet	verstehet	sehet . . . an	bleibet
sie fangen	finden	treffen	verstehen	sehen . . . an	bleiben
Sie fangen	finden	treffen	verstehen	sehen . . . an	bleiben

PRESENT SUBJUNCTIVE II

ich finge	fände	träfe	verstände	sähe . . . an	bliebe
du fingest	fändest	träfest	verständest	sähest . . . an	bliebest
er finge	fände	träfe	verstände	sähe . . . an	bliebe
wir fingen	fänden	träfen	verständen	sähen . . . an	blieben
ihr finget	fändet	träfet	verständet	sähet . . . an	bliebet
sie fingen	fänden	träfen	verständen	sähen . . . an	blieben
Sie fingen	fänden	träfen	verständen	sähen . . . an	blieben

PAST SUBJUNCTIVE I

ich habe		
du habest	gefangen	
er habe	gefunden	
wir haben	getroffen	
ihr habet	verstanden	
sie haben	angesehen	
Sie haben		

ich sei		
du seiest		
er sei		
wir seien	geblieben	
ihr seiet		
sie seien		
Sie seien		

PAST SUBJUNCTIVE II

ich hätte
du hättest
er hätte
wir hätten } gefangen gefunden getroffen verstanden angesehen
ihr hättet
sie hätten
Sie hätten

ich wäre
du wärest
er wäre
wir wären } geblieben
ihr wäret
sie wären
Sie wären

FUTURE SUBJUNCTIVE I

ich werde
du werdest
er werde
wir werden } fangen finden treffen verstehen ansehen bleiben
ihr werdet
sie werden
Sie werden

FUTURE SUBJUNCTIVE II

ich würde
du würdest
er würde
wir würden } fangen finden treffen verstehen ansehen bleiben
ihr würdet
sie würden
Sie würden

FUTURE PERFECT SUBJUNCTIVE I

ich werde
du werdest
er werde
wir werden } gefangen gefunden getroffen verstanden angesehen } haben
ihr werdet
sie werden
Sie werden

ich werde
du werdest
er werde
wir werden } geblieben sein
ihr werdet
sie werden
Sie werden

FUTURE PERFECT SUBJUNCTIVE II

ich würde
du würdest
er würde
wir würden } gefangen gefunden getroffen verstanden angesehen } haben
ihr würdet
sie würden
Sie würden

ich würde
du würdest
er würde
wir würden } geblieben sein
ihr würdet
sie würden
Sie würden

(2) Passive Voice

PRESENT SUBJUNCTIVE I

ich werde
du werdest
er werde
wir werden } gefangen gefunden getroffen verstanden angesehen
ihr werdet
sie werden
Sie werden

PRESENT SUBJUNCTIVE II

ich würde
du würdest
er würde
wir würden } gefangen gefunden getroffen verstanden angesehen
ihr würdet
sie würden
Sie würden

PAST SUBJUNCTIVE I

ich sei
du seiest
er sei
wir seien
ihr seiet
sie seien
Sie seien

gefangen
gefunden
getroffen
verstanden
angesehen

worden

PAST SUBJUNCTIVE II

ich wäre
du wärest
er wäre
wir wären
ihr wäret
sie wären
Sie wären

gefangen
gefunden
getroffen
verstanden
angesehen

worden

FUTURE SUBJUNCTIVE I

ich werde
du werdest
er werde
wir werden
ihr werdet
sie werden
Sie werden

gefangen
gefunden
getroffen
verstanden
angesehen

werden

FUTURE SUBJUNCTIVE II

ich würde
du würdest
er würde
wir würden
ihr würdet
sie würden
Sie würden

gefangen
gefunden
getroffen
verstanden
angesehen

werden

FUTURE PERFECT SUBJUNCTIVE I

ich werde
du werdest
er werde
wir werden
ihr werdet
sie werden
Sie werden

gefangen
gefunden
getroffen
verstanden
angesehen

worden sein

FUTURE PERFECT SUBJUNCTIVE II

ich würde
du würdest
er würde
wir würden
ihr würdet
sie würden
Sie würden

gefangen
gefunden
getroffen
verstanden
angesehen

worden sein

c. *Imperative Mood*

Second Person Familiar

SINGULAR	PLURAL
fang(e)!	fangt!
finde!	findet!
triff!	trefft!
versteh(e)!	versteht!
sieh . . . an!	seht . . . an!
bleib(e)!	bleibt!

Second Person Formal

SINGULAR AND PLURAL

fangen Sie!
finden Sie!
treffen Sie!
verstehen Sie!
sehen Sie . . . an!
bleiben Sie!

3. Auxiliary Verbs *Haben*, *Sein*, and *Werden*

a. *Indicative Mood*

PRESENT TENSE

ich habe	bin	werde
du hast	bist	wirst
er hat	ist	wird
wir haben	sind	werden
ihr habt	seid	werdet
sie haben	sind	werden
Sie haben	sind	werden

PAST (IMPERFECT) TENSE

ich hatte	war	wurde
du hattest	warst	wurdest
er hatte	war	wurde
wir hatten	waren	wurden
ihr hattet	wart	wurdet
sie hatten	waren	wurden
Sie hatten	waren	wurden

PRESENT PERFECT TENSE

ich habe	ich bin	
du hast	du bist	
er hat	er ist	
wir haben } gehabt	wir sind } gewesen	
ihr habt	ihr seid	geworden
sie haben	sie sind	
Sie haben	Sie sind	

PAST PERFECT (PLUPERFECT) TENSE

ich hatte	ich war	
du hattest	du warst	
er hatte	er war	
wir hatten } gehabt	wir waren } gewesen	
ihr hattet	ihr wart	geworden
sie hatten	sie waren	
Sie hatten	Sie waren	

FUTURE TENSE

ich werde	
du wirst	
er wird	haben
wir werden }	sein
ihr werdet	werden
sie werden	
Sie werden	

ich werde	
du wirst	
er wird	
wir werden } gehabt haben	
ihr werdet	
sie werden	
Sie werden	

FUTURE PERFECT TENSE

ich werde		
du wirst		
er wird	gewesen	
wir werden }	geworden } sein	
ihr werdet		
sie werden		
Sie werden		

b. *Subjunctive Mood*

PRESENT SUBJUNCTIVE I

ich habe	sei	werde
du habest	seiest	werdest
er habe	sei	werde
wir haben	seien	werden
ihr habet	seiet	werdet
sie haben	seien	werden
Sie haben	seien	werden

PRESENT SUBJUNCTIVE II

ich hätte	wäre	würde
du hättest	wärest	würdest
er hätte	wäre	würde
wir hätten	wären	würden
ihr hättet	wäret	würdet
sie hätten	wären	würden
Sie hätten	wären	würden

PAST SUBJUNCTIVE I

ich habe		ich sei	
du habest		du seiest	
er habe		er sei	
wir haben	gehabt	wir seien	gewesen
ihr habet		ihr seiet	geworden
sie haben		sie seien	
Sie haben		Sie seien	

PAST SUBJUNCTIVE II

ich hätte		ich wäre	
du hättest		du wärest	
er hätte		er wäre	
wir hätten	gehabt	wir wären	gewesen
ihr hättet		ihr wäret	geworden
sie hätten		sie wären	
Sie hätten		Sie wären	

FUTURE SUBJUNCTIVE I

ich werde	
du werdest	
er werde	haben
wir werden	sein
ihr werdet	werden
sie werden	
Sie werden	

FUTURE SUBJUNCTIVE II

ich würde	
du würdest	
er würde	haben
wir würden	sein
ihr würdet	werden
sie würden	
Sie würden	

FUTURE PERFECT SUBJUNCTIVE I

ich werde		ich werde	
du werdest		du werdest	
er werde		er werde	
wir werden	gehabt haben	wir werden	gewesen / geworden } sein
ihr werdet		ihr werdet	
sie werden		sie werden	
Sie werden		Sie werden	

FUTURE PERFECT SUBJUNCTIVE II

ich würde		ich würde	
du würdest		du würdest	
er würde		er würde	
wir würden	gehabt haben	wir würden	gewesen / geworden } sein
ihr würdet		ihr würdet	
sie würden		sie würden	
Sie würden		Sie würden	

c. *Imperative Mood*

Second Person Familiar		***Second Person Formal***
SINGULAR	PLURAL	SINGULAR AND PLURAL
hab(e)!	habt!	haben Sie!
sei!	seid!	seien Sie!
werde!	werdet!	werden Sie!

4. Modal Auxiliary Verbs and *Wissen*

a. *Indicative Mood*

INFINITIVE

dürfen	können	mögen	müssen	sollen	wollen	wissen

PRESENT TENSE

ich darf	kann	mag	muß	soll	will	weiß
du darfst	kannst	magst	mußt	sollst	willst	weißt
er darf	kann	mag	muß	soll	will	weiß
wir dürfen	können	mögen	müssen	sollen	wollen	wissen
ihr dürft	könnt	mögt	müßt	sollt	wollt	wißt
sie dürfen	können	mögen	müssen	sollen	wollen	wissen
Sie dürfen	können	mögen	müssen	sollen	wollen	wissen

PAST (IMPERFECT) TENSE

ich durfte	konnte	mochte	mußte	sollte	wollte	wußte
du durftest	konntest	mochtest	mußtest	solltest	wolltest	wußtest
er durfte	konnte	mochte	mußte	sollte	wollte	wußte
wir durften	konnten	mochten	mußten	sollten	wollten	wußten
ihr durftet	konntet	mochtet	mußtet	solltet	wolltet	wußtet
sie durften	konnten	mochten	mußten	sollten	wollten	wußten
Sie durften	konnten	mochten	mußten	sollten	wollten	wußten

PRESENT PERFECT TENSE

MODAL AUXILIARIES WITH DEPENDENT INFINITIVE

ich habe	gedurft	ich habe		dürfen
du hast	gekonnt	du hast		können
er hat	gemocht	er hat		mögen
wir haben	gemußt	wir haben	bleiben	müssen
ihr habt	gesollt	ihr habt		sollen
sie haben	gewollt	sie haben		wollen
Sie haben	gewußt	Sie haben		

PAST PERFECT (PLUPERFECT) TENSE

MODAL AUXILIARIES WITH DEPENDENT INFINITIVE

ich hatte	gedurft	ich hatte		dürfen
du hattest	gekonnt	du hattest		können
er hatte	gemocht	er hatte		mögen
wir hatten	gemußt	wir hatten	bleiben	müssen
ihr hattet	gesollt	ihr hattet		sollen
sie hatten	gewollt	sie hatten		wollen
Sie hatten	gewußt	Sie hatten		

FUTURE TENSE

MODAL AUXILIARIES WITH DEPENDENT INFINITIVE

ich werde	dürfen	ich werde		dürfen
du wirst	können	du wirst		können
er wird	mögen	er wird		mögen
wir werden	müssen	wir werden	bleiben	müssen
ihr werdet	sollen	ihr werdet		sollen
sie werden	wollen	sie werden		wollen
Sie werden	wissen	Sie werden		

FUTURE PERFECT TENSE

ich werde ⎫ gedurft ⎫
du wirst ⎪ gekonnt ⎪
er wird ⎪ gemocht ⎪
wir werden ⎬ gemußt ⎬ haben
ihr werdet ⎪ gesollt ⎪
sie werden ⎪ gewollt ⎪
Sie werden ⎭ gewußt ⎭

b. *Subjunctive Mood*

PRESENT SUBJUNCTIVE I

ich dürfe	könne	möge	müsse	solle	wolle	wisse
du dürfest	könnest	mögest	müssest	sollest	wollest	wissest
er dürfe	könne	möge	müsse	solle	wolle	wisse
wir dürfen	können	mögen	müssen	sollen	wollen	wissen
ihr dürfet	könnet	möget	müsset	sollet	wollet	wisset
sie dürfen	können	mögen	müssen	sollen	wollen	wissen
Sie dürfen	können	mögen	müssen	sollen	wollen	wissen

PRESENT SUBJUNCTIVE II

ich dürfte	könnte	möchte	müßte	sollte	wollte	wüßte
du dürftest	könntest	möchtest	müßtest	solltest	wolltest	wüßtest
er dürfte	könnte	möchte	müßte	sollte	wollte	wüßte
wir dürften	könnten	möchten	müßten	sollten	wollten	wüßten
ihr dürftet	könntet	möchtet	müßtet	solltet	wolltet	wüßtet
sie dürften	könnten	möchten	müßten	sollten	wollten	wüßten
Sie dürften	könnten	möchten	müßten	sollten	wollten	wüßten

PAST SUBJUNCTIVE I

MODAL AUXILIARIES WITH DEPENDENT INFINITIVE

ich habe ⎫ gedurft   ich habe ⎫   ⎫ dürfen
du habest ⎪ gekonnt   du habest ⎪   ⎪ können
er habe ⎪ gemocht   er habe ⎪   ⎪ mögen
wir haben ⎬ gemußt   wir haben ⎬ bleiben ⎬ müssen
ihr habet ⎪ gesollt   ihr habet ⎪   ⎪ sollen
sie haben ⎪ gewollt   sie haben ⎪   ⎭ wollen
Sie haben ⎭ gewußt   Sie haben ⎭

PAST SUBJUNCTIVE II

MODAL AUXILIARIES WITH DEPENDENT INFINITIVE

ich hätte	gedurft		ich hätte		
du hättest	gekonnt		du hättest		dürfen
er hätte	gemocht		er hätte		können
wir hätten	gemußt		wir hätten	bleiben	mögen
ihr hättet	gesollt		ihr hättet		müssen
sie hätten	gewollt		sie hätten		sollen
Sie hätten	gewußt		Sie hätten		wollen

FUTURE SUBJUNCTIVE I

MODAL AUXILIARIES WITH DEPENDENT INFINITIVE

ich werde	dürfen		ich werde		
du werdest	können		du werdest		dürfen
er werde	mögen		er werde		können
wir werden	müssen		wir werden	bleiben	mögen
ihr werdet	sollen		ihr werdet		müssen
sie werden	wollen		sie werden		sollen
Sie werden	wissen		Sie werden		wollen

FUTURE SUBJUNCTIVE II

MODAL AUXILIARIES WITH DEPENDENT INFINITIVE

ich würde	dürfen		ich würde		
du würdest	können		du würdest		dürfen
er würde	mögen		er würde		können
wir würden	müssen		wir würden	bleiben	mögen
ihr würdet	sollen		ihr würdet		müssen
sie würden	wollen		sie würden		sollen
Sie würden	wissen		Sie würden		wollen

FUTURE PERFECT SUBJUNCTIVE I   FUTURE PERFECT SUBJUNCTIVE II

ich werde	gedurft		ich würde	gedurft	
du werdest	gekonnt		du würdest	gekonnt	
er werde	gemocht		er würde	gemocht	
wir werden	gemußt	haben	wir würden	gemußt	haben
ihr werdet	gesollt		ihr würdet	gesollt	
sie werden	gewollt		sie würden	gewollt	
Sie werden	gewußt		Sie würden	gewußt	

5. Synopsis of Irregular Weak Verbs *Bringen* and *Kennen*

a. *Indicative Mood*

PRESENT TENSE

er bringt   er kennt

PAST (IMPERFECT) TENSE

er brachte   er kannte

PRESENT PERFECT TENSE

er hat gebracht   er hat gekannt

PAST PERFECT (PLUPERFECT) TENSE

er hatte gebracht   er hatte gekannt

FUTURE TENSE

er wird bringen   er wird kennen

FUTURE PERFECT TENSE

er wird gebracht haben   er wird gekannt haben

b. *Subjunctive Mood*

PRESENT SUBJUNCTIVE I

er bringe   er kenne

PRESENT SUBJUNCTIVE II

er brächte   er kennte

PAST SUBJUNCTIVE I

er habe gebracht   er habe gekannt

PAST SUBJUNCTIVE II

er hätte gebracht   er hätte gekannt

FUTURE SUBJUNCTIVE I

er werde bringen   er werde kennen

FUTURE SUBJUNCTIVE II

er würde bringen   er würde kennen

FUTURE PERFECT SUBJUNCTIVE I

er werde gebracht haben   er werde gekannt haben

FUTURE PERFECT SUBJUNCTIVE II

er würde gebracht haben   er würde gekannt haben

6. Principal Parts of Strong Verbs

INFINITIVE	PRESENT, THIRD PERSON SINGULAR	PAST, FIRST AND THIRD PERSON SINGULAR	PAST PARTICIPLE	PRESENT SUBJUNCTIVE II, FIRST AND THIRD PERSON SINGULAR	
beginnen	beginnt	begann	begonnen	begönne (begänne)	to begin
bieten	bietet	bot	geboten	böte	to offer
bitten	bittet	bat	gebeten	bäte	to request
bleiben	bleibt	blieb	ist geblieben	bliebe	to remain
brechen	bricht	brach	gebrochen	bräche	to break
empfehlen	empfiehlt	empfahl	empfohlen	empföhle (empfähle)	to recommend
erschrecken	erschrickt	erschrak	ist erschrocken	erschräke	to be startled, frightened
erwerben	erwirbt	erwarb	erworben	erwürbe	to acquire, gain, earn
essen	ißt	aß	gegessen	äße	to eat
fahren	fährt	fuhr	ist⎱ hat⎰ gefahren	führe	to ride, travel, go; drive
fallen	fällt	fiel	ist gefallen	fiele	to fall
fangen	fängt	fing	gefangen	finge	to catch
finden	findet	fand	gefunden	fände	to find
fliegen	fliegt	flog	ist⎱ hat⎰ geflogen	flöge	to fly
fliehen	flieht	floh	ist geflohen	flöhe	to flee
fließen	fließt	floß	ist geflossen	flösse	to flow
gebären	gebärt	gebar	geboren	gebäre	to give birth to
geben	gibt	gab	gegeben	gäbe	to give
gehen	geht	ging	ist gegangen	ginge	to go

INFINITIVE	PRESENT, THIRD PERSON SINGULAR	PAST, FIRST AND THIRD PERSON SINGULAR	PAST PARTICIPLE	PRESENT SUBJUNCTIVE II, FIRST AND THIRD PERSON SINGULAR	
gelten	gilt	galt	gegolten	gälte (gölte)	*to apply to, be valid for; prevail*
geschehen	geschieht	geschah	ist geschehen	geschähe	*to happen*
gewinnen	gewinnt	gewann	gewonnen	gewönne (gewänne)	*to obtain, win, acquire*
greifen	greift	griff	gegriffen	griffe	*to seize*
halten	hält	hielt	gehalten	hielte	*to stop, halt; hold*
hängen	hängt	hing	gehangen	hinge	*to hang*
heben	hebt	hob	gehoben	höbe	*to lift*
heißen	heißt	hieß	geheißen	hieße	*to be called, named*
helfen	hilft	half	geholfen	hülfe (hälfe)	*to help*
kommen	kommt	kam	ist gekommen	käme	*to come*
laden	lädt	lud	geladen	lüde	*to load*
lassen	läßt	ließ	gelassen	ließe	*to leave, let, cause*
leiden	leidet	litt	gelitten	litte	*to suffer*
lesen	liest	las	gelesen	läse	*to read*
liegen	liegt	lag	gelegen	läge	*to lie, be situated*
nehmen	nimmt	nahm	genommen	nähme	*to take*
raten	rät	riet	geraten	riete	*to advise*
reiten	reitet	ritt	ist/hat geritten	ritte	*to ride*
rufen	ruft	rief	gerufen	riefe	*to call*
scheinen	scheint	schien	geschienen	schiene	*to seem, appear*
schlafen	schläft	schlief	geschlafen	schliefe	*to sleep*
schlagen	schlägt	schlug	geschlagen	schlüge	*to hit, strike*
schließen	schließt	schloß	geschlossen	schlösse	*to close*
schreiben	schreibt	schrieb	geschrieben	schriebe	*to write*
schwimmen	schwimmt	schwamm	ist/hat geschwommen	schwömme (schwämme)	*to swim*
sehen	sieht	sah	gesehen	sähe	*to see*
sitzen	sitzt	saß	gesessen	säße	*to sit*
sprechen	spricht	sprach	gesprochen	spräche	*to speak*

INFINITIVE	PRESENT, THIRD PERSON SINGULAR	PAST, FIRST AND THIRD PERSON SINGULAR	PAST PARTICIPLE	PRESENT SUBJUNCTIVE II, FIRST AND THIRD PERSON SINGULAR	
stehen	steht	stand	gestanden	stände (stünde)	*to stand*
steigen	steigt	stieg	ist gestiegen	stiege	*to climb*
sterben	stirbt	starb	ist gestorben	stürbe	*to die*
streiten	streitet	stritt	gestritten	stritte	*to quarrel*
tragen	trägt	trug	getragen	trüge	*to carry; wear*
treffen	trifft	traf	getroffen	träfe	*to meet*
treten	tritt	trat	ist getreten	träte	*to step, walk, enter*
trinken	trinkt	trank	getrunken	tränke	*to drink*
tun	tut	tat	getan	täte	*to do*
verbergen	verbirgt	verbarg	verborgen	verbärge	*to hide*
vergessen	vergißt	vergaß	vergessen	vergäße	*to forget*
vergleichen	vergleicht	verglich	verglichen	vergliche	*to compare*
verlieren	verliert	verlor	verloren	verlöre	*to lose*
verschwinden	verschwindet	verschwand	ist verschwunden	verschwände	*to disappear*
wachsen	wächst	wuchs	ist gewachsen	wüchse	*to grow*
weisen	weist	wies	gewiesen	wiese	*to indicate, point out*
werfen	wirft	warf	geworfen	würfe	*to throw*
ziehen	zicht	zog	ist⟩ hat⟩ gezogen	zöge	*to move; pull, draw*

7. Principal Parts of Irregular Weak Verbs

INFINITIVE	PRESENT, THIRD PERSON SINGULAR	PAST, FIRST AND THIRD PERSON SINGULAR	PAST PARTICIPLE	PRESENT SUBJUNCTIVE II, FIRST AND THIRD PERSON SINGULAR	
bringen	bringt	brachte	gebracht	brächte	*to bring*
denken	denkt	dachte	gedacht	dächte	*to think*
brennen	brennt	brannte	gebrannt	brennte	*to burn*
kennen	kennt	kannte	gekannt	kennte	*to know*
nennen	nennt	nannte	genannt	nennte	*to name, call*
rennen	rennt	rannte	ist gerannt	rennte	*to run*
senden	sendet	sandte	gesandt	sendete	*to send*
wenden	wendet	wandte	gewandt	wendete	*to turn*

8. Principal Parts of the Verbs *Haben*, *Sein*, and *Werden*

INFINITIVE	PRESENT, THIRD PERSON SINGULAR	PAST, FIRST AND THIRD PERSON SINGULAR	PAST PARTICIPLE	PRESENT SUBJUNCTIVE II, FIRST AND THIRD PERSON SINGULAR	
haben	hat	hatte	gehabt	hätte	*to have*
sein	ist	war	ist gewesen	wäre	*to be*
werden	wird	wurde	ist geworden	würde	*to become*

J. Verbs (Functions)

1. Tenses

a. *Present Tense*

The present tense of a verb denotes present action. In German the present tense with an adverb of future time is frequently used instead of the future tense to denote future action.

PRESENT TENSE—FUTURE ACTION	FUTURE TENSE—FUTURE ACTION
Ich fahre morgen nach Frankfurt.	Ich werde morgen nach Frankfurt fahren.

The present tense is occasionally used instead of the past tense to achieve the effect of vivid narration.

In English the present perfect tense is often used to express an action that began in the past and continues into the present and future.

*I **have lived** here for thirty years.*

In German, actions that continue into the present are usually expressed in the present tense, the verb being accompanied by **schon, seit,** or **schon seit.**

Ich **wohne schon** dreißig Jahre hier.
Ich **wohne seit** dreißig Jahren hier.
Ich **wohne schon seit** dreißig Jahren hier.

b. *Past (Imperfect) Tense*

The past tense relates an action that began and ended in the past. In everyday speech no consistent distinction is made between the past tense and the present perfect tense.

PAST TENSE	PRESENT PERFECT TENSE
Ich **machte** das gestern.	Ich **habe** das gestern **gemacht.**
Wir **fuhren** am Samstag nach München.	Wir **sind** am Samstag nach München **gefahren.**

In formal speech and in writing, these tenses are not freely interchangeable; the past tense is usually preferred in narratives and in accounts of past events that have no particular connection with the present.

c. *Present Perfect Tense*

The present perfect tense is frequently used conversationally instead of the past tense to relate a past action. It is also used to describe past events that have a connection with the present or which happened in the immediate past.

Ich kenne die Werke von Shakespeare; wir **haben** sie in der Schule **gelesen.**
Ich **habe** Ihren Brief **gefunden.**

d. *Past Perfect (Pluperfect) Tense*

The past perfect tense is used to relate events that occurred before a specific reference point or action in the past.

Ich **hatte** meine Schularbeit schon **gemacht,** ehe ich ins Kino ging.

e. *Future Tense*

The future tense is used to express an action expected to occur in the future.

Wir **werden** morgen nach Köln **fahren.**

The future tense is also used with the adverbs **wohl, vielleicht, sicher,** and **wahrscheinlich** to express probability in the present or future.

Sie **werden** wohl Geld bei sich **haben.**
Er **wird** es wohl morgen **tun.**

f. *Future Perfect Tense*

The future perfect tense relates events expected to occur in the future but prior to a specific reference point or action in the future.

Ich **werde** meine Arbeit schon **gemacht haben,** ehe er heute abend nach Hause kommt.

The future perfect tense is also used with the adverbs **wohl, vielleicht, sicher,** and **wahrscheinlich** to express probability in the future and in the past.

Er **wird** es wohl **getan haben,** ehe er heute abend zu mir kommt.
Der Zug **wird** wohl rechtzeitig **angekommen sein,** da Karl schon da ist.

2. Voice

a. *Active Voice*

A verb is in the active voice when its subject performs the action.

Ich **schließe** die Tür.
Er **hat** das Fenster **geschlossen**.

b. *Passive Voice*

(1) Formation of the Passive

A verb is in the passive voice when its subject is the recipient of the action. The passive is formed by using the auxiliary verb **werden** with the past participle of the action verb. The tense of **werden** determines the tense of the passive.

PRESENT TENSE

Das Fenster **wird** geschlossen.   *The window is being closed.*

PAST (IMPERFECT) TENSE

Das Fenster **wurde** geschlossen.   *The window was being closed.*

In the passive the past participle **geworden** is shortened to **worden**.

Er ist zugelassen **worden**.   *He has been admitted.*

Only transitive verbs are used in the passive.

(2) Statal Passive

A careful distinction must be made between the type of passive that denotes action and the so-called statal passive. The latter expresses a condition, often the result of action expressed in the passive voice. The statal passive is formed by using the auxiliary verb **sein** with the past participle.

PASSIVE   Die Tür **wird** geschlossen.   *The door is being closed.*

STATAL PASSIVE   Die Tür **ist** geschlossen.   *The door is closed.*

(3) Agent

The agent, that is, the performer, of an action expressed in the passive voice is introduced by **von**.

Die Tür wurde **von mir** geschlossen.   *The door was closed by me.*
Diese Brücke ist **von meiner Firma**   *This bridge was erected by my firm.*
errichtet worden.

(4) Means

The means or instrumentality by which an action in the passive is carried out is expressed with **durch**.

Durch strenge Maßnahmen wurden die Flüchtlinge verhaftet.	*The refugees were arrested by (the use or application of) stern measures.*
Durch Bismarck wurden die deutschen Länder vereinigt.	*Through Bismarck the German states were united.*

(5) Substitutes for the Passive Voice

Man with an active verb is frequently used as a substitute for the passive.

PASSIVE	**man** AS SUBSTITUTE FOR PASSIVE
Das Museum **wurde geschlossen.**	**Man schloß** das Museum.

Reflexive verbs may replace the passive.

PASSIVE	REFLEXIVE VERB AS SUBSTITUTE FOR PASSIVE
Die Zonen **wurden** bald **vereinigt.**	Die Zonen **vereinigten sich** bald.

An active infinitive construction may be used to express passive action.

Diese Übungen sind für morgen **zu schreiben.**	*These exercises are to be written for tomorrow.*

3. Mood

a. *Indicative Mood*

The indicative mood indicates an action or condition to be reality or fact.

Das Haus **steht** in der Blumenstraße.

b. *Subjunctive Mood*

(1) General Functions of the Subjunctive

The subjunctive mood usually indicates that an action or condition is unreal, contrary to fact, hypothetical, or only possibly true. Such conditions are often expressed in a clause introduced by the subordinating conjunction **wenn**.

Each tense of the subjunctive mood is related to, and based on, a tense of the indicative mood; however, the tense of the subjunctive does not always express the same time (present, past, future) as the corresponding tense of the indicative.

In an effort to indicate more accurately the function of the subjunctive tenses, the descriptive terms "present subjunctive I," "present subjunctive II," and so forth, are frequently assigned to them.

TRADITIONAL GRAMMATICAL TERM	FUNCTIONAL TERM	TIME OF ACTION
present subjunctive =	present subjunctive I	
past subjunctive =	present subjunctive II	present and future
present perfect subjunctive =	past subjunctive I	
past perfect subjunctive =	past subjunctive II	past
future subjunctive =	future subjunctive I	
future perfect subjunctive =	future subjunctive II	future

(2) Formation of the Subjunctive

(a) *Endings*

The subjunctive endings for all verbs in all tenses (except the present subjunctive I of **sein**) are as follows:

ich	-e
du	-est
er	-e
wir	-en
ihr	-et
sie	-en
Sie	-en

(b) *Tense Formation*

In the present subjunctive I the endings are affixed to the stem of the infinitive. **Sein** is an exception; its first and third person singular form is **sei.**

The present subjunctive II of strong verbs is formed by affixing the endings to the stem of the past indicative. If the stem vowel is **-a-, -o-,** or **-u-,** the vowel takes an umlaut.

The present subjunctive II of weak verbs is identical in form to the past indicative; that is, the endings are affixed to the past indicative stem.

The present subjunctive II of irregular weak verbs is formed by affixing their past indicative endings to the infinitive stem. **Bringen** and **denken** are exceptions; they use the past indicative stem with an umlaut on the stem vowel.

Modal auxiliaries and **wissen** follow the pattern of weak verbs in the present subjunctive II by adding the subjunctive endings to the past indicative stem. All, except **sollen** and **wollen**, add an umlaut to the stem vowel.

The past subjunctive I and II use the subjunctive forms of the auxiliary verbs **haben** and **sein.**

The future subjunctive I and II use the subjunctive forms of the future auxiliary verb **werden.**

(3) Function of Tenses in the Subjunctive

(a) *Present Subjunctive I*

The present subjunctive I is used in expressing wishes whose fulfillment is possible.

Es **lebe** der König!	*Long live the king!*
Gott **helfe** uns!	*May God help us!*

The present subjunctive I may be used to express a requirement or demand; it has the function of a third person imperative.

Diese Medizin **nehme** man alle vier Stunden.	*One should take this medicine every four hours*, or: *This medicine is to be taken every four hours.*
Man **lache** nicht.	*One is not to laugh*, or: *There is to be no laughing.*

The present subjunctive I may be used in concessive statements.

Was er auch immer **wünsche**, von mir bekommt er kein Geld mehr.	*Whatever he may wish, he won't get any more money from me.*

The present subjunctive I is often used in a clause introduced by the subordinate conjunction **damit**.

Mein Freund bekam Geld von zu Hause, **damit** er die Reise **mache**.	*My friend received money from home in order that he may take the trip.*

(b) *Present Subjunctive II*

The present subjunctive II is used frequently in contrary-to-fact statements referring to present or future actions; such statements are usually expressed by **wenn**-clauses.

Wenn ich Geld **hätte**, **würde** ich eine Reise machen.	*If I had money, I would take a trip.*
Wenn wir mehr Zeit **hätten**, **könnten** wir eine längere Reise machen.	*If we had more time, we could take a longer trip.*
Wenn er mir alles **erklärte**, würde ich wissen, was ich machen **sollte**.	*If he were to explain everything to me, I would know what I should do.*
Wenn es heute schön **wäre**, **ginge** ich spazieren.	*If it were nice today, I would go for a walk.*

The present subjunctive II occurs in contrary-to-fact comparisons. Such statements are introduced by the conjunctions **als, als ob,** or **als wenn.**

Er tut immer, als **wäre** er sehr reich.	*He always acts as if he were very rich.*
Ihr Freund sieht aus, als ob er krank **wäre.**	*Your friend looks as if he were sick.*
Sie antwortete ruhig, als wenn nichts **geschähe.**	*She answered calmly, as if nothing were happening.*

The present subjunctive II is used in expressing unfulfilled or unfulfillable wishes.

Wenn er nur hier **wäre!**	*If he were only here!*
Wenn wir alle doch einmal Berlin besuchen **könnten!**	*If only we could all visit Berlin someday!*
Wenn er doch immer rechtzeitig **aufstände!**	*If only he would always get up on time!*
Käme sie doch zu mir mit ihren Problemen!	*If she would only come to me with her problems!*

The present subjunctive II is used to make requests appear more courteous.

Ich **möchte** eine Tasse Kaffee, bitte.	*I should like a cup of coffee, please.*
Wir **hätten** gerne Vanilleeis und Kaffee.	*We should like to have some vanilla ice cream and coffee.*

The present subjunctive II occurs frequently in indirect discourse.

Er sagtc, daß er morgen zu mir **käme,** wenn ich Zeit **hätte.**	*He said that he would come to (see) me tomorrow if I had time.*
Sie **hätte** kein Geld mehr, hat sie geantwortet.	*She didn't have any more money, she replied.*
Er hat uns geschrieben, er **bliebe** nur einen Tag in München.	*He wrote us that he would remain only a day in Munich.*
Man hat mir gesagt, daß meine Freunde schon hier **wären.**	*I was told that my friends were already here.*

(c) *Past Subjunctive I*

The past subjunctive I is restricted to past events; it occurs less frequently than the past subjunctive II. It may be used in indirect discourse.

Er erklärte, daß er zu müde **gewesen sei,** um die Arbeit zu machen.	*He explained that he was too tired to do the work.*

(d) *Past Subjunctive II*

The past subjunctive II is also restricted to past events and is used frequently in **wenn**-clauses to express contrary-to-fact conditions.

Wenn er schon hier **gewesen wäre, hätten** Sie es ganz sicher **gewußt.**	*If he had already been here, you would certainly have known it.*
Wenn die Eltern meinen Brief **bekommen hätten, hätte** ich schon von ihnen **gehört.**	*If my parents had received my letter, I would already have heard from them.*
Hätte ich mehr Geld bei mir **gehabt,** so **wäre** ich noch eine Woche in Italien **geblieben.**	*If I had had more money with me, I would have stayed another week in Italy.*
Wenn Deutschland von den Siegermächten nicht **aufgeteilt worden wäre, wäre** heute die politische Lage ganz anders.	*If Germany had not been divided by the victorious powers, the political situation today would be quite different.*

The past subjunctive II is used in expressing unfulfilled or unfulfillable wishes, the fulfillment of which should have taken place in the past.

Wenn er doch hier **gewesen wäre!**	*If he had only been here!*
Wenn ich das nur vorher **gewußt** hätte!	*If I had only known that before!*

The past subjunctive II is used in concessive statements referring to the past.

Wenn du mir auch das Geld **gegeben hättest, hätte** ich mir die Jacke doch nicht **kaufen können.**	*Even if you had given me the money, I still would not have been able to buy the coat.*

The past subjunctive II is used frequently in indirect discourse.

Er sagte, er **hätte** schwer **gearbeitet.**	*He said he had worked hard.*
Alles **wäre** anders **gewesen,** wenn die Deutschen den Krieg **gewonnen hätten,** hat er oft gesagt.	*Everything would have been different if the Germans had won the war, he often said.*

(e) *Future Subjunctive I and Future Perfect Subjunctive I*

The future subjunctive I and future perfect subjunctive I are limited chiefly to indirect discourse.

Sie sagte, sie **werde** morgen nach Köln **fliegen.**	*She said she would fly to Cologne tomorrow.*
Er antwortete, der Zug **werde** schon **abgefahren sein,** ehe wir den Bahnhof erreichen würden.	*He answered (that) the train would already have departed before we would reach the railway station.*

(f) *Future Subjunctive II and Future Perfect Subjunctive II*

(1) Formation

The future subjunctive II consists of the conjugational forms of **würden** in combination with the infinitive of the main verb. The forms of **würden** can usually be translated as "would."

Ich **würde** . . . **sehen**.	*I would see* . . .

The future perfect subjunctive II consists of the conjugational forms of **würden** in combination with the perfect infinitive of the main verb.

Ich **würde** . . . **gesehen haben**.	*I would have seen* . . .
Ich **würde** . . . **gefahren sein**.	*I would have traveled* . . .

(2) Function

The future subjunctive II and future perfect subjunctive II are alternative forms of the future subjunctive I and future perfect subjunctive I and sometimes replace them in indirect discourse.

Sie sagte, sie **werde** morgen nach Köln **fliegen**. = Sie sagte, sie **würde** morgen nach Köln **fliegen**.

Er antwortete, der Zug **werde** schon **abgefahren sein**, ehe wir den Bahnhof erreichen würden. = Er antwortete, der Zug **würde** schon **abgefahren sein**, ehe wir den Bahnhof erreichen würden.

The future subjunctive II and future perfect subjunctive II are used in the main clause of a sentence with a **wenn**-clause. The main clause states the result, that is, what would happen if the hypothetical or contrary-to-fact situation should become a reality.

Wenn er hier wäre, **würde** er selber die Arbeit **tun**.	*If he were here, he would do the work himself.*
Wenn ich das gewußt hätte, **würde** ich es ihm nicht **gesagt haben**.	*If I had known that, I would not have told him.*

In sentences containing a **wenn**-clause with a subjunctive, the future subjunctive II and the future perfect subjunctive II may be replaced by the present subjunctive II and the past subjunctive II.

Wenn er hier wäre, **würde** er selber die Arbeit **tun**. = Wenn er hier wäre, **täte** er selber die Arbeit.

Wenn ich das gewußt hätte, **würde** ich es ihm nicht **gesagt haben**. = Wenn ich das gewußt hätte, **hätte** ich es ihm nicht **gesagt**.

c. *Imperative Mood*

(1) Function of the Imperative

The imperative mood is used for commands, requests, and instructions.

(2) Imperative of Formal Address

The **Sie**-form of the imperative of all verbs except **sein** is identical to the **Sie**-form of the present indicative. The pronoun **Sie** always accompanies the imperative, and inverted word order is used.

Kommen Sie mit mir!
Steigen Sie dann am Karlsplatz **um.**

(3) First Person Plural Imperative

The **wir**-form of the imperative of all verbs except **sein** is identical to the **wir**-form of the present indicative. The pronoun **wir** always accompanies the imperative, and inverted word order is used.

Gehen wir ins Kino!

(4) Imperative of Familiar Address

(a) *Singular*

The **du**-form of the imperative of all weak and most strong verbs is composed of the infinitive stem with the suffix **-e**. The pronoun **du** is normally not used with the imperative. The final **-e** is occasionally omitted or replaced by an apostrophe.

Frage deinen Lehrer darüber!
Bringe den Bruder auch mit!
Geh' (geh) ins Haus!
Komm' (komm) doch zu uns!

Strong verbs which change the infinitive stem vowel **-e-** to **-i-** or **-ie-** in the second and third person singular of the present indicative have the same vowel change in the **du**-form of the imperative. Such verbs omit the suffix **-e**.

INFINITIVE	PRESENT INDICATIVE	SINGULAR FAMILIAR IMPERATIVE
nehmen	du nimmst	nimm!
	er nimmt	
lesen	du liest	lies!
	er liest	

(b) *Plural*

The **ihr**-form of the imperative of all verbs is identical to the **ihr**-form of the present indicative. The pronoun **ihr** is normally omitted.

Macht eure Schularbeiten!
Geht in die Schule!

(5) Imperative of *Sein*

The imperative forms of **sein** are as follows:

Sie	**Seien Sie** bitte nicht böse!
wir	**Seien wir** froh!
du	**Sei** doch nett zu ihm!
ihr	**Seid** doch froh, daß es nicht zu schlimm ist!

K. Reflexive Verbs

1. Function of Reflexive Verbs

In reflexive verb construction the subject is the antecedent of the reflexive pronoun object. Only transitive verbs can be reflexive. Some verbs, such as **sich erkälten**, are always reflexive, because the verb and the reflexive pronoun together constitute a single unit whose meaning cannot be derived from the meaning of the separate components. Other verbs, such as **vereinigen**, can be either reflexive or nonreflexive without significant change of meaning.

NONREFLEXIVE	REFLEXIVE
Bismark **vereinigte** Deutschland.	Die Westzonen haben **sich** später **vereinigt**.
Bismarck united Germany.	*The West Zones united later.*

Some verbs may be either reflexive or nonreflexive, but their meaning changes accordingly.

NONREFLEXIVE	REFLEXIVE
erinnern *to remind*	sich erinnern *to remember*
unterhalten *to maintain, support*	sich unterhalten *to converse; entertain oneself*

The case of the reflexive pronoun may be either dative or accusative, depending on the verb.

DATIVE

Durch seinen Fleiß hat er **sich** geholfen, eine bessere Stellung zu finden.
Ich mache **mir** keine Sorgen darum.
Haben Sie **sich** einen neuen Wagen gekauft?

ACCUSATIVE

Ich befand **mich** in einer komischen Lage.
Erinnerst du **dich** noch an unseren letzten Tag in Wien?
Sie hat **sich** darüber gefreut.

2. List of Reflexive Verbs

The following reflexive verbs appear in this text:

DATIVE REFLEXIVE PRONOUN

(sich) ansehen   *to look at*   (sich) mieten   *to rent*

ACCUSATIVE REFLEXIVE PRONOUN

sich ärgern   *to become annoyed, irritated*   sich immatrikulieren   *to register,*
sich ausbreiten   *to spread out*   *matriculate*
sich befinden   *to be, be situated*   sich setzen   *to sit down*
sich entschließen   *to decide*   (sich) spalten   *to split*
sich erholen   *to recover*   (sich) streiten   *to quarrel*
sich erkälten   *to catch cold*   sich unterhalten (mit)   *to converse*
sich erstrecken   *to extend*   *(with); entertain oneself*
sich festsetzen   *to become permanent*   (sich) verbreiten   *to spread*
sich freuen (über)   *to be happy (about)*   (sich) vereinigen   *to unite*

L. Impersonal Verbs

Impersonal verbs characteristically have as their subject the pronoun **es**, which functions without a specific antecedent.

Es gibt Sauerbraten mit Kartoffelklößen zu Mittag.
Es gibt viele gute Menschen in der Welt.
Es sind drei Kirchen in unserem Dorfe.
Wie geht es dir?
Es wurde viel getanzt und getrunken.
Es klingelt, und die Wirtin geht an die Tür.
Es wird bald kalt.
Es ist Dienstag.
Es ist zehn Uhr.
Es freut mich sehr, Sie kennenzulernen.

M. Verbs with Separable Prefixes

Some German verbs have stressed prefixes which are often separated from the main part of the verb. The following common prefixes are separable:

ab	fort	vor
an	her	weg
auf	hin	zu
aus	mit	zurück
bei	nach	zusammen
ein	nieder	

The prefix **hin** denotes motion away from the speaker or the reference point of the action. **Her** denotes motion toward the speaker or toward the reference point of the action.   Combinations with **hin** and **her**, such as **hinauf, heraus, herein**, and **hervor**, are separable prefixes.

In normal and inverted word order, the separable prefix is placed at the end of the clause in the present and past tenses. However, in transposed word order, the prefix is attached to the verb.

NORMAL WORD ORDER	Ich stehe immer sehr früh **auf**.
INVERTED WORD ORDER	Am Samstag stehe ich um neun Uhr **auf**.
TRANSPOSED WORD ORDER	Ich hoffe, daß er morgen sehr früh **auf**steht.

The infinitive of a separable verb is written as one word.

Ich muß morgen früh **aufstehen**.

If the sentence construction requires **zu** with the infinitive, **zu** is placed between the separable prefix and the stem of the infinitive.

Sie brauchen morgen nicht früh **aufzustehen**.

The separable prefix is always attached to the past participle.

Er ist eben **aufgestanden**.

N. Verbs with Inseparable Prefixes

Some German verbs have unstressed prefixes which are never separated from any form of the verb. The past participles of such verbs do not take the participial prefix **ge-**.   The following are common inseparable prefixes:

be-	beschreiben, beschrieb, beschrieben
emp-	empfehlen, empfahl, empfohlen
ent-	entdecken, entdeckte, entdeckt
er-	erheben, erhob, erhoben
ge-	gefallen, gefiel, gefallen
miß-	mißverstehen, mißverstand, mißverstanden
ver-	verstehen, verstand, verstanden
zer-	zerstören, zerstörte, zerstört

If the sentence construction requires **zu** with the infinitive of an inseparable verb, the two are written separately.

Ich hoffe, Ihren Brief bald **zu erhalten**.
Sie brauchen es mir nicht **zu versprechen**.

O. Verbs Ending in **-ieren**

Verbs ending in **-ieren** are of foreign origin and are stressed on **-ier-**. They are always weak verbs; the prefix **ge-** is not added to the past participle.

studieren, studierte, studiert

P. Transitive and Intransitive Verbs

1. Transitive Verbs

Like English, German has transitive verbs, which may be accompanied by a direct object. Such verbs as **bekommen, bringen, haben, nehmen, sehen,** and **verstehen** are transitive. All transitive verbs require **haben** as the auxiliary verb in the formation of the present perfect, past perfect, and future perfect tenses.

Er **hat** kein Geld mehr.
Wir **nehmen** ein Taxi nach Hause.
Ich **habe** deinen Brief **bekommen.**

2. Intransitive Verbs

Intransitive verbs cannot be accompanied by a direct object. Such verbs as **bleiben, gehen,** and **sein** are intransitive. Most intransitive verbs are accompanied by the auxiliary verb **sein** in the present perfect, past perfect, and future perfect tenses. Intransitive verbs accompanied by **sein** may be classified as follows:

   a) Verbs of motion, that is, change of position

   Der TEE-Zug **ist** schon **abgefahren.**
   An der Ecke **sind** wir **eingestiegen.**
   Sie **ist** gestern nach Frankfurt **gefahren.**
   Das Kind **ist** auf die Straße **gerannt.**
   Meine Freunde **sind** letzte Woche in die Schweiz **gereist.**

   b) Verbs denoting being or existence

   Wir **sind** gestern bei der Arbeit **gewesen.**
   Ich **bin** nur zwei Stunden bei ihm **geblieben.**

   c) Verbs denoting change of condition

   Goethe **ist** im Jahre 1832 in Weimar **gestorben.**
   Gestern **ist** es viel wärmer **geworden.**
   Das Kind **ist** im letzten Jahre sehr **gewachsen.**

   d) Several common verbs denoting occurrence or happening
   Das **ist** schon oft **geschehen.**

A few intransitive verbs require **haben** as the auxiliary verb.

Ich **habe** früher in diesem Hause **gewohnt.**
Er **hat** lange dort **gesessen.**
Wir **haben** zehn Jahre auf dem Lande **gelebt,** ehe wir in die Stadt zogen.

Several verbs such as **fahren, fliegen, reiten,** and **ziehen** may function either as transitive or as intransitive verbs.

INTRANSITIVE	TRANSITIVE
Er **ist** gestern dorthin **gefahren.**	Er **hat** gestern meinen Wagen **gefahren.**
He went there yesterday.	*He drove my car yesterday.*
Mein Freund **ist** letzte Woche nach Hannover **geflogen.**	Mein Freund **hat** sein eigenes Flugzeug nach Hannover **geflogen.**
My friend flew to Hanover last week.	*My friend flew his own plane to Hanover.*
Er **ist** durch den Park **geritten.**	Er **hat** das Pferd **geritten.**
He rode through the park.	*He rode the horse.*
Ich **bin** im Herbst nach Bonn **gezogen.**	Er **hat** den Brief aus der Tasche **gezogen.**
I moved to Bonn in the fall.	*He pulled the letter out of his pocket.*

Q. Verbs Accompanied by Objects in the Dative Case

Some verbs are accompanied by objects in the dative case, even though these objects may appear to be analogous to direct objects in English. The following common verbs are in this group:

angehören *to belong to, be a member of*	gefallen *to please*
antworten *to answer*	gehören *to belong to*
befehlen *to command*	gelingen *to succeed*
begegnen *to meet*	geschehen *to happen*
danken *to thank*	glauben *to believe*
dienen *to serve*	helfen *to help*
drohen *to threaten*	schaden *to injure, damage*
fehlen *to lack; be wanting*	vergeben *to forgive*
folgen *to follow*	

Ich helfe **ihm** bei der Arbeit.
Das Buch gehört **mir.**
Wir gehören **einem Jazzklub** an.
Er ist **mir** nicht gefolgt.
Wie hat **Ihnen** das Drama gefallen?
Es ist **mir** schließlich gelungen, eine Wohnung in der Stadt zu finden.
Wissen Sie, was **uns** geschehen ist?
Es fehlt **ihr** an Geld und Zeit.
Er wird **dir** für die Arbeit nicht danken.

Begegnen, folgen, gelingen, and **geschehen** are accompanied by **sein** as the auxiliary verb in the present perfect, past perfect, and future perfect tenses.

Glauben occurs with the dative if the object is a person, but the accusative is used if the object is inanimate. "To believe in" is expressed by **glauben** with the preposition **an** followed by the accusative.

DATIVE WITH PERSON	Er glaubt **mir** gar nicht.
ACCUSATIVE WITH INANIMATE OBJECT	Wir haben es geglaubt.
an WITH ACCUSATIVE	Die meisten Menschen glauben **an die Lehre** der Kirche.

Antworten is accompanied by the dative if the object is a person; otherwise it is used in combination with the preposition **auf** followed by the accusative.

DATIVE WITH PERSON	Er hat **mir** nicht geantwortet.
auf WITH ACCUSATIVE	Er hat **auf alle Fragen** geantwortet.

R. Infinitives and Participles

1. Infinitives

The infinitive is formed by adding **-en** to the verb stem.

fahr- + -en = fahren

If the stem ends in **-el** or **-er**, **-n** is added.

klingel- + -n = klingeln
erinner- + -n = erinnern

The perfect infinitive is formed by the past participle of the main verb in combination with the infinitive of the auxiliary verbs **haben** or **sein.**

gesehen haben
gefahren sein

The perfect infinitive occurs in the future perfect tense, the future perfect subjunctive I, and the future perfect subjunctive II.

The passive infinitive is formed by the past participle of the main verb combined with the passive auxiliary **werden.**

gesehen werden
errichtet werden

The passive infinitive is used in the future passive.

Infinitives dependent on modal auxiliaries or on the verbs **lassen, hören,** or **sehen** are not preceded by **zu.**

INFINITIVE WITH MODAL	Ich will heute hier **bleiben.**
	Meine Freunde mußten bei uns **übernachten.**
	Wir möchten heute abend ins Kino **gehen.**
	Hier darf man keine Aufnahmen **machen.**
INFINITIVE WITH **lassen**	Ich ließ den Arzt **kommen.**
INFINITIVE WITH **hören** AND **sehen**	Wir hörten ihn einmal Cello **spielen.**
	Er sah mich heute morgen **kommen.**

Infinitives dependent on verbs other than modal auxiliaries, **lassen, hören,** and **sehen** are preceded by **zu.**

Er wünschte hier **zu bleiben.**
Sie brauchen das heute nicht **zu tun.**

Objects and modifiers of an infinitive precede **zu** and the infinitive.

Wir wünschten, **in Berlin das Schillertheater** zu besuchen.

The infinitive with **zu** is used in combination with **anstatt, um,** and **ohne,** which in this usage do not have the function of prepositions.

Anstatt in die Oper **zu gehen,** blieben wir zu Hause.	*Instead of going to the opera, we stayed at home.*
Ich ging auf mein Zimmer, **um** die Schularbeit **zu machen.**	*I went to my room in order to do the lesson.*
Er ist nach Berlin gefahren, **um** dort Freunde **zu besuchen.**	*He went to Berlin to visit friends.*
Um eine gute Stellung **zu finden,** muß man oft lange suchen.	*In order to find a good position, one must often look a long time.*
Ohne ein Wort **zu sagen**, verließ er das Zimmer.	*Without saying a word, he left the room.*
Wir haben alles gemacht, **ohne** es ihm **zu sagen.**	*We did everything without telling him.*

The double infinitive is composed of the infinitive of the main verb in combination with the infinitive of modal auxiliaries, **lassen, hören,** or **sehen.** Double infinitives may be used in the indicative and subjunctive compound tenses.

WITHOUT DOUBLE INFINITIVE	WITH DOUBLE INFINITIVE
Ich habe es nicht gekonnt.	Ich habe es nicht **tun können.**
I wasn't able (to do) it.	*I wasn't able to do it.*
Wir haben den Wagen auf der Straße gelassen.	Wir haben den Wagen auf der Straße **stehen lassen.**
We left the car in the street.	*We left the car standing in the street.*
Er wird einige Tage hier bleiben.	Er wird einige Tage hier **bleiben müssen.**
He will stay here several days.	*He will have to stay here several days.*
Ich habe ihn oft gehört.	Ich habe ihn oft **spielen hören.**
I have often heard him.	*I have often heard him play.*

2. Participles

The past participle of a weak verb is formed by adding the prefix **ge-** and the suffix **-t** to the infinitive stem.

ge- + -reis + -t = gereist

The past participle of a strong verb is formed by adding the prefix **ge-** and the suffix **-en** to the participial stem.

ge- + -stand- + -en = gestanden

The past participles of the modal auxiliaries, **wissen,** and the irregular weak verbs are formed by adding the **ge-** prefix and the **-t** suffix to the stem of the past indicative.

	PAST INDICATIVE STEM	PAST PARTICIPLE
MODAL AUXILIARY	**dur**fte	gedurft
WISSEN	**wuß**te	gewußt
IRREGULAR WEAK VERB	**kann**te	gekannt

The participial prefix **ge-** is omitted in all verbs with an inseparable prefix.

INFINITIVE	PAST PARTICIPLE
begleiten	begleitet
verstehen	verstanden
zerstören	zerstört

The participial prefix **ge-** is retained in all verbs with a separable prefix.

INFINITIVE	PAST PARTICIPLE
abfahren	ab**ge**fahren
ankommen	an**ge**kommen
hervorbringen	hervor**ge**bracht

The present participle is formed by adding the suffix **-d** to the infinitive.

fahrend
tanzend

The present participle is used principally as a modifying adjective and takes adjective endings.

der fahrende Schüler   *the traveling scholar*
die tanzenden Gestalten   *the dancing figures*

The present participle is used occasionally as an adverb.

Die Gestalten gingen **tanzend** durch die   *The figures went dancing through the*
Straßen des Dorfes.   *streets of the village.*

The passive participle is formed by the past participle of the main verb combined with **worden.**

gesehen worden
verhaftet worden

S. Word Order

1. Normal Word Order

Normal word order has the following sequence: (1) subject and its modifiers, (2) conjugated verb, (3) all other elements of the predicate.

1	2	3
Ich	sehe	ihn selten.
Wir	haben	den Beamten darüber gefragt.

Normal word order occurs in simple sentences and independent clauses. Certain elements, such as an expletive, an independent clause, an interjection, or a coordinating conjunction, may precede the subject.

EXPLETIVE	**Ja,** ich gehe im Herbst auf die Universität.
	Nein, wir haben das Volksfest nicht gesehen.
INDEPENDENT CLAUSE	**Ich weiß,** du hast nichts davon verstanden.
INTERJECTION	**Au!** Der Kaffee ist aber heiß.
COORDINATING CONJUNCTION	Ich bleibe in der Stadt, **aber** die Eltern verbringen die Ferien auf dem Lande.

2. Inverted Word Order

In inverted word order the conjugated verb precedes the subject. Inversion occurs when a predicate element precedes the subject of a simple sentence or an independent clause. If a subordinate clause precedes, the main clause has inverted word order. The sequence is the following: (1) predicate element or subordinate clause, (2) conjugated verb, (3) subject, (4) all other predicate elements.

1	2	3	4
Heute	gehen	wir	in die Schule.
Ob er das macht,	kann	ich	Ihnen nicht sagen.

PREDICATE ELEMENT PRECEDING SUBJECT

Den Brief hatte er nicht erwartet.
Mir haben sie nichts gegeben.
Heute sind die Geschäfte geschlossen.
Am nächsten Tag fuhren wir in die Berge.
In München gibt es viel zu sehen.

SUBORDINATE CLAUSE PRECEDING MAIN CLAUSE

Als er gestern in der Stadt war, kaufte er sich eine neue Jacke.

Questions and the imperative of **Sie** and **wir** have inverted order.

QUESTION

In welchem Jahre wurde Amerika entdeckt?
Haben Sie dieses Buch gelesen?
Wann kommen Sie auf Besuch?
Was wird er damit tun?

IMPERATIVE OF
Sie AND **wir**

Sagen Sie das nicht!
Steigen wir jetzt ein!

A preceding quotation is followed by inverted word order.

QUOTATION

„Ja", sagte er, „Sie haben recht."
„Wohin gehen wir jetzt?" hat das Kind gefragt.

In inverted word order, a pronoun object usually precedes a noun subject.

PRONOUN OBJECT/NOUN SUBJECT　　Wie gefällt **Ihnen** das Leben in Deutschland?

3. Transposed Word Order

Transposed word order is used only in subordinate clauses. The conjugated verb is placed at the end of the clause. The sequence is the following: (1) subordinating conjunction or relative pronoun, (2) subject, if other than a relative pronoun, (3) predicate elements, (4) conjugated verb.

1	2	3	4
. . . als	wir	gestern abend nach Hause	kamen
. . . der		uns oft besucht	hat
. . . den	ich	sehr gut	kenne

SUBORDINATING CONJUNCTION	Ich weiß, **daß** du wenig Zeit hast.
	Wir haben ihm geholfen, **weil** er zu viel Arbeit gehabt hat.
	Da er schon gestern nach Köln gefahren ist, wird er wohl morgen zurückkehren.
RELATIVE PRONOUN	Der Mann, von **dem** wir so oft gesprochen haben, war natürlich nicht da.
	Der Wagen, **den** wir gekauft haben, ist ein VW.

In subordinate clauses containing a double infinitive, the conjugated verb is placed immediately in front of the double infinitive.

Ich weiß, daß er gestern abend nach Köln **hat** fahren müssen.
Glaubst du, daß ich die ganze Aufgabe **werde** lesen können?

4. Order of Objects in the Predicate

The order of the direct and indirect objects varies according to the combination of nouns and pronouns used. The direct object precedes if it is a pronoun; it follows if it is a noun.

DIRECT OBJECT/INDIRECT OBJECT	Er hat **es** **dem Mann** gegeben.
	(*pron.*) (*noun*)
	Er hat **es** **ihm** gegeben.
	(*pron.*) (*pron.*)
INDIRECT OBJECT/DIRECT OBJECT	Er hat **dem Mann das Geld** gegeben.
	(*noun*) (*noun*)
	Er hat **ihm das Geld** gegeben.
	(*pron.*) (*noun*)

5. Order of Adverbial Elements in the Predicate

Although the word order of adverbial elements in the predicate is somewhat flexible, this sequence often prevails: (1) time, (2) manner, (3) place.

TIME BEFORE MANNER	Ich bin **um sieben Uhr** rechtzeitig angekommen.
TIME BEFORE PLACE	Wir haben ihn **gestern** im Gasthaus gesehen.
MANNER BEFORE PLACE	Er fuhr **schnell** nach Hause.

An adverbial element of the predicate may precede the subject.

Gestern haben wir ihn im Gasthaus gesehen.
Im Büro muß man schwer arbeiten.
Um sieben Uhr gingen wir ins Kino.

6. Order of Objects and Adverbial Elements

When objects and adverbs appear in the predicate, the shorter element usually precedes the longer one.

OBJECT PRECEDING LONGER ADVERB	Ich habe **es** gestern gekauft.
ADVERB PRECEDING LONGER OBJECT	Wir trafen **gestern** unseren alten Freund aus Zürich.

7. Position of Negatives

A negative tends to precede the element it negates.

Nicht der Vater war da, sondern der Onkel.
Ich fahre **nicht** am Montag nach Rosenheim, sondern am Dienstag.

When the negation applies to the whole clause, the negative is placed at or near the end of the clause, but just before verb prefixes, infinitives, past participles, some prepositional phrases, predicate adjectives, predicate nominatives, **da**-compounds, and the adverbs **hier, dort,** and **da.**

AT THE END OF CLAUSE	Ich kenne ihn **nicht.**
	Wir besuchten sie **nicht.**
BEFORE VERB PREFIX	Ich stand an jenem Morgen gar **nicht** auf.
BEFORE INFINITIVE	Wir werden das **nicht** verstehen.
BEFORE PAST PARTICIPLE	Er hat das gestern **nicht** gemacht.
BEFORE PREPOSITIONAL PHRASE	Wir gingen gestern abend **nicht** ins Kino.
BEFORE PREDICATE ADJECTIVE	Es war in den letzten Tagen gar **nicht** schön.
BEFORE PREDICATE NOMINATIVE	Er ist **nicht** der richtige Mann für diese Stellung.
BEFORE **da**-COMPOUND	Ich gehe heute abend zu einer Sitzung. Er wird aber **nicht** dabei sein.
BEFORE **hier, dort, da**	Er war **nicht** da, als ich vorbeiging.

8. Position of Infinitives and Past Participles

Infinitives and past participles are placed at the end of simple sentences and independent clauses. In dependent clauses, infinitives and past participles are usually followed by the conjugated verb.

SIMPLE SENTENCE	Werden Sie morgen in die Stadt **gehen**?
	Ich möchte einmal Berlin **besuchen.**
	Wir haben den Film schon **gesehen.**
	Er ist am Karlsplatz **ausgestiegen.**

INDEPENDENT CLAUSE	Sobald das geschieht, werde ich es ihm **sagen.**
	Er hat bei einer Firma in Mainz **gearbeitet,** ehe er nach Frankfurt zog.
DEPENDENT CLAUSE	Er weiß, daß ich nichts **sagen** kann.
	Ich fuhr nach Köln, weil ich dort mein Geschäft **verkauft** habe.
	Kennst du die Frau, die an uns **vorbeigegangen** ist?

Interpunktion

A. Comma

1. Subordinate Clauses

a. *Clauses Introduced by Subordinating Conjunctions*

Clauses introduced by subordinating conjunctions are separated from the rest of the sentence by commas.

Ich weiß, **daß er morgen zu mir kommt.**
Wir haben es geglaubt, **weil Sie es uns gesagt haben.**
Da er noch nicht hier ist, können wir nichts anfangen.

b. *Relative Clauses*

A relative clause is separated from the rest of the sentence by a comma (or commas).

Kennen Sie die Frau, **die eben eingestiegen ist?**
Der Mann, **der das Geld verloren hatte,** war der Wirt.

2. Clauses Introduced by *Und* or *Oder*

A comma separates two coordinate clauses connected by **und** or **oder** if the clauses have different subjects.

Die Felder sind jetzt so grün, **und** die Landschaft sieht so schön aus.

3. Expressions of the Same Order

A comma separates two expressions of the same order if they are not connected by **und** or **oder.**

Er arbeitete in seinem **großen, schönen** Garten.

4. Appositions

An apposition is usually separated from the rest of the clause by a comma (or commas).

Friedrich, **der große König von Preußen,** starb im Jahre 1786.
Kennen Sie den Professor, **Herrn Dr. Wangel?**

5. Infinitive Phrases

An infinitive phrase with **zu, um . . . zu, ohne . . . zu,** or **anstatt . . . zu** is set off by a comma if it contains modifiers or objects. The comma may be omitted if the phrase is very short.

Er wünschte, **einen Besuch bei den Verwandten auf dem Lande zu machen.**
Er ist nach Köln gefahren, **um eine neue Stellung zu suchen.**
Ohne ein Wort zu sagen, ging sie an mir vorbei.
Anstatt es mir zu sagen, hat er es im ganzen Dorf verbreitet.

6. Expletives

Words such as **ach, also, doch, ja, nein, nun,** and **oh** are normally set off by a comma. When given special emphasis, as in an ejaculation, they are followed by an exclamation point.

Ach, das habe ich gar nicht gewußt.
Also, da haben wir es.
Doch, das hat sie mir gesagt.
Ja, ich kenne ihn schon.
Nein, das habe ich nicht gehört.
Nun, was willst du machen?
Oh, das glaube ich nicht!

7. Quotations

A quotation, direct or indirect, beginning a sentence is followed by a comma.

„Ich fahre morgen in die Stadt", sagte er.
Er wäre schon einmal in Köln gewesen, erklärte er.

8. Enumerations

Items of an enumeration are separated by commas with the exception of the last two items listed.

Hier kann man **Getränke, Eis, Würste** und **belegtes Brot** bekommen.

9. Dates

In dates a comma separates the name of the day of the week from the rest of the date.

Sonntag, den 5. Oktober 1975

10. Decimals

A comma is usually used as the decimal point.

8,8
976 543,91

11. Salutations

In modern usage, a comma may follow the salutation of a letter.

Lieber Hans,
Sehr geehrter Herr Dr. Ranke,

12. Closing of Letters

There is no comma after the closing of a letter.

FRIENDLY LETTER	Alles Gute wünscht Euch
	Eure Hedi
BUSINESS LETTER	Mit freundlichen Grüßen
	Ihr
	Dr. A. Kluge

B. Exclamation Point

1. Imperatives

Emphatic imperatives are followed by an exclamation point.

Steigen Sie ein!
Vorsicht bei der Abfahrt!

2. Exclamations

An exclamation point usually follows any exclamation or emphatic expression.

Wenn wir doch zu Hause wären!
Au!

3. Salutations

An exclamation point may follow the salutation of a letter.

Sehr geehrter Herr Dr. Rotpfennig!

C. Colon

1. Direct Discourse

A colon precedes a direct quotation.

Dann sagte er: „Ich weiß jetzt, was wir machen müssen."

2. Enumerations

A colon precedes an enumeration of items.

Das Jahr hat zwölf Monate: Januar, Februar, März . . .

3. Sentences

A colon frequently precedes a sentence closely related to the preceding sentence.

Ich konnte es schon an seinem Gesicht sehen: er hatte große Sorgen.

D. Quotation Marks

1. Direct Discourse

Quotation marks enclose direct discourse.

„Hier darf man keine Aufnahmen machen", sagte der Polizist.

2. Titles

Quotation marks enclose the title of a book, the name of a poem, and the title of any prose writing or musical composition.

Goethes „Faust"
Wagners „Parsifal"
„Joseph in Ägypten" von Thomas Mann

3. Special Names

Quotation marks enclose the names of inns, hotels, restaurants, trains, and ships.

> das Gasthaus „Zum Schwarzen Roß"
> der „Rheingold-Expreß"
> die „Esso Deutschland"

Gross-Schreibung

All nouns are capitalized.

The pronoun **ich** is not capitalized except as the first word of a sentence.

The declensional forms of **Sie**, pronoun of formal address, are capitalized.

The possessive adjective of formal address is capitalized.

In letters all pronouns and possessive adjectives referring to the recipient are capitalized.

In the titles of articles, musical compositions, and literary works, the first word, nouns, the pronouns of formal address, and adjectives derived from the names of cities are capitalized.

Adjectives derived from the names of cities are capitalized.

> die Berliner Mauer, im Münchener Hauptbahnhof

The names of languages are capitalized.

> Deutsch, Englisch, im Französischen

Adjectives denoting nationality are not capitalized.

> die deutsche Sprache, der amerikanische Geist, die bayrische Hauptstadt

Zahlen

A. Cardinal Numbers

The cardinal number **eins** is used in calculations and counting. The indefinite article replaces it before a noun. The other cardinal numbers usually appear as limiting adjectives when they precede a noun, but have no adjective endings.

> Die **drei** jungen Leute sind Studenten.
> **Fünfundzwanzig** Bücher lagen auf dem Tisch.

Starting with **eine Million**, the cardinal numbers are treated as nouns.

The cardinal numbers are as follows:

1	eins	22	zweiundzwanzig
2	zwei	30	dreißig
3	drei	31	einunddreißig
4	vier	32	zweiunddreißig
5	fünf	40	vierzig
6	sechs	50	fünfzig
7	sieben	60	sechzig
8	acht	70	siebzig
9	neun	80	achtzig
10	zehn	90	neunzig
11	elf	100	hundert
12	zwölf	101	hunderteins
13	dreizehn	102	hundertzwei
14	vierzehn	999	neunhundertneunundneunzig
15	fünfzehn	1 000	tausend
16	sechzehn	8 888	achttausendachthundertachtundachtzig
17	siebzehn	976 543,91	neunhundertsechsundsiebzigtausend-
18	achtzehn		fünfhundertdreiundvierzig Komma ein-
19	neunzehn		undneunzig (*or* Komma neun eins)
20	zwanzig	1 000 000	eine Million
21	einundzwanzig	1 000 000 000	eine Milliarde

B. Ordinal Numbers

Except for **erst-** and **dritt-**, the ordinal numbers below **zwanzigst-** are formed by adding **-t** to the cardinal number. From **zwanzigst-** on, **-st** is added to the cardinal number. The ordinal form of **sieben** can be either **siebt-** or **siebent-**. The ordinal numbers are used as adjectives and require adjective endings.

Der erste Mann in der Reihe war immer Schulz.
Am dritten Tag wurde es wieder kalt.
Montag ist der vierte Januar.
Sein zwanzigstes Lebensjahr verbrachte er in Amerika.

Ordinal numbers may be written with a period.

der 8. Januar = der achte Januar
am 19. April = am neunzehnten April

C. Mathematical Expressions

The fraction ½ is expressed as **ein halb**, which takes adjective endings if it precedes a noun.

Er hat ein halbes Stück Kuchen gegessen.

Other fractions with denominators from three through nineteen are expressed as neuter nouns with the suffix **-tel** added to the cardinal numbers; fractions with denominators above nineteen add the suffix **-stel** to the cardinal numbers.

¼   ein Viertel
¾   drei Viertel
⅞   sieben Achtel
$\frac{4}{21}$ vier Einundzwanzigstel

In decimal fractions the decimal point is usually written as a comma.

8,8   acht Komma acht

Simple arithmetic calculations are expressed as follows (the colon is the symbol for division in German):

$2 + 3 = 5$ Zwei und drei ist fünf.
$7 - 4 = 3$ Sieben weniger (*or* minus) vier ist drei.
$6 \times 8 = 48$ Sechs mal acht ist achtundvierzig.
$27 : 3 = 9$ Siebenundzwanzig geteilt durch drei ist neun.

Das Alphabet in Fraktur

Fraktur type was used in most German printing until 1945. Since then it has rarely been used.

𝔄	a	ℑ	j	𝔖	ſ s
𝔅	b	𝔎	k	—	ß*
ℭ	c	𝔏	l	𝔗	t
𝔇	d	𝔐	m	𝔘	u
𝔈	e	𝔑	n	𝔙	v
𝔉	f	𝔒	o	𝔚	w
𝔊	g	𝔓	p	𝔛	x
ℌ	h	𝔔	q	𝔜	y
ℑ	i	ℜ	r	ℨ	z

---

* Digraph s (ß) is used in both *Fraktur* and Roman type; it is not capitalized. It is used instead of double s (ss) after a long vowel or dipthong, before a consonant, and in final position. Double s occurs only between short vowels.

After long vowel	schließen, fließen
After diphthong	außer, Preußen
Before consonant	mußte, gewußt
Final position	Fuß, muß, Schloß
Between short vowels	verfassen, geschlossen, müssen, wissen

Einmal wanderte ein Student von der Universität in die Heimat. Er hatte großen Hunger und kein Geld. Unterwegs erblickte er eine Bäuerin in ihrem Garten. Er ging zu ihr und bat sie um etwas zum Essen. Sie wollte wissen, woher er kam. „Aus Paris", antwortete er, aber die Frau, die wenige Kenntnisse in der Geographie hatte, hörte „Paradies" anstatt „Paris". Dann fragte sie, ob er ihren verstorbenen Mann im Paradies kannte, und beschrieb, wie er aussah. Natürlich antwortete der Student „ja" darauf.

„Es geht ihm sehr schlecht im Paradies", fuhr er fort, „weil er Hunger leidet und schlechte Kleidung hat. Die anderen Seelen helfen ihm nur wenig."

Bei diesen Worten ging die Bäuerin ins Haus und brachte dem Studenten ein Bündel mit Lebensmitteln und Kleidern, das er ihrem verstorbenen Mann bringen sollte.

„Das wird Ihrem verstorbenen Mann ganz gewiß eine große Freude machen", bemerkte der Student.

Nach gegenseitigen Ausdrücken der Dankbarkeit machte sich der Student schnell auf den Weg ins „Paradies". Bald kam der zweite Mann der gescheiten Frau nach Hause. Als er von seiner Frau hörte, was eben geschehen war, stieg er zornig auf sein Pferd und ritt dem Studenten nach, um seine Kleider und Lebensmittel zurückzubekommen. Dieser hörte bald das Trapp-Trapp des Pferdes hinter sich, verbarg das Bündel unter einem Busch und wartete auf den Bauern. Als der Bauer den Studenten erblickte, fragte er nach einem Studenten mit einem Bündel. Der hilfsbereite Student zeigte auf den nahen Wald und sagte: „Ich habe einen Studenten gesehen, der eben in dem Wald verschwunden ist. Er wird wohl noch da sein."

Nun bat ihn der Bauer darum, sein Pferd zu halten, und damit verschwand er auch im Wald. Ohne weiteres holte der Student das verborgene Bündel hervor, stieg auf das Pferd und ritt schnell davon. Als der Bauer ohne Studenten und ohne Bündel zurückkam und fand, daß jetzt auch sein Pferd verschwunden war, ging ihm plötzlich ein Licht auf. Langsam ging er zu Fuß nach Hause und sagte zu seiner Frau, die gespannt auf ihn gewartet hatte: „Ich habe den Studenten gefunden und ihm mein Pferd gegeben, damit er schneller ins Paradies kommt."

WÖRTERVERZEICHNIS

Nouns

Masculine and neuter nouns are listed with (1) the definite article, (2) the genitive singular ending, and (3) the formation of the plural:

der **Brief,** –(e)s, –e   das **Fenster,** –s, –

der **Platz,** –es, ⸚e   das **Kind,** –(e)s, –er

(e) indicates that **e** may be omitted. **–e, ⸚e** and **–er** indicate the plural formation: **Briefe, Plätze, Kinder.** – indicates no change in forming the plural: **Fenster.**

Masculine nouns followed by **–n, –n** or **–en, –en** take those endings in all cases, singular and plural, except in the nominative singular:

der **Bayer,** –n, –n

der **Student,** –en, –en

Feminine nouns are listed only with the definite article and the plural formation:

die **Maschine,** –n

die **Mutter,** ⸚

A few feminine nouns derived from adjectives are followed by **–n, –n.** Such nouns take **–n** in the genitive and dative singular as well as in all cases of the plural:

die **Illustrierte,** –n, –n

Neuter nouns followed by **–n** or **–en** take those endings in the genitive and dative singular:

das **Gute,** –n

das **Deutsch(e),** –en

No plural exists in normal usage for some nouns:

der **Nationalismus,** –   die **Armut**   das **Denken,** –s

der **Maschinenbau,** –(e)s   die **Musik**   das **Irrationelle,** –n

der **Schwarzwald,** –(e)s   das **Schulwesen,** –s

Verbs

The principal parts of strong verbs are listed as follows:

beginnen, begann, begonnen

sprechen (spricht), sprach, gesprochen

The infinitive is given first. If the stem vowel changes in the second person familiar singular and the third person singular present, the third person singular form is given in parentheses. The first and third person singular of the past tense is given next; this is followed by the past participle.

Only the infinitive of weak verbs is listed.

Ist occurs with the past participle of verbs requiring **sein** as the auxiliary in the perfect tenses:

fahren (fährt), fuhr, ist gefahren
reisen, ist gereist

Adjectives and Adverbs

Adjectives and adverbs with irregular comparison are listed with the positive, comparative, and superlative forms:

schwarz, schwärzer, schwärzest-
gern, lieber, am liebsten

Adjectives followed by a hyphen do not stand alone and can be used only with an ending:

hoh-, meist-

Abbreviations

The following abbreviations are used:

acc.	accusative	math.	mathematical
adj.	adjective	neut.	neuter
adv.	adverb	nom.	nominative
arch.	archaic	num.	number, numerical
art.	article	obj.	object
card.	cardinal	plur.	plural
conj.	conjunction	poet.	poetic
coord.	coordinating	poss.	possessive
dat.	dative	pred.	predicate
def.	definite	pref.	prefix
demonstr.	demonstrative	prep.	preposition
fam.	familiar	pron.	pronoun
fem.	feminine	refl.	reflexive
gen.	genitive	rel.	relative
indecl.	indeclinable	sep.	separable
indef.	indefinite	sing.	singular
inf.	infinitive	subord.	subordinate
interrog.	interrogative	superlat.	superlative
intrans.	intransitive	trans.	transitive
masc.	masculine		

Deutsch-Englisch

A

abbauen to reduce

der **Abend, –s, –e** evening; **am Abend** in the evening; **eines Abends** one evening; **guten Abend** good evening; **zu Abend** in the evening; **zu Abend essen** to eat the evening meal; **gestern abend** yesterday evening, last night; **heute abend** this evening

das **Abendessen, –s, –** evening meal

abends in the evening

aber (*coord. conj.*) but, however

abfahren (fährt ab), fuhr ab, ist abgefahren to depart, leave

die **Abfahrt, –en** departure

das **Abitur, –s –e** examination given at the end of the secondary school qualifying for graduation from the Gymnasium and for admission to the university; **das Abitur machen, bestehen** to take, pass the qualifying examination

ablehnen to refuse, reject

das **Abnehmen, –s** reducing

der **Abschied, –(e)s, –e** departure, farewell; **Abschied nehmen** to take leave

die **Abstammung, –en** origin, descent, ancestry; **er ist deutscher Abstammung** he is of German descent

ach oh, ah; **ach so** oh yes; oh, I see

acht eight; **acht-** eighth

das **Achtel, –s, –** (an) eighth

achtundfünfzig fifty-eight

achtundzwanzig twenty-eight

achtzehn eighteen; **achtzehnt-** eighteenth

achtzehnhundertachtundvierzig 1848

achtzig eighty

die **Adaptationsschwierigkeit, –en** difficulty in adjusting

der **Adelstand, –(e)s** nobility, rank of nobility

das **Adjektiv, –s, –e** adjective

der **Adler, –s, –** eagle

die **Adresse, –n** address

das **Adverb, –s, –ien** adverb

der **Affe, –n, –n** monkey

(das) **Afrika, –s** Africa

(das) **Ägypten, –s** Egypt

ähnlich (*as pred. adj. with dat.*) similar, resembling, like

das **Akademische Auslandsamt, –(e)s** academic foreign office

der **Akkusativ, –s, –e** accusative case

der **Akzent, –s, –e** accent

akzeptieren to accept

alias alias

der **Alkohol, –s, –e** alcohol

all- all; **alles,** (*plur.*) **alle** all, everything; everyone; **alles Neue** everything new; **in allem** in everything; **vor allem** above all

allein (*pred. adj. and adv.*) alone; only

allerdings to be sure, of course

allerlei (*indecl. adj. and pron.*) all sorts of things, a variety

allgemein general, universal

alliiert allied

die **Alp(e), –en** mountain pasture

die **Alpen** (*plur.*) Alps

die **Alpenblume, –n** Alpine flower

das **Alphabet, –(e)s, –e** alphabet

als (*subord. conj.*) as, than; when;
  als das Fest begann when the
  festival began; **als Kind** as a child;
  als ob (*subord. conj.*) as if

also so, thus; **also bis später** well,
  see you later

alt, älter, ältest- old

das **Alter, –s, –** age

am = an dem

der **Amazonas, –** Amazon River

(das) **Amerika, –s** America

der **Amerikaner, –s, –** / die **Amerikanerin,**
  –nen American

amerikanisch (*adj.*) American

an (*with dat.*) at, by, near, on; (*with*
  acc.) to

anbieten, bot an, angeboten to offer

ander- other; **und andere mehr** and
  many others

ändern to change, alter

anders (*pred. adj. and adv.*) different

der **Anfang, –(e)s, ⸚e** beginning; **am**
  Anfang in the beginning

anfangen (fängt an), fing an, ange-
  fangen to begin

angehören (*with dat. obj.*) to belong
  to, be a member of

die **Angelegenheit, –en** affair, matter

angenehm (*as pred. adj. with dat.*)
  pleasant, nice

der **Anhang, –s, ⸚e** appendix

ankommen, kam an, ist angekommen
  to arrive

die **Ankunft, ⸚e** arrival

annehmen (nimmt an), nahm an,
  angenommen to accept, assume

die **Anredeform, –en** form of address

anreden to address, speak to

anrufen, rief an, angerufen to
  telephone

ans = an das

die **Anschauung, –en** philosophy,
  attitude, view

das **Anschauungsmaterial, –s, –ien** visual
  aid(s)

anschlagen (schlägt an), schlug an,
  angeschlagen to affix, post, nail

ansehen (sieht an), sah an, angesehen
  to look at; **(sich) etwas ansehen** to
  look at something

die **Ansicht, –en** view, sight

der **Anspruch, –(e)s, ⸚e** claim; **viel Zeit**
  in Anspruch nehmen to take much
  time

anstatt (*with gen.*) instead of;
  anstatt . . . zu (*with inf.*) instead
  of

anstellen to employ (usually refers
  to employment in clerical, professional, and business positions)

die **Antike** classical antiquity

antipolitisch antipolitical

antworten (*with dat. obj.*) **(auf)** (*with*
  acc.) to answer; **wir antworten**
  ihm auf seine Frage we answer his
  question

der **Anzug, –s, ⸚e** suit

die **Apotheke, –n** pharmacy

der **Apotheker, –s, –** / die **Apothekerin,**
  –nen pharmacist

der **April, –(s)** April

der **Araber, –s, –** Arab

die **Arbeit, –en** work

arbeiten (an) (*with dat.*) to work

der **Arbeiter, –s, –** worker

der **Arbeitskollege, –n, –n** fellow worker

die **Arbeitskräfte** (*plur.*) labor, labor
  force

arbeitslos unemployed

die **Arbeitslosigkeit** unemployment

der **Architekt, –en –en** / die **Architektin,**
  –nen architect

die **Architektur** architecture

sich **ärgern**   to become annoyed, irritated

arm, ärmer, ärmst-   poor

die **Armut**   poverty

die **Art, -en**   kind, sort; **aller Art**   of all kinds

der **Artikel, –s, –**   article

der **Arzt, –es, ⁀e / die Ärztin, –nen**   physician

ärztlich   medical

(das) **Asien, –s**   Asia

asphaltiert   asphalted, paved

atemberaubend   breath-taking

das **Attribut, –(e)s, –e**   adjective, attribute

au!   ouch!

auch   also, too; **auch nicht**   not (either); **auch noch nicht**   not yet either

auf (*with dat. and acc.*)   on, upon; (*with dat.*)   at; (*with acc.*)   to; **auf der Suche nach**   in search of; **auf der Welt**   in the world; **auf deutsch**   in German; **auf kurze Zeit**   for a short time; **auf Wiedersehen**   goodbye

aufbauen   to build up, structure; to arrange

aufbewahren   to preserve, store

aufführen   to perform, produce (a play)

die **Aufführung, –en**   performance

die **Aufgabe, –n**   lesson, assignment

aufgeben (gibt auf), gab auf, aufgegeben   to assign

aufgehen, ging auf, ist aufgegangen   to dawn; **es ging ihm ein Licht auf**   it dawned on him

aufhören   to cease, stop

die **Aufnahme, –n**   photograph; **Aufnahmen machen**   to take photographs

aufnehmen (nimmt auf), nahm auf,

aufgenommen   to accept, assimilate

aufpassen (auf) (*with acc.*)   to take care of, look after

aufrechterhalten (erhält aufrecht), erhielt aufrecht, aufrechterhalten   to maintain, support

aufs = auf das

der **Aufstand, –(e)s, ⁀e**   revolt, uprising

aufstehen, stand auf, ist aufgestanden   to get up

aufstellen   to formulate, set up

aufteilen   to divide

aufwachen, ist aufgewacht   to awaken

der **Augenblick, –(e)s, –e**   moment

der **August, –(e)s** *or* **–**   August

aus (*with dat.*)   out, out of, from

ausbilden   to train, educate; **sich ausbilden lassen**   to be educated, get an education

die **Ausbildung, –en**   training, education

die **Ausbildungsmöglichkeit, –en**   educational opportunity

sich **ausbreiten**   to spread out

der **Ausdruck, –(e)s, ⁀e**   expression

ausdrücken   to express

ausflippen (*slang*)   to flip out

ausführlich   detailed, extensive

die **Auskunft, ⁀e**   information

das **Ausland, –(e)s**   foreign country (countries); **aus dem Ausland**   from foreign countries; **ins Ausland fahren**   to go abroad

der **Ausländer, –s, – / die Ausländerin, –nen**   foreigner

der **Ausländerkurs, –es, –e**   course for foreigners

ausländisch   foreign, from abroad

die **Ausnahme, –n**   exception

ausnutzen   to take advantage of (an opportunity), exploit

aussehen (sieht aus), sah aus, ausgesehen   to look, appear

das **Außenministerium, –s,** (*plur.*)
   –ministerien   foreign ministry,
   state department
außer (*with dat.*)   besides, except
außerhalb (*with gen.*)   outside
außerordentlich   extraordinary
die **Aussicht, –en**   view, prospect
die **Aussprache, –n**   pronunciation
die **Ausspracheübung, –en**   pronunciation
   drill
aussteigen, stieg aus, ist ausgestiegen
   to get off or out of a vehicle
der **Austauschstudent, –en, –en**   exchange
   student
ausüben   to exert
die **Auswahl, –en**   selection, choice
die **Autobahn, –en**   autobahn, super-
   highway
die **Autobahnbrücke, –n**   autobahn
   bridge
die **Autofirma,** (*plur.*) **–firmen**   automobile
   company

B

der **Bach, –(e)s, ⁼e**   brook, creek
baden   to bathe
der **Bahnhof, –(e)s, ⁼e**   railway station
der **Bahnsteig, –(e)s, –e**   railway platform
bald, eher, ehest-   soon
die **Ballade, –n**   ballad
die **Bank, ⁼e**   bench, seat
die **Bank, –en**   bank, banking establishment
bankrott   bankrupt
die **Bärenhöhle, –n**   bear's den
barock (*adj.*)   baroque
die **Barockkirche, –n**   baroque church
der **Barockstil, –(e)s**   baroque style
die **Barrikade, –n**   barricade
der **Bau, –(e)s,** (*plur.*) **Bauten**   building,
   structure

bauen   to build; **(sich) bauen lassen**
   to have built; **das Bauen, –s**
   building, construction
der **Bauer, –n, –n**   peasant, farmer; **die**
   Bäuerin, –nen   peasant woman
das **Bauernfest, –(e)s, –e**   rural festival
der **Bauernhof, –(e)s, ⁼e**   farm
die **Baufirma,** (*plur.*) **–firmen**   construction
   firm
die **Bauleitung**   construction supervision
der **Baum, –(e)s, ⁼e**   tree
der **Bayer, –n, –n**   native of Bavaria
(das) **Bayern, –s**   Bavaria, a federal state
bayrisch (*adj.*)   Bavarian; **das**
   Bayrisch(e), –en   Bavarian, dialect
   spoken in Bavaria
der **Beamte, –n, –n**   employee, official
beantworten   to answer
bearbeiten   to rework, revise
bedeuten   to mean, signify; **bedeutend**
   significant
die **Bedeutung, –en**   significance, meaning
befehlen (befiehlt), befahl, befohlen
   (*with dat. obj.*)   to command
die **Befehlsform, –en**   imperative
sich **befinden, befand sich, sich befunden**
   to be, be situated
befreien   to free
die **Befreiung**   liberation
befreundet sein (mit)   to be a friend
   (of), be friends
begegnen, ist begegnet (*with dat. obj.*)
   to meet
begeistert (von)   inspired, enraptured
   (by)
beginnen, begann, begonnen   to begin
begleiten   to accompany
der **Begleiter, –s, –**   companion, escort
begnadigen   to pardon
begreifen, begriff, begriffen   to
   comprehend, understand, conceive
   of

die **Behandlung, –en** treatment
bei (*with dat.*) with; at the house of, at the business of, at; near; **bei dem Bericht helfen** to help with the report; **bei der Familie Neumann** with the Neumann family
beides (*sing.*) both, the two (things); **beide** (*plur.*) both; **die beiden** (*plur.*) the two, both
beifügen to add to
beim = bei dem
beinahe almost, nearly
das **Beispiel, –(e)s, –e** example; **zum Beispiel (z.B.)** for example
bekannt (*as pred. adj. with dat.*) known, well-known; **bekannt machen** to introduce, acquaint
die **Bekanntschaft, -en** acquaintance
bekommen, bekam, bekommen to receive, obtain, get
belegt spread; **belegtes Brot** open-faced sandwich
beliebt popular
bemerken to observe, remark
das **Benehmen, –s** behavior, conduct
beobachten to observe
die **Beobachtung, –en** observation
bereit ready
der **Berg –(e)s, –e** hill, mountain
der **Bergbau, –(e)s** mining
bergig hilly, mountainous
die **Bergweide, –n** mountain pasture
die **Bergwiese, –n** mountain meadow
der **Bericht, –(e)s, –e** report
Berliner (*adj.*) Berlin
die **Berufsausbildung** vocational training
das **Berufsinteresse, –s, –n** vocational interest
die **Berufsschule, –n** trade school, vocational school
der **Berufssoldat, –en, –en** professional soldier

berühmt famous
die **Besatzungszone, –n** occupation zone
beschäftigt busy, occupied
die **Beschießung, –en** bombardment
beschränkt limited
beschreiben, beschrieb, beschrieben to describe
besetzen to occupy
besichtigen to see, survey, do sightseeing
der **Besitzer, –s, –** owner
besonder- special, particular
die **Besonderheiten** (*plur.*) details, particulars
besonders especially
besprechen (bespricht), besprach, besprochen to discuss
besser better (*see also* **gut**)
best- best (*see also* **gut**)
bestehen, bestand, bestanden to pass (a test); to exist; **bestehen (aus)** to consist (of); **eine Prüfung bestehen** to pass a test
bestellen to order
bestimmt definite
der **Besuch, –(e)s, –e** visit; visitor(s); **auf Besuch** on a visit; **bei einer Familie einen Besuch machen** to pay a family a visit
besuchen to visit; to attend (a school)
betonen to emphasize
das **Betreten, –s** entering, stepping into
der **Betrieb, –(e)s, –e** operation; **in Betrieb** in operation
das **Bett, –(e)s, –en** bed; **zu Bett** to bed
das **Bettelgeld, –(e)s** alms
das **Betteln, –s** begging
der **Bettler, –s, –** beggar
die **Beugung, –en** declension
die **Bevölkerung, –en** population
bevor (*subord. conj.*) before
die **Bewegung, –en** motion, movement

der **Beweis, –es, –e** proof, evidence

beweisen, bewies, bewiesen to prove

bewohnen to inhabit

bewundern to admire

bezeichnen to mark, designate

der **Bezug, –s, ⁓e** cover, slipcover for furniture

die **Bibel, –n** Bible

die **Bibliothek, –en** library

das **Bier, –(e)s, –e** beer

die **Bierwirtschaft, –en** tavern

bieten, bot, geboten to offer

das **Bild, –(e)s, –er** picture

bilden to form

billig cheap, inexpensive

bis (*prep. with acc. and subord. conj.*) until, up to, as far as; **also bis später** well, see you later; **bis an** as far as; **bis dahin** up to that time; **bis zu** up to, until

die **Bischofsstadt, ⁓e** seat of a bishopric, episcopal city

die **Bismarckzeit** era of Bismarck

bißchen: ein bißchen a little

die **Bitte, –n** request; **bitte** please; **bitte sehr** you're very welcome

bitten, bat, gebeten (um) to ask for, request

das **Blatt, –(e)s, ⁓er** leaf

blau blue

bleiben, blieb, ist geblieben to remain, stay; **sitzen bleiben** to remain seated

der **Bleistift, –(e)s, –e** pencil

blond blond

die **Blume, –n** flower

der **Blumengarten, –s, ⁓** flower garden

die **Blumenstraße** name of a street

das **Blut, –(e)s** blood

die **Bodenschätze** (*plur.*) mineral resources

der **Bodensee, –s** Lake Constance

die **Bodenverseuchung** soil pollution

böse (*as pred. adj. with dat.*) bad, evil; angry

der **Brand, –(e)s, ⁓e** fire, conflagration

das **Brandenburger Tor, –(e)s** Brandenburg Gate, Berlin

die **Bratkartoffel, –n** fried potato

brauchen to need

braun brown

braunhaarig brunette

die **BRD = die Bundesrepublik Deutschland** Federal Republic of Germany

brechen (bricht), brach, gebrochen to break

breit broad, wide

brennen, brannte, gebrannt to burn

die **Brezel, –n** pretzel

der **Brief, (e)s, –e** letter

die **Briefmarke, –n** postage stamp

der **Briefträger, –s, –** mailman

bringen, brachte, gebracht to bring

das **Brot, –(e)s, –e** bread; **belegtes Brot** open-faced sandwich

das **Brötchen, –s, –** roll

die **Brücke, –n** bridge

der **Bruder, –s, ⁓** brother

die **Brust, ⁓e** breast, chest

das **Buch, –(e)s, ⁓er** book

der **Buchstabe, –n, –n** letter of the alphabet

die **Bude, –n** booth

die **Bühne, –n** stage

das **Bündel, –s, –** bundle, parcel

die **Bundesbahn** Federal Railway

die **Bundesrepublik Deutschland (BRD)** Federal Republic of Germany

der **Bundesstaat, –en, –en** federal state, state belonging to a federation

bunt colorful, multicolored

die **Burg, –en** fortress, castle

der **Bürger, –s, –** member of the middle class, bourgeois; citizen

die **Bürgerarmee, –n** citizens' army

bürgerlich bourgeois

das **Bürgertum, –s**   bourgeoisie, middle
 class
das **Büro, –s, –s**   office
der **Busch, –es, ⸚e**   bush
 byzantinisch   Byzantine

C

das **Cello, –s, –s**   cello
das **Cembalo, –s, –s**   harpsichord
der **Charakter, –s, –e**   character
 charmant (*also* **scharmant**)   charming
die **Chemiefirma,** (*plur.*) **–firmen**   chemical
 firm
die **Chemikalien** (*plur.*)   chemicals
die **Cholera**   cholera
der **Christ, –en, –en**   Christian
das **Christentum, –(e)s**   Christianity
 christlich (*adj.*)   Christian
 Christus: (*nom.* **Jesus Christus,** *gen.*
   Jesu Christi, *dat.* **Jesu Christo,** *acc.*
   Jesum Christum)   Jesus Christ;
   zur Zeit Christi   at the time of Christ
das **Coca-Cola, –(s)**   Coca-Cola

D

da (*adv.*)   there; here; (*subord. conj.*)
 since, inasmuch as
dabei   with, at or near it, them or
 that
dadurch   through it, them or that;
 thereby
dafür   for it, them or that
dagegen   against it, them or that
daher   thus, hence, therefore
dahin   to that time; to that place;
 bis dahin   until that time
dahinter   behind it, them or that
damals (*adv.*)   at that time, in those
 days
die **Dame, –n**   lady
damit   with it, them or that; therewith; (*subord. conj.*)   in order that

danach   after or according to it,
 them or that
daneben   by or near it, them or that
(das) **Dänemark, –s**   Denmark
das **Dänisch(e), –en**   Danish language
der **Dank, –(e)s**   thanks, gratitude;
 vielen Dank   thank you very much
die **Dankbarkeit**   gratitude
 danke   thank you; **danke schön**
   thank you; **danke sehr**   thank you
   very much
 danken (*with dat. obj.*) (**für**)   to thank
   (for)
 dann   then, thereupon
 daran   on, to, in, at or about it,
   them or that
 darauf   on it, them or that; thereupon
 daraus   out of or from it, them or
   that
 darf   (*see* **dürfen**)
 darin   in it, them or that; therein
 darstellen   to represent, portray
 darüber   over or about it, them or
   that
 darum   for or about it, them or that;
   therefore, for that reason
 darunter   below or beneath it, them
   or that; among them
 das (*demonst. pron.*)   that
das **Dasein, –s**   existence
 daß (*subord. conj.*)   that
der **Dativ, –s**   dative case
 dauern   to last
die **Da-Verbindung, –en**   **da**-compound
 davon   of, from or about it, them or
   that
 davonreiten, ritt davon, ist davon-
   geritten   to ride away
 davor   in front of it, them or that
 dazu   to or for it, them or that; in
   addition to, besides, with it
 dazwischen   between them

die **DDR** = **die Deutsche Demokratische Republik** German Democratic Republic (East Germany)

das **Defizit, –s, –e** deficit

dein (*poss. adj.*) (*fam. sing.*) your

die **Demokratie, –n** democracy

demokratisch democratic

die **Demonstration, –en** demonstration

denken, dachte, gedacht (an) (*with acc.*) to think (of); **das Denken, –s** thinking, thought

denn (*adv.*) anyway (In interrogative statements, **denn** adds emphasis and implies active interest and concern on the part of the person asking the question); **woher kommen Sie denn?** Where do you come from?; (*coord. conj.*) for, because

der, die, das (*def. art.*) the; (*rel. pron.*) who, which, that; (*demonst. pron.*) he, she, it, they, that one, these

derselbe, dieselbe, dasselbe, (*plur.*) **dieselben** the same

deswegen for that reason, for that purpose

deutsch (*adj.*) German; **das Deutsch(e), –en** German language; **auf deutsch** in German; **der Deutsche, –n, –n / die Deutsche, –n** native of Germany; **die Deutsche Demokratische Republik (DDR)** German Democratic Republic (East Germany); **das Deutsche Museum, –s** German Museum (museum of science and industry, Munich); **das Deutsche Reich, –(e)s** German Empire

die **Deutschaufgabe, –n** German lesson

das **Deutschbuch, –(e)s, ⸚er** German book, German textbook

(das) **Deutschland, –s** Germany

die **Deutschlandreise, –n** trip to Germany

deutschsprachig German-speaking

das **Deutschstudium, –s,** (*plur.*) **–studien** study of German

der **Deutschunterricht, –(e)s** German course, German class

der **Dezember, –(s)** December

d.h. = **das heißt** that is, i.e.

der **Dialekt, –(e)s, –e** dialect

der **Dialog, –(e)s, –e** dialogue

dich (*acc.*) (*fam. sing.*) you; yourself (*see also* **du**)

der **Dichter, –s, – / die Dichterin, –nen** poet

die **Dichtung, –en** poetry, literature

dienen (*with dat. obj.*) to serve

der **Dienst, –es, –e** service

der **Dienstag, –(e)s, –e** Tuesday

dies(–er, –e, –es) this, these, this one; the latter

diesseits (*with gen.*) this side of

das **Ding, –(e)s, –e** thing

diplomatisch diplomatic

dir (*dat.*) (*fam. sing.*) you, to you; yourself (*see also* **du**)

direkt direct

die **Dirndltracht, –en** Bavarian and Austrian costume for women

die **Disputation, –en** debate

disputieren to debate

die **Disziplin** discipline

doch (*adv. and coord. conj.*) (term lending emphasis) after all, anyway, certainly, nevertheless, however, though, yet; **er spricht doch jeden Tag etwas besser** he does speak somewhat better every day

der **Doktor, –s, –en** Dr., doctor, physician; **den Doktor machen** to earn a doctorate

die **Doktorarbeit, –en** doctoral dissertation

die **Doktorprüfung, –en** doctoral examination

das **Dokument, –(e)s, –e** document

der **Dom, –(e)s, –e** cathedral

der **„Dompfeil", –(e)s** name of a train

die **Donau** Danube River

der **Donnerstag, –(e)s, –e** Thursday

das **Dorf, –(e)s, ⸚er** village

dort there; **dort drüben** over there; **von dort aus** from there, from that vantage point

der **Dozent, –en, –en** instructor, lecturer at the university

Dr. = Doktor doctor

das **Drama, –s, (*plur.*) Dramen** drama

dramatisch dramatic

der **Drang, –(e)s, ⸚e** pressure, stress; **der Sturm und Drang** Storm and Stress, German literary movement in the eighteenth century

drauf = darauf

drei three

„Die Dreigroschenoper" *The Threepenny Opera*

dreimal three times

dreißig thirty

der **Dreißigjährige Krieg, –(e)s** Thirty Years' War

dreiundzwanzig twenty-three

dreizehn thirteen; **dreizehnt-** thirteenth

dritt- third

drohen (*with dat. obj.*) to threaten

drüben over there, on the other side

du (*dat.* **dir**, *acc.* **dich**) (*fam. sing.*) you

durch (*with acc.*) through, by means of, by; because of

durcharbeiten to review, work through

durchführen to carry out, accomplish

der **Durchgangszug, –(e)s, ⸚e** express train

der **Durchschnitt, –(e)s, –e** average; **im Durchschnitt** on the average

dürfen (darf), durfte, gedurft to be allowed to, be permitted to

der **Durst, -es** thirst; **Durst haben** to be thirsty

der **D-Zug, –(e)s, ⸚e = der Durchgangszug, Schnellzug** express train

E

eben now, just now, just; simply; **eben kommt der Kellner** there comes the waiter now; **sie waren eben schwach** they were simply weak

die **Ecke, –n** corner

ehe (*subord. conj.*) before

ehemalig former

eher rather, preferably

ehren to honor; **Sehr geehrter Herr . . .** Dear Mr. . . .

der **Eidgenosse, –n, –n** confederate, citizen of a confederation

eigentlich real, actual

die **Eile** haste, hurry; **in Eile** in a hurry

der **Eilzug, –(e)s, ⸚e** ordinary passenger train

ein, eine, ein (*indef. art.*) a, an; (*num. adj.*) one

ein(–er, –e, –es) (*pron.*) one; **einer der Studenten** one of the students; **einen kenne ich gut** I know one well

einander one another, each other

der **Einblick, –(e)s, –e** insight

der **Eindruck, –(e)s, ⸚e** impression

eindrucksvoll impressive

einfach simple

einfallen (fällt ein), fiel ein, ist eingefallen (*with dat. obj.*) to occur (in thought) der **Einfluß,** (*gen.*) **–flusses,** (*plur.*) **–flüsse** influence

einführen to introduce; **einführend** introductory

die **Einführung, –en** introduction

einheitlich unified

einholen to overtake

einig– some, several, a few; **in einiger Entfernung** at some distance

die **Einigung, –en** union, unification

das **Einkommen, –s,** (*plur.*) **Einkünfte** income

einladen (lädt ein), lud ein, eingeladen to invite

einmal once, one time, sometime, someday

einpacken to pack

die **Einrichtung, –en** arrangement, establishment

eins (*card. num.*) one

einschicken to send in

einsteigen, stieg ein, ist eingestiegen to get into a vehicle, board; **bitte einsteigen!** all aboard!

einstellen to employ, hire (usually refers to the hiring of industrial and agricultural workers)

einteilen to be divided into

eintragen (trägt ein), trug ein, eingetragen to record, make an entry

eintreten (tritt ein), trat ein, ist eingetreten to occur

einundzwanzig twenty-one; **einundzwanzigst-** twenty-first

das **Einundzwanzigstel, –s, –** (a) twenty-first

der **Einwohner, –s, –** inhabitant

einzig single, only

das **Eis, –es** ice cream; ice

die **Eisenbahn, –en** railway

die **Eisenbahnlinie, –n** railway line

die **Elbe** Elbe River

elegant elegant

elektrifizieren to electrify

die **Elektrizität** electricity

das **Element, –(e)s, –e** element

elend wretched, miserable

elf eleven; **elft-** eleventh

die **Eltern** (*plur. only*) parents

elternlos without parents, orphaned

empfehlen (empfiehlt), empfahl, empfohlen to recommend

das **Ende, –s, –n** end; **Ende Oktober** at the end of October; **zu Ende gehen** to end; **zu Ende sein** to be at an end, be finished

endlich finally

die **Endstellung** end position

(das) **England, –s** England

der **Engländer, –s, –** Englishman; **die Engländerin, –nen** Englishwoman

englisch (*adj.*) English; **das Englisch(e), –en** English language

entdecken to discover

entfernen to remove; **entfernt** distant; **von Rosenheim entfernt** (away) from Rosenheim

die **Entfernung, –en** distance; **in einiger Entfernung** at some distance

entfliehen, entfloh, ist entflohen (*with dat. obj.*) to escape

entlang along; **am Rhein entlang** along the Rhine

sich **entschließen, entschloß sich, sich entschlossen** to decide

entschuldigen to excuse, pardon

entsprechen (entspricht), entsprach, entsprochen (*with dat. obj.*) to correspond to

entstehen, entstand, ist entstanden to arise, originate

die **Entstehung, –en** origin

entweder . . . oder (*coord. conj.*) either . . . or

entwickeln to develop

die **Entwicklung, –en** development

er (*dat.* **ihm,** *acc.* **ihn**) he, it

erblicken to see, catch sight of

die **Erde** earth, land

erfahren (erfährt), erfuhr, erfahren to find out; to experience

der **Erfolg, –(e)s, –e** success

die **Erfrischungsbude, –n** refreshment booth

erfüllen to fulfill

die **Ergänzung, –en** completion

das **Ergebnis, -ses, -se** result

erhalten (erhält), erhielt, erhalten to receive, obtain

erheben, erhob, erhoben to raise, elevate

erhöhen to raise, increase

sich **erholen** to recover

erinnern to remind; **sich erinnern (an)** (*with acc.*) to remember

die **Erinnerung, –en** reminder, remembrance

sich **erkälten** to catch cold

erkennen, erkannte, erkannt to recognize

erklären to explain

erlernen to learn, learn thoroughly; **ein Handwerk erlernen** to learn a trade

ernst serious

die **Ernte, –n** harvest

erreichen to attain, reach

errichten to erect, construct

erscheinen, erschien, ist erschienen to appear, make an appearance

erschrecken (erschrickt), erschrak, ist erschrocken to be startled

erst (*adv.*) only, not until, just; **erst vor einer Woche** just a week ago; **erst wenn** not until

erst- (*adj.*) first

die **Erstaufführung, –en** premiere

erstaunlich astonishing, surprising

erstaunt astonished, surprised

sich **erstrecken** to extend

erteilen to give, grant

erwarten to expect, await

erwerben (erwirbt), erwarb, erworben to acquire, gain, earn

erzählen to narrate, tell

erzeugen to produce

es (*dat.* **ihm,** *acc.* **es**) it; **es geht mir sehr gut** I am just fine; **es gibt** there is, there are; **es heißt** they say; **es sind (waren) viele Leute da** there are (were) many people there; **wie geht es Ihnen?** how are you?

essen (ißt), aß, gegessen to eat; **zu Abend, zu Mittag essen** to eat the evening, noon meal; **das Essen, –s, –** meal; **etwas zum Essen** something to eat

die **„Esso Deutschland"** name of a ship

das **Eßzimmer, –s, –** dining room

etwa approximately, about, somewhat

etwas (*adv.*) somewhat, rather; (*pron.*) some, something; **etwas Neues** something new; **etwas zum Essen** something to eat

euch (*dat. and acc.*) (*fam. plur.*) you, to you; yourselves (*see also* **ihr**)

euer (*poss. adj.*) (*fam. plur.*) your

(das) **Europa, –s** Europe

europäisch (*adj.*) European

existieren to exist

das **Experiment, –(e)s, –e** experiment

exportieren to export

F

die **Fabrik, –en** factory

das **Fach, –(e)s, ≔er** subject, speciality, major area of study

der **Fachausdruck,** –(e)s, ⸚e technical
    expression
die **Fachleute** (*plur.*) skilled workers,
    specialists
die **Fachschule,** –n technical school
die **Fähigkeit,** –en capability, ability
    fahren (fährt), fuhr, ist gefahren
        (*intrans.*) to ride, travel, go by
        vehicle; **hat gefahren** (*trans.*) to
        drive; **fahrend** traveling, wander-
        ing
die **Fahrkarte,** –n ticket
der **Fahrkartenschalter,** –s, – ticket
    window
der **Fahrplan,** –(e)s, ⸚e timetable
das **Fahrrad,** –(e)s, ⸚er bicycle; **Fahrrad
    zum Abnehmen** bicycle for re-
    ducing
die **Fahrt,** –en trip, drive
die **Fakultät,** –en school or college with-
    in a university
der **Fall,** –(e)s, ⸚e case
    fallen (fällt), fiel, ist gefallen to fall
    falsch false, wrong
die **Familie,** –n family; **die Familie
    Neumann** the Neumann family
das **Familienleben,** –s family life
    fangen (fängt), fing, gefangen to
        catch
die **Farbe,** –n color
der **Fasching,** –s Shrovetide festival
    fast almost, nearly
die **Fastenzeit** time of fasting, Lent
die **Fastnacht** Shrove Tuesday
das **Fastnachtspiel,** –(e)s, –e Shrovetide
    play or farce
der **Fasttag,** –(e)s, –e day of fasting; **die
    vierzig Fasttage vor Ostern** Lent
der **Februar,** –(s) February
    fehlen (*with dat. obj.*) to lack, be
        wanting
    feiern to celebrate
der **Feind,** –(e)s, –e enemy

das **Feld,** –(e)s, –er field
das **Fenster,** –s, – window
die **Ferien** (*plur. only*) vacation
das **Ferienland,** –(e)s, ⸚er vacation land
der **Ferienort,** –(e)s, –e vacation spot
die **Ferne,** –n distance
das **Fernsehgerät,** –(e)s, –e television set
die **Fertigware,** –n finished product
    fest firm, fixed
das **Fest,** –es, –e festival, celebration
sich **festsetzen** to become permanent
das **Festspiel,** –(e)s, –e festival play,
    performance
das **Festspielhaus,** –es, ⸚er festival
    theater
der **Festtag,** –(e)s, –e holiday
die **Festungsstadt,** ⸚e fortified city
der **Festwagen,** –s, – festival wagon,
    float
der **Festzug,** –(e)s, ⸚e festival parade
das **Feuer,** –s, – fire
das **Fieber,** –s, – fever
die **Filiale,** –n branch office, affiliate
der **Film,** –(e)s, –e film, movie
    finden, fand, gefunden to find
(das) **Finnland,** –s Finland
die **Firma,** (*plur.*) **Firmen** firm, business,
    company
der **Fisch,** –es, –e fish
die **Fläche,** –n surface, area
die **Fleischwalze,** –n roller for tenderizing
    meat
der **Fleiß,** –es diligence, industry
    fleißig diligent, industrious
    fliegen, flog, ist geflogen (*intrans.*),
        hat geflogen (*trans.*) to fly
    fliehen, floh, ist geflohen to flee
    fließen, floß, ist geflossen to flow;
        fließend fluent
die **Flosse,** –n fin
die **Flucht,** –en flight, escape
der **Flüchtling,** –s, –e refugee
das **Flüchtlingslager,** –s, – refugee camp

der **Flüchtlingsstrom,** –(e)s, ⸚e stream of
refugees
der **Flughafen,** –s, ⸚ airport
das **Flugzeug,** –(e)s, –e airplane
der **Fluß,** (*gen.*) **Flusses,** (*plur.*) **Flüsse**
river
folgen, ist gefolgt (*with dat. obj.*) to
follow; **folgend-** following;
folgendes the following
die **Ford-Stiftung** Ford Foundation
die **Form,** –en form
formell formal
forschen (nach) to do research,
search (for)
der **Forscher,** –s, – researcher
die **Forschung,** –en research
die **Forstwirtschaft** forestry
fortfahren (fährt fort), fuhr fort, ist
fortgefahren to continue
der **Fortschritt,** –(e)s, –e progress
die **Frage,** –n question; **eine Frage**
stellen (*with dat. obj.*) **(über)** (*with*
acc.) to ask a question (about)
fragen to ask; **fragen nach** to
inquire about
die **Fraktur** German Gothic type, black-
letter type
(das) **Frankfurt/Main = Frankfurt am Main**
Frankfurt on the Main
(das) **Frankreich,** –s France
der **Franzose,** –n, –n Frenchman; **die**
Französin, –nen Frenchwoman
französisch (*adj.*) French; **das**
Französisch(e), –en French
language
die **Frau,** –en woman; wife; Mrs.
die **Frauenkirche** Church of Our Lady,
Munich
das **Frauenstimmrecht,** –(e)s, –e woman
suffrage
das **Fräulein,** –s, – Miss; young lady
frei free; not reserved, vacant; **im**
Freien in the open

die **Freiheit,** –en freedom
der **Freitag,** –(e)s, –e Friday
der **Freitagabend,** –s, –e Friday evening
der **Freitagnachmittag,** –(e)s, –e Friday
afternoon
fremd (*as pred. adj. with dat.*)
foreign, strange; **der Fremde,** –n,
–n stranger
die **Fremdsprache,** –n foreign language
das **Fremdwort,** –(e)s, ⸚er foreign word
das **Fressen,** –s eating (refers to animals
eating; vulgar when applied to
human beings)
die **Freude,** –n joy, pleasure, enjoyment;
das macht der Großmutter Freude
that makes my grandmother happy
das **Freudenmädchen,** –s, – prostitute
sich **freuen (über)** (*with acc.*) to be happy
(about)
der **Freund,** –(e)s, –e friend; **die**
Freundin, –nen friend, girl friend
freundlich friendly
die **Freundlichkeit** friendliness
friedlich peaceful
froh (*as pred. adj. with gen.*) glad,
happy
fröhlich joyous
die **Fruchtbarkeit** fertility
früh early; **früher** former
der **Frühling,** –s, –e spring
das **Frühlingsfest,** –(e)s, –e spring festival
das **Frühmittelalter,** –s early Middle Ages
das **Frühstück,** –(e)s, –e breakfast
frühstücken to eat breakfast
die **Frustration,** –en frustration
führen to lead, guide; **ein Verzeichnis**
führen to keep a record; **führend**
leading
der **Fuhrherr,** –n, –en drayman
fünf five; **fünft-** fifth
die **Fünferreihe** (counting by) fives;
sagen Sie die Fünferreihe! count
by fives!

fünfhundert five hundred

fünftausend five thousand

fünfunddreißig thirty-five

fünfundneunzig ninety-five

fünfundvierzig forty-five

fünfundzwanzig twenty-five

fünfzehn fifteen; fünfzehnt- fifteenth

fünfzehnhundertsiebzehn 1517

fünfzig fifty

die Funktion, –en function

funktionieren to function

für (with acc.) for; für sich to
himself, herself, yourself, themselves

der Fürst, –en, –en prince

das Fürstentum, –s, ⸚er principality

der Fuß, –es, ⸚e foot; zu Fuß on foot

das Fußballspiel, –s, –e soccer game

das Futur, –s, –e future tense

G

ganz entire, whole, quite, completely; ganz allein all alone; ganz
gewiß most certainly; ganz in der
Nähe von Rosenheim quite close
to Rosenheim; ganz wenig very
little; im großen und ganzen in
general

gar even; gar nicht not at all

die Garage, –n garage

die Garnitur, –en set, accessories

der Garten, –s, ⸚ garden

die Gartenstraße name of a street

die Gasse, –n narrow street, alley

der Gast, –es, ⸚e guest; customer

der Gastarbeiter, –s, – foreign worker,
guest worker

die Gastarbeiterfamilie, –n foreign
worker family

das Gasthaus, –es, ⸚er inn

der Gasthof, –(e)s, ⸚e hotel, inn

die Gaststätte, –n eating establishment,
inn

der Gastwirt, –(e)s, –e innkeeper

geb. = geboren born

gebären, gebar, geboren to give birth
to; er ist in Amerika geboren he
was born in America

das Gebäude, –s, – building

geben (gibt), gab, gegeben to give;
es gibt there is, there are; sie gibt
ihm die Hand she shakes hands
with him

das Gebiet, –(e)s, –e district, territory,
area

geboren born (see also gebären)

der Gebrauch, –(e)s, ⸚e custom usage

das Geburtshaus, –es, ⸚er birthplace

der Gedanke, –ns, –n thought

der Gedankenkreis, –es, –e range of
ideas

die Gefahr, –en danger

gefährlich dangerous

gefallen (gefällt), gefiel, gefallen
(with dat. obj.) to please; wie
gefällt Ihnen Herr Brown? how
do you like Mr. Brown?

das Gefängnis, –ses, –se prison

das Gefühl, –(e)s, –e feeling

gegen (with acc.) against, contrary
to; toward

die Gegend, –en region

der Gegensatz, –es, ⸚e contrast

gegenseitig mutual, reciprocal

das Gegenteil, –(e)s, –e opposite; im
Gegenteil on the contrary

gegenüber (with dat.) opposite, across
from

gehen, ging, ist gegangen to go;
die Uhr geht richtig the clock is
right; wie geht es Ihnen? how are
you?; es geht mir sehr gut I am
just fine, I am getting along fine;
zu Ende gehen to end

gehören (with dat. obj.) to belong to

der Geist, –es, –er spirit, mind, intellect

geisteskrank mentally ill

die **Geistesströmung, –en** intellectual
current

der **Geistliche, –n, –n** clergyman

gelb yellow

das **Geld, –(e)s, –er** money

das **Geldstück, –(e)s, –e** coin

die **Gelegenheit, –en** opportunity,
occasion

der **Gelehrte, –n, –n** scholar

der **Geliebte, –n, –n / die Geliebte, –n**
lover, sweetheart; (*fem.*) girl
friend

gelingen, gelang, ist gelungen (*with
dat. obj.*) to succeed

gelten (gilt), galt, gegolten (für) to
apply (to), be valid (for); to prevail

die **Gemeinde, –n** community, parish

das **Gemeindehaus, –es, ⁼er** community
house

gemeinsam common, in common

die **Gemüsesuppe** vegetable soup

die **Gemütlichkeit** congeniality

genau exact, precise

die **Generation, –en** generation

der **Genitiv, –s, –e** genitive case

genug enough

genügend sufficient, adequate,
satisfactory

die **Geographie** geography

das **Gepäck, –(e)s** luggage

geraten (gerät), geriet, ist geraten to
get into, fall into; **in Gefahr
geraten** to run into danger

das **Gericht, –(e)s, –e** court of justice;
dish, course

gering small, slight

der **Germane, –n, –n** Teuton, member of
an ancient Germanic tribe

die **Germanistik** German studies, German philology

gern(e), lieber, am liebsten gladly;
gern(e) haben to like; **hat er Sie
gern?** does he like you?; **ich**

möchte gern I would like very
much; **ich spreche gern Englisch**
I like to speak English

das **Geschäft, –(e)s, –e** store, business

die **Geschäftsleute** (*plur.*) businessmen

der **Geschäftsmann, –(e)s, (*plur.*)
Geschäftsleute** businessman

die **Geschäftsreise, –n** business trip

**geschehen (geschieht), geschah, ist
geschehen** (*with dat. obj.*) to
happen

gescheit clever

die **Geschichte, –n** history; story

das **Geschlecht, –(e)s, –er** sex, gender

das **Geschriebene, –n** that which is
written

das **Geschwätz, –es** gossip

die **Geschwister** (*plur. only*) brothers and
sisters, siblings

die **Gesellschaft, –en** society

gesellschaftlich social; **des gesellschaftlichen Lebens** of social life

das **Gesetz, –es, –e** law

das **Gesicht, –(e)s, –er** face

gespannt in suspense, tense

das **Gespräch, –(e)s, –e** conversation

die **Gestalt, –en** figure, form

gestern yesterday; **gestern abend**
yesterday evening, last night;
gestern morgen yesterday morning

gesund, gesünder, gesündest- healthy,
well

die **Gesundheit** health

das **Gesundheitsverhältnis, –ses, –se**
condition(s) of sanitation

das **Getränk, –(e)s, –e** drink, beverage

die **Getreidegasse** name of a street

die **Gewalttat, -en** act of violence

gewinnen, gewann, gewonnen to
obtain, win, acquire

gewiß certain, definite; **ganz
gewiß** most certainly; **ja, gewiß**
yes, certainly

gewöhnlich usual, customary

der **Gipfel, –s, –** peak, summit

glänzend brilliant, splendid

das **Glas, –es, ⸚er** glass; **ein Glas Wasser** a glass of water

glauben (*with dat. obj.*) to believe

gleich (*as pred. adj. with dat.*) same; equal; similar; at once, immediately; **das gleiche** the same; **zur gleichen Zeit** at the same time, simultaneously

gleichgültig indifferent

gleichzeitig simultaneous

das **Gleis, –es, –e** track

die **Glocke, –n** bell

glücklich fortunate, happy, lucky

das **Glücksrad, –(e)s, ⸚er** wheel of fortune

golden golden

gotisch Gothic

der **Gott, –es, ⸚er** God; god

die **Grammatik, –en** grammar

grammatisch grammatical

grau gray; **die grauen vergangenen Zeiten** the dim ages of the past

die **Grausamkeit** cruelty, brutality

greifen, griff, gegriffen to seize

der **Greis, –es, –e** old man

die **Grenze, –n** border, boundary, frontier

grenzen (an) (*with acc.*) to adjoin, border (on)

(das) **Griechenland, –s** Greece

groß, größer, größt- large, big, tall, great; **eine große Auswahl** a wide choice; **Friedrich der Große** Frederick the Great; **im großen und ganzen** in general

die **Größe, –n** size

die **Großeltern** (*plur. only*) grandparents

die **Großmutter, ⸚** grandmother

die **Großschreibung** capitalization

die **Großstadt, ⸚e** metropolis

der **Großvater, –s, ⸚** grandfather

grotesk grotesque

grün green; **etwas Grünes** something green

der **Grund, –(e)s, ⸚e** reason, basis; **im Grunde** basically

gründen to found, establish

das **Grundgesetz, –es** Basic Law (constitution) of the Federal Republic of Germany

die **Grundschule, –n** elementary school

grünen to become green; **grünend** becoming green

die **Gruppe, –n** group

der **Gruß, –es, ⸚e** greeting; **mit freundlichen Grüßen** sincerely

gut, besser, best- good, well, fine; **gute Nacht** good night; **guten Abend** good evening; **guten Morgen** good morning; **guten Tag** hello; **das Gute, -n** good; **etwas Gutes** something good; **nichts Gutes** nothing good

der **Gymnasiast, –en, –en** pupil in a Gymnasium

das **Gymnasium, –s,** (*plur.*) **Gymnasien** university preparatory school, secondary school

H

das **Haar, –(e)s, –e** hair

haben (hat), hatte, gehabt to have; **gern haben** to like; **recht haben** to be right

der **Haifisch, –es, –e** shark

halb half; **halb acht** seven-thirty; **ein halb** one-half

halblaut in an undertone

halbzerstört half-destroyed

der **Hals, –es, ⸚e** throat

die **Halsentzündung, –en** inflammation
of the throat

halten (hält), hielt, gehalten to stop,
halt, hold; **halten für** to consider,
regard; **er hält es für kompliziert**
he considers it complicated;
halten von to consider, regard;
was würdest du davon halten?
what would you think of it?

die **Haltestelle, –n** car stop

die **Haltung, –en** attitude; conduct

die **Hand, ⁼e** hand; **in der Hand** in
one's hand; **sie gibt ihm die Hand**
she shakes hands with him

der **Handel, –s** commerce

die **Handelsstraße, –n** trade route

die **Handlung, –en** plot, action

der **Handschuh, –(e)s, –e** glove

das **Handwerk, –(e)s, –e** trade, craft;
ein Handwerk erlernen to learn a
trade

der **Handwerksmeister, –s, –** master
craftsman, artisan

hängen, hing, gehangen to hang

der **Hauptbahnhof, –(e)s, ⁼e** main
railway station

die **Hauptquelle, –n** main source

hauptsächlich principal, main, chief

die **Hauptstadt, ⁼e** capital (city)

die **Hauptstraße, –n** main street

das **Haus, –es, ⁼er** house; **nach Hause
gehen** to go home; **zu Hause** at
home

die **Hausarbeit** housework

die **Hausaufgaben** (*plur.*) homework

die **Havel** Havel River

heben, hob, gehoben to lift

das **Heer, –(e)s, –e** army

das **Heft, –(e)s, –e** notebook

heidnisch pagan

heilig holy; **das Heilige Römische
Reich, –(e)s** Holy Roman Empire

die **Heilquelle –n** mineral spring

die **Heimat** homeland, native region,
hometown

heimatlos homeless

das **Heimatmuseum, –s** (*plur.*) **-museen**
regional museum

die **Heimatstadt, ⁼e** hometown

das **Heimweh, –s** homesickness

die **Heirat, –en** marriage

heiraten to marry

heiß hot

heißen, hieß, geheißen to be called,
named; **ich heiße Schmidt** my name
is Schmidt; **es heißt** they say

helfen (hilft), half, geholfen (*with dat.
obj.*) **(bei)** to help (with)

der „**Helvetia**", – name of a train

her (*denotes direction toward the
speaker*) here, to this place, this
way; **hin und her** back and forth,
to and fro

**herauslassen (läßt heraus), ließ heraus,
herausgelassen** to let out

der **Herbst, –es, –e** fall autumn

die **Herde, –n** herd

**hereinkommen, kam herein, ist
hereingekommen** to come in

**hereinkönnen (kann herein), konnte
herein, hereingekonnt** to be able
to enter

der **Herr, –n –en** Mr.; man, gentleman;
sir; **Herr Dr. Lüdeke** Dr. Lüdeke;
Herr Professor Professor

herrlich splendid, fine, magnificent

herrschen to prevail, rule, pre-
dominate

**hervorbringen, brachte hervor,
hervorgebracht** to produce, bring
forth

hervorholen to bring forth, fetch

das **Herz,** (*gen.*) **Herzens,** (*dat.*) **Herzen,**
(*acc.*) **Herz,** (*plur.*) **–en** heart

die **Herzkrankheit, –en**   heart disease
das **Herzogtum, –s, ⸚er**   duchy
(das) **Hessen, –s**   Hesse, a federal state
heute   today; **heute abend**   this evening, tonight; **heute morgen**   this morning
heutig-   present, present-day
hier   here
hilfsbereit   helpful
das **Hilfsverb, –s, -en**   auxiliary verb
der **Himmel, –s, –**   heaven; **um Himmels willen!**   for heaven's sake!
hin (*denotes direction away from speaker*)   there, to that place, that way; **hin und her**   back and forth, to and fro; **hin und zurück**   there and back again; **eine Fahrkarte hin und zurück**   round-trip ticket
hinaufsteigen, stieg hinauf, ist hinaufgestiegen   to climb up, go up
hinfahren (fährt hin), fuhr hin, ist hingefahren   to travel there or to that place
hingehen, ging hin, ist hingegangen   to go there or to that place
die **Hinsicht, –en**   respect; **in manchen Hinsichten**   in some respects
hinter (*with dat. and acc.*)   behind
der **Hintergrund, –(e)s**   background
die **Hippie-Welt**   world of the hippies
der **Hirt, –en, –en**   herdsman, shepherd
historisch   historic(al)
hoch (*pred. adj. and adv.*), **hoh-** (*preceding noun*), **höher, höchst-** high; **höchste Zeit**   high time; **höchst** (*adv.*)   highly, extremely
das **Hochdeutsch(e), –en**   High German, standard German
hochgeschätzt   esteemed, highly valued
das **Hochhaus, –es, ⸚er**   high rise building
die **Hochschule, –n**   university, institution of higher learning (*not* high school)

höchst (*adv.*)   highly, extremely
höchst-   highest (*see also* **hoch**)
die **Hochzeit, -en**   wedding; „**Die Hochzeit des Figaro**"   *The Marriage of Figaro*
das **Hofbräuhaus, -es**   name of well-known beer hall in Munich
hoffen   to hope
hoffentlich   I hope, it is hoped
höflich   courteous
hoh-   high (*see also* **hoch**)
die **Höhe, –n**   height, summit
die **Hohensalzburg**   name of medieval fortress in Salzburg
der **Höhepunkt, –(e)s, –e**   high point, peak
höher   higher (*see also* **hoch**)
die **Holzfigur, –en**   wooden figure
hören   to hear; **das kann ich an Ihrer Aussprache hören**   I can tell that by your pronunciation
das **Hotel, –s, –s**   hotel
das **Hotelzimmer, –s, –**   hotel room
der **Hügel, –s, –**   hill
der **Humanismus, –**   humanism
humanistisch   humanistic
der **Humor, –s**   humor, wit
hundert   hundred
hunderteins   one hundred one
hunderteinundzwanzig   one hundred twenty-one
der **Hunger, –s**   hunger; **Hunger leiden**   to suffer from hunger
hygienisch   hygienic

I

ich (*dat.* **mir**, *acc.* **mich**)   I
ideal   ideal
die **Idee, –n**   idea
ihm (*dat.*)   him, to him; it, to it (*see also* **er** *and* **es**)
ihn (*acc.*)   him; it (*see also* **er**)

Ihnen (*dat.*) (*formal, sing. and plur.*) you, to you (*see also* **Sie**)

ihnen (*dat.*) them, to them (*see also* **sie** [*plur.*])

Ihr (*poss. adj.*) (*formal, sing. and plur.*) your

ihr (*dat.*) her, to her; it, to it (*see also* **sie** [*she*])

ihr (*dat.* **euch**, *acc.* **euch**) (*fam. plur.*) you

ihr (*poss. adj.*) her; their; its

die **Illustrierte**, –n, –n illustrated magazine

im = **in dem**

sich **immatrikulieren lassen** to register, matriculate

immer always; **immer mehr** more and more; **immer noch, noch immer** still (continuing); **immer wieder** again and again

immerhin nevertheless, anyway

das **Imperfekt**, –(e)s, –e imperfect tense, past tense

importieren to import

in (*with dat. and acc.*) in, into, to

indem (*subord. conj.*) while, while at the same time

indirekt indirect

die **Industrie**, –n industry

die **Industriewelt** industrial world

die **Information**, –en information

der **Ingenieur**, –s, –e engineer

der **Inn**, –s Inn River

innerhalb (*with gen.*) within, inside

ins = **in das**

die **Insel**, –n island

insgesamt total, collectively

das **Institut**, –(e)s, –e institute

die **Institution**, –en institution

die **Inszenierung** staging, sets

die **Integration** integration

integrieren to integrate

intellektuell intellectual

intelligent intelligent

interessant interesting

das **Interesse**, –s, –n interest; **Interesse für** interest in; **Interesse nehmen (an)** (*with dat.*) to take an interest (in)

die **Interpunktion** punctuation

intransitiv intransitive

inzwischen meanwhile

das **Irrationelle**, –n the irrational

(das) **Italien**, –s Italy

italienisch (*adj.*) Italian; **das Italienisch(e)**, –en Italian language

J

ja yes; indeed

die **Jacke**, –n jacket, coat

der **Jägerhut**, –(e)s, ⸚e hunting hat

das **Jahr**, –(e)s, –e year

jahraus, jahrein year in, year out

die **Jahreszeit**, –en season (of the year)

das **Jahrhundert**, –s, –e century

die **Jahrhundertwende**, –n turn of the century

der **Jahrmarkt**, –(e)s, ⸚e annual fair

das **Jahrzehnt**, –(e)s, –e decade

der **Januar**, –(s) January

der **Jazz**, – jazz

der **Jazzklub**, –s, –s jazz club

die **Jazzmusik** jazz music

je ever; **je nach** according to

jed(–er, –e, –es) each, every

„**Jedermann**" *Everyman*

jemand (*dat.* **jemandem**, *acc.* **jemanden**) someone

jen(–er, –e, –es) that, that one, those; the former

jenseits (*with gen.*) (on) that side of, beyond

jetzt now; **jetzt schon** already; **von jetzt an** from now on

(das) **Jordanien**, –s Jordan

der **Journalismus, –** journalism
die **Jugend** youth, young people
die **Jugendbewegung, –en** youth movement
die **Jugendbildung** education of youth
die **Jugendkriminalität** juvenile crime
    jugendlich (*adj.*) youth; **der Jugendliche, –n, –n** young person from fourteen to eighteen
(das) **Jugoslawien, –s** Yugoslavia
der **Juli, –(s)** July
    jung, jünger, jüngst- young
der **Junge, –n, –n** boy
der **Juni, –(s)** June
der **Jurist, –en, –en / die Juristin, -nen** lawyer

K

der **Kaffee, –s** coffee
das **Kaffeehaus, –es, ≃er** coffeehouse
der **Kaffeetisch, –es, -e** coffee table
der **Kai, –s, –s** quay
der **Kaiser, –s, –** kaiser, emperor
die **Kaiser-Wilhelm-Gedächtniskirche** Kaiser William Memorial Church, West Berlin
(das) **Kalifornien, –s** California
    kalt, kälter, kältest- cold
    kämpfen (für, um) to fight (for), struggle, combat
    kann (*see* **können**)
der **Kanton, –s, –e** canton
die **Kapelle, –n** band
der **Kapitalismus, –** capitalism
    kapitalistisch capitalistic
der **Karlsplatz, –es** Karl's Square, Munich
der **Karneval, –s, –e** *or* **–s** Shrovetide festival
die **Karnevalreklame, –n** carnival advertisement
das **Karnevalspiel, –(e)s, –e** Shrovetide play

die **Karte, –n** card
das **Kartenspielen, –s** card playing
der **Kartoffelkloß, –es, ≃e** potato dumpling
die **Kartoffelsuppe** potato soup
das **Karussell, –s, –e** *or* **–s** merry-go-round
der **Karzer, –s, –** university jail
die **Katakombe, –n** catacomb
    kaufen to buy
    kaum scarcely; **kaum zu glauben!** hard to believe!
    kein (*adj. taking* **ein**-*word endings*) no, not a; **keine Zeit mehr** no more time; **keiner** (*pron.*) no one
der **Keller, –s, –** cellar
der **Kellner, –s, –** waiter; **die Kellnerin, –nen** waitress
    kennen, kannte, gekannt to know, be acquainted with (a person, place, or object)
    kennenlernen, lernte kennen, kennengelernt to become acquainted with, get to know
die **Kenntnis, –se** knowledge; **wenige Kenntnisse** little knowledge
das **Kerzenlicht, –(e)s** candlelight
das **Kilometer, –s, –** kilometer (0.6 mile)
das **Kind, –(e)s, –er** child
der **Kindergarten, –s, ≃** kindergarten
das **Kino, –s, –s** movie theater; **ins Kino gehen** to go to a movie
die **Kirche, –n** church
die **Klasse, –n** class, grade; **zweiter Klasse** second class
das **Klassenzimmer, –s, –** classroom
    klassisch classical
das **Kleid, –(e)s, –er** dress; *also* **die Kleider** (*plur.*) clothes
die **Kleidung** clothing
    klein small
das **Klima, –s, –s** climate

klingeln to ring; **es klingelt** the doorbell is ringing

die **Klinik, –en** clinic

klinisch clinical

klopfen to knock

das **Kloster, –s, ⸚** cloister, monastery

km² = das Quadratkilometer, –s, – square kilometer

die **Kneipe, –n** tavern

der **Knopf, –(e)s, ⸚e** button

der **Kollege, –n, –n** colleague

(das) **Köln, –s** Cologne

komisch funny, comical

das **Komma, –s, –s** comma, decimal point

kommen, kam, ist gekommen to come

kommunistisch communist

kompliziert complicated

komponieren to compose

der **Komponist, –en, –en** composer

die **Komposition, –en** musical composition

die **Konditorei, –en** confectioner's shop, type of café or pastry shop specializing in fine pastries

der **Konflikt, –(e)s, –e** conflict

der **Kongo, –s** Congo River

die **Kongreßhalle** Convention Hall, West Berlin

der **König, –(e)s, –e** king; **die Königin, –nen** queen

das **Königreich, –(e)s, –e** kingdom

das **Königtum, –s, ⸚er** kingdom

die **Konjunktion, –en** conjunction

der **Konjunktiv, –s, –e** subjunctive mood

können (kann), konnte, gekonnt to be able to, can, may; **er kann Deutsch** he knows German

der **Kontakt, –(e)s, -e** contact

konventionell conventional

das **Konzert, –(e)s, –e** concert; **ins Konzert gehen** to go to the concert

der **Korb, –(e)s, ⸚e** basket

das **Kornfeld, –(e)s, –er** grainfield

der **Körper –s, –** body

die **Kosten** (*plur.*) cost(s), expenses

krank, kränker, kränkst- sick, ill

das **Krankenhaus, –es, ⸚er** hospital

die **Krankenschwester, –n** nurse

die **Krankheit, –en** disease

die **Kreide, –n** chalk

die **Kreisstadt, ⸚e** county seat

kreuzen to cross

der **Kreuzzug, –(e)s, ⸚e** crusade

der **Krieg, –(e)s, –e** war

das **Kriegsende, –s** end of war, war's end

der **Kriegsfilm, –(e)s, –e** war film

die **Kritik (an)** (*with dat.*) criticism (of)

der **Kritiker, –s, –** critic

kritisieren to criticize

der **Kroate, –n, –n** Croat

(das) **Kroatien, –s** Croatia

der **Kronprinz, –en, –en** crown prince

der **Krug, –(e)s, ⸚e** mug, pitcher

die **Küche, –n** kitchen

der **Kuchen, –s, –** cake

der **Kudamm, –(e)s = der Kurfürstendamm** name of famous boulevard in West Berlin

der **Kugelschreiber, –s, –** ballpoint pen

die **Kuh, ⸚e** cow

die **Kultur, –en** culture

kulturell cultural

die **Kunst, ⸚e** art

die **Kunststadt, ⸚e** city of the arts

der **Kurfürstendamm, –(e)s** name of famous boulevard in West Berlin

der **Kurgast, –(e)s, ⸚e** patient, guest at a spa hotel

das **Kurhotel, –s, –s** spa hotel

kurz, kürzer, kürzest- short

die **Kusine, –n** female cousin

L

das **Laboratorium, –s,** (*plur.*) **Laboratorien** laboratory

lachen (über) (*with acc.*) to laugh
(at); **er lacht über ihre Neugierde**
he laughs at her curiosity

der **Lack, –(e)s, –e** lacquer

laden (lädt), lud, geladen to load

die **Lage, –n** situation, position

das **Land, –(e)s, ⸚er** land, country; **auf
dem Lande** in the country; **aufs
Land** to the country

landen, ist gelandet to land

die **Landeshauptstadt, ⸚e** state capital
(city)

die **Landkarte, –n** map

die **Landschaft, –en** landscape

die **Landwirtschaft** agriculture

lang, länger, längst- long; **einen
Sommer lang** an entire summer;
lange long, for a long time

langsam slow

der **Lärm, –(e)s** noise

lassen (läßt), ließ, gelassen to leave,
let, cause; **sich ausbilden lassen** to
be educated, get an education;
(sich) bauen lassen to have built;
stehen lassen to leave standing

das **Latein, –s** Latin

lateinisch (*adj.*) Latin

der **Lauf, –(e)s, ⸚e** course

der **Lautsprecher, –s, –** loudspeaker

leben to live

das **Leben, –s** life

lebendig alive, living

die **Lebensanschauung** philosophy of
life

das **Lebensjahr, –(e)s, –e** year of life

die **Lebenskraft, ⸚e** vitality

die **Lebensmittel** (*plur.*) food, foodstuffs

das **Lebensproblem, –s, –e** problem of
life

der **Lebensstil, –(e)s, –e** life style

der **Lech, –s** Lech River

die **Lederhose, -n** leather pants

ledig unmarried, single

legen to put, place, lay

das **Lehrbuch, –(e)s, ⸚er** textbook

die **Lehre, –n** apprenticeship; **in die
Lehre treten** to enter apprenticeship, become an apprentice

der **Lehrer, –s, – / die Lehrerin, -nen**
teacher

der **Lehrgang, –(e)s, ⸚e** course

der **Lehrgangsleiter, –s, –** course
director

lehrreich instructive

der **Lehrsatz, –es, ⸚e** proposition, topic
for debate, thesis

die **Lehrstätte, –n** place of instruction,
school

leicht (*as pred. adj. with dat.*) easy;
light

leid: es tut mir leid I am sorry

leiden, litt, gelitten to suffer; **Hunger
leiden** to suffer from hunger

leider unfortunately

leisten to perform, do

der **Leiter, –s, –** head, manager

die **Leitkuh, ⸚e** lead cow

die **Leitung** direction

die **Lektion, –en** lesson

die **Lektüre, –n** reading material

lernen to learn, study

lesen (liest), las, gelesen to read

das **Lesestück, –(e)s, –e** reading selection

letzt- last

die **Leute** (*plur. only*) people

der **Libanon, –s** Lebanon

das **Licht, –(e)s, –er** light; **es ging ihm
ein Licht auf** it dawned on him

lieb dear

lieben to love

lieber rather, preferably (*see also*
gern); **gehen wir lieber in den
,,Weltspiegel‘‘** let's go instead
to the World Mirror

das **Lied,** –(e)s, –er   song

liegen, lag, gelegen   to lie, be situated

die **Linie,** –n   railway or streetcar line

die **Liste,** –n   list

die **Literatur,** –en   literature

die **Litfaßsäule,** –n   advertising pillar

logisch   logical

der **Lohn,** –(e)s, ⸚e   pay, wage(s)

das **Lokal,** –(e)s, –e   tavern, restaurant, night club

lösen   to solve

die **Lösung,** –en   solution

die **Ludwigsbrücke**   Ludwig Bridge, Munich

die **Lufthansa**   name of German airline

der **Luftkrieg,** –(e)s, –e   aerial warfare

die **Luftverseuchung**   air pollution

M

machen   to do, make; **Aufnahmen machen**   to take photographs; **bei einer Familie einen Besuch machen** to pay a family a visit; **das Abitur machen**   to take the examination given at the end of the secondary school qualifying for graduation from the Gymnasium and for admission to the university; **bekannt machen**   to introduce, acquaint; **den Doktor machen** to earn a doctorate; **eine Reise machen**   to take a trip; **Mittagspause machen**   to take a noon break; **sich auf den Weg machen** to start out; **sich Sorgen machen** to worry; **das macht der Großmutter Freude**   that makes my grandmother happy

die **Macht,** ⸚e   power

die **Machtübernahme**   seizure of power

das **Mädchen,** –s, –   girl

die **Mädchenschule,** –n   girls' school

das **Mahnmal,** –(e)s, –e   memorial, reminder

der **Mai,** –(e)s or –   May

der **Main,** –(e)s   Main River

das **Maisfeld,** –(e)s, –er   cornfield

das **Mal,** -(e)s, –e   time (point in time); **zum ersten Mal**   for the first time

mal (*adv.*)   just, once; **lies mal den Brief**   just read the letter; times (*math.*); **zwei mal drei ist sechs** two times three is six

malerisch   picturesque

man (*dat.* einem, *acc.* einen)   one, they, someone

manch(–er, –e, –es)   many a, many a one, some

manchmal   sometimes

der **Mann,** –(e)s, ⸚er   man; husband

der **Märchenprinz,** –en, –en   fairy-tale prince

der **Marienplatz,** –es   St. Mary's Square, Munich

die **Mark,** –en   boundary province; **die Mark Brandenburg**   Province of Brandenburg

der **Marktplatz,** –es, ⸚e   marketplace, town square

der **Marshall-Plan,** –(e)s   Marshall Plan

der **März,** –(e)s   March

die **Maschine,** –n   machine

der **Maschinenbau,** –(e)s   mechanical engineering

die **Maske,** –n   mask

maskulin   masculine

die **Maßnahme,** –n   measure

das **Material,** –s, –ien   material

die **Mathematik**   mathematics

die **Mauer,** –n   wall (of masonry)

das **Medikament,** –(e)s, –e   drug

die **Medizin,** –en   medicine

medizinisch   medical

mehr   more (*see also* viel); **immer mehr**   more and more; **keine Zeit mehr**   no more time; **nicht mehr** no longer; **und andere mehr**   and many others

mehrere (*plur. only*)   several, a number of

mein (*poss. adj.*)   my; **meine Damen und Herren**   ladies and gentlemen

meinen   to mean, be of the opinion

meist-   most (*see also* **viel**)

meistens   usually, generally

der **Meister, –s, –**   master

die **Menge, –n**   mass, large number, large quantity, crowd

der **Mensch, –en, –en**   man, person, human being

menschlich   human

der **Mercedes, –, –**   German automobile

die **Messe, –n**   fair

das **Messer, –s, –**   knife

die **Methode, –n**   method

(das) **Mexiko, –s**   Mexico

mich (*acc.*)   me; myself (*see also* **ich**)

(sich) **mieten**   to rent

die **Milch**   milk

der **Militärdienst, –es**   military service

militaristisch   military, militaristic

die **Milizarmee, –n**   militia

die **Milliarde, –en**   billion

die **Million, –en**   million

die **Minderheit, –en**   minority

minderjährig   minor, not of age

minus   minus

die **Minute, –n**   minute

mir (*dat.*)   me, to me (*see also* **ich**)

mischen   to mix

der **Mississippi, –s**   Mississippi River

der **Missouri, –s**   Missouri River

das **Mißtrauen, –s**   distrust

mißverstehen, mißverstand, mißverstanden   to misunderstand

mit (*with dat.*)   with; by; **mit dem Zug**   by train

mitbringen, brachte mit, mitgebracht   to bring along

miteinander   with one another, with each other

mitfahren (fährt mit), fuhr mit, ist mitgefahren   to accompany, travel with someone

mitkommen, kam mit, ist mitgekommen   to accompany

mitnehmen (nimmt mit), nahm mit, mitgenommen   to take along

der **Mittag, –(e)s, –e**   noon; **zu Mittag**   at noon; **zu Mittag essen**   to eat the noon meal

das **Mittagessen, –s, –**   noon meal, lunch

mittags   at noon

die **Mittagspause, –n**   noon break; **Mittagspause machen**   to take a noon break

die **Mitte, –n**   middle, midst

mitteilen   to inform

das **Mittelalter, –s**   Middle Ages

mittelalterlich   medieval

(das) **Mitteleuropa, –s**   Central Europe

das **Mittelmeer, –(e)s**   Mediterranean Sea

der **Mittelpunkt, –(e)s, –e**   center, midpoint

die **Mittelschule, –n**   type of secondary school

die **Mittelstufe, –n**   intermediate class or level

der **Mittelwesten, –s**   Middle West

mitten   in the midst of; **mitten in den Bergen**   surrounded by mountains

die **Mitternacht**   midnight

der **Mittwoch, –(e)s, –e**   Wednesday

das **Möbel, –s, –**   furniture

die **Möbelfabrik, –en**   furniture factory

möchte, möchten   would like, should like (*see also* **mögen**); **ich möchte gern**   I would like very much

das **Modalverb, –s, –en**   modal auxiliary verb

die **Mode, –n**   fashion, style; **Mode sein, werden**   to be, become the fashion

modern   modern

modisch stylish

mögen (mag), mochte, gemocht to desire, want, like; **möchte, möchten** would like, should like

möglich possible

die **Möglichkeit, –en** possibility

die **Monarchie, –n** monarchy

der **Monat, –(e)s, –e** month

der **Mönch, –(e)s, –e** monk

das **Mondlicht, –(e)s** moonlight

der **Montag, –(e)s, –e** Monday

der **Montagmorgen, –s, –** Monday morning

die **Moral** moral(s)

der **Mörder, –s, –** murderer

der **Morgen, –s, –** morning; **guten Morgen** good morning

morgen tomorrow; **gestern morgen** yesterday morning; **heute morgen** this morning

morgens mornings, in the morning

die **Moritat, –en** ballad about murder and other forms of violence

die **Mosel** Mosel River

das **Mozartkonzert, –(e)s, –e** concert of Mozart's music

müde (*as pred. adj. with gen.*) tired

(das) **München, –s** Munich, capital of Bavaria; **München-Ost** Munich East Station

der **Münchener, –s, –** native of Munich; **Münch(e)ner** (*adj.*) Munich; **der Münchener Hauptbahnhof, –(e)s** main railway station, Munich

mündlich oral

das **Murmeltier, –(e)s, –e** marmot, dormouse

das **Museum, –s,** (*plur.*) **Museen** museum

die **Musik** music

das **Musikdrama, –s,** (*plur.*) **–dramen** opera, music drama

der **Musiker, –s, –** musician

die **Musikstadt, ⸚e** music center, city of music

müssen (muß), mußte, gemußt to have to, must

der **Mustersatz, –es, ⸚e** pattern sentence

die **Mutter, ⸚er** mother

die **Muttersprache, –n** mother tongue, native language

N

nach (*with dat.*) to, toward; after; (*usually following its object*) according to; **ich fahre nach Rosenheim** I am going to Rosenheim; **je nach** according to; **nach Hause gehen** to go home; **fragen nach** to inquire about; **suchen nach** to seek, look for

der **Nachbar, –s, –n** *or* **–n, –n** / die **Nachbarin, –nen** neighbor

die **Nachbarschaft, –en** neighborhood

das **Nachbarskind, –(e)s, –er** neighbor's child, child nextdoor

nachdem (*subord. conj.*) after

nachdenken, dachte nach, nachgedacht (über) (*with acc.*) to reflect (on), contemplate, think (about)

nachher afterward

nachkommen, kam nach, ist nachgekommen to come after, follow

der **Nachmittag, –(e)s, –e** afternoon; **am Nachmittag** in the afternoon

nachreiten, ritt nach, ist nachgeritten (*with dat. obj.*) to ride after

das **Nachrichten-Magazin, –s, –e** news magazine

nächst- next, nearest, closest (*see also* **nahe**)

die **Nacht, ⸚e** night; **gute Nacht** good night

der **Nachtisch, –es, –e** dessert; **zum Nachtisch** for dessert

nah(e), näher, nächst- (*as pred. adj. with dat.*) near, close; (*superlat.*) next; **nächsten Montag** next Monday

die **Nähe** nearness, proximity; **in der Nähe von** close to, in the vicinity of

die **Nähmaschine, –n** sewing machine

der **Name, –ns, –n** name

namens by the name of

nämlich namely, that is, of course, you see, you know

der **Narr, –en, –en** fool

nationalistisch nationalistic

die **Natur, –en** nature

das **Naturgebiet, –(e)s, –e** natural area (land, lakes, streams, etc.)

natürlich naturally, of course

die **Naturschönheit, –en** natural beauty

der **Natursymbolismus, –** nature symbolism

die **Naturwissenschaft, –en** natural science

der **Nazi, –s, –s** Nazi

die **Nazi-Partei** Nazi Party

das **Nazi-Regime, –(s)** Nazi regime

neben (*with dat. and acc.*) beside, next to, near, close to

die **Nebenkultur, –en** subculture

der **Neckar, –s** Neckar River

nehmen (nimmt), nahm, genommen to take; **Abschied nehmen** to take leave; **Interesse nehmen (an)** (*with dat.*) to take an interest (in); **Platz nehmen** to sit down; **viel Zeit in Anspruch nehmen** to take much time

neigen to incline

nein no

nennen, nannte, genannt to name, call

nett nice, pleasant, amiable

neu, neuer, neu(e)st- new; **alles Neue** everything new; **etwas Neues** something new; **in neuster Zeit** recently

der **Neubau, –(e)s,** (*plur.*) **–bauten** building under construction, new structure

neuerwacht newly awakened

die **Neugierde** curiosity

neugierig inquisitive, curious

der **Neujahrstag, –(e)s, –e** New Year's Day

neun nine; **neunt-** ninth

neunundneunzig ninety-nine

neunzehn nineteen; **neunzehnt-** nineteenth

neunzehnhundert 1900

neunzehnhundertfünfundfünfzig 1955

neunzig ninety

nicht not; **auch nicht** not (either); **auch noch nicht** not yet either; **gar nicht** not at all; **nicht mehr** no longer; **nicht nur . . . sondern auch** not only . . . but also; **nicht wahr?** don't you?, isn't that so?, don't you think so?, isn't it?; **noch nicht** not yet

nichts nothing; **nichts Gutes** nothing good

niederbrennen, brannte nieder, ist niedergebrannt (*intrans.*), **hat niedergebrannt** (*trans.*) to burn down

die **Niederlage, –n** defeat

niemand, (*dat.* niemandem, *acc.* niemanden) no one

der **Nil, –** *or* **–s** Nile River

noch still, yet; **noch immer, immer noch** still (continuing); **Deutsch findet er noch immer schwer** he continues to find German difficult; **noch nicht** not yet

der **Nominativ, –s, –e** nominative case

der **Norden**, –s   north

normal   normal

nötig   necessary

die **Novelle**, –n   novella

der **November**, –(s)   November

Nr. = die **Nummer**, –n   number

null   zero

nun   now, at present; well, now

nur   only

nützlich (*as pred. adj. with dat.*) useful

(die) **Nymphenburg**   name of eighteenth-century palace in Munich

O

o   oh (**O** usually occurs in combinations with other expressions, particularly exclamations: **o nein!**)

ob (*subord. conj.*)   whether; **als ob** (*subord. conj.*)   as if

oben   up, above

oberdeutsch   Upper German, South German

oberhalb (*with gen.*)   above

der **Ober(kellner)**, –s, –   headwaiter, waiter; **Herr Ober!**   waiter!

(das) **Oberschlesien**, –s   Upper Silesia

das **Objekt**, –(e)s, –e   object

der **Obstbaum**, –(e)s, ⁼e   fruit tree

obwohl (*subord. conj.*)   although

oder (*coord. conj.*)   or; **entweder** . . . **oder** (*coord. conj.*)   either . . . or

die **Oder**   Oder River

offen   open

offenstehen, stand offen, offengestanden   to be open, stand open

öffentlich   public

öffnen   to open

oft, öfter, öftest-   often

oh   oh (**Oh** is usually separated from the expression with which it is associated by a comma: **oh, ich weiß es.**)

ohne (*with acc.*)   without; **ohne weiteres**   without further ado; **ohne** . . . **zu** (*with inf.*)   without

ohnehin   anyway, moreover

der **Oktober**, –(s)   October

das **Oktoberfest**, –es   October festival

das **Olympia-Gelände**, –s   Olympic grounds

der **Omnibus**, –ses, –se   bus, omnibus

der **Onkel**, –s, –   uncle

der **Opel**, –s, –   German automobile

die **Oper**, –n   opera; opera house; **in die Oper gehen**   to go to the opera

die **Ordnung**, –en   order

die **Ortsmundart**, –en   local dialect

(das) **Ostberlin**, –s   East Berlin, communist sector of Berlin

Ostberliner (*adj.*)   East Berlin

ostdeutsch (*adj.*)   East German

der **Ostdeutsche**, –n, –n   East German

(das) **Ostdeutschland**, –s   East Germany

der **Osten**, –s   east

das *or* die (*plur.*) **Ostern**   Easter

(das) **Österreich**, –s   Austria

östlich   east, easterly, eastern

(das) **Ostpreußen**, –s   East Prussia

der **Ostsektor**, –s   East Sector of Berlin

die **Ostzone**   East Zone

P

der **Palast**, –es, ⁼e   palace

(das) **Palästina**, –s   Palestine

das „**Palast-Kino**", –s   the Palace (movie theater)

die **Pantomime**, –n   pantomime

der **Papierkorb**, –(e)s, ⁼e   wastepaper basket

das **Paradies**, –es   paradise

der **Pariser**, –s, – / die **Pariserin**, –nen   native of Paris

der **Park**, –(e)s, –s   park

das **Passiv**, –s, –e   passive voice

die **Paßkontrolle**, –n   passport inspection

die **Pathologie** pathology
der **Patient, –en, –en** patient
die **Pause, –n** pause, recess
der **Pazifik, –s** Pacific Ocean
die **Pension, –en** boardinghouse
die **Perchtengestalt, –en** mummer's figure
das **Perfekt, –(e)s, –e** present perfect tense
die **Person, –en** person
der **Personaldirektor, –s, –en** personnel director
der **Personenzug, –(e)s, ⁼e** local train
persönlich personal
die **Pest** plague
das **Pfeifen, –s** whistling
das **Pferd, –(e)s, –e** horse
der **Plan, –(e)s, ⁼e** plan
die **Platte, –n** record
der **Plattenspieler, –s, –** record player
der **Platz, –es, ⁼e** seat, place; square, marketplace; **Platz nehmen** to sit down
plötzlich sudden
die **Pluralform, –en** plural form
plus plus
das **Plusquamperfekt, –(e)s, –e** pluperfect tense, past perfect tense
(das) **Polen, –s** Poland
die **Politik** politics
politisch political
die **Polizei** police
der **Polizist, –en, –en** policeman
(das) **Portugal, –s** Portugal
das **Possessivattribut, –(e)s, –e** possessive adjective
die **Post, –en** mail; post office
die **Postkarte, –n** postcard
prächtig fine, grand
das **Prädikat, –(e)s, –e** evaluation, grade (mark) in school
(das) **Prag, –s** Prague
praktisch practical

die **Präposition, –en** preposition
das **Präsens, –, (plur.) Präsentia** present tense
die **Praxis** practice
predigen to preach
der **Preis, –es, –e** price; prize
(das) **Preußen, –s** Prussia
der **Priester, –s, –** priest
das **Prinzregententheater, –s** Prince Regent Theater, Munich
privat private
die **Privatgruppe, –n** private group
pro per
das **Problem, –s, –e** problem
der **Professor, –s, –en** professor
das **Pronomen, –s, –** or **Pronomina** pronoun
die **Propaganda** propaganda
das **Prosit, –s, –s** toast (to someone's health)
provisorisch provisional, temporary
das **Prozent, –(e)s, –e** percent
der **Prozentsatz, –es, ⁼e** percentage
die **Prüfung, –en** test, examination; **eine Prüfung bestehen** to pass a test
der **Prüfungsausschuß, (gen.) –schusses, (plur.) –schüsse** examination committee
psychisch psychological, emotional
pünktlich punctual
das **Puppentheater, –s, –** puppet theater

Q

das **Quadratkilometer, –s, –** square kilometer
die **Quelle, –n** source

R

die **Rache** revenge
das **Rad, –(e)s, ⁼er** wheel; bicycle
radikal radical

das **Radrennen, –s** bicycle race
ragen to tower, rise
der **Rand, –(e)s, ̈er** edge, border, out-
skirts
der **Rang, –(e)s, ̈e** rank
rasen to rave, rage, participate in
frenzied activity
raten (rät), riet, geraten (*with dat.
obj.*) to advise, give counsel
das **Rathaus, –es, ̈er** city hall
der **Rationalismus, –** rationalism
die **Ratschläge** (*plur.*) advice, counsel
der **Räuber, –s, –** robber
rauschend murmuring, rushing
(sound of flowing water)
realistisch realistic
die **Realschule, –n** type of secondary
school
rebellisch rebellious
recht very, quite; **recht haben** to be
right
rechtzeitig on time, punctual, at the
right time
reden to speak, talk
reflexiv reflexive
die **Reformation** Reformation
die **Regel, –n** rule; **in der Regel** as a
rule
regelmäßig regular
der **Regenschirm, –(e)s, –e** umbrella
die **Regierung, –en** government,
administration
der **Regierungssitz, –es, –e** seat of
government, capital
das **Reh, –(e)s, –e** deer
das **Reich, –(e)s, –e** empire
reich rich, wealthy; bountiful
die **Reichskanzlei** Imperial Chancellery
das **Reichstagsgebäude, –s** Parliament
Building, West Berlin
die **Reihe, –n** row, series
die **Reise, –n** trip, journey; **eine Reise
machen** to take a trip

reisen, ist gereist to travel
reiten, ritt, ist geritten (*intrans.*),
hat geritten (*trans.*) to ride (on
animals)
das **Relativpronomen, –s, –** *or* **–pronomina**
relative pronoun
die **Religion, –en** religion
die **Renaissance** Renaissance
rennen, rannte, ist gerannt to run
die **Reparatur, –en** repair(s); **mein
Wagen muß in die Reparatur** my
car needs repairs
die **Republik, –en** republic
die **Residenz, –en** residence of an
ecclesiastical or temporal prince,
seat of the court
das **Restaurant, –s, –s** restaurant
die **Revolution, –en** revolution
revolutionär revolutionary; **der
Revolutionär, –s, –e**
revolutionist
der **Rhein, –(e)s** Rhine River
der **„Rheingold-Expreß", (***gen.***) –Expresses**
name of a train
richtig right, correct
das **Riesenrad, –(e)s, ̈er** Ferris wheel
ringsherum around (it)
der **Ritter, –s, –** knight
der **Rittersaal, –(e)s, (***plur.***) –säle**
Knights' Hall
der **Rock, –(e)s** rock music
der **Rock, –(e)s, ̈e** skirt; coat
die **Rohstoffe** (*plur.*) raw materials
die **Rolle, –n** role; **eine Rolle spielen** to
play a role, be a factor
(das) **Rom, –s** Rome
die **Romantik** romanticism, romantic
period
romantisch romantic
das **Romantsch, –** Romansh language
der **Römer, –s, –** Roman
die **Römerzeit** Roman period
römisch (*adj.*) Roman

die **Rose, –n** rose

der **Rosenfestzug, –(e)s, ≃e** Tournament
of Roses Parade

der **Rosenmontag, –(e)s** festival in
Cologne and in other regions along
the Rhine on Monday before Lent;
rosen is dialect for **rasen** to rave

das **Roß,** (*gen.*) **Rosses,** (*plur.*) **Rosse**
horse, steed; **das Gasthaus „Zum
Schwarzen Roß"** Black Horse Inn

rot, röter, rötest- red

der **Rotkohl, –(e)s** red cabbage

rufen, rief, gerufen to call

ruhig calm, quiet, tranquil

ruhmlos infamous, inglorious

die **Ruine, –n** ruin(s)

(das) **Rumänien, –s** Rumania

der **Rummelplatz, –es, ≃e** amusement
park

der **Russe, –n, –n** native of Russia

(das) **Rußland, –s** Russia

S

der **Saal, –(e)s,** (*plur.*) **Säle** hall,
assembly room

das **Sachregister, –s, –** index

sagen to say, speak

die **Saison, –s** season (theater season,
tourist season, etc.)

Salzburger (*adj.*) Salzburg

das **Sammelwort, –(e)s, ≃er** collective
noun

der **Samstag, –(e)s, –e** Saturday

der **Samstagabend, –s, –e** Saturday
evening

(das) **Sankt Gallen, –s** St. Gall

satirisch satirical

sauber clean

der **Sauerbraten, –s** sauerbraten (beef
marinated in vinegar or wine and
spices and then braised)

die **S-Bahn, –en = die Stadtbahn**
municipal railway

die **S-Bahnstation, –en** municipal railway
station

schaden (*with dat. obj.*) to injure,
damage

schänden to dishonor, violate

scharf, schärfer, schärfst- sharp

der **Schatten, –s, –** shadow

der **Schauspieler, –s, –** actor

der **Scheck, –s, –s** check

der **Schein, –(e)s, –e** paper money,
certificate

scheinen, schien, geschienen to seem,
appear

die **Schenke, –n** tavern

schick chic

schicken to send

das **Schicksal, –(e)s, –e** fate

die **Schießbude, –n** shooting gallery

das **Schiff, –(e)s, –e** ship, boat; float

der **Schiffbauerdamm, –(e)s** name of
street in East Berlin

das **Schillertheater, –s** Schiller Theater,
West Berlin

schlafen (schläft), schlief, geschlafen
to sleep; **schlafen Sie wohl!** sleep
well!

schläfrig sleepy

schlagen (schlägt), schlug, geschlagen
to hit, strike, beat

der **Schlager, –s, –** popular song, hit

die **Schlagsahne** whipped cream

die **Schlauheit** slyness, cunning

schlecht bad

(das) **Schlesien, –s** Silesia

schließen, schloß, geschlossen to close

schließlich finally, at last, in conclusion

schlimm bad

das **Schloß,** (*gen.*) **Schlosses,** (*plur.*)
Schlösser castle

der **Schluß,** (*gen.*) **Schlusses,** (*plur.*)
Schlüsse conclusion, end; **am
Schluß** at the end

schmal, schmäler, schmälst- narrow, slender

schmecken to taste

schmücken to decorate

schmuggeln to smuggle

die Schmusedecke, –n security blanket

schmutzig dirty

schneebedeckt snow-clad

schnell fast, quick

der Schnellzug, –(e)s, ⁼e express train

das Schnitzel, –s, – cutlet; das Wiener Schnitzel veal cutlet

die Schnitzerei, –en (wood) carving

der Schock, –(e)s, –e *or* –s shock

schon already

schön beautiful, pretty, lovely; die Schöne, –n beautiful girl or woman

die Schönheit, –en beauty

schreiben, schrieb, geschrieben to write; das Geschriebene, –n that which is written

schriftlich written, in writing; Schriftliches written material, material to be written

der Schriftsteller, –s, – writer, author

der Schuh, –(e)s, –e shoe

der Schuhmachermeister, –s, – master cobbler

die Schularbeiten (*plur.*) schoolwork

der Schulaufbau, –(e)s school structure and organization

die Schulaufgabe, –n lesson, schoolwork

die Schule, –n school; in der Schule in school

der Schüler, –s, – pupil, student (below university level)

das Schuljahr, –(e)s, –e school year

die Schulpflicht, –en obligation or requirement to attend school

das Schulwesen, –s school system

die Schulwoche, –n school week

die Schulzeit, –en schooling, school days

schützen to protect

schwach, schwächer, schwächst- weak

der Schwan, –(e)s, ⁼e swan

schwarz, schwärzer, schwärzest- black

der Schwarzhandel, –s black market

der Schwarzwald, –(e)s Black Forest

(das) Schweden, –s Sweden

die Schweiz (*always accompanied by def. art.*) Switzerland

der Schweizer, –s, – native of Switzerland

schweizerisch (*adj.*) Swiss

schwer difficult, hard

die Schwerindustrie, –n heavy industry

die Schwester, –n sister

die Schwierigkeit, –en difficulty

schwimmen, schwamm, ist *or* hat geschwommen (*intrans.*) to swim; schwimmen gehen to go swimming

das Schwyzerdütsch, –(s) Swiss German

sechs six; sechst- sixth

sechshunderttausend six-hundred thousand

sechzehn sixteen; sechzehnt- sixteenth

sechzig sixty; in den sechziger Jahren in the sixties

der See, –s, –n lake

die Seele, –n soul

das Segelboot, –(e)s, –e sailboat

sehen (sieht), sah, gesehen to see

sehenswert worth seeing

sehr very, very much; es geht mir sehr gut I am just fine

sein (ist), war, ist gewesen to be; es sind there are; zu Ende sein to be at the end, be finished

sein (*poss. adj.*) his, its

die Seine Seine River

seit (*with dat.*) since, for (with expressions of time); ich bin seit zwei Jahren in Deutschland I have been in Germany for two years

seitdem (*subord. conj.*)   since

die **Seite, –n**   page; side

der **Sektor, –s, –en**   sector

die **Sektorengrenze, –n**   sector boundary

die **Sekunde, –n**   second (time)

selb-   same; **am selben Abend**   on the same evening

selber   self, myself, yourself, himself, herself, itself, ourselves, yourselves, themselves

selbst   myself, yourself, himself, herself, itself, ourselves, yourselves, themselves; **er selbst**   he himself

selbstverständlich   of course, naturally

selten   seldom, infrequent

das **Semester, –s, –**   semester

senden, sandte, gesandt   to send

der **Senn, –s, –e**   Alpine herdsman

der **September, –(s)**   September

sich **setzen**   to sit down; **die beiden setzen sich auf das Sofa**   the two sit down on the sofa

(das) **Sibirien, –s**   Siberia

sich (*refl. pron., dat. and acc.*)   himself, herself, itself, oneself, yourself, yourselves, themselves

sicher (*as pred. adj. with gen.*)   certain, sure

Sie (*dat.* **Ihnen,** *acc.* **Sie**) (*formal sing. and plur.*)   you

sie (*dat.* **ihr,** *acc.* **sie**)   she; it

sie (*dat.* **ihnen,** *acc.* **sie**)   they

sieben   seven; **siebt-**   seventh

siebzehn   seventeen; **siebzehnt-**   seventeenth

siebzig   seventy; **in den siebziger Jahren**   in the seventies

die **Sie-Form**   formal, polite form of address

der **Sieger, –s, –** / die **Siegerin, –nen**   victor, conqueror

die **Siegermacht, ⸚e**   victorious power

die **Siegesparade, –n**   victory parade

das **Siegessymbol, –s, –e**   symbol of victory

das **Siegestor, –(e)s**   Victory Gate, Munich

das **Signal, –s, –e**   signal

silbern   silver, of silver

der **Singular, –s, –e**   singular

sitzen, saß, gesessen   to sit; **sitzen bleiben**   to remain seated

die **Sitzung, –en**   meeting, session

skandinavisch (*adj.*)   Scandinavian

der **Slang, –s, –s**   slang

der **Slangausdruck, –(e)s, ⸚e**   slang expression

so   so, thus, in this way; as; such; **so?**   really?, is that so?; **so . . . wie**   as . . . as

sobald (*subord. conj.*)   as soon as

die **Socke, –n**   sock

das **Sofa, –s, –s**   sofa

sofort (*adv.*)   immediately

sogar   even

sogenannt   so-called

der **Sohn, –(e)s, ⸚e**   son

das **Söhnchen, –s, –**   small son

solch(–er, –e, –es)   such, such a

der **Soldat, –en, –en**   soldier

sollen (soll), sollte, gesollt   to be obligated to, be supposed to; shall, should

der **Sommer, –s, –**   summer

sondern (*coord. conj.*) (*used only after a negative statement*)   but, but on the contrary; **ich gehe nicht ins Kino, sondern ins Theater**   I am not going to the movie but to the theater; **nicht nur . . . sondern auch**   not only . . . but also

der **Sonnabend, –s, –e**   Saturday

das **Sonnenlicht, –(e)s**   sunlight

die **Sonnenstraße**   name of a street

der **Sonntag, –(e)s, –e**   Sunday; **am Sonntag**   on Sunday der **Sonntagnachmittag, –(e)s, –e**   Sunday afternoon

sonst   else, otherwise

die **Sorge, –n**   care, worry; **ohne Sorge** without care; **sich Sorgen machen** to worry; **mach dir keine Sorgen** don't worry

soviel (*subord. conj.*)   as much as, as far as; **soviel ich weiß**   as far as I know

sowie (*subord. conj.*)   as well as

sowjetisch   Soviet

sozial   social

die **Sozialordnung**   social order

das **Sozialproblem, –s, –e**   social problem

die **Sozialwissenschaft, –en**   social science

die **Soziologie**   sociology

(sich) **spalten, spaltete (sich), (sich) gespaltet** *or* **gespalten**   to split

(das) **Spanien, –s**   Spain

das **Spanisch(e), –en**   Spanish language

die **Spannung, –en**   tension

die **Spannungspolitik**   politics of tension

sparen   to save

spät   late; **also bis später**   well, see you later

das **Spätmittelalter, –s**   late Middle Ages

spätmittelalterlich   late medieval

spazierengehen, ging spazieren, ist spazierengegangen   to go for a walk

der **Spaziergang, –(e)s, ⸚e**   walk, stroll

die **Speisekarte, –n**   menu

die **Speisewirtschaft, –en**   restaurant, eating establishment

der **Spezialist, –en, –en**   specialist

spielen   to play; **der Film spielt in Jugoslawien**   the setting of the film is in Yugoslavia

der **Sport, –(e)s, –e**   sport(s)

die **Sprache, –n**   language

das **Sprachgebiet, –(e)s, –e**   linguistic area, region where a language is spoken

die **Sprachkenntnis, –se**   language skill, knowledge of a language

die **Sprachlehre**   language study, grammar

die **Sprachschwierigkeit, –en**   language difficulty

sprechen (spricht), sprach, gesprochen (über) (*with acc.*)   to speak, talk (about)

der **Springbrunnen, –s, –**   fountain

der **Staat, –(e)s, –en**   state

staatlich   state, governmental

das **Staatshaupt, –(e)s, ⸚er**   head of state

die **Staatsuniversität, –en**   state university

die **Stadt, ⸚e**   city, town

die **Stadtbahn, –en**   municipal railway

das **Städtchen, –s, –**   small town

das **Stadtleben, –s**   city life

der **Stadtrand, –(e)s, ⸚er**   city limits, edge of town

die **Stadtregierung, –en**   municipal government

der **Stadtstaat, –(e)s, –en**   city-state

die **Stadtverwaltung, –en**   municipal administration

das **Stadtviertel, –s, –**   section of a city

die **Stahlfabrik, –en**   steel mill

stammen, ist gestammt (aus)   to come from, originate; **ich stamme aus Ostpreußen**   I came originally from East Prussia

der **Stammgast, –es, ⸚e**   regular customer of an inn

der **Stammtisch, –es, –e**   table reserved for regular customers of an inn

das **Stammtischschild, –(e)s, ⸚er**   sign on the table of an inn reserving it for regular customers

der **Stand, –(e)s, ⸚e**   status, condition; stand, booth

ständig   steady, constant

der **Standpunkt, –(e)s, –e**   standpoint; **vom Standpunkt ... aus**   from the standpoint of

stark, stärker, stärkst- strong

statt (*with gen.*) instead of

stattfinden, fand statt, stattgefunden
to take place, occur

staunen to be astonished, surprised

stehen, stand, gestanden to stand,
be situated; **stehen lassen** to leave
standing

**stehenbleiben, blieb stehen, ist
stehengeblieben** to stop

steigen, stieg, ist gestiegen to climb

die **Steigerung, –en** comparison (of
adjectives and adverbs)

der **Stein, –(e)s, –e** stone

stellen to put, place, locate; **eine
Frage stellen (über)** (*with acc.*) to
ask a question (about); **sich stellen**
to place oneself, take a position

die **Stellung, –en** position

die **Stenotypistin, –nen** stenographer

sterben (stirbt), starb, ist gestorben
to die

stereotyp stereotypic

die **Stiftsbibliothek, –en** cloister
library

die **Stiftskirche, –n** cloister church,
chapel

der **Stil, –(e)s, –e** style

der **Stillstand, –(e)s** stop, standstill;
zum Stillstand bringen to bring
to a stop

die **Stimme, –n** voice

stimmen: das stimmt that's true

das **Stimmrecht, –(e)s, –e** right to vote,
suffrage

die **Stimmung, –en** mood, atmosphere

der **Stoff, –(e)s, –e** fabric, material

stolz proud

die **Strafanstalt, –en** penal institution

der **Strand, –(e)s** name of a street in
London

die **Straße, –n** street, road

die **Straßenbahn, –en** streetcar, street
railway

der **Straßenbettler, –s, –** street beggar

(sich) **streiten, stritt (sich), (sich) gestritten**
to quarrel

streng stern, severe, strict

strömen to stream

der **Strumpf, –(e)s, –̈e** stocking

das **Stück, –(e)s, –e** piece; play, drama;
ein Stück Kreide a piece of chalk

der **Student, –en, –en / die Studentin, –nen**
university student

das **Studentenleben, –s** student life

das **Studienbuch, –(e)s, –̈er** course book

das **Studienjahr, –(e)s, –e** year of study

studieren to study at an institution
of higher learning

das **Studium, –s, (*plur.*) Studien** course,
studies

die **Stufe, –n** grade, level, class

der **Stuhl, –(e)s, –̈e** chair

die **Stunde, –n** hour

der **Sturm, –(e)s, –̈e** storm; **der Sturm
und Drang** Storm and Stress,
German literary movement in the
eighteenth century

der **Stürmer und Dränger, –s, –** Storm
and Stress poet

das **Substantiv, –s, –e** noun

die **Suche** search; **auf der Suche nach**
in search of

suchen (nach) to seek, look for

süddeutsch (*adj.*) South German

(das) **Süddeutschland, –s** South Germany

der **Süden, –s** south

das **Symbol, –s, –e** symbol

(das) **Syrien, –s** Syria

das **System, –s, –e** system

systematisch systematic

die **Szene, –n** scene

T

der **Tag, –(e)s, –e** day; **guten Tag**
hello

der **Talboden, –s, –̈** valley floor, bottom

die **Tante, –n**   aunt

der **Tanz, –es, ⸚e**   dance

der **Tanzabend, –s, –e**   dance, evening of dancing

 tanzen   to dance; **tanzend**   dancing;
 tanzen gehen   to go dancing;
 das Tanzen, –s   dancing

der **Tänzer, –s, –**   dancer

die **Tasche, –n**   pocket

die **Tasse, –n**   cup

 tätig   active, busy

die **Tatsache, –n**   fact

das **Tausend, –s, –e**   thousand; **tausend** thousand

das **Taxi, –s, –s**   taxi

der **Techniker, –s, – / die Technikerin, –nen**   technician

 technisch   technical

der **Tee, –s**   tea

der **TEE-Zug, –(e)s, ⸚e = der Trans-Europ-Expreß**   TEE-train, Trans-Europe-Express

der **Teil, –(e)s, –e**   part

 teilen   to divide, separate; **geteilt durch**   divided by

die **Teilnahme, –n (an) (*with dat.*)** participation (in)

 teilnehmen (nimmt teil), nahm teil, teilgenommen (an) (*with dat.*)   to take part, participate (in)

der **Teilnehmer, –s, –**   participant

die **Tendenz, –en**   trend, tendency

der **Teppich, –s, –e**   carpet

 terroristisch   terrorist

das **Theater, –s, –**   theater

die **Themse**   Thames River

die **Theorie, –n**   theory

die **These, –n**   thesis, proposition, topic

 tief   deep

das **Tier, –(e)s, –e**   animal, creature

der **Tisch, –es, –e**   table

die **Tochter, ⸚**   daughter

der **Tod, –(e)s, –e**   death

das **Tor, –(e)s, –e**   gate

die **Torte, –n**   torte (type of rich cake with fruit, nuts, chocolate, or custard between layers)

 tot   dead

 total   total

die **Tour, –en**   tour

der **Tourismus, –**   tourism

der **Tourist, –en, –en**   tourist

die **Tracht, –en**   costume

die **Tradition, –en**   tradition

 tragen (trägt), trug, getragen   to carry; wear

das **Trapp–Trapp**   clip-clop

der **Traum, –(e)s, ⸚e**   dream

 traurig   sad

 treffen (trifft), traf, getroffen   to meet

 trennbar   separable

 trennen   to separate

 treten (tritt), trat, ist getreten   to step, walk; enter; **in die Lehre treten**   to enter apprenticeship, become an apprentice

 trinken, trank, getrunken   to drink

 trotz (*with gen.*)   in spite of

 trotzdem   nevertheless, in spite of that

die **Tschechoslowakei (*always accompanied by def. art.*)**   Czechoslovakia

 tüchtig   efficient, capable

 tun, tat, getan   to do, make; **es tut mir leid**   I am sorry

die **Tür, –en**   door

die **Türkei (*always accompanied by def. art.*)**   Turkey

der **Turm, –(e)s, ⸚e**   tower, spire

die **Typhusepidemie, –n**   typhus epidemic

 typisch   typical

die **Tyrannei**   tyranny

U

 u.a.m. = und andere mehr   and many others

das **Übel, –s**   evil

(sich) **üben**   to practice

über (*with dat. and acc.*)   over, above; about, concerning; via, by way of; at; **er ist über die Auswahl erstaunt** he is surprised at the selection

überall   everywhere

das **Überbleibsel, –s, –**   remainder, relic

überhaupt   at all

übernachten   to stay overnight

übernehmen (übernimmt), übernahm, übernommen   to assume control of, take over

überraschen   to surprise

überreichen   to hand over

übers = **über das**

übersetzen   to translate

überstehen, überstand, überstanden   to survive

die **Überstunde, –n**   overtime

übrig   left, leftover, remaining

übrigens   by the way

die **Übung, –en**   exercise, drill, practice

das **Ufer, –s, –**   bank, shore

die **Uhr, –en**   clock, watch; **wieviel Uhr ist es?**   what time is it?; **es ist neun Uhr**   it is nine o'clock; **um neun Uhr**   at nine o'clock

die **Uhrenfabrik, –en**   clock or watch factory

um (*with acc.*)   at (with expressions of time); **um neun Uhr**   at nine o'clock; **um wieviel Uhr?**   at what time?; around; for; **bitten um**   to ask for, request; **um . . . willen** (*with gen.*)   for the sake of; **um . . . zu** (*with inf.*)   in order to

umfallen (fällt um), fiel um, ist umgefallen   to fall over

umfassen   to include

umgeben (umgibt), umgab, umgeben   to surround

umgehen, ging um, ist umgegangen   to circulate, make the rounds

umkommen, kam um, ist umgekommen   to perish, die

der **Umlaut, –(e)s, –e**   umlaut, modification of a vowel

umliegend   surrounding

umsteigen, stieg um, ist umgestiegen   to transfer from one vehicle to another

umstürzen   to overthrow

unabhängig   independent

unbestimmt   indefinite

und (*coord. conj.*)   and

unentbehrlich   indispensable

(das) **Ungarn, –s**   Hungary

ungefähr   approximately

ungern(e)   unwillingly, reluctantly; **ich sehe das ungern**   I don't like to see that

ungeschickt   awkward, unskilled

unglaublich   unbelievable

das **Unglück, –(e)s, –e**   misfortune

die **Universität, –en**   university

die **Universitätsbibliothek, –en**   university library

unmöglich   impossible

unregelmäßig   irregular

unruhig   restless

uns (*dat. and acc.*)   us, to us; ourselves; each other (*see also* **wir**)

unser (*poss. adj.*)   our

die **Untat, –en**   crime, outrage

unter (*with dat. and acc.*)   under; between, among

unterbrechen (unterbricht), unterbrach, unterbrochen   to interrupt

unterentwickelt   underdeveloped

unterhalb (*with gen.*)   below, beneath, under

unterhalten (unterhält), unterhielt, unterhalten   to maintain, support; **sich unterhalten (mit)**   to converse (with); to entertain oneself

die **Unterhaltung, –en**   conversation

das **Unternehmen, –s, –** undertaking,
  enterprise
unterordnend subordinating
der **Unterricht, –(e)s** class, course work,
  instruction
unterrichten to instruct
die **Unterrichtsstätte, –n** place of
  instruction
die **Unterrichtsstunde, –n** class
der **Unterschied, –(e)s, –e** difference
untersuchen to investigate, examine
unterwegs en route, on the way
der **Ursprung, –(e)s** origin
ursprünglich original
usw. = und so weiter and so forth, etc.

V

das **Vanilleeis, –es** vanilla ice cream
der **Vater, –s, ̈** father
verantwortlich responsible
das **Verb, –s, –en** verb
verbergen (verbirgt), verbarg, verborgen
  to hide
die **Verbesserung, –en** improvement
verbieten, verbot, verboten to forbid
der **Verbrecher, –s, –** criminal
(sich) **verbreiten** to spread
verbringen, verbrachte, verbracht to
  spend (time)
verdienen to earn
verehren to admire
der **Verehrer, –s, –** admirer
(sich) **vereinigen** to unite
die **Vereinigten Staaten** (*plur. only*)
  United States
verfassen to write (a book, an
  article, etc.)
verfolgen to persecute, pursue
verfügen (über) to have at one's
  disposal, make use (of), put to use
vergangen past
vergeben (vergibt), vergab, vergeben
  to forgive

vergessen (vergißt), vergaß, vergessen
  to forget
vergießen, vergoß, vergossen to spill;
  Blut vergießen to shed blood
der **Vergleich, –(e)s, –e** comparison; **im
  Vergleich zu** in comparison to
vergleichbar comparable
vergleichen, verglich, verglichen to
  compare
verhaften to arrest
die **Verhaftungsliste, –n** list of people to
  be arrested
das **Verhältnis, –ses, –se** condition,
  circumstance, relationship
verheiratet married
verhungert starved
verkaufen to sell
die **Verkleidung, –en** disguise
verlassen (verläßt), verließ, verlassen
  to leave, abandon, forsake
verlieren, verlor, verloren to lose
vermummt masked, disguised; **der
  Vermummte, –n, –n** mummer,
  person in masquerade costume
verpflichten to obligate
verraten (verrät), verriet, verraten to
  betray
verschieden various, different;
  Verschiedenes various things,
  miscellany
die **Verschiedenheit, –en** variety,
  diversity
verschlafen sleepy, not fully awake
verschmutzen to soil, pollute
die **Verschmutzung** pollution
**verschwinden, verschwand, ist
  verschwunden** to disappear
**versprechen (verspricht), versprach,
  versprochen** to promise
verstehen, verstand, verstanden to
  understand
verstorben deceased
versuchen to try, attempt

verteidigen   to defend
vertraulich   familiar
vertraut   familiar
verurteilen   to condemn
die Verwaltung, –en   administration
verwandeln   to change, transform
der Verwandte, –n, –n   relative
verwenden   to use
die Verwirklichung   realization, materialization
das Verzeichnis, –ses, –se   record, index; ein Verzeichnis führen   to keep a record
der Vetter, –s, –n   male cousin
viel (*sing.*), mehr, meist-   much; viele (*plur.*), mehr, meist-   many; vielen Dank   thank you very much
vielleicht   perhaps, maybe
vier   four; viert-   fourth
viertägig   four-day, of four days' duration
das Viertel, –s, –   quarter; section of a city; ein Viertel   one-fourth; ein Viertel vor acht   a quarter to eight
vierundzwanzig   twenty-four
vierzehn   fourteen; vierzehnt- fourteenth
vierzig   forty
die Violine, –n   violin
das Volk, –(e)s, ̈er   people, nation; the common people, lower classes
die Völkerwanderung, –en   migration
die Volksdichtung   folk literature
das Volksfest, –es, –e   carnival, festival
die Volksmusik   folk music
der Volkstanz, –es, ̈e   folk dance
der Volkswagen, –s, – (VW)   German automobile
die Volkswirtschaft   national economy
voll   full, entire
völlig   complete, entire
vom = von dem

von (*with dat.*)   of; from; by; ein Drama von Schiller   a drama by Schiller; von dort aus   from there, from that vantage point; von jetzt an   from now on
voneinander   from one another
vor (*with dat. and acc.*)   before, prior to; ago; in front of, ahead of; fünf Minuten vor neun   five minutes to nine; vor allem   above all; vor dem Unterricht   before (the) class; vor der Klasse   in front of the class; vor einer Woche   a week ago
vorbei   by, over, past
vorbeifahren (fährt vorbei), fuhr vorbei, ist vorbeigefahren   to drive past, ride past
vorbeigehen, ging vorbei, ist vorbeigegangen   to go past, go by; er geht an mir vorbei   he is going past me
vorbeikommen, kam vorbei, ist vorbeigekommen   to come past, stop in
vorher   before, previously, in advance
vorig- (*adj. only*)   previous, former
die Vorlesung, –en   lecture
vormittags   in the morning, in the forenoon
der Vorort, –(e)s, –e   suburb
die Vorsicht   caution; Vorsicht bei der Abfahrt   watch out when the train starts
das Vorspiel, –(e)s, –e   prologue
die Vorstellung, –en   concept, notion

W

wachsen (wächst), wuchs, ist gewachsen   to grow
der Wagen, –s, –   car, automobile, wagon, vehicle, railway car
wahr   true, real; nicht wahr?   don't you?, isn't that so?, don't you think so?, isn't it?

während (*with gen.*)   during; (*subord. conj.*)   while

wahrscheinlich   probable, likely

der **Wald, –(e)s, ̈er**   forest, woods

wandern, ist gewandert   to wander, travel on foot; **das Wandern, –s** hiking

der **Wandervogel, –s, ̈**   migratory bird; name given to members of a German youth movement

die **Wandtafel, –n**   blackboard

wann (*interrog. adv. and subord. conj.*)   when

ward (*arch. and poet.*) = **wurde** (*see* **werden**)

die **Ware, –n**   ware, product

warm, wärmer, wärmst-   warm

warten (auf) (*with acc.*)   to wait (for)

warum (*interrog. adv. and subord. conj.*)   why

was (*interrog. pron.*)   what; (*rel. pron.*)   what, that, which; **sie erzählt, was sie gemacht hat**   she tells what she has done

das **Wasser, –s, –**   water

die **Wasserkraft**   water power

die **Wasserverseuchung**   water pollution

der **Weber, –s, –**   weaver

die **Weberei, –en**   textile mill

der **Webstuhl, –(e)s, ̈e**   loom

wechseln   to change

der **Wecker, –s, –**   alarm clock

weder . . . noch (*coord. conj.*)   neither . . . nor

der **Weg, –(e)s, –e**   way, path; **sich auf den Weg machen**   to start out

weg (*sep. pref.*)   away

wegen (*with gen.*)   because of, on account of, due to

weiblich   female, feminine

weiden   to graze

weil (*subord. conj.*)   because

die **Weile, –n**   while, short time

die **Weimarer Republik**   Weimar Republic

der **Wein, –(e)s, –e**   wine

das **Weinfest, –es, –e**   wine festival

die **Weinkarte, –n**   wine list

die **Weinsorte, –n**   kind or variety of wine

die **Weise, –n**   way, manner; **auf diese Weise**   in this way

weisen, wies, gewiesen (auf) (*with acc.*)   to indicate, point out

die **Weisheit**   wisdom

weiß   white

weit, weiter, weitest-   far, distant; **weitere Übungen**   further exercises; **ohne weiteres**   without further ado

weiterhin   furthermore, moreover

weiterleben   to continue to live

welch(–er, –e, –es)   which, what

die **Welt, –en**   world; **auf der Welt**   in the world

die **Weltanschauung, –en**   philosophy of life

weltberühmt   world-famous

der **Weltkrieg, –(e)s, –e**   World War; **der Zweite Weltkrieg**   World War II

die **Weltpolitik**   world politics

der **„Weltspiegel", –s**   World Mirror (movie theater)

die **Weltstadt, ̈e**   metropolis

der **Weltteil, –(e)s, –e**   part of the world

wem (*dat.*)   whom, to or for whom (*see also* **wer**)

wen (*acc.*)   whom (*see also* **wer**)

wenden, wandte, gewandt   to turn

wenig   (a) little, slight; (*plur.*) **wenige**   few, a few; **ein wenig**   a little; **ganz wenig**   very little; **weniger**   less, minus **wenigstens**   at least, in any case

wenn (*subord. conj.*)   if, when, whenever

wer (*interrog. pron.*) (*gen.* **wessen,**
dat. wem, *acc.* **wen**) who

werden (wird), wurde, ist geworden to
become, get; **es wird spät** it is
getting late

werfen (wirft), warf, geworfen to
throw

das Werk, –(e)s, –e (artistic, literary)
work

die Weser Weser River

wessen (*gen.*) whose (*see also* **wer**)

(das) Westberlin, –s, *also* West-Berlin
West Berlin, a federal city-state

Westberliner (*adj.*) West Berlin

(das) Westdeutschland, –s West Germany,
Federal Republic of Germany

der Westen, –s west, West

(das) Westeuropa, –s Western Europe

westeuropäisch West-European

westlich west, westerly, western

die Westzone, –n West Zone

wichtig important

wie (*interrog. adv.*) how; **wie geht es**
Ihnen? how are you?; **wie heißen**
Sie? what is your name?; **wie**
viele how many; (*subord. conj.*)
as, like; such as; **so . . . wie**
as . . . as

wieder again, once more; **sie kommt**
nicht wieder she doesn't come
back; **immer wieder** again and
again

das Wiederaufleben, –s revival

wiederherstellen to restore

wiederholen to repeat, do again

die Wiederholung, –en repetition

wiederkehren, ist wiedergekehrt to
return; **wiederkehrend** returning

Wiedersehen: auf Wiedersehen
goodbye

(das) Wien, –s Vienna

Wiener (*adj.*) Viennese; **das Wiener**
Schnitzel, –s, – veal cutlet

die Wiese, –n meadow

wieso why, why is that

wieviel how much, how many;
wieviel Uhr ist es? what time is
it?

wild wild

will (*see* **wollen**)

willen: um Himmel's willen for
heaven's sake

wimmeln (von) to teem (with)

der Winter, –s, – winter

wir (*dat.* **uns,** *acc.* **uns**) we

wirklich real, genuine

die Wirklichkeit reality

der Wirt, –(e)s, –e innkeeper, host,
landlord; **die Wirtin, –nen** landlady, hostess, innkeeper

die Wirtschaft, –en inn, tavern;
economy, economic system

wirtschaftlich economic

das Wirtschaftsleben, –s business world

das Wirtshaus, –es, ̈er inn

wissen (weiß), wußte, gewußt to
know (a fact, but not in the sense
of knowing a person, place or
object)

die Wissenschaft, –en science; knowledge

der Wissenschaftler, –s, – scientist

wissenschaftlich scientific

Wittenberger (*adj.*) Wittenberg

die Witwe, –n widow

der Witz, –es, –e joke

wo (*interrog. adv. and subord. conj.*)
where

wobei at which, at what

die Woche, –n week

das Wochenende, –s, –n weekend

das Wochenendhaus, –es, ̈er weekend
house

wodurch through what, through
which, by what means

wofür for what, for which

wogegen   against what, against which

woher   from where, from what place, whence; **woher wußten Sie das?**   how did you know that?

wohin   where, where to, to what place, whither

wohl   well; indeed; probably

der **Wohlstand, –(e)s**   prosperity

wohnen   to live, reside

die **Wohnung, –en**   residence, apartment

das **Wohnungsproblem, –s, –e**   housing problem

der **Wohnwagen, –s, –**   trailer, mobile home

das **Wohnzimmer, –s, –**   living room

die **Wolga**   Volga River

wollen (will), wollte, gewollt   to want

womit   with what, with which, by what means

woran   at what, at which; about what; **woran denken Sie?**   what are you thinking about?

worauf   on what, on which

woraus   out of what, out of which

das **Wort, –(e)s**   word; (*plur.*) **Wörter** unrelated words, words in a list; (*plur.*) **Worte**   words of a sentence, clause or phrase

das **Wörterverzeichnis, –ses, –se** vocabulary list

der **Wortschatz, -es, ⁼e**   vocabulary

die **Wortstellung**   word order (of a sentence, clause)

worüber   about what, concerning what

die **Wo-Verbindung, –en   wo-**compound

wovon   of what, of which; **wovon sprechen Sie?**   what are you talking about?

das **Wunder, –s, –**   wonder, surprise

wünschen   to wish, desire

würde, würden   would (*see also* **werden**)

die **Wurst, ⁼e**   sausage

Z

die **Zahl, –en**   number

zählen   to count

zahlreich   numerous

der **Zahn, –(e)s, ⁼e**   tooth

die **Zahnbürste, –n**   toothbrush

der **Zauber, –s**   charm, magic

z.B. = zum Beispiel   for example

zehn   ten; **zehnt-**   tenth

die **Zehnerreihe**   (counting by) tens; **sagen Sie die Zehnerreihe!**   count by tens!

zeigen   to show, indicate; **zeigen auf** (*with acc.*)   to point at, point to

die **Zeit, –en**   time; **auf kurze Zeit**   for a short time; **höchste Zeit**   high time; **mit der Zeit**   in time; **von Zeit zu Zeit**   from time to time; **zu jener Zeit**   at that time; **zur gleichen Zeit**   at the same time, simultaneously; **zur Zeit**   at the time

das **Zeitalter, –s, –**   era

die **Zeitschrift, –en**   journal, magazine

das **Zeitsubstantiv, –s, –e**   noun expressing time

der **Zeitungskiosk, –(e)s, –e**   newspaper stand

die **Zelle, –n**   cell

die **Zellentheorie, –n**   cell theory

das **Zellgewebe, –s, –**   cell tissue

zellular   cellular

das **Zelt, –(e)s, –e**   tent

die **Zensur, –en**   grade (mark) in school

das **Zentrum, –s, (*plur.*) Zentren**   center, downtown area

zerstören   to destroy

die **Zerstörung, –en**   destruction

das **Zeugnis, –ses, –se** certificate,
transcript
ziehen, zog, ist gezogen (*intrans.*) to
move; **hat gezogen** (*trans.*) to
pull, draw
das **Ziel, –(e)s, –e** goal, objective
ziemlich rather, somewhat
die **Zigarettenpause, –n** cigarette break
das **Zimmer, –s, –** room
der **Zivilisationsschock, –(e)s, –s** *or* **–e**
culture shock
die **Zollkontrolle, –n** customs inspection
die **Zone, –n** zone
zornig angry
zu (*with dat.*) to; at; for; too; **das
Gasthaus „Zum Schwarzen Roß"**
Black Horse Inn; **zu Abend** in
the evening; **zu Bett** to bed; **zu
Fuß** on foot; **zu Hause** at home;
zu jener Zeit at that time; **zu
Mittag** at noon; **zum Beispiel
(z.B.)** for example; **zum ersten
Mal** for the first time; **zur
gleichen Zeit** at the same time
die **Zuchtperle, –n** cultured pearl
zuerst (*adv.*) first, at first
die **Zuflucht** refuge, shelter
der **Zug, –(e)s, ⁻e** train; **mit dem Zug**
by train
zugleich at the same time
zuhören (*with dat. obj.*) to listen (to)
die **Zukunft** future
zulassen (läßt zu), ließ zu, zugelassen
to admit, permit entry
die **Zulassung, –en** admission
das **Zulassungsgesuch, –(e)s, –e** application for admission
zum = zu dem
zur = zu der
(das) **Zürich, –s** Zurich
der **Zürichsee, –s** Lake Zurich
zurück (*sep. pref.*) back

**zurückbekommen, bekam zurück,
zurückbekommen** to receive, get
back
**zurückfahren (fährt zurück), fuhr
zurück, ist zurückgefahren** to
return by vehicle
zurückkehren, ist zurückgekehrt to
return
**zurückkommen, kam zurück, ist
zurückgekommen** to return, come
back
zusammen together
**zusammenbrechen (bricht zusammen),
brach zusammen, ist zusammengebrochen** to break down, collapse
der **Zusammenbruch, –(e)s, ⁻e** collapse
**zusammensitzen, saß zusammen,
zusammengesessen** to sit together
der **Zuschauer, –s, –** spectator
das **Zustandspassiv, –s, –e** statal passive
zustimmen to agree, approve
die **Zustimmung, –en** approval
zwanzig twenty; **zwanzigst-**
twentieth
zwar indeed, to be sure, certainly,
of course, in fact, specifically
zwei two; **die Zwei** two (noun);
zweit- second; **der Zweite
Weltkrieg, –(e)s** World War II
zweihunderteins two hundred one
zweijährig two-year-old
zweimal twice
zweitausend two thousand
die **Zweitstellung** second place or
position
zweiundzwanzig twenty-two
der **Zwiebelturm, –(e)s, ⁻e** onion-shaped
tower
zwischen (*with dat. and acc.*) between,
among
zwölf twelve; **zwölft-** twelfth
zynisch cynical

Englisch-Deutsch

The English-German vocabulary includes only those lexical items used in drills containing English cues and in English sentences to be translated into German.

A

a, an   ein, eine, ein
about   über (*with acc.*); **about it**
   danach, darüber; **to ask about**
   fragen nach (*with dat.*)
address   die Adresse, –n
admirer   der Verehrer, –s, –
advantage: to take advantage of
   ausnutzen
after   nach (*with dat.*)
afternoon: on Saturday afternoon   am
   Samstagnachmittag
against   gegen (*with acc.*); **against it**
   dagegen
ago   vor (*with dat.*); **a week ago**   vor
   einer Woche; **three years ago**   vor
   drei Jahren
air pollution   die Luftverseuchung
all   all(e)
allowed: to be allowed to   dürfen (darf),
   durfte, gedurft
almost   fast, beinahe
alone   allein
along: to bring along   mitbringen,
   brachte mit, mitgebracht
Alps   die Alpen (*plur.*)
already   schon
also   auch
although   obwohl (*subord. conj.*)
am: I am to   ich soll
America   (das) Amerika, –s
American   der Amerikaner, –s, – / die
   Amerikanerin, -nen
and   und
annoyed: to be annoyed   sich ärgern

any: not . . . any   kein, keine, kein
are   sind; **are you a student?**   sind Sie
   Student?
area   das Gebiet, –(e)s, –e
army   das Heer, –(e)s, –e
around   um (*with acc.*)
to **arrive**   ankommen, kam an, ist
   angekommen
as . . . as   so . . . wie
to **ask**   fragen; **to ask for**   bitten, bat,
   gebeten um (*with acc.*); **to ask about**
   fragen nach (*with dat.*)
to **assign**   aufgeben (gibt auf), gab auf,
   aufgegeben; **to assign much**   viel
   aufgeben
at   an, auf (*with dat.*); um (*with acc.*);
   at home   zu Hause; **at one end**   an
   einem Ende; **at 7:30**   um halb acht,
   um sieben Uhr dreißig; **at that time**
   zu jener Zeit; **at the city limits**   am
   Stadtrand; **at the institute**   am Institut;
   at the university   auf, an der Universität; **to look at**   ansehen (sieht an),
   sah an, angesehen
to **attend** (school)   besuchen
August   der August, –(e)s, *or* –; **in**
   August   im August
Austria   (das) Österreich, –s

B

band   die Kapelle, –n
bank   die Bank, –en; **bank** (of a stream
   or lake)   das Ufer, –s, –
baroque church   die Barockkirche, –n

Bavarian   der Bayer, –n, –n; bayrisch
(*adj.*)

to **be**   sein (ist), war, ist gewesen; **is
supposed to be**   soll . . . sein; **there
are, were**   es sind, waren

because   denn (*coord. conj.*); weil
(*subord. conj.*)

to **become**   werden (wird), wurde, ist
geworden

beer   das Bier, –(e)s, –e

before   bevor (*subord. conj.*), ehe
(*subord. conj.*)

to **begin**   beginnen, begann, begonnen

behind   hinter (*with dat. and acc.*)

between   zwischen (*with dat. and acc.*)
between them   dazwischen

"Black Horse Inn"   das Gasthaus
„Zum Schwarzen Roß"

blackboard   die Wandtafel, –n

book   das Buch, –(e)s, ¨er; **German
book**   das Deutschbuch, –(e)s, ¨er

boundary: sector boundary   die Sektorengrenze, –n

boy   der Junge, –n, –n

break: cigarette break   die Zigarettenpause, n

to **break down**   zusammenbrechen (bricht
zusammen), brach zusammen, ist
zusammengebrochen

breakfast   das Frühstück, –(e)s, –e; **to
eat breakfast**   frühstücken

to **bring**   bringen, brachte, gebracht; **to
bring along**   mitbringen, brachte mit,
mitgebracht; **to bring to a stop**   zum
Stillstand bringen

brother   der Bruder, –s, ¨

building   das Gebäude, –s, –; **Parliament
Building**   das Reichstagsgebäude, –s;
high rise building   das Hochhaus, –es,
¨er

business   das Geschäft, –(e)s, –e;
business people   die Geschäftsleute
(*plur.*)

but   aber (*coord. conj.*)

to **buy**   kaufen

by   bei, mit, von (*with dat.*); **by car**   mit
dem Wagen; **by means of**   durch (*with
acc.*); **by moonlight**   bei Mondlicht;
invited by a friend   von einem Freund
eingeladen

C

can (to be able)   können (kann), konnte,
gekonnt; **can't we?**   nicht wahr?;
we can't   wir können nicht

canton   der Kanton, –s, –e

car   der Wagen, –s, –; **by car**   mit dem
Wagen; **car stop**   die Haltestelle, –n

carnival   das Volksfest, –es, –e

carving   die Schnitzerei, –en

castle   das Schloß, (*gen.*) Schlosses,
(*plur.*) Schlösser

to **catch a cold**   sich erkälten

to **celebrate**   feiern

cell   die Zelle, –n; **cell tissue**   das
Zellgewebe, –s, –

century   das Jahrhundert, –s, –e

chemical firm   die Chemiefirma, (*plur.*)
–firmen

chemicals   die Chemikalien (*plur.*)

child   das Kind, –(e)s, –er

church   die Kirche, –n; **baroque church**
die Barockkirche; **cloister church**   die
Stiftskirche

cigarette break   die Zigarettenpause, –n

city   die Stadt, ¨e; **city hall**   das
Rathaus, –es, ¨er

class   der Unterricht, –(e)s; die Klasse,
–n; **second class**   zweiter Klasse

classroom   das Klassenzimmer, –s, –

clinic   die Klinik, –en

cloister church   die Stiftskirche, –n

coffee   der Kaffee, –s; **a cup of coffee**
eine Tasse Kaffee

cold   kalt, kälter, kältest-; **to catch a**

cold   sich erkälten

colorful   bunt

to **come**   kommen, kam, ist gekommen;
   to come from   kommen aus (*with
   dat.*), stammen aus (*with dat.*); **where
   do you come from?**   woher kommen
   Sie?; **comes to see me**   kommt zu mir;
   to come into conflict with   mit . . . in
   Konflikt kommen

commerce   der Handel, –s

company   die Firma, (*plur.*) Firmen

to **comprehend**   verstehen, verstand,
   verstanden

concert   das Konzert, –(e)s, –e; **to go to
   a (the) concert**   ins Konzert gehen

conflict   der Konflikt, –(e)s, –e; **to come
   into conflict with**   mit . . . in Konflikt
   kommen

construction firm   die Baufirma, (*plur.*)
   –firmen

contact   der Kontakt, –(e)s, –e

to **converse**   sprechen (spricht), sprach,
   gesprochen

costume   die Tracht, –en

country   das Land, –(e)s, –̈er; **to go to the
   country**   aufs Land fahren, gehen;
   from foreign countries   aus dem
   Ausland

course work   der Unterricht, –(e)s

cousin   der Vetter, –s, –n / die Kusine, –n

culture shock   der Zivilisationsschock,
   –e(s), –s *or* –e

cup   die Tasse, –n; **a cup of coffee**   eine
   Tasse Kaffee

customer   der Gast, –es, –̈e

to **decorate**   schmücken

to **depart**   abfahren (fährt ab), fuhr ab, ist
   abgefahren

to **describe**   beschreiben, beschrieb,
   beschrieben

dialect   der Dialekt, –(e)s, –e

difficult   schwer

to **discuss**   besprechen (bespricht), besprach,
   besprochen

to **do**   tun, tat, getan; machen; (*never used
   as an auxiliary verb in German*)
   she doesn't like to see . . .   sie sieht
   ungern (nicht gern) . . .; **do you
   want . . .?**   wollen Sie . . .?; **did you
   forget . . .?**   haben Sie . . . vergessen?;
   did the professor assign . . .?   hat der
   Professor . . . aufgegeben?; **did you
   look . . .?**   haben Sie . . . angesehen?;
   don't you?   nicht wahr?; **to do homework**   die Hausaufgaben machen

doctor   der Arzt, –es, –̈e

door   die Tür, –en

drama   das Drama, –s, (*plur.*) Dramen

to **drink**   trinken, trank, getrunken

to **drive**   fahren (fährt), fuhr, ist gefahren
   (*intrans.*); hat gefahren (*trans.*); **to
   drive past**   vorbeifahren (an) (*with
   dat.*); **we are driving past the market
   place**   wir fahren an dem Marktplatz
   vorbei

drug   das Medikament, –(e)s, –e

during   während (*with gen.*); **during a
   cigarette break**   während einer
   Zigarettenpause

D

daughter   die Tochter, –̈

day   der Tag, –(e)s, –e; **every day**
   jeden Tag

to **decide**   sich entschließen, entschloß sich,
   sich entschlossen

E

each   jed(–er, –e, –es)

early   früh; **earlier**   früher

earth   die Erde, –n

easily   leicht

east   der Osten, –s; **East German**   der

Ostdeutsche, –n, –n; **East Zone**   die Ostzone

easy   leicht

to **eat**   essen (ißt), aß, gegessen; **to eat breakfast**   frühstücken

edge of town   der Stadtrand, –(e)s, ⸗er

educational opportunity   die Ausbildungs- möglichkeit, –en

either: not . . . either   auch nicht

electricity   die Elektrizität

to **employ**   anstellen (usually for clerical, professional, and business positions); **is employed**   ist . . . angestellt

end   das Ende, –s, –n; **at one end**   an einem Ende

to **end**   zu Ende gehen

English (language)   das Englisch(e), –en

to **erect**   errichten

evening: yesterday evening   gestern abend; **on Friday evening**   am Freitagabend; **evening meal**   das Abendessen, –s

every   jed(–er, –e, –es); **every day**   jeden Tag

Everyman   „Jedermann"

everything   alles

exact   genau

exercise   die Übung, –en; **to do the exercises**   die Übungen machen

experiment   das Experiment, –(e)s, –e

express   der D-Zug, Schnellzug, –(e)s, ⸗e

expression   der Ausdruck, –(e)s, ⸗e

F

factory   die Fabrik, –en; **furniture factory**   die Möbelfabrik

family   die Familie, –n

fast   schnell

fate   das Schicksal, –s, –e

father   der Vater, –s, ⸗

Federal Railway   die Bundesbahn

fertility   die Fruchtbarkeit

festival: festival play   das Festspiel, –(e)s, –e; **Shrovetide festival**   der Fasching, –s, –e

fifteen   fünfzehn

to **fight (for)**   kämpfen (um, für) (*with acc.*)

film   der Film, –(e)s, –e; **war film**   der Kriegsfilm

to **find**   finden, fand, gefunden; **to find out**   erfahren (erfährt), erfuhr, erfahren

fine   gut

firm   die Firma, (*plur.*) Firmen; **chemical firm**   die Chemiefirma; **construction firm**   die Baufirma

first   zuerst (*adv.*)

five   fünf; **five thousand**   fünftausend

to **flee**   fliehen, floh, ist geflohen

to **fly**   fliegen, flog, ist geflogen

for   für (*with acc.*); **for a year**   ein Jahr; **for it**   dafür; **for today**   für heute; **to ask for**   bitten, bat, gebeten um (*with acc.*)

foreign   ausländisch; **foreign worker**   der Gastarbeiter, –s, –; **from foreign countries**   aus dem Ausland

foreigner   der Ausländer, –s, –

forest   der Wald, –(e)s, ⸗er

to **forget**   vergessen (vergißt), vergaß, vergessen

form   die Form, –en

formerly   früher

to **formulate**   aufstellen

freedom   die Freiheit, –en

French (language)   das Französisch(e), –en

frequent(ly)   oft, öfter, öftest-

Friday: on Friday evening   am Freitag- abend

friend   der Freund, –(e)s, –e / die Freundin, –nen

French(man)   der Franzose, –n, –n

from   aus, von (*with dat*); **from foreign countries**   aus dem Ausland; **where . . . from**   woher

front: in front of   vor (*with dat. and acc.*);
   in front of the house   vor dem Haus(e)
frontier   die Grenze, –n
frustration   die Frustration, –en
furniture factory   die Möbelfabrik, –en

G

German   deutsch (*adj.*) **German book**
   das Deutschbuch, –(e)s, ⸚er; **German**
   (language)   das Deutsch(e), –en;
   German school system   das deutsche
   Schulwesen, –s; (native of Germany)
   der Deutsche, –n, –n; **East German**
   der Ostdeutsche, –n, –n
Germany   (das) Deutschland, –s
to **get** (become)   werden (wird), wurde, ist
   geworden; (obtain)   bekommen,
   bekam, bekommen; **to get off or out of**
   a vehicle   aussteigen, stieg aus, ist
   ausgestiegen; **to get up**   aufstehen,
   stand auf, ist aufgestanden
   girl   das Mädchen, –s, –; **girl student**
   die Studentin, –nen
to **give**   geben (gibt), gab, gegeben
to **go** (usually on foot)   gehen, ging, ist
   gegangen; (by vehicle)   fahren
   (fährt), fuhr, ist gefahren; **I am going to**
   see   ich sehe; **we are going to have**
   wir werden . . . haben; **to go for a walk**
   spazierengehen, ging spazieren, ist
   spazierengegangen; **to go to a (the)**
   concert   ins Konzert gehen; **to go to**
   a movie   ins Kino gehen
good   gut
government   die Regierung, –en
grade (mark in school)   die Zensur, –en
great   groß
guest worker   der Gastarbeiter, –s, –

H

hall: city hall   das Rathaus, –es, ⸚er
hard   schwer
has   hat; **has to**   muß

to **have**   haben (hat), hatte, gehabt; **to**
   have to   müssen (muß), mußte, gemußt
he   er (*dat.* ihm, *acc.* ihn)
to **hear**   hören; **we are going to hear**   wir
   hören
heavy industry   die Schwerindustrie, –n
to **help**   helfen (hilft), half, geholfen (*with*
   dat. obj.)
her   ihr (*dat.*), sie (*acc.*)
here   hier
high   hoch (hoh-), höher, höchst-;
   high rise building   das Hochhaus, –es,
   ⸚er
hippie world   die Hippie-Welt
to **hire**   einstellen
his   sein
home   nach Hause; **at home**   zu Hause
homework   die Hausaufgaben (*plur.*);
   to do homework   die Hausaufgaben
   machen
hospital   das Krankenhaus, –es, ⸚er
hotel   das Hotel, –s, –s
hour   die Stunde, –n; **long hours**   lange
   Stunden
house   das Haus, –es, ⸚er; **in front of**
   the house   vor dem Haus(e)
housing problem   das Wohnungsproblem,
   –s, –e
how   wie; **how are you?**   wie geht es
   Ihnen?; **how do you like . . . ?**   wie
   gefällt dir, euch, Ihnen . . . ?; **how**
   long   wie lange; **how many**   wieviel,
   wie viele

I

I   ich (*dat.* mir, *acc.* mich)
if   wenn (*subord. conj.*)
important   wichtig
in   in (*with dat. and acc.*); **in front of**
   vor (*with dat. and acc.*); **in 1961**   im
   Jahre 1961; **in order to buy**   um . . . zu
   kaufen; **in school**   in der Schule; **in**
   spite of   trotz (*with gen.*)

industrial world   die Industriewelt, –en
industry: heavy industry   die Schwerindustrie, –n
influence   der Einfluß, (*gen.*) Einflusses,
   (*plur.*) Einflüsse; **influence on**   der
   Einfluß auf (*with acc.*)
information   die Auskunft, ⁻e; **(some)**
   information   Auskunft
inhabitant   der Einwohner, –s, –
inn   das Gasthaus, –es, ⁻er
innkeeper   der Wirt, –(e)s, –e
instead of   anstatt (*with gen.*)
institute   das Institut, –s, –e; **at the**
   institute   am Institut
instructor   der Lehrer, –s, –; der Professor, –s, –en
interested: to be interested in   Interesse
   haben (für) (*with acc.*); Interesse
   nehmen (an) (*with dat.*)
interesting   interessant
into   in (*with acc.*)
to **invite**   einladen (lädt ein), lud ein,
   eingeladen
is   ist
it   er (*dat.* ihm, *acc.* ihn); sie (*dat.* ihr,
   acc. sie); es (*dat.* ihm, *acc.* es);
   about it   danach; **against it**   dagegen;
   for it   dafür
its   sein (*masc.*), ihr (*fem.*), sein (*neut.*)

J

jazz   der Jazz, –
just   erst; eben

K

Kaiser William Memorial Church   die
   Kaiser-Wilhelm-Gedächtniskirche
king   der König, –(e)s, –e
Knights' Hall   der Rittersaal, –(e)s
to **know** (a person, place, or object)
   kennen, kannte, gekannt; (a fact)
   wissen (weiß), wußte, gewußt

L

laboratory   das Laboratorium, –s, (*plur.*)
   Laboratorien
lake   der See, –s, –n
landlady   die Wirtin, –nen
language   die Sprache, –n
large   groß, größer, größt-
last   letzt; **last night**   gestern abend;
   last summer   letzten Sommer
late   spät; **later**   später
law   das Gesetz, –es, –e
lawyer   der Jurist, –en, –en
to **learn**   lernen
to **leave** (a person or place)   verlassen
   (verläßt), verließ, verlassen
less   weniger; **more or less**   mehr oder
   weniger
lesson   die Aufgabe, –n
let: let's go   gehen wir
letter   der Brief, –(e)s, –e
life   das Leben, –s; **life style**   der
   Lebensstil, –(e)s, –e
like   wie; **to look like**   aussehen wie
to **like**   gern(e) haben; **does he like you?**
   hat er dich, euch, Sie gern?; **how do**
   you like . . . ?   wie gefällt dir, euch,
   Ihnen . . . ?; **to like to travel**   gern
   fahren; **to like to visit**   gern besuchen;
   would like   möchte, möchten
to **listen**   hören; **to listen to jazz**   Jazz hören
to **live**   wohnen
   located: to be located   liegen, lag, gelegen
   long   lang(e), länger, längst; **(for) a long**
      time   lange; **how long**   wie lange
to **look (at)**   ansehen (sieht an), sah an,
   angesehen; **to look at the car**   den
   Wagen ansehen; **to look like**   aussehen
   (sieht aus), sah aus, ausgesehen wie
to **lose**   verlieren, verlor, verloren

M

mail   die Post
mailman   der Briefträger, –s, –

to **maintain**   unterhalten (unterhält),
    unterhielt, unterhalten
man   der Mann, –(e)s, ⸚er
many   viele; **how many**   wieviel, wie
    viele; **as many as**   so viel . . . wie
marketplace   der Marktplatz, –es, ⸚e
me   mir (*dat.*), mich (*acc.*); **with me**
    mit mir
meal: evening meal   das Abendessen,
    –s, –
means: by means of   durch (*with acc.*)
Mediterranean (Sea)   das Mittelmeer,
    –(e)s
to **meet**   treffen (trifft), traf, getroffen
million   die Million, –en
minute   die Minute, –n
Miss   das Fräulein, –s, –; **Miss Moreau**
    Fräulein Moreau
monastery   das Kloster, –s, ⸚
Monday   der Montag, –(e)s, –e
money   das Geld, –(e)s, –er
month   der Monat, –(e)s, –e
moonlight   das Mondlicht, –(e)s; **by
    moonlight**   bei Mondlicht
more   mehr; **more or less**   mehr oder
    weniger; **more slowly**   langsamer; **no
    more time**   keine Zeit mehr (*see also*
    much)
morning: this morning   heute morgen
most   meist–; **most scientists**   die
    meisten Wissenschaftler (*see also*
    much)
mountain   der Berg, –(e)s, –e; **to the
    mountains**   in die Berge
movement: youth movement   die Jugend-
    bewegung, –en
movie   der Film, –(e)s, –e; **to see a
    movie**   einen Film sehen; **movie
    theater**   das Kino, –s, –s; **to go to a
    movie**   ins Kino gehen
Mr.   der Herr, –n, –en; **Mr. Jones**
    Herr Jones
much   viel, mehr, meist-

Munich   (das) München, –s; (*adj.*)
    Münch(e)ner; **University of Munich**
    die Universität München
museum   das Museum, –s, (*plur.*)
    Museen
must   müssen (muß), mußte, gemußt
my   mein

N

name: what is your name?   Wie heißen
    Sie?
native region   die Heimat
naturally   natürlich
near   nicht weit von (*with dat.*); neben
    (*with dat. and acc.*)
to **need**   brauchen
new   neu
next   nächst-; **next summer**   nächsten
    Sommer; **next to**   neben (*with dat.*)
night: last night   gestern abend
nine   neun; **for nine years**   neun Jahre
nineteenth   neunzehnt-
no   nein; (*adj.*) kein; **no more time**
    keine Zeit mehr; **no other city**   keine
    andere Stadt
noise   der Lärm, –(e)s
not   nicht; **not yet**   noch nicht
notebook   das Heft, –(e)s, –e
now   jetzt

O

observation   die Beobachtung, –en
o'clock   Uhr; **at seven o'clock**   um
    sieben Uhr
of   von (*with dat.*); **instead of**   anstatt
    (*with gen.*);   **to think of**   denken an
    (*with acc.*)
off: to get off or out of a vehicle
    aussteigen, stieg aus, ist ausgestiegen
office   das Büro, –s, –s; **to the office**
    ins Büro
often   oft
old   alt, älter, ältest-

on an, auf (*with dat. and acc.*);
influence on der Einfluß auf (*with acc.*); **on Friday evening** am Freitagabend; **on the table** auf dem Tisch; **on the train** mit dem Zug

once einmal

one (*num.*) ein; (*indef. pron.*) man (*dat. einem, acc. einem*)

only nur

opera die Oper, –n; *The Threepenny Opera* „Die Dreigroschenoper"

operation der Betrieb, –(e)s, –e; **in operation** in Betrieb

opportunity die Gelegenheit, –en; **educational opportunity** die Ausbildungsmöglichkeit, –en

or oder (*coord. conj.*)

order: in order to buy um . . . zu kaufen

original ursprünglich; **originally I came from . . .** ich stamme aus (*with dat.*) . . .

other ander-; **no other city** keine andere Stadt; **to other countries** nach anderen Ländern

our unser

out: to get out of a vehicle aussteigen, stieg aus, ist ausgestigen

over über (*with dat. and acc.*); (*past*) vorbei

P

palace der Palast, –es, ⁼e

parents die Eltern (*plur. only*)

Parliament Building das Reichstagsgebäude, –s

part der Teil, –(e)s, –e; **to take part (in)** teilnehmen (nimmt teil), nahm teil, teilgenommen (an) (*with dat.*)

passage: reading passage das Lesestück, –(e)s, –e

past vorbei; **to drive past** vorbeifahren (fährt vorbei), fuhr vorbei, ist vorbeigefahren (an) (*with dat.*); **we are**

driving past the marketplace wir fahren am Marktplatz vorbei

people die Leute (*plur. only*); **business people** die Geschäftsleute (*plur.*)

performance die Aufführung, –en

perhaps vielleicht

permitted: to be permitted dürfen (darf), durfte, gedurft

photograph die Aufnahme, –n; **to take photographs** Aufnahmen machen

place: to take place stattfinden, fand statt, stattgefunden

play: festival play das Festspiel, –(e)s, –e

to play spielen

to please gefallen (gefällt), gefiel, gefallen (*with dat. obj.*)

poet der Dichter, –s, –

to pollute verschmutzen

pollution: air and water pollution die Luft- und Wasserverseuchung

poor arm

position die Stellung, –en

possibility die Möglichkeit, –en; **every possibility** jede Möglichkeit, alle Möglichkeiten

post office die Post

power: water power die Wasserkraft

probably wahrscheinlich

problem das Problem, –s, –e; **housing problem** das Wohnungsproblem

to produce herstellen

professor der Professor, –s, –en

prosperity der Wohlstand, –(e)s

to prove beweisen, bewies, bewiesen

Prussia (das) Preußen, –s

psychologically psychisch

R

railway: railway station der Bahnhof, –(e)s, ⁼e; **Federal Railway** die Bundesbahn

to read lesen (liest), las, gelesen

reading passage   das Lesestück, –(e)s, –e
to **receive**   bekommen, bekam, bekommen
to **reflect (on)**   nachdenken, dachte nach,
  nachgedacht (über) (*with acc.*)
refugee   der Flüchtling, –s, –e; **stream**
  of refugees   der Flüchtlingsstrom,
  –(e)s, ⸚e
region: native region   die Heimat
to **remain**   bleiben, blieb, ist geblieben
research   die Forschung, –en
to **return**   zurückkehren, ist zurückgekehrt;
  returning   wiederkehrend
to **review**   durcharbeiten
revolution   die Revolution, –en
Romansh (language)   das Romantsch, –
room   das Zimmer, –s, –
Russian   der Russe, –n, –n

S

sad   traurig
Saturday afternoon   der Samstagnachmittag, –(e)s, –e; **on Saturday afternoon**
  am Samstagnachmittag
to **say**   sagen
Schiller Theater   das Schillertheater, –s
school   die Schule, –n; **in school**   in
  der Schule; **to attend school**
  die Schule besuchen; **to school**   zur
  Schule; **school system**   das Schulwesen,
  –s
schoolwork   die Schularbeiten (*plur.*)
scientific   wissenschaftlich
scientist   der Wissenschaftler, –s, –
second class   zweiter Klasse
sector boundary   die Sektorengrenze, –n
to **see**   sehen (sieht), sah, gesehen; **I am**
  going to see   ich sehe; **she doesn't**
  like to see   sie sieht ungern
to **sell**   verkaufen
seven   sieben; **at seven o'clock**   um
  sieben Uhr; **seven-thirty**   halb acht,
  sieben Uhr dreißig

several   einig-
shall: shall we do the exercises now?
  machen wir jetzt die Übungen?
she   sie (*dat.* ihr, *acc.* sie)
shock: culture shock   der Zivilisationsschock, –s, –s *or* –e
Shrovetide festival   der Fasching, –s, –e
sick   krank
simply   einfach
since   da (*subord. conj.*)
sister   die Schwester, –n
to **sit down**   Platz nehmen, sich setzen
slow(ly)   langsam; **more slowly**
  langsamer
small   klein
so   so; **so many**   so viele
some   manch(–er, –e, –es); einig-
  (*plur.*)
sometime   einmal
sometimes   manchmal
son   der Sohn, –(e)s, ⸚e
song   das Lied, –(e)s, –er
soon   bald
sorry: I'm sorry   es tut mir leid
South Germany   (das) Süddeutschland,
  –s
to **speak**   sprechen (spricht), sprach,
  gesprochen
spite: in spite of   trotz (*with gen.*)
square   der Platz, –es, ⸚e
to **stand**   stehen, stand, gestanden
station   der Bahnhof, –(e)s, ⸚e
to **stay**   bleiben, blieb, ist geblieben
stenographer   die Stenotypistin, –nen
stop   der Stillstand, –(e)s; **car stop**   die
  Haltestelle, –n; **to bring to a stop**
  zum Stillstand bringen
store   das Geschäft, –(e)s, ⸚e
stranger   der Fremde, –n, –n
stream of refugees   der Flüchtlingsstrom,
  –(e)s, ⸚e
street   die Straße, –n
strong   stark, stärker, stärkst-

student   der Student, –en, –en / die
  Studentin, –nen; **are you a student?**
  sind Sie Student, Studentin?
to **study** (a lesson)   lernen; (at a university)
  studieren
  style: life style   der Lebensstil, –(e)s, –e
  subculture   die Nebenkultur, –en
  such   solch(–er, –e, –es)
  suddenly   plötzlich
  summer   der Sommer, –s, –; **last
  summer**   letzten Sommer; **next
  summer**   nächsten Sommer
  supposed: to be supposed to   sollen
  (soll), sollte, gesollt; **you aren't
  supposed to take photographs**   du
  sollst, ihr sollt, Sie sollen keine
  Aufnahmen machen
  Switzerland   die Schweiz (*always
  accompanied by the def. art.*)
  system: school system   das Schulwesen, –s

T
  table   der Tisch, –es, –e
to **take**   nehmen (nimmt), nahm, genommen; **to take advantage of**   ausnutzen;
  to take much time   viel Zeit in
  Anspruch nehmen; **to take part (in)**
  teilnehmen (nimmt teil), nahm teil,
  teilgenommen (an) (*with dat.*); **to
  take photographs**   Aufnahmen
  machen; **to take place**   stattfinden,
  fand statt, stattgefunden
to **talk** (about)   sprechen (spricht), sprach,
  gesprochen (über) (*with acc.*)
to **teach**   lehren
  teacher   der Lehrer, –s, – / die Lehrerin,
  –nen
  technical   technisch
  TEE-train   der TEE-Zug, –(e)s, ¨e
  tent   das Zelt, –(e)s, –e
  textbook   das Lehrbuch, –(e)s, ¨er
  that   das (*demonst. pron.*); daß (*subord.
  conj.*); jen(–er, –e, –es) (*adj.*); (*nom.*

sing.) der, die, das, (*nom. plur.*) die
  (*rel. pron.*)
  the   der, die, das, (*plur.*) die
  theater   das Theater, –s, –
  their   ihr
  them   ihnen (*dat.*), sie (*acc.*); **between
  them**   dazwischen
  then   dann
  theory   die Theorie, –n
  there   dort; **there are, were**   es sind,
  waren
  these   diese
  they   sie (*dat.* ihnen, *acc.* sie)
to **think (of)**   denken, dachte, gedacht (an)
  (*with acc.*)
  Thirty Years' War   der Dreißigjährige
  Krieg, –(e)s
  this   dies(–er, –e, –es); **this morning**
  heute morgen
  thousand: five thousand   fünftausend
  three   drei; *The Threepenny Opera*
  „Die Dreigroschenoper"
  through   durch (*with acc.*)
  ticket   die Fahrkarte, –n
  time   die Zeit, –en; **at that time**   zu
  jener Zeit; **(for) a long time**   lange;
  no more time   keine Zeit mehr; **to
  take much time**   viel Zeit in Anspruch
  nehmen; **what time is it?**   wieviel
  Uhr ist es?, wie spät ist es?
  tissue: cell tissue   das Zellgewebe, –s, –
  to   zu, nach (*with dat.*); auf, in (*with
  acc.*); **comes to see me**   kommt zu
  mir; **to a company**   einer Firma
  (*dat.*); **to a movie**   ins Kino; **to go to
  the country**   aufs Land fahren,
  gehen; **to Salzburg**   nach Salzburg;
  to school   zur Schule; **to the inn**
  zum, ins Gasthaus; **to the mountains**
  in die Berge; **to the office**   ins Büro;
  to the store   ins Geschäft
  today   heute
  tomorrow   morgen

tonight   heute abend

too   auch; zu; **too much time**   zu viel Zeit

tower   der Turm, –(e)s, ⸚e

train   der Zug, –(e)s, ⸚e; **by train, on the train**   mit dem Zug

to **travel**   fahren (fährt), fuhr, ist gefahren

twelve   zwölf

twentieth   zwanzigst-

two   zwei

typical   typisch

U

uncle   der Onkel, –s, –

under   unter (*with dat. and acc.*)

underdeveloped   unterentwickelt

to **understand**   verstehen, verstand, verstanden

United States   die Vereinigten Staaten (*plur. only*)

university   die Universität, –en; **at the university**   an, auf der Universität; **University of Munich**   die Universität München

us   uns (*dat. and acc.*)

V

very   sehr

village   das Dorf, –(e)s, ⸚er

to **visit**   besuchen

visitors   der Besuch, –(e)s; **to have visitors**   Besuch haben

Volkswagen   der Volkswagen, –s, –

W

to **wait (for)**   warten (auf) (*with acc.*)

waiter   der Kellner, –s, –

walk: to go for a walk   spazierengehen, ging spazieren, ist spazierengegangen

wall   die Mauer, –n

to **want**   wollen (will), wollte, gewollt

war   der Krieg, –(e)s, –e; **Thirty Years'**

War   der Dreißigjährige Krieg, (*gen.*) des Dreißigjährigen Krieg(e)s; **war film**   der Kriegsfilm, –(e)s, –e

water: water pollution   die Wasserverseuchung; **water power**   die Wasserkraft

we   wir (*dat*, uns, *acc.* uns); **we'll study** wir lernen; **won't we?**   nicht wahr?

weak   schwach

to **wear**   tragen (trägt), trug, getragen

weaver   der Weber, –s, –

week   die Woche, –n; **a week ago**   vor einer Woche

weekend   das Wochenende, –s, –n; **this weekend**   dieses Wochenende

well   gut; **do you speak German well?** sprechen Sie gut Deutsch?; **well-known**   bekannt

what   was (*interrog. and rel. pron.*); **what is your name?**   wie heißen Sie?; **what time is it?**   wieviel Uhr ist es?, wie spät ist es?

when   wann(*interrog. adv. and subord. conj.*); als (*subord. conj.*)

where   wo (*interrog. adv. and subord. conj.*) (*with verbs of rest*); **where (from)** woher; **where (to)**   wohin

which   welch(-er, –e, –es) (*interrog. pron.*); (*nom.*) der, die, das, (*plur.*) die (*rel. pron.*)

while   während (*subord. conj.*)

who   wer (*gen.* wessen, *dat.* wem, *acc.* wen) (*interrog. pron. and rel. pron.*)

whole   ganz

whom   dem, der, dem, (*plur.*) denen (*dat.*); den, die, das, (*plur.*) die (*acc.*) (*rel. pron.*)

whose   dessen, deren, dessen, (*plur.*) deren (*gen.*) (*rel. pron.*)

why   warum (*interrog. adv. and subord. conj.*)

"Wild Man" (Inn)   das Gasthaus „Zum Wilden Mann"

window   das Fenster, –s, –

with   bei, mit (*with dat.*); **with a con-struction firm**   bei einer Baufirma

won't we?   nicht wahr?

work   die Arbeit, –en; (artistic, literary) **work**   das Werk, –(e)s, –e

to **work**   arbeiten

worker   der Arbeiter, –s, –; **foreign worker, guest worker**   der Gastar-beiter

world   die Welt, –en; **hippie world**   die Hippie-Welt; **industrial world**   die Industriewelt; **world-famous**   welt-berühmt

would like   möchte, möchten

to **write**   schreiben, schrieb, geschrieben

wrong   falsch

Y

year   das Jahr, –(e)s, –e; **for a year** ein Jahr

yes   ja

yesterday   gestern; **yesterday evening** gestern abend

yet   noch; **not yet**   noch nicht

you   Sie (*dat.* Ihnen, *acc.* Sie) (*formal sing. and plur.*); du (*dat.* dir, *acc.* dich) (*fam. sing.*); ihr (*dat.* euch, *acc.* euch) (*fam. plur.*)

young   jung, jünger, jüngst-

your   Ihr (*formal*); dein (*fam. sing.*); euer (*fam plur.*)

youth   die Jugend; **youth movement**   die Jugendbewegung, –en

SACHREGISTER

accusative case, 417
  definite article in, 49, 64
  indefinite article in, 35
  possessive adjectives in, 119, 139
  preposition **in** with dative and accusative, 97, 118
  prepositions with, 349, 363, 436
  prepositions with dative and accusative, 199, 215, 436
  pronouns in, 65
active voice, 464
  see also verbs, conjugations of
address, forms of
  familiar, 119, 138, 178, 471
  formal, 8, 31, 137, 178, 471
adjectives, 431-434
  comparison of, 289, 306, 432
    irregular, 307, 434
    normal, 432
    with umlaut, 307, 433
  declension, 289
    strong endings, 309, 431
    weak endings, 305, 431
  demonstrative **derselbe,** 432
  derived from city names, 432
  der-words, 273, 286, 418
  ein-words, 119, 139, 141, 419
  nouns derived from, 421
  numbers used as, 309
  possessive adjectives, 119, 139, 141, 419
  pronouns as, 273, 286
adverbs, 431–434
  comparison of, 289, 306, 432
    irregular, 307, 434
    normal, 432
    with umlaut, 307, 433
  interrogative, used as subordinating conjunctions, 441
  order of adverbial elements in predicate, 482
  order of objects and adverbial elements, 483
alphabet, 490
article
  definite, 21, 31, 49, 64, 417

  indefinite, 35, 45, 418
auxiliary verb(s)
  haben, sein, werden, conjugation of, 238, 452
  modal, 81, 94, 159, 178, 239, 255, 454
  sein as, 311, 327

bringen, synopsis of, 458

capitalization, 488
cardinal numbers, 159, 180, 309, 488
case, *see* accusative case: dative case: genitive case: nominative case
cities, 424, 425, 432
colon, 487
comma, 484
comparative degree, *see* comparison
comparison of adjectives and adverbs, 289, 306, 432
  irregular, 307, 434
  normal, 432
  with umlaut, 307, 433
compass directions, gender of, 425
compound nouns, gender of, 426
conjugation(s), 442–462
  of subjunctive mood, 411
conjunctions, 440–441
  coordinating, 345, 440
  subordinating, 331, 345, 440
    interrogative adverbs used as, 441
    wo-compounds used as, 441
    word order with, 331, 346
consonants, pronunciation of, 16
coordinating conjunctions, 345, 440
countries, 424, 425

da-compounds, 349, 364, 439
das as demonstrative pronoun, 10, 430
daß, position of verb with, in transposed word order, 141, 158

dative case, 181, 416
  as indirect object, 97, 117, 196
  monosyllabic nouns in, 117
  of plural nouns, 117
  possessive adjectives in, 119, 139
  preposition **in** with dative and accusative, 97, 118
  prepositions with, 181, 196, 435
  prepositions with dative and accusative, 199, 215
  pronouns in, 65
  verbs taking dative case, 197, 476
days of the week, 137, 425
declension
  of adjectives, 289
    strong endings, 309
    weak endings, 305
  of nouns, 272, 419
definite article, 21, 31, 49, 64, 417
demonstrative pronouns, 10, 273, 286, 430, 431
der as demonstrative pronoun, 431
derselbe, 432
der-words, 286, 418
dieser as demonstrative pronoun, 430
digraph s (ß), 490
direct objects, word order of, 197, 482

ein-words, 119, 139, 141, 419
es, 80, 387
exclamation point, 486

familiar address, 119, 138, 178, 471
feminine suffixes, 426
formal address, 8, 31, 137, 178, 471
Fraktur, 490
future perfect subjunctive I, II, 469, 470
  see also verbs, conjugations of
future perfect tense, 463
  see also verbs, conjugations of
future subjunctive I, II, 469, 470
  see also verbs, conjugations of
future tense, 349, 365, 463
  see also verbs, conjugations of

gender of nouns, 21, 32, 35, 45, 424
genitive case, 269, 270, 416

of geographical names, 271
of personal names, 271, 423
prepositions with, 271, 438
with indefinite expressions of time, 271
geographical names, genitive case of, 271
ge-prefix, past participles without the, 61

haben, 64
  conjugation of, 452
  past tense of, 238
  present tense of, 35, 45, 238
  principal parts of, 462
heißen, present tense of, 8, 13
Herz, declension of, 421

imperative mood, 159, 178
  first person plural, 471
  function of, 471
  of familiar address, 178, 471
  of formal address, 178, 471
  of **sein,** 179, 472
  see also verbs, conjugations of
imperfect tense, *see* past tense
impersonal passive, 387
impersonal verbs, 473
in, 97, 118
indefinite article, 35, 45, 418
indicative mood, 407, 465
  see also verbs, conjugations of
indirect object
  dative case as, 97, 117, 196
  word order of, 197, 482
infinitives, 30, 477
  nouns derived from, 423
  position of, 483
  used as nouns, gender of, 426
inseparable prefixes, verbs with, 474
interrogative adverbs used as subordinating conjunctions, 441
interrogative pronouns, 10, 13, 429
intransitive verbs, 311, 327, 475
  see also verbs, conjugations of
inverted word order, 157, 480
irregular verbs
  third person singular, present tense, 49, 63
  weak
    principal parts of, 256, 461
    synopsis of **bringen, kennen,** 458
    see also verbs, conjugations of

jener as demonstrative pronoun, 430

kein, 141, 157
kennen, synopsis of, 458

limiting words accompanying nouns,
    417–419

man, 385
masculine suffixes, 425
mathematical expressions (signs), 180, 490
modal auxiliary verbs, 81, 94, 159, 178
    conjugation of, 454
    past tense of, 239, 255
monosyllabic nouns in dative case, 117
months, 137, 425
mood, 465
    see also imperative mood; indicative
        mood; subjunctive mood; verbs,
        conjugations of

names
    adjectives derived from city names, 432
    geographical, genitive case of, 271
    of cities, states, and countries, 424
    of rivers, 424
    personal, 271, 423
negatives
    kein, 141, 157
    nicht, 10, 32
    position of, 483
neuter suffixes, 426
nicht, 10, 32
n-loss nouns, 421
nominative case, 416
    definite article in, 21, 31, 64
    indefinite article in, 35, 139
    possessive adjectives in, 119
    pronouns in, 31, 35
normal word order, 141, 157, 480
nouns, 419, 427
    declension of, 272, 419
        derived from other parts of speech, 421,
        423

Herz, 421
    n-loss, 421
    proper, 423
    typical, 419
    weak masculine, 420
    gender of, 21, 32, 35, 45, 424
    limiting words accompanying, 417
    monosyllabic, in dative case, 117
    plural (of), 35, 47, 117, 426
numbers
    cardinal, 159, 180, 488
    mathematical expressions (signs), 180,
        490
    ordinal, 489
    used as adjectives, 309

objects
    indirect, dative case as, 97, 117, 196
    order of direct and indirect, 197, 482
    order of objects and adverbial elements,
        483
ordinal numbers, 309, 489

participles, 477, 479
    past participles
        nouns derived from, 423
        of strong verbs, 61
        of weak verbs, 61
        position of, 483
        without the **ge**-prefix, 61
    see also verbs, conjugations of
passive voice, 369, 464
    agent of, 385, 464
    formation of, 384, 464
    impersonal **es,** 387
    means of, 385, 465
    statal, 369, 387, 464
    substitutes for, 465
    see also verbs, conjugations of
past perfect tense, 239, 256, 463
    intransitive verbs with **sein** in, 327
    see also verbs, conjugations of
past subjunctive I, II, 468
    see also verbs, conjugations of
past tense, 462
    of **haben,** 238
    of modal auxiliary verbs, 239, 255
    of **sein,** 238

of strong verbs, 217, 234
of weak verbs, 239, 255
of **werden,** 238
of **wissen,** 255
see also verbs, conjugations of
perfect tense, *see* present perfect tense; past
    perfect tense
personal names, 271, 423
personal pronouns, 8, 13, 78, 428
    familiar, 119, 137, 428
    formal, 8, 31, 137, 428
    in accusative case, 65
    in agreement with antecedents, 79
    in dative case, 65
    in nominative case, 31, 65
pluperfect tense, *see* past perfect tense
plural of nouns, 35, 47, 117, 426
    see also nouns, declension of
positive degree, *see* comparison
possessive adjectives, 119, 139, 141, 419
prefixes, 234
    inseparable, 474
    past participles without the **ge-,** 61
    separable, 97, 118, 473
prepositions, 435–438
    in with dative and accusative cases, 97,
        118
    with accusative case, 349, 363, 436
    with **da-**compounds, 349, 364, 439
    with dative and accusative cases, 199, 215,
        436
    with dative case, 181, 196, 435
    with genitive case, 438
    with **wo-**compounds, 349, 365, 439
present perfect tense, 49, 62, 463
    intransitive verbs with **sein** in, 311, 327
    see also verbs, conjugations of
present subjunctive I, II, 467
    see also verbs, conjugations of
present tense, 8, 30, 35, 462
    first person singular and **Sie-**form, 8
    of **haben,** 35, 45, 238
    of **heißen,** 13
    of regular verbs, 21
    of **sein,** 10, 13, 31, 238
    third person singular, irregular, 49, 63
    of **werden,** 238
    see also verbs, conjugations of
professions, gender of, 425
pronouns, 65, 428–431
    as adjectives, 273, 286

der-words, 273, 286, 418
demonstrative, 10, 273, 286, 430, 431
indefinite **es,** 80
interrogative, 10, 13, 429
personal, 8, 13, 78, 428
    familiar, 119, 137, 428
    formal, 8, 31, 137, 428
    in accusative case, 65
    in agreement with antecedents, 79
    in dative case, 65
    in nominative case, 31, 65
reflexive, 80, 428
relative, 331, 347, 348, 429, 430
pronunciation, 16–20
proper nouns, 423
punctuation, 484–488

quotation marks, 487

reflexive pronouns, 80, 428
reflexive verbs, 369, 387, 472, 473
regular verbs, 21
    see also verbs, conjugations of
relative pronouns, 331, 347, 348, 429, 430
rivers, 424, 425

seasons, 137, 425
sein, 65
    conjugation of, 452
    imperative of, 179, 472
    intransitive verbs with, 311, 327
    past tense of, 238
    present tense of, 10, 13, 31, 238
    principal parts of, 462
separable prefixes, verbs with, 97, 118, 473
sex, gender of nouns, agreement with, 424
Sie-form, 8
statal passive, 369, 387
states, 424, 425
strong adjective endings, 309, 431
strong verbs, 63
    conjugations of, 447
    past participles of, 61
    past tense of, 217, 234
    principal parts of, 459
subjunctive mood, 389, 407, 465
    conjugation of, 411

formation of, 410, 466
functions, uses of, 412, 465, 467
see also verbs, conjugations of
subordinating conjunctions, 331, 345, 440
  interrogative adverbs used as, 441
  wo-compounds used as, 441
  word order with, 331, 346
suffixes, gender of, 425, 426
superlative degree, *see* comparison

tenses, *see entries under names of tenses;
  see also* verbs
time expressions, 137
  days of the week, 137, 425
  indefinite, genitive case with, 271
  months, 137, 425
  seasons, 137, 425
transitive verbs, 475
transposed word order, 158, 346, 481
  position of verb with **daß** and **weil** in, 141,
    158

umlaut, comparison with, 307, 433

verbs, 442–480
  auxiliary, **haben, sein, werden,**
    conjugations of, 238, 452
  conjugations of, 442
  ending in -**ieren**, 475
  functions of, 462
  future perfect tense, 463
  future tense, 349, 365, 463
  haben, 35, 64, 238, 452, 462
  heißen, 8, 13
  impersonal, 473
  infinitive of, 30, 477
  intransitive, 475
    with **sein,** 311, 327
  irregular, third person singular present,
    49, 63
  irregular weak, 256
    principal parts of, 461
    synopsis of **bringen, kennen,** 458
  modal auxiliary, 81, 94, 159, 178, 239, 255,
    454

participles, 423, 477, 479
past participles, 61, 423, 483
past perfect tense, 239, 256, 311, 327, 463
past tense, 462
  of **haben,** 238
  of modal auxiliary verbs, 239, 255
  of **sein,** 238
  of strong verbs, 217, 234
  of weak verbs, 239, 255
  of **werden,** 238
  of **wissen,** 255
position of, with **daß** and **weil** in
  transposed word order, 141, 158
prefixes, 61, 97, 118, 234, 473
present perfect tense, 49, 62, 311, 317, 463
present tense, 30, 35, 462
  first person singular and **Sie**-form, 8
  of **haben,** 35, 45, 238
  of **heißen,** 8, 13
  of regular verbs, 21
  of **sein,** 10, 13, 31, 238
  of **werden,** 238
  third person singular, irregular, 49, 63
reflexive, 369, 387, 472, 473
regular, 21
sein, 10, 13, 31, 64, 179, 238, 311, 327, 452,
  462, 472
strong, 63, 447
  conjugations of, 447
  past participles of, 61
  past tense of, 217, 234
  principal parts of, 459
taking dative case, 197, 476
transitive, 475
weak, 64
  conjugations of, 442
  irregular
    principal parts of, 256, 461
    synopsis of **bringen, kennen,** 458
  past participles of, 61
  past tense of, 239, 255
werden, 238, 452, 462
wissen, 81, 94
  conjugation of, 454
  past tense of, 255
with inseparable prefixes, 474
with separable prefixes, 97, 118, 473
voice, 464
  see also active voice; passive voice;
    verbs, conjugations of
vowels, pronunciation of, 18

was
    as interrogative pronoun, 13, 429
    as relative pronoun, 360, 430
weak adjective endings, 317, 431
weak masculine nouns, declension of, 420
weak verbs, 64
    conjugations of, 442
    irregular
        principal parts of, 256, 461
        synopsis of **bringen, kennen,** 458
    past participles of, 61
    past tense of, 239, 255
weil, position of verb with, in transposed
        word order, 141, 158
wer
    as interrogative pronoun, 10, 429
    as relative pronoun, 430
werden
    conjugation of, 452

    past tense of, 238
    present tense of, 238
    principal parts of, 462
wissen, 81, 94
    conjugation of, 454
    past tense of, 255
wo-compounds, 349, 365, 439, 441
word order, 8, 34
    in relative clauses, 331, 347
    in subordinate clauses, 331, 346
    inverted, 157, 480
    normal, 141, 157, 480
    of direct and indirect objects, 197, 482
    of objects and adverbial elements, 493
    (position) of infinitives and past
        participles, 493
    (position) of negatives, 493
    transposed, 141, 158, 346, 481
word stress, 20